Klaus Doderer:
Fabeln
Formen, Figuren, Lehren

Deutscher
Taschenbuch
Verlag

dtv

Februar 1977
Deutscher Taschenbuch Verlag GmbH & Co. KG,
München

Umschlaggestaltung: Celestino Piatti
Gesamtherstellung: C.H. Beck'sche Buchdruckerei,
Nördlingen
Printed in Germany · ISBN 3 – 423 – 04276 – 1

VORWORT

Wenn mir in diesem Buch gelungen sein sollte zu zeigen, daß Fabeln nicht nur äußerst intelligible Instrumente und kunstvoll strukturierte Gebilde sind, sondern auch Lehrstücke von provozierendem Charakter; daß sie als Gattung bisher trotz gegenteiliger Voraussagen nicht kleinzukriegen waren, allerdings zeitweise hochgezüchtet wurden oder aber verflachen mußten; daß sie abwechselnd mit braven Lehren oder widerständlerischen Aufforderungen aufgeladen worden sind, dann hätten meine Ausführungen Sinn. Denn es gilt, Vorurteile abzubauen, die sich einer unverstellten Aufnahme dieser gesellschaftskritisch, politisch und lebensphilosophisch bedeutsamen Kleinform der Literatur in den Weg stellen. Die Fabel ist nicht tot, wie immer wieder behauptet wurde. Und Äsop – wenn wir der Legende über diesen sagenhaften Mann Glauben schenken wollen – war einer, der sich mit Hilfe dieser Lehrstücke und kleinen Kunstformen für eine bessere, eine freiere, eine vernünftigere Welt eingesetzt hat.

War es die Möglichkeit und das Vergnügen, immer wieder in alten Sammlungen und Kinderbüchern auf Fabeln zu stoßen, war es die Sympathie für eine Literaturform, in der offen und klar die Brüche, Risse und Händel dieser Welt angesprochen werden, war es die Freude, in der verfremdeten Fabelwelt der «Dichtung Spiel» betrieben zu sehen, oder war es das Interesse daran, in einer kleinen Gattung Dichtung und Didaktik untrennbar vereinigt zu sehen? Ich weiß nicht mehr den Anlaß, mich mit den kleinen Gebilden näher einzulassen. Der Entschluß liegt Jahre zurück, er führte zu einer langanhaltenden, aber leider auch vielfach unterbrochenen Beschäftigung mit Erzeugnissen Äsops und seiner Nachfolger.

Das Thema «Fabeln» führte zu ungeahnten Einblicken in die Geschichte der Literatur, der Theorie der Dichtkunst und ihrer didaktischen Implikationen. Aber auch die Historie der Buchkunst ließ sich in Beispielen erkennen. Denn Fabeln eigneten sich seit eh und je besonders gut zur Illustration, weil sie bildlich etwas ausdrücken wollen. Der Verlag war bereit, eine große Zahl von Beispielen aus der Geschichte der Fabelillustration aufzunehmen. So habe ich versucht, die Fabel von allen möglichen Seiten aus anzuleuchten, ohne allerdings dabei zu vergessen, daß die Bemühungen um ein sicheres Wissen nur so weit führen können, wie der Kunstcharakter der Fabel, das Erkenntnis- und Artikulationsvermögen des Verfassers dieses Buches und die Einsichten der ihm zur Verfügung stehenden persönlichen und literarischen Gewährsleute es erlauben.

Die reichhaltigen Quellen im Institut für Jugendbuchforschung der Johann Wolfgang Goethe-Universität in Frankfurt am Main und die mir großzügigerweise gewährte Einsicht in die Reste der Sammlung Hobrecker in Braunschweig durch Herrn Professor A. Beiss, dem ich hiermit herzlich danken möchte, haben den Grundstock meines Materials ausgemacht. Für vielfache technische Hilfen und Informationen habe ich weiterhin meinen Mitarbeitern Peter Aley, Dr. Carlo Engel†, Brigitte Nottebohm und Maria Voigt sehr zu danken, nicht zuletzt aber Herrn Dr. Daniel Bodmer vom Atlantis Verlag in Zürich und meiner stets aufmerksam und kritisch mitdenkenden Frau.

Klaus Doderer

EINLEITUNG

«Jede Erdichtung» – so beginnt Lessing seine «Abhandlung über die Fabel» aus dem Jahre 1759 – «womit der Poet eine gewisse Absicht verbindet, heißt seine Fabel. So heißt die Erdichtung, welche er durch die Epopöe, durch das Drama herrschen läßt, die Fabel seiner Epopöe, die Fabel seines Dramas. – Von diesen Fabeln ist hier die Rede nicht. Mein Gegenstand ist die sogenannte Äsopische Fabel. Auch diese ist eine Erdichtung: eine Erdichtung, die auf einen gewissen Zweck abzielt...»

Der Gegenstand der hier vorliegenden Untersuchungen ist der Gegenstand Lessings, jene kleine literarische Gattung, die im 18. Jahrhundert als Modell der Dichtkunst schlechthin ausgegeben, dargestellt, analysiert und philosophisch verbrämt worden, dann aber wiederum in anderen Zeiten, ja schon bei Aristoteles, als zweckhafte Aussage oder als rhetorische Figur aus dem Reich der Poeterei ausgestoßen worden ist. Sie ist einerseits als eine ursprüngliche und «ewige» literarische Erscheinung ausgegeben, anderseits – und zwar vor allem in der ersten Hälfte unseres Jahrhunderts – für tot und ausgestorben erklärt worden. «Einst eine literarische Großmacht» – so formuliert Karl Meuli noch 1954 in seinem Aufsatz über «Herkunft und Wesen der Fabel» (Schweizerisches Archiv für Volkskunde, 50. Jg., S. 65–88) –, sei die Gattung «heute bei uns gänzlich aus der Mode, ja eigentlich tot.» Sie sei auch aus den «Rückzugsgebieten, aus der Schule und Kinderstube verschwunden». Die hier folgenden Kapitel können diese Behauptung nicht bestätigen. Die Fabel ist vielmehr eine der auch in unserer Zeit verbreitetsten Formen, innerhalb deren die gesellschaftlichen, politischen, menschlichen Verhältnisse beleuchtet, gedeutet, bewertet und kritisiert werden können. Sie gehört zur Jugend- und Schullektüre, ist in Bilderbüchern für die ganz Kleinen und in Taschenbüchern, Anthologien und bibliophilen Ausgaben für die Erwachsenen zu finden, sie ist in trivialliterarischen Erscheinungen verballhornt anzutreffen und hat auch unter den zeitgenössischen Autoren ausgezeichnete Verfechter ihrer Form gefunden. Ihre Brisanz, ihre Möglichkeit, die «Überlegenheit des Unterdrückten» (Th. Spoerri) zu zeigen, hat noch nichts an Wert eingebüßt.

Aber ihr Bild in der Geschichte schwankt sehr. Und damit ist dasjenige, was man unter der «äsopischen Fabel» zu subsumieren habe, alles andere als fest umrissen. Dies ist verständlich, bedenkt man, welch lange Wege und verschlungene Tradition die Fabel als Gattung hinter sich hat und in welch unsicherer Ferne sich ihre Herkunft verflüchtigt. Selbst ihr angeblicher Erfinder Äsop ist höchstwahrscheinlich selbst eine Erfindung. Arno Schirokauer hat gewiß mit der Feststellung recht: «Wie weit für die ‹ äsopischen › Fabeln Phädrus, Babrius, Avian, Romulus, das fünffache Gewebe Pantschatantra, Bidpaj, Cyrillus als Erfinder, Sammler, Bearbeiter, Übersetzer namhaft zu machen sind, ob sie persischen, indischen, mongolischen Ursprungs sind, sind Fragen, auf die es auch fast so viele Antworten gibt wie Fabeln» (Arno Schirokauer, Die Stellung Äsops in der Literatur des Mittelalters, in: Festschrift für Wolfgang Stammler, Berlin 1953, S. 179–191).

Ein schier unentwirrbares Knäuel von Fabelvarianten, -motiven, -themen, -figuren, wandernd von Land zu Land, von Ausgabe zu Ausgabe, macht den Zugriff des Literarhistorikers so schwer. Und doch liegt in diesem internationalen, die Grenzen von Sprachen und Zeiten überspringenden Habitus der Gattung auch ihr Reiz. Wer die Fabel heute liest, setzt sich den gleichen Mitteln aus, die Welt zur «warheit zu betriegen» wie der angebliche, sagenumwobene phrygische Sklave Äsop, der Mönch im Mittelalter, der Humanist zur Zeit der Reformation, der Rationalist des 18. Jahrhunderts, der Bürger des 19. Jahrhunderts. Der Deutsche gebraucht die gleichen Mittel, verhüllt im Tiergewand die Wahrheit in die verworrene, scheinheilige Welt zu bringen, wie der Franzose, der Russe, der Chinese oder Inder. Die besten Fabeln sind Weltliteratur in Miniaturform, Kabinettstücke der Sprache und der Klugheit.

Aber nach einem Jahrhundert wie dem 19., das in jeglicher literarischen Form, die irgendwelchen Nutzen impliziert, einen Verrat an der Reinheit der Dichtung sah, und nach einer Entwicklung der Literaturwissenschaft, die sich weitgehend diese Anschauung zu eigen gemacht hat, bedarf es einiger Anstrengungen, die «Lehrstückchen» in den Horizont literaturwissenschaftlicher Betrachtung zurückzuholen und damit einer Gattung, die eingestandenermaßen Didaktik betreibt, ihr Daseinsrecht unter den poetischen Formen wieder einzuräumen, wie dies im 18. Jahrhundert schon einmal bestand. Noch in Wolfgang Kaysers nach dem Zweiten Weltkrieg weitverbreiteter

Die Stadtmaus und die Feldmaus. 1483 erschien in Ulm bei Lienhart Holle das «Buch der Weisheit der alten Weisen». In ihm waren Fabeln zu finden und Holzschnitte in einem rustikalen und kontrastreichen naturalistischen Stil. Hier eine Illustration des unbekannten Künstlers zu einer Version der Fabel von der Stadtmaus und der Feldmaus, in der die Katze als «Papst des Hauses» auftritt und der Feldmaus zeigt, was es heißt, den Segen zu bekommen. Sie frißt sie auf.

Die Stadtmaus und die Feldmaus (Ulm 1483)

und vielgelesener Poetik «Das sprachliche Kunstwerk» ist nur ein einziger Satz – «Die Fabel ist im Grunde eine spezielle Form der Parabel» – dem hier untersuchten Feld von hunderttausenden, über die ganze Welt verstreuten, in allen Epochen vorhandenen Geschichten reserviert. Es wird höchste Zeit, die Vorurteile abzustreifen, die einen ungehinderten Zugriff auf dieses literarisch-didaktische Phänomen, die Fabel, bisher verhindert haben.

Dieser Zugriff kann allerdings nicht bedeuten, sich um Definitionen der Gattung, um eine beckmesserische Sichtung im Hinblick auf das, was formal einem angenommenen und gemutmaßten Ideal entspricht und was «Verfall» ist, zu bemühen. Es wäre schade, man würde vor lauter Suchen nach dem Phantom einer sauberen Form die vorhandenen Erscheinungen aus dem Auge verlieren. Die Exempel der Fabel stecken in den Märchen der Brüder Grimm genauso wie in den Tageszeitungen, sie finden sich in den barocken Predigten, im Alten Testament, in Lesebüchern, in Dramen unserer Klassiker gestern und heute.

Wer sich aufmacht, die idealtypische Form der Fabel zu finden, um dann an ihr die Wirklichkeit zu messen, dem geht es hoffentlich so wie Lessing, der – gleichsam in letzter Minute – die Diskrepanz zwischen seiner theoretischen definitorischen Zielsetzung und seiner eigenen Praxis als Fabelschreiber merkte und eingestand. Die Wirklichkeit der vorhandenen Fabeln ist offensichtlich weiter, als die bisherigen Versuche der Bestimmung eines uniformen Strukturgesetzes es ahnen lassen. Deshalb sind in diesem hier vorgelegten Buch die Bedenken gegenüber einer engen Gattungsbestimmung offen eingestanden. Es fragt sich, ob die Denkstütze des Theoretikers, die Absicht des Wissenschaftlers, der Fabel in einem poetologischen Ordnungssystem ein Plätzchen zu reservieren, ihn nicht selbst schon wieder in ein Schema fesselt, das ihn geradezu hindert, Offenheit gegenüber der literarischen Wirklichkeit zu bewahren. Mit anderen Worten: Es geht ihm dann unter Umständen wie jenem Jüngling zu Sais, der am Ende seines Enthüllungsversuches nichts mehr in Händen hielt, obwohl er auszog, die Wahrheit zu suchen. Innerhalb der deutschen Tradition glaubte man noch in dem großen Jahrhundert der Fabel, der Zeit der Aufklärung, daß die Wahrheit durch die Form der Fabel verhüllt und damit zugänglicher gereicht werden könnte. Sie könne auch – so Magnus Gottfried Lichtwer (1719–1783) in seinem Gedicht «Die beraubte Fabel» – entkleidet, «nackend» gezeigt werden. Die Fabel sei nur ein Kleid, das um sie herumgelegt werden könne.

DIE BERAUBTE FABEL

Es zog die Göttin aller Dichter,
Die Fabel, in ein fremdes Land,
Wo eine Rotte Bösewichter
Sie einsam auf der Straße fand.

Ihr Beutel, den sie liefern müssen,
Befand sich leer; sie soll die Schuld
Mit dem Verlust der Kleider büßen,
Die Göttin litt es mit Geduld.

Hier wies sich eine Fürstenbeute,
Ein Kleid umschloß das andre Kleid;
Man fand verschiedner Tiere Häute,
Bald die, bald jene Kostbarkeit.

Hilf Himmel, Kleider und kein Ende!
«Ihr Götter!» schrien sie, «habet Dank;
Ihr gebt ein Weib in unsre Hände,
Die mehr trägt als ein Kleiderschrank.»

Sie fuhren fort, noch mancher Plunder
Ward preis; doch eh' man sich's versah,
Da sie noch schrien, so stund, o Wunder!
Die helle Wahrheit nackend da.

Die Räuberschar sah vor sich nieder
Und sprach: «Geschehen ist geschehn.»
Man gab ihr ihre Kleider wieder,
Wer kann die Wahrheit nackend sehn?

Dies ist eine vielleicht doch zu hausbackene Auslegung der «Göttin aller Dichter». Denn nicht daß man die Wahrheit nicht nackend sehen kann, dürfte den Fabelautor zu seinen Anstrengungen veranlassen, sondern daß es für ihn nur in dem Gewebe der Kleider und Häute und in der künstlerischen Erscheinung die erhoffte Wahrheit überhaupt gibt. Sie steckt eben in den Kleidern, obwohl sie nicht in den Kleidern steckenbleibt. Dies mag paradox klingen, aber läßt uns gerade dadurch noch den Zugang offen zu dem dialektischen Prozeß des Erkennens von Wahrheit, den auch Siegfried Lenz andeutet, wenn er seine «Schwierigkeiten beim Schreiben der Wahrheit» (Die Zeit, 2. August 1963) bekennt, ohne allerdings dabei die äsopische Fabel direkt im Auge zu haben: «Da ich selbst nicht in der Lage bin, die Wahrheit mit einer annehmbaren Aussicht auf Habhaftigkeit zu bezeichnen, kann ich auch keinen Hinweis liefern, an welcher Stelle die Wahrheit zu erkennen wäre. Sie liegt über jedem Text, über jedem Geschehen.»

Die Fabel, wenn sie nicht nur gut geschneidertes Gewand für Lehrmeinungen, sondern Artikulierungsversuch der intelligiblen Auseinandersetzungen mit der Welt sein will, übersteigt die Wirklichkeit und führt den Leser oder Hörer in jenes «irgends», jenes utopische Gefilde, aus dem die Rufe der Fabelwesen kommen, um uns vor Nüchternheit und allzu großem Glauben an Verbesserung des jeweils noch unvollkommenen Lebens durch platte, rationale Einsichten zu warnen. «gut sein ist nirgends!», so endet Hans Magnus Enzensbergers Gedicht

ANTWORT DES FABELWESENS

der drache hat sich mit der nelke vermählt,
um dich zu erzeugen.
irgends lebst du, das ist,
wo die kralle ausschlägt im märz,
um zu blühen,
wo der oktoberne donner zart
und zu duft wird. ruf!
ich will zu dir kommen,
sag mir wohin,
damit wir einander befragen
und lieben können,
furchtlose freude,
und gut sein? –
gut sein ist nirgends! (In: Landessprache, Frankfurt 1960)

Und dennoch – trotz der Warnung vor der Gefahr platten Verständnisses und verfehlter Rezeptologie – fasziniert an der Fabel ihre Verwertbarkeit. Sie läßt sich gebrauchen, um etwas zu bewirken. Dies hat die romanhafte Lebensgeschichte des Äsop zu kumulieren verstanden. In ihr wird im Leben des ehemaligen Sklaven und buckeligen Weisen die politische Macht der Fabel demonstriert. Als zum Beispiel durch seinen Rat der bei den Samiern sich aufhaltende Äsop den feindlichen Lydierkönig Krösus an einer Besetzung der Insel Samos gehindert hatte und nun dennoch, und zwar aus freien Stücken, in dessen Reich fährt, ereignete sich nach dem Text, der in der Nürnberger Ausgabe von 1747 «Esopi Leben und auserlesene Fabeln» erschienen ist, folgendes:

Als Esopus in Lydien angelanget, und dem König Crösus vorgestellet wurde, erbitterte dieser Prinz bey dessen Anschauung, und sagte im Zorn: Was ist mir dieses für ein Schimpf, daß mich ein so kleiner Mensch an Eroberung einer so grossen Insul verhindert! Hierauf versetzte Esopus: Grosser König! ich bin weder aus Furcht, noch mit Gewalt, noch aus Noth gedrungen, sondern aus eigenem Antrieb, und mit gutem Willen, hieher gekommen. Gönnet mir nur auf einen Augenblick ein geneigtes Gehör, und verstattet, daß ich vorher eine Fabel erzehlen darf: Ein junger Mensch, welcher seine Zeit mit Heuschrecken-Aufklauben vertrieben, die er auch alsobald umbrachte, bekam auch ungefehr eine Gras-Mücke in seine Gewalt. Diese aber, als er sie, gleich den andern, umbringen wolte, bate ihn, daß er sie doch nicht ohne Ursach tödten mögte, weil es weder dem Getraid, noch etwas anders Schaden zufüge; die Bewegung einiger kleinen Häutlein, sagte sie, die sich an mir befinden, verursachen ein anmuthiges Gesang, wodurch ich denen vorbeygehenden eine Ergötzung verursache: es ist an mir überall nichts, als eine geringe Stimme, zu finden. Auf welche Vorstellung sie wiederum ihre Freyheit erlangte. Grosser König! ihr seht mich hier vor euren Füssen liegen, sprecht doch, ohne Ursach, das Todtes-Urtheil nicht über mich; ich habe niemaln jemand beleidiget. Mein Verbrechen, welches man mir etwann vorwerfen könte, bestehet einig und allein darinn, daß ich mit der Sprach redlich herausgehe, und keinem Menschen schmeichle; da ich im übrigen sehr ungestalt vom Leibe bin, und das Äusserliche an mir ganz und gar nichts taugt. Der König, voller Verwunderung und Erbarmung, ließ sich hierauf vernehmen: Mir hast du es wol nicht zu danken, Esopus, sondern vielmehr der göttlichen Schickung, daß dir das Leben geschenkt wird; fordere nur frey von mir, was du begehrest, es soll dir alles verwilliget werden. Ich verlange nichts, grosser König, erwiederte Esopus, als daß ihr der Samier verschonen wollet. Es sey dir versprochen, versezte Crösus ... (S. 60–62).

Äsops Waffe ist die Fabel und damit die Kraft, Einsicht durch die Sprache und das Kunststück zu erzeugen. Er nimmt, im Bewußtsein totaler geistiger Freiheit, den Kampf mit den Mächtigen seiner Welt auf. Er setzt auf die Kraft der Überzeugung und nicht auf die Macht der Waffen, des äußeren Ansehens oder des Geldes.

Natürlich lassen sich Fabelmotive zu sentimentalen moralischen Geschichten, zu Märchen und zu schlichten Lehrbeispielen umschreiben. Diese Trivialisierungen weist die Geschichte der Gattung vielfach auf. Im 16. und 18. Jahrhundert war die Tendenz zu einer schlichten allgemeinen Beispielgeschichte für «gutes» moralisches Verhalten besonders stark vorhanden, im 19. Jahrhundert die, aus der Fabel eine sentimentale Tiergeschichte werden zu lassen. Wir müssen – um den Umkreis des mit dem Begriff Fabel Gemeinten in diesem Buch abzustecken – wiederholt auf die verschiedenen Simplifizierungsformen der Gattung hinweisen und ihre Verkürzungen und Schwellformen erwähnen. Wenn ich es recht sehe, erhellt sich jedoch die Struktur dieser kleinen literarischen Gebilde dem Betrachter erst dann, wenn er sich die drei Dimensionen verdeutlicht hat, nach denen sich die Fabel orientiert und in die sie sich bewegen kann: Erstens unterliegen alle Akteure, alle Szenerie, alles Geschehen den Gesetzen der Fabelwelt. Das Kapitel «Die Welt der Fabelfiguren» geht diesen Verhältnissen nach. Zweitens gibt es immer in der Fabel didaktische Intentionen. Die «Richtungen der Wahrheitssuche» und die der Gattung gegebenen Möglichkeiten zu lehren, gilt es deshalb, in einem weiteren Kapitel zu analysieren. Aber weder die Erfüllung der Gesetze der Fabelwelt noch die Verarbeitung einer einleuchtenden «Lehre» macht die Fabel alleine aus. Damit sie entsteht, bedarf es drittens eines Erzählers, der die sprachliche Kraft und die Genialität besitzt, die dazu gehört, aus den Elementen der Fabelwelt, aus guten Gedanken und der Sprache ein Kunstwerk zustande zu bringen. Diese Konstellation von Eigenschaften und Begabungen bringen nicht viele Autoren, die Fabeln verfaßt oder bearbeitet haben, mit. Manch einer ist nur ein guter Moralist oder ein braver Erzähler. An der Pointe, so meine ich, kann man sie meistens erkennen, die Handwerker und die Künstler ihres Faches. Dem Handwerker mißlingt sie oftmals, dem Künstler gerät sie. Den Leser läßt sie in Unruhe zurück. Und dies dürfte die Absicht der Fabel sein. Sie will Unruhe erzeugen.

I. FABELMODELLE – INTERPRETATIONS-VERSUCHE

Die folgenden Beispiele sind weder durch die in ihnen behandelten Motive noch durch die in ihnen agierenden Figuren, auch nicht durch die in ihnen zutage tretende sprachliche Diktion so miteinander verbunden, daß sich ein Vergleich ohne weiteres anböte. Hinzu kommt, daß die erste Fabel aus dem sechsten vorchristlichen Jahrhundert stammt, die zweite in der hier vorliegenden Form im Jahre 1530, die dritte über zwei Jahrhunderte später (1759) niedergeschrieben worden ist und die vierte unserem Jahrhundert entstammt. Wir können noch weitergehen, um die Verschiedenheit der Beispiele zu betonen. Die erste Fabel ist dem «Äsop» entnommen. Den von Martin Luther 1530 formulierten Stoff, ein das ganze Mittelalter hindurch überliefertes Lehrgut, fand der Reformator in der Steinhöwelschen Fassung (1476/80) vor. Lessings «Die Eiche und das Schwein» hat keinen Vorgänger, ist also eine eigene Erfindung eines aufklärerischen Schriftstellers. Ebenso gibt es für die Fabel Franz Kafkas keine Vorlage, auch wenn sie mit einer besonders traditionsreichen Fabelfigur, der Maus, arbeitet.

So verschieden also die hier zu interpretierenden literarischen Gebilde nach Thematik, Stil, Herkunft und Alter auch sein mögen, sie sind dadurch über die Jahrhunderte hinweg aufs engste miteinander verbunden, daß sie als Fabeln ausgegeben werden. Ob sich Gemeinsamkeiten der Bauformen und ob sich verwandte Inhaltskategorien finden lassen?

ÄSOP: «DER SCHIFFBRÜCHIGE»

Ein reicher Athener machte mit andern eine Seefahrt. Als ein heftiger Sturm aufkam und das Schiff kenterte, suchten sich alle andern durch Schwimmen zu retten. Der Athener aber, der bei jeder Gelegenheit die Athene anrief, gelobte ihr wunder was, wenn sie ihn rette. Da sagte einer von den Schiffbrüchigen, der in der Nähe schwamm: «Beten kannst du zu Athene, aber du mußt auch schwimmen!»
Wer ins Unglück gerät, muß erst selbst etwas für sich tun und dann den Gott zu Hilfe rufen.

Vielleicht stutzt der Leser nach der Lektüre dieser Geschichte und fragt sich, ob er denn wirklich eine Fabel vorgesetzt bekommen habe. Von einem Athener, von der Göttin Athene, von einem Schiffbruch ist die Rede, aber nicht von den sonst üblichen Fabelwesen – der Maus, dem Fuchs, dem Löwen, dem Esel und anderen Tieren. Es fehlt, so scheint es, die gewohnte, engumgrenzte Fabellandschaft: etwa der Lagerplatz des Löwen, ein Stück

Vom Hunde im Wasser (Ulm 1483)

Weg, auf dem ein Zwiegespräch stattfindet, ein Baum, unter dem ein Fuchs und auf dem ein Rabe sprechen. Hier ist ein reicher Mann aus der Hauptstadt, der eine Seefahrt unternimmt und in Sturm und Schiffbruch gerät. Die Geschichte hat eine vertrauenerweckende Realität zu bieten, man glaubt nicht mehr weit forschen zu müssen, um den Namen des Mannes, das Jahr und den genauen Ort des berichteten Ereignisses erfahren zu können. Aber die Geschichte bricht ab. Ob der reiche Athener gerettet wird oder nicht, erfahren wir nicht mehr. Allenfalls können wir vermuten, daß er auf Grund seines bigotten Verhaltens und seiner geringen Tatkraft umkommt.

Die Fabel vom Schiffbrüchigen wird dem Äsop zugeschrieben. Sie gehört damit zu den ältesten Belegstücken der Fabel in der griechischen Antike und dürfte schon im sechsten vorchristlichen Jahrhundert erzählt worden sein. Sie wurde seitdem bis in unsere Zeit in Sammlungen weitergereicht.

Wenn die Geschichte nicht bis zum Untergang oder zu der Rettung des Schiffbrüchigen erzählt wird, müssen wir schließen, daß es dem Erzähler gar nicht um diesen Schluß geht. Er hat eine andere Absicht, nämlich eine kontrastreiche Situation als Kulisse zu entfalten, um ein Verhalten zu beobachten und daraus die Lehre zu ziehen. Ein untätiger Bittfleher mitten im Sturm auf einem untergehenden Schiff, das ist jenes Bild, das zur Demonstration des Lehrsatzes gebraucht wird: «Wer ins Unglück gerät, muß erst selbst etwas für sich tun und dann den Gott zu Hilfe rufen.»

Man könnte diese Fabel, in der die Geschichte zur Demonstration der sehr diesseitigen Lebensregel dient, benutzen, um zu beginnen, eine Art Lebensphilosophie aus der antiken Sammlung der Äsopschen Fabeln herauszulesen. Sie böte einen guten Ansatz. Denn in der Tat zeichnet sich die Anthologie von kurzen Beispielerzählungen, die man schon vor vielen hundert Jahren kurzerhand «den Äsop» genannt hat, durch eine Tendenz aus, den unheroischen, dem Alltag verhafteten, an Mißtrauen, List und Gaunerei gewöhnten, vorsichtigen und auf das Bestehen seiner kleinen Welt ausgerichteten Menschen mit hilfreichen und anschaulichen Lehren zu versorgen, in denen ihm zwar nicht das Glück auf Erden versprochen, aber doch einiger Mut gemacht wird, daß es andernorts ähnliches gibt und der Tüch-

Vom Hunde im Wasser. Der Holzschnitt zu der Fabel vom Hund, der sein Spiegelbild im Wasser sieht, hier nach dem vermeintlichen Knochen – meistens wird von einem Stück Fleisch gesprochen – des anderen Tieres schnappen will und dabei seine eigene Beute verliert, ist in dem 1483 in Ulm erschienenen «Buch der Weisheit der alten Weisen» zu finden. Er ist bezeichnend für den Naturalismus des 16. Jahrhunderts in der frühen Buchkunst.

tige, Lebenskluge allemal eine größere Chance des Durchkommens hat als der Versager, der Aufschneider oder, wie im Falle des Schiffbrüchigen aus Athen, der untätige Frömmler. Es gibt in unserem Beispiel noch einen kleinen sozialkritischen Schnick: Der Athener, das negative Demonstrationsobjekt, ist reich. Der Leser darf mit Genugtuung feststellen, daß Reichtum demnach vor Torheit nicht bewahrt. Der kleine Mann darf triumphieren.

Äsop, der sagenumwobene Verfasser der Fabel vom Schiffbrüchigen – wir wissen noch nicht einmal, ob er überhaupt gelebt hat –, läßt seine Einstellung zum Leben und zu den Menschen deutlich erkennen. Man vermutet, daß er ein Sklave gewesen ist, der aus dem griechischen Osten, aus Kleinasien, kam. Vielleicht symbolisiert so die Geschichte vom schiffbrüchigen, reichen Athener mehr, als wir auf Anhieb erschließen können. Denn der geschichtliche Hintergrund wird von einem der besten Kenner der Materie, dem Herausgeber und Übersetzer Ludwig Mader («Antike Fabeln», Zürich 1951), folgendermaßen charakterisiert: «In den rasch aufgeblühten Städten an der jonischen Küste traten zuerst in der griechischen Welt soziale Spannungen auf, die schon wie fernes Wetterleuchten in dem aristokratischen Hellenentum des Homerischen Epos sich ankündigen. Es liegt nahe, daß das volkstümliche Erzählertum, das wir hier voraussetzen dürfen, sich zum Sprachrohr alles dessen gemacht hat, was an fortschrittlicher Lebensauffassung gegenüber den Idealen einer versinkenden Adelswelt aufkam und sich durchsetzte. Größere Gegensätze als die Umwelt, wie die Ilias sie schildert, und das Milieu der Äsopischen Fabeln sind kaum denkbar ...» (S. 9).

MARTIN LUTHER: «DIE TEILUNG DER BEUTE»

Ein Lewe / Fuchs vnd Esel iagten mit einander / vnd fiengen einen Hirs. Da hies der Lewe den Esel das Wilpret teilen / Der Esel macht drey Teil / das ward der Lewe zornig / vnd reis dem Esel die Haut vber den Kopff / das er blutrüstig da stund / Vnd hies den Fuchs das Wilpret teilen / Der Fuchs sties die drey Teil zusammen / vnd gab sie dem Lewen gar. Des lachet der Lewe / vnd sprach / Wer hat dich so leren teilen? Der Fuchs zeiget auff den Esel / vnd sprach / Der Doctor da im rotten Parret.

Es ist für die mitunter entscheidende Beziehung zwischen dem Zeitpunkt der Entstehung eines Kunstwerks und der vom Autor vorgenommenen

Wahl des Stoffes nicht unwichtig, sich zu vergegenwärtigen, daß Martin Luther gerade diesen Stoff aus dem reichhaltigen Material, das ihm in der Steinhöwelschen Sammlung vorlag, auf der Feste Coburg ergriff. Luther war dazu verdammt, aus der Distanz dem Reichstag zu Augsburg zuzusehen. Er plante, die Zeit des Wartens auf die politischen Entscheidungen über die Händel, die er durch seine Stellungnahme mitverursacht hatte, dadurch zu kürzen, daß er sich «tria tabernacula» aufrichtete: Er arbeitete an den Psalmen, den Propheten und am «Äsop». Wenn auch das Projekt einer umfangreichen Fabelbearbeitung nicht zu Ende geführt worden ist – es blieb bei der Neuformulierung von insgesamt dreizehn Stücken und einem kurzen, aber inhaltsreichen Vorwort –, so ist doch zu beachten, daß Luther gerade in *dem* Augenblick den Gedanken faßte, Fabeln zu formulieren, als er weltliche, politische Vorgänge, an denen er innerlich sehr beteiligt war, aus der Ferne zu beobachten hatte.

Erzählt wird die Geschichte von der Teilung der Beute. Dabei ist das Opfer der Hirsch, die Jäger sind die ungleichen Gestalten Löwe, Fuchs und Esel. Das Geschehen ist in den knappsten Zügen wiedergegeben: Nach der lapidaren und undifferenzierten Feststellung der an der Jagd beteiligten Personen und der Benennung der Beute entwickelt sich eine kleine Handlung, die folgende Stationen hat. Erstens: Teilung durch den Esel auf Geheiß des Löwen. Zweitens: Bestrafung desselben, weil die Ausführung dem Auftraggeber nicht paßte. Drittens: Teilung durch den Fuchs, wieder auf Geheiß des Löwen, und zu dessen Zufriedenheit. Wir merken aber sofort, daß dieses bei Luther unter Verzicht auf jede erzählerische Nuance gegebene Handlungsgefüge (jagen – fangen – teilen [falsch] – teilen [richtig]) in dieser Fabel zwar eine Grundschicht des Ganzen ausmacht, ohne die sie nicht zustande kommen kann, daß aber anderseits in ihr sich das kleine Werk noch nicht erschöpft. Der Fuchs nämlich, der zuletzt auf Befehl des Löwen zum zweitenmal die Jagdbeute teilen soll, offenbart im letzten Satz der Fabel das Prinzip seines Handelns, eines Tuns, das im Gegensatz zu dem des Esels Erfolg gehabt hat. Hier reckt sich die Fabel aus der Grundschicht einer Miniaturhandlung in eine neue Schicht, die der Diskussion um das richtige Verhalten, empor. Das hierfür genutzte Mittel ist nicht mehr das epische Nacheinander, sondern das dramatische Gegeneinander des Dialogs, der hier durch den Wechsel der Zeit, «*lachet* der Lewe / vnd sprach» und «zeiget auff den Esel / vnd sprach» aus dem grundschichtigen Erzählfeld halbwegs herausgehoben wird und sich damit schwebend zwischen interner Bedeutsamkeit und übergreifender Allgemeingültigkeit ansiedelt. Der Fuchs teilt hier mit, daß er – wenn wir die metaphorische Wendung vom «Doctor im rotten Parret» auflösen – zum Ziele gekommen sei, indem er aus dem Schicksal seines Vorgängers, des Esels, die Folgerungen gezogen hätte. Der Esel hatte dem Wunsche des Löwen entsprechen wollen, indem er mit mathematischer Genauigkeit den getöteten Hirsch unter die drei Jagdgenossen teilen wollte. Diesem einleuchtenden Gedanken einer wahren Gerechtigkeit, dem der Leser zunächst und gerne widerspruchslos folgt, setzt der Löwe den rabiaten Machtanspruch entgegen. Er demonstriert ihn durch die grausame Häutung des Esels. Wenn wir dem Gedankengang unserer Fabel richtig folgen, so offenbaren sich doch bis hierhin hinter der Handlung und den sie tragenden Figuren, hinter dem vordergründig Erzählten, hinter dem Jagdgeschehen, der Beuteverteilung und dem pointierten Zwiegespräch zwischen Löwe und Fuchs Einsichten in Daseinsverhältnisse, wie sie durch blanke Macht und einfältige Auftragserfüllung einerseits, anderseits auch durch die schlaue Anpassung des Fuchses an die realen Gegebenheiten sich ergeben können.

Hinter dem faktischen Geschehen einer kurzen Erzählung ist also ein geistiges Geschehen vorhanden, für das die Figuren der Fabel nur Pate stehen. Dabei ergibt sich, daß es Kontrahenten gibt. Und am Ende stellt sich heraus, daß nicht der Löwe der allein Mächtige ist, sondern ebenso der Fuchs, der «das letzte Wort» hat. Damit aber – so scheint uns – eröffnet sich auch eine dritte Verstehensschicht, die nicht mit dem Nachvollzug der naiven Abläufe der Handlung zu erreichen ist, auch nicht mit der geradlinigen Erkenntnis von Verhaltensweisen, die im Bild gezeichnet sind, gleichgesetzt werden kann, sondern die erst durch die künstlerische Struktur existiert. Wir meinen die durch die Pointe im Schlußsatz erzwungene Freude des Lesers an einem gerundeten Kunstwerk. Es ist eine schlechthin kaum überbietbare Ballung von Dialektik und Brillanz, erinnernd an die Anekdotenkunst Heinrich von Kleists, wenn in dem Hinweis des Fuchses «Der Doctor da im rotten Parret» der Esel als subaltern-leidende Figur in die Kategorie des weltfernen Gelehrten eingeordnet wird, zugleich aber der Fuchs selbst sich jeglicher Anerkennung des Machtprinzips dadurch entzieht, daß er nur auf die Ad-hoc-Erfahrung verweist und dadurch einsichtig macht, welcher Unterschied zwischen einem Sichbeugen und einem Anerkennen liegt. Er stellt durch seinen Hinweis auf den blutüberströmten Esel erst die Fragwürdigkeit des Machtgebarens bloß, triumphiert insofern über das primitive Gelächter des Löwen. Wir genießen den Sieg freudig mit, weil er ein Sieg durch die Formulierung und nicht durch den Einsatz physischer Macht ist. Und wir werden durch die geglückte künstlerische Form so zur Realität in Abstand versetzt, daß wir fortwährend einen Spielraum durchmessen und bei allem Ernst der Probleme uns freuen können.

Bei der Besinnung auf die Struktur dieser Fabel muß ich daran erinnern, daß stillschweigend seither zwar von Tieren gesprochen wurde, aber Tiere nicht gemeint waren. Schon dadurch, daß hier so ungleiche Lebewesen wie ein Löwe, ein Esel und ein Fuchs zusammen agieren, daß sie miteinander sprechen, daß sie sich befehlen und gehorchen müssen, wird deutlich, welche Distanz ein solches Verfahren zwischen Wirklichkeit und poetisches Aktionsfeld legt. Die Fabel vom Löwen, Esel und Fuchs auf der Jagd ist ein Artefakt. In ihr ist alles der Wirklichkeit entrückt und künstlich geworden. Denn nicht nur, daß die Figuren, je nach der gegebenen Situation, ihr Verhalten und Aussehen nach der Willkür des Erzählers zu ändern haben – der

Virgilius Solis: Von einer Geiß und einem Wolf (Nürnberg 1566). Unter den Holzschnitten des berühmten Nürnberger Künstlers Virgilius Solis (1514–1570) befindet sich auch eine Illustration zu der «Wolf-und-Geiß»-Fabel, die uns heute in der Fassung aus den Kinder- und Hausmärchen der Brüder Grimm überliefert und bekannt ist. Im Gegensatz zu den sieben Geißlein im Märchen hat in den Fabelausgaben, etwa bei Erasmus Alberus (1534), aber auch in Ausgaben des 18. Jahrhunderts, die Geißenmutter nur *ein* Zicklein zu Hause gelassen, an dem die Standfestigkeit und der kindliche Gehorsam demonstriert werden.

Esel ist ja nach der grausamen Enthäutung für die Geschichte nach wie vor lebendig –, zugleich werden ihnen Lebens- und Machtverhältnisse unterstellt, die voller Bezüge zur Menschenwelt stecken. Man bedenke doch, daß in dieser Geschichte unter vermeintlichen Tieren List, Dummheit und brutaler Machtanspruch die Handlungsbedingungen ausmachen und daß Reden in Metaphern eine gemeinsame Jagd der Spezies Löwe, Esel und Fuchs und eine makabre Beuteteilung begleiten.

Die Sparsamkeit, mit der die epische Substanz freigelassen wird, ist kein Unvermögen des Bearbeiters, sondern ein diese Fabel charakterisierendes Stilmittel. Nicht nur die Pointe am Schluß bedarf einer schnellen Zuspitzung und knappen Formulierung, die geringe Plastizität der Handlung bringt auch die der Fabel eigentümliche Abstraktion von der vorstellbaren Wirklichkeit zustande. Sie jagen, sie fangen den Hirsch, der Löwe heißt teilen, der Esel macht drei Teile, der Löwe wird zornig und reißt ihm die Haut über den Kopf, der Esel steht blutüberströmt da, der Löwe heißt den Fuchs teilen, der Fuchs setzt die drei Teile zusammen, gibt sie dem Löwen, der Löwe lacht und spricht. Bis hierhin folgt Zug auf Zug. Man kann deshalb die von Luther gewählten Verben isolieren und dennoch die Schritte des Geschehens nachvollziehen. Wie akzentuiert der Schluß ist, geht vielleicht auch daraus hervor, daß wir mit dem eben angewandten Verfahren nun nicht mehr weiterkommen. Hier gipfelt sich die Fabel auf und schockt uns durch die pointierte Wechselrede. Hier wird aus dem abstrakten Raum durch ein in wörtlicher Rede gebrachtes «da» herausgewiesen. Zugleich aber, und das macht diese Fabel so schillernd, weist das «da» in eine Metapher hinein.

Diese Fabel verläßt den durch Figur, Handlung und Motivik bedingten Kunstraum nicht. Wer an ihr teilhaben will, wird in ihre Welt aufgenommen. Er hat sich den Gesetzen dieses ästhetischen Gebildes zu fügen. Er hat dem Vorgang der Teilung und dem Dialog zwischen Löwe und Fuchs zu folgen, er hat seinen Spaß an dem Machtkampf und dem treffenden Hieb, und er wird durch die Anspielung des Fuchses auf das Schicksal des einfältigen Esels in seiner Phantasie nicht hinausgeführt, sondern rückverwiesen auf eine vorherige Station des Geschehens. Insofern also spricht diese Fabel für sich und aus sich selbst.

Aber Martin Luther selbst hat sie mit einem Anhang versehen, über dem die Überschrift zu finden ist: «Diese Fabel leret zwey Stücke.» Dann heißt es:

Das erste / Herrn wollen vorteil haben / vnd man sol mit Herrn nicht Kirsschen essen / sie werffen einen mit den Stilen / Das ander / Felix quem faciunt aliena pericula cautum. Das ist ein weiser Man der sich an eines andern Vnfal bessern kann.

Alle Fabeln des Reformators schleppen solche lehrhaften Anhänge hinter sich her, in denen sauber losgelöst von der eigentlichen Fabelerzählung Lehrsätze formuliert sind. Hier sind es deren zwei. Der erste zieht aus dem in der Geschichte mitgeteilten Vorfall den Schluß, daß es bei den Unterschieden zwischen arm und reich keine allseitige Gleichberechtigung gibt, der zweite, daß man aus den schlechten Erfahrungen der andern stets lernen solle. Die Lehren sind in ihrer Ausrichtung insofern verschieden, als die erste einen gesellschaftlichen Zustand kommentiert, die andere aber eine jeden Menschen betreffende Lebensweisheit mitteilt. Beides ist der Fabel vom Löwen, Esel und Fuchs zu entnehmen.

Es ist zu fragen, ob und wie weit die entnommenen Lebensweisheiten zu den Erfahrungen passen, die Luther im Jahre 1530 machen mußte. In der Tat treffen sie die realen Gegebenheiten. Luther fühlte sich der kaiserlichen Macht ausgeliefert, stand allerdings unter der Protektion seines Landesherrn. Er erfuhr am eigenen Leib, daß in dieser Welt Handlungen und Taten nach deren Nutzen für die Mächtigen gemessen wurden. Und er benutzte die Zeit der erzwungenen Besinnung auf der Feste Coburg, um die «Fuchs»-Position zu beziehen, weil sie ihm in der desolaten Welt die einzig mögliche zu sein schien. Hier also ist für den Reformator diese Fabel offensichtlich ein Niederschlag politischer Reflexion.

Es wäre ebenso zu fragen, ob tatsächlich nur diese beiden im Lutherschen Nachsatz artikulierten Einsichten in die menschlichen Gegebenheiten aus der vorhandenen Fabel ableitbar sind. Wäre nicht neben den «zwey Stücken», die Luther lehren möchte, ebenso die Möglichkeit anderer Akzentuierungen gegeben: etwa herauszustellen, daß der Gerechte dem Mächtigen unterlegen ist, wie der Esel dem Löwen, oder daß man sich nicht auf die Anweisungen der Mächtigen verlassen kann, oder daß sich der Ehrliche dem Schlauen gegenüber nicht behaupten kann?

Mir scheint gerade das Luthersche «fabula docet» dazu angetan, zur Vorsicht zu gemahnen, will man in dem Lehrsatz gewissermaßen eine komplette, stets gültige Interpretation der Fabel erkennen. Der Gehalt, zumindest dieser Fabel von der Teilung der Beute, läßt sich nämlich nicht auf die lineare

Folgerichtigkeit eines Lehrsatzes bringen. Er beleuchtet eine Reihe von möglichen Wirklichkeitsmomenten.

In diesem winzigen Lehrstück, meines Erachtens literarisch ein ebenso bedeutsamer Text wie ein Aphorismus von Lichtenberg, ein Fragment von Novalis oder eine Anekdote von Heinrich von Kleist, gibt es dreierlei zu beachten: Erstens die Handlung, das ist die erzählte Geschichte oder die Fabel in der Fabel; zweitens die Ebene der Diskussion, in der die intellektuellen Einsichten artikuliert werden; und drittens die strukturelle und figurative Künstlichkeit des Gebildes. Die sogenannte «Lehre», der hinterher formulierte Satz mit der Quintessenz, der Verallgemeinerung des im Beispiel Vorgebrachten, versucht, aus der Diskussion und dem Geschehen die Konsequenzen zu ziehen. Ob eine solche Auslegung der Fabel im Epimythion die Qualität und die Leistung der Geschichte vom Löwen, Esel und Fuchs ganz widerspiegeln kann?

Erwähnt sei, daß es bei Luther eine zweite Version dieses Fabelthemas der Teilung der Beute gibt. Die Tierfiguren sind ausgewechselt (Rind, Ziege und Schaf jagen mit dem Löwen), und die Konfrontation zwischen Löwe und Fuchs oder einem anderen entfällt insofern, als der Löwe von vornherein in einer Rede zu beweisen versucht, daß ihm alle vier Teile zustehen. Die intellektuelle Auseinandersetzung zwischen Macht und Recht hat in dieser Version an Schärfe verloren, weil der Dialog hier zu einem Monolog geworden ist. Diese Fassung lautet:

FREVEL. GEWALT.

Es gesellten sich ein Rind / Ziegen vnd Schaf zum Lewen / vnd zogen mit einander auff die Jaget / in einen Forst / Da sie nun einen Hirs gefangen / vnd in vier Teil gleich geteilet hatten / sprach der Lewe / Ir wisset / das ein Teil mein ist / als ewrs Gesellen / Das ander gebürt mir / als eim Könige / vnter den Thieren / Das dritte will ich haben darumb / das ich stercker bin / vnd mehr darnach gelauffen vnd gearbeitet habe / denn jr alle drey / Wer aber das vierdte haben wil / der mus mirs mit gewalt nemen. Also mussten die drey für jre mühe / das Nachsehen / vnd den schaden zu lohn haben.

LERE.

Fare nicht hoch / Halt dich zu deines Gleichen / Dulcis inexpertis cultura potentis Amici. Es ist mit Herrn nicht gut Kirsschen essen / sie werffen einen mit den Stielen. Vlpia. L. Si non fuerint. Das ist ein Gesellschaft mit dem Lewen / wo einer allein den Genies / der ander allein den Schaden hat.

GOTTHOLD EPHRAIM LESSING: «DIE EICHE UND DAS SCHWEIN»

Ein gefräßiges Schwein mästete sich unter einer hohen Eiche mit der herabgefallenen Frucht. Indem es die eine Eichel zerbiß, verschluckte es bereits eine andere mit dem Auge.

«Undankbares Vieh!» rief endlich der Eichbaum herab. «Du nährest dich von meinen Früchten, ohne einen einzigen dankbaren Blick auf mich in die Höhe zu richten.»

Das Schwein hielt einen Augenblick inne und grunzte zur Antwort: «Meine dankbaren Blicke sollten nicht außenbleiben, wenn ich nur wüßte, daß du deine Eicheln meinetwegen hättest fallen lassen.»

Diese Fabel findet sich unter dem Titel «Die Eiche und das Schwein» im ersten Buch der von Lessing 1759 in Berlin herausgegebenen Sammlung «Fabeln. Drei Bücher. Nebst Abhandlungen mit dieser Dichtungsart verwandten Inhalts». Bei Luther hatte die Beschäftigung mit der Fabel nicht lange angehalten, es war eine unvollendet gebliebene Gelegenheitsarbeit. Sein Groll über die seinerzeit weitbekannte, sehr freie Steinhöwelsche Bearbeitung war ein Grund. Aber Luther wollte letzten Endes mit Hilfe der Fabel die Möglichkeit wahrnehmen, auf indirekte Weise Aussagen zur Zeit und Politik zu machen. In Lessings Leben dagegen hat die Fabel durchaus keine nebensächliche und vorübergehende Bedeutung gehabt, sie ist vielmehr zeitlebens ein zentrales Thema seiner poetologischen und didaktischen Überlegungen gewesen. Wiederholt, wie wir wissen, hat er Fabeln bearbeitet und geschrieben, und dabei seine Wandlungen in der Auffassung von der rechten Weise der Formulierung selbstkritisch beobachtet. Er hat die 1753 erschienenen gereimten Fabeln schon sechs Jahre später verworfen und ab diesem Jahr nur noch die prosaische Form gelten lassen. Er betont in seinem Vorwort zu den drei Büchern Fabeln von 1759, er habe «bei keiner Gattung von Gedichten länger verweilt als bei der Fabel. Es gefiel mir auf diesem gemeinschaftlichen Raine der Poesie und Moral.» So kommt es, daß Lessing und mit und neben ihm die Literaturtheoretiker des 18. Jahrhunderts die Fabel als Modellstück für poetologische Grundsatzerörterungen ansahen. Lessing hat in den 1759 im Anhang zu seinen Fabeln erschienenen «Abhandlungen über die Fabel» seine Theorie präzisiert und sich zugleich mit seinen Vorgängern und Zeitgenossen auseinandergesetzt. Unsere literarische Kleingattung findet bei Lessing demnach aus wesentlich anderen Gründen als bei Luther Beachtung. Das politische, und keineswegs das theologische Engagement motivierte Luthers schriftstellerische Tätigkeit von 1530, ein moralphilosophisch-poetologisches Lehrbedürfnis veranlaßte Lessings theoretische und praktische Versuche auf dem «gemeinschaftlichen Raine der Poesie und Moral».

In der zitierten Fabel «Die Eiche und das Schwein» gibt es nur zwei Figuren, von denen beide zwar gerade keine «klassischen» Fabelgestalten, aber doch wiederholt auftauchende Requisiten sind. Bei dem großen russischen Fabulisten Iwan Andrejewitsch Krylow gibt es eine Fabel von der freßwütigen Sau und der hundertjährigen Eiche. Die Sau unterwühlt darin ihren Ernährer. Bei Lessing unterwühlt das Schwein den Eichbaum nicht. Die erzählbare Geschichte in dieser Fabel beginnt damit, daß ein Schwein unter einem hohen Eichbaum dessen Abfallprodukte gierig frißt. Die Gier wird von Lessing durch den kurzen Satz charakterisiert: «Indem es die eine Eichel zerbiß, verschluckte es bereits eine andere mit dem Auge.» Der zweite Absatz ist dem Eichbaum gewidmet, der auf das niedrige Verhalten des Schweines hin von oben herab sein Mißfallen kundtut, indem er Dankbarkeit fordert. Die Reaktion des Schweines setzt den Eichbaum ins rechte Licht. Er wird in seine Schranken verwiesen. Dank kann man nur fordern für eine Leistung. Wir fragen uns, ob eigentlich hier noch eine erzählbare Handlung, die wir ja als Grundschicht der Fabel bei Äsop und Luther erkennen konnten, anzugeben ist. Ein Schwein unter einem Eichbaum, Eicheln fressend, Beschwerde des Baumes wegen gezeigter Undankbarkeit, zurechtweisende Antwort des Schweines – dies sind die Stationen des Geschehens. Wir sind gezwungen, hier in besonderem Maße den Dialoginhalt zu betrachten, da das äußere Geschehen bis zum letzten reduziert und nichtssagend geworden ist. Es könnte – sich wie eine Szenenanweisung in einem Drama ausnehmend – in die Bemerkung gefaßt werden: «Schwein und Eichbaum, miteinander redend.» Damit verschiebt sich das Schwergewicht innerhalb der im vorherigen Beispiel konstatierten Strukturschichten der Fabel. Indem ein erzählbares Geschehen hier fast ausfällt, muß sich das

Der Deutsche Aesop. Im Jahre 1742 erschien jeden Dienstag in Königsberg in Preußen bei Johann Heinrich Hartung, königlich preußischem privilegiertem Buchdrucker, unter dem Titel «Der Deutsche Aesop» ein moralisches Wochenblatt von jeweils acht Seiten Umfang, in dem nichts als Fabeln zu finden waren. Insgesamt kamen bis zur letzten Ausgabe am Dienstag, dem 25. Dezember 1742, 324 Stücke zum Abdruck. Hier die erste Seite der Ausgabe vom 26. Juli 1742.

Der Deutsche Aesop.

Sechs und zwanzigstes Stück.

Dienstags, den 26. Brachmonat, Königsberg 1742.

Die CXVII Fabel.

Das Buch und der Zettul.

Mit harten Worten griff einst einen Zettul an,
ein dickgerathnes Buch so ich nicht nennen kann;
es wollte jenen nicht, an seiner Seite leiden,
es schalt und schimpfete bis der Gelehrte kam,
der sich ins Mittel schlug, den Hader zu entscheiden,
indem er die Parthey des kleinen Zettuls nahm.
Wie kannst du Grobian, auf diese Handschrift schmähen?
du darfst dich nicht zu stark mit deiner Weisheit blähen;
sie handelt ja von dir, trägt deinen Innhalt vor,
sie sagt noch mehr als du, sie ist noch mehr zu schätzen,
und weil du voller Wind dir billig vorzusetzen,
du scheinest zwar gelehrt, und bist dennoch ein Thor.

☆

Oft ist ein kleines Blatt viel höher zu erheben,
als wie ein Foliant, den viele Schmierer geben.

Die CXIIX Fabel.

Die Katze.

Zwey Ochsen pflügeten, bey außgepreßtem Schweiß,
die Katze sahe dies, die nichts von Arbeit weiß,
noch weniger den Pflug zu überlegen wußte;
sie mauste nicht einmal, da man sie futtern mußte.

Bb Sie

Erste Seite der Ausgabe des moralischen Wochenblattes «Der Deutsche Aesop» vom 26. Juni 1742

Interesse des Lesers ausschließlich auf die Diskussion konzentrieren. Aber auch der Dialog besteht nur noch aus Satz und Gegensatz. Damit rückt die Fabel in die Nähe des Epigramms.

Wir haben zu fragen, was denn eigentlich in dem zwischen Schwein und Eichbaum entflammten recht spitzen Wortwechsel an einsehbarem Gedanken- und Erfahrungsgut zutage gefördert wird. Denn daß die Kontrahenten, die hier handelnd und redend aneinandergeraten, wiederum durch ihre Worte zu Ausdeutungen des Gesagten auffordern, bedarf keines Beweises, auch wenn uns diesmal kein Epimythion (lehrhafter Nachsatz) den Weg der Interpretation weist. Hier werden zwei menschliche Charaktereigenschaften personifiziert und in den Bruderkrieg geschickt. Dabei entlarvt dieser beide. Das freßwütige, zuchtlose, rationaler und damit auch sittlicher Kontrolle entzogene Verhalten des Schweins steht gegen die nur scheinbar berechtigte, in Wirklichkeit aber selbstsüchtige und hohle Verweisung der Eiche auf das, was sich angeblich schickt. Der Hohle und Arrogante nennt den anderen «undankbares Vieh», um von diesem als Dankverdiener die Leviten gelesen zu bekommen. Die vorsichtige und schlagfertig ironische Antwort des freßwütigen Tieres läßt erkennen, daß jegliche Annäherung an die beiden Fabelfiguren mit psychologischen Verstehenskategorien zu nichts führt. Sie gestatten es nicht. Die doppelbödige Zeichnung des Schweins – als grunzende Kreatur und als gewandter Debattierer – gibt uns vielmehr den Hinweis, daß Lessing mit seiner Hilfe den ebenso doppelbödigen Eichbaum umstellen will. Hier wird das gesellschaftliche Oben geprüft, und zwar von zwei Seiten. Einmal im Hinblick darauf, wie es reagiert, wenn jemand sich in seinem Machtbereich mästet, wenn etwas unter ihm geschieht, was sich seiner Einflußnahme entzieht. Und zum anderen wird geprüft, ob die Argumente stimmen. Die so finstere Szenerie – bei aller vordergründigen Witzigkeit – entsteht dadurch, daß letztlich die Kontrahenten in ihrem Rededuell mit Worten aufeinander einschlagen, wobei der eine (die Eiche) auf der Strecke bleibt, der andere mit Hilfe seiner Schlagfertigkeit das letzte Wort behält. Die Argumente stimmen aber nicht, und das Verhalten beider ist unwürdig. Der Sieg in einem so «hohlen» Gefecht trägt makabre Züge. Das Ergebnis – das fabula docet – besteht demnach in der Erkenntnis, daß das Leben eben nun mal so ist: einerseits voll von unberechtigtem Stolz und anderseits von zügelloser Wollust beherrscht. Die Erkenntnis eines moralischen Gesetzes fehlt, wollte man nicht die provozierte

Einsicht, daß amoralische Handlungsweisen im menschlichen Zueinander gang und gäbe sind, als deren Ersatz ansehen.

Mehrere Lehrsätze könnten aus dem Text herauskonstruiert werden, etwa: Hochmut wird durch Mißachtung bestraft; oder: Nur das erfordert Dank, was willentlich getan; oder: Gefräßigkeit findet immer eine Ausrede. Mag sein, daß solche Sätze ein Stück des Gehalts an den Tag brächten, sie träfen aber gewiß nicht alles, was in der kurzen Diskussion zwischen Eiche und Schwein an rationalen Ableitungen vorhanden ist, geschweige denn alles das, was das gesamte Stückchen literarischer Fiktion an Ausdeutungen zuläßt. Man kann vielleicht die Behauptung wagen, daß eine Fabel desto mehr Lehren erkennen läßt, je kunstvoller sie ist, daß aber im gleichen Verhältnis auch das Empfinden des Lesers um die letztliche Unzulänglichkeit und Unzulässigkeit rationalen Gesamterfassens der Fabel geschärft wird. Mit anderen Worten: Je schlichter die Fabel, desto klarer die Lehre. Je kunstvoller die Fabel ist, desto diffiziler sind die mitgeteilten Lehren, ja desto weniger sind sie positiv formulierbar.

Damit stoßen wir im Grunde auf die Grenze jeglicher Gehaltsinterpretation von Kunstwerken. Ein sprachliches Kunstwerk, auch wenn es noch so klein ist, läßt sich in seinem Aussagevolumen nur bis zu einem gewissen Grade ins Licht rational formulierbarer Erkenntnis ziehen. Deshalb müssen wir fragen, mit welchen Mitteln der Künstler, hier also Lessing, den Leser beeindruckt, welche Strukturen und Formulierungen in der vorliegenden Fabel dazu beitragen, die Sinnsubstanz zu tragen.

Auf das Kontrastieren als durchgängiges Stilelement haben wir schon hingewiesen. Eiche und Schwein gehören in dieser Fabel nur deshalb zusammen, weil sie in der Perspektive Lessings zur Versinnbildlichung der hohlen, arroganten Höhe einerseits und der gierigen Niedrigkeit anderseits besonders geeignet sind. Es sind also Kontrastfiguren. Aber die bewußt erzeugten Diskrepanzen sind auch zwischen dem Redestil und dem Gegenstand der Unterhaltung festzustellen, ja sie reichen bis hinein in die Arten des Sichäußerns. Das Schwein gibt den immerhin wohldurchdachten und wie ein Hieb sitzenden Satz – «Meine dankbaren Blicke sollten nicht außenbleiben, wenn ich nur wüßte, daß du deine Eicheln meinetwegen hättest fallen lassen» – immerhin «grunzend» von sich.

Die Formulierung unterstreicht die schon durch das Sprechen der Fabelwesen Eiche und Schwein bezeichnete Spannung zwischen Realität und

Phantastik, zwischen halb grunzendem Tier und halb diskutierendem Menschen. So läuft der die Fabel konstituierende Kontrast schon mitten durch die Figuren.

Bei genauerem Hinsehen besteht allerdings, wie erwähnt, das ganze Gespräch nur aus zwei Sätzen, jeder Kontrahent sagt einen Satz. Thesis und Antithesis sind in ihnen enthalten. Die Sätze sind von ihrem Vokabular her ineinander verschlungen, indem der zweite – die Antwort des Schweines enthaltend – das Thema aufgreift und dies durch die Wiederholung des Ausdrucks «dankbare Blicke» tut. Das Schweben zwischen Anschaulichkeit und Abstraktion, ein Kennzeichen der Fabel überhaupt, ist in Lessings Fabel von der Eiche und dem Schwein mindestens ebenso ein Konstituens wie in den erwähnten Fabeln von Äsop und Luther. Aber die Spannung ist weniger bestimmt vom Ablauf eines Geschehens als vielmehr vom Austausch der Meinungen. Das heißt, daß eine intellektuelle Reizung durch den Dialog an die Stelle der bei Luther und Äsop offensichtlich erstrebten Beteiligung des Lesers an der gebotenen Story tritt. Sie wird erzeugt durch den Vorwurf einer unrechtmäßigen Handlung und wachgehalten bis zur Entgegnung, welche die Entkräftung des Vorwurfs bringt. Aus einem solchen Miniaturdialog wird durch das geschickte Aufgreifen des Stichwortes «dankbare Blicke» und die Stellung der Antwort am Schluß ein «Kunststück», das eine Pointe hat. Sie ist dadurch gekennzeichnet, daß das Schwein, im Ton der Eiche redend, das letzte Wort hat, und zwar seine Handlungsweise rechtfertigend, die sich moralisch gebende Arroganz der Eiche maßregelnd. Die Pointe wird nicht zuletzt durch das Mittel des Kontrastierens hervorgerufen, das auch hier wiederum angewandt ist. Denn daß ausgerechnet das Schwein – grunzend und gierig fressend – recht hat, gehört mit zu den Überraschungen einer solchen kleinen Meisterleistung.

Lessing genießt den Nachklang, den das Ende der Fabel hinterläßt: die Enthüllung der scheinheiligen Moralrede. Er freut sich an dem Schlag, der nicht nur der Eiche, sondern damit auch dem falschen menschlichen moralischen Hochmut versetzt ist. Diesem Schlag kann nur Stille folgen, nicht ein Reden und Erklären in einem die künstlerische Wirkung sofort wieder reduzierenden Epimythion.

Eine Reihe von Redemitteln, Stilformen und Baugesetzen bestimmen die Struktur dieser literarischen Miniatur: Die gleichzeitige Abstraktion und Anschaulichkeit in Figur und Handlung, das Spiel mit Kontrastfiguren und kontrastreichen Veranschaulichungen des Geschehens, die Zuspitzung des Dialogs und ein pointiertes Ende sind integrierende Bestandteile, die verhindern müssen, daß die Kunstfabel als Lehrdichtung in ihrer Ausdeutung poetischen Kategorien entzogen würde. Somit wird sie nicht nur durch ihre fiktive Handlung und die surrealen Figuren in den Raum der Poesie getaucht, sondern auch durch die in ihr vermauerten Kunstmittel.

Lessing hatte keinen konkreten politischen Anlaß, seine Fabeln zu schreiben, vielmehr waren es kunsttheoretische Dispute und allgemeine gesellschaftliche Beobachtungen, die ihn dazu bewogen. Die gefundene Form bestätigt dies.

FRANZ KAFKA: «DIE MAUS IN DER FALLE»

«Ach», sagte die Maus, «die Welt wird enger mit jedem Tag. Zuerst war sie so breit, daß ich Angst hatte, ich lief weiter und war glücklich, daß ich endlich rechts und links in der Ferne Mauern sah, aber diese langen Mauern eilen so schnell aufeinander zu, daß ich schon im letzten Zimmer bin, und dort im Winkel steht die Falle, in die ich laufe.» – «Du mußt nur die Laufrichtung ändern», sagte die Katze und fraß sie.

Das Stück ist unter den kleineren Schriften anzutreffen, die im Nachlaß Franz Kafkas gefunden worden sind. Man findet in der von Klaus Wagenbach besorgten Ausgabe von Kafkas Erzählungen als Entstehungszeit «Ende 1920» angegeben. Originalüberschrift ist keine bekannt. Wahrscheinlich war es Max Brod, der «Kleine Fabel» darübersetzte. «Die Maus in der Falle» ordnet sich in die Reihe jener kleinen, deutlich parabelhaften Geschichten ein, die in Kafkas tagebuchartigen Aufzeichnungen des Jahres 1920 zu finden sind: «Das Stadtwappen», «Poseidon», «Gemeinschaft», «Nachts», «Die Abweisung», «Zur Frage der Gesetze», «Die Truppenaushebung», «Die Prüfung», «Der Geier», «Der Steuermann», «Der Kreisel». Alle diese Skizzen und Erzählungen tragen den Vermerk «Ende 1920», bis auf «Das Stadtwappen», das die Herausgeber genauer auf den September dieses Jahres festlegen konnten. Auch die «Von den Gleichnissen» überschriebene Parabel und die «Heimkehr» benannte Geschichte kann man wohl ebenso in die Reihe dieser hintergründigen epischen Versuche einreihen, ohne jedoch exakt sagen zu können, ob sie 1920, 1921 oder 1922 entstanden sind. Franz Kafka hat in dieser seiner späten Schaffensperiode die «Sphäre des Universellen» durchsichtig werden lassen und die Bildhaftigkeit seiner Dichtung von «Wirklichkeitsbezügen» mehr und mehr befreit. Diese Feststellungen Wilhelm Emrichs lassen uns vermuten, daß sich Kafka auch jener dichterischen Formen, die diesen seinen Gedanken und Intentionen Vorschub leisten können, bedienen würde: Gleichnis, Parabel, Fabel, Sinngedicht. Aus der Gruppe der genannten Erzählungen läßt sich die Geschichte von der Maus und der Katze nicht nur wegen ihrer äußeren Kürze und ihres sehr knappen Stiles, sondern auch wegen ihres fabelartigen Figurenpaares abspalten. Insofern steht sie alleine, denn in allen anderen Kafkaschen Erzählungen agieren Menschen. Oder sind es Symbolwesen in Menschenmaske? In der «Kleinen Fabel» aber schwenkt Kafka in die Tradition der Fabel ein und läßt aus pointierter Handlung, dem Einsatz von surrealen Textfiguren und einer mitgeteilten Lebensweisheit ein poetisches Miniaturgebilde entstehen. Daß selbst in den «reinen Tiererzählungen» Kafkas die Tiere «nicht etwa auf dem Boden einer zoologischen Tierpsychologie geschildert» werden, «im Bemühen, das Eigenleben der Tiere zu gestalten», ist auch von Wilhelm Emrich in seinem Kafka-Buch (Franz Kafka, Bonn 1958) festgestellt worden. Daß aber für die uns hier beschäftigende Kafka-Fabel Emrichs Behauptung gelten sollte, es wäre falsch, «diese Tiere Kafkas einfach mit Menschen zu identifizieren, in ihnen eine Weiterbildung der Äsopschen Fabeln zu sehen, wo Tiere menschliche Zustände spiegeln und moralische Weisheitslehren in Tierverkleidungen ausgesprochen werden», leuchtet mir nicht recht ein. Denn die Begründung – «wenn Kafka hier ausschließlich Tiergestalten wählt, so hat dies anderen, künstlerischen Sinn» – unterstellt der Fabelgattung unkünstlerischen Sinn. Dies aber müssen wir unter erneutem Hinweis auf die poetologischen Baugesetze der Gattung bezweifeln. Ja, gerade die Funktion und Bedeutung der Tiere im Werk Kafkas, wie sie Emrich gesehen hat, entspricht annähernd der, welche die Tiere und andere Wesen in der Fabel gewöhnlich innehaben. «Diese Tiere», so heißt es bei Emrich, ohne daß allerdings unser Beispiel von ihm erwähnt wird, «manifestieren – wie alle Tiere Kafkas – einen Zustand, in dem die verdeckenden Hüllen der begrenzten empirischen Vorstellungswelt des Menschen verlassen sind, in dem also die Ganzheit menschlichen Daseins unverhüllt ausbricht und damit zugleich die grundsätzlichen Antinomien dieses Daseins gelebt und durchreflektiert werden. Indem Kafka Tiergestalten zum Gegenstand seiner Darstellung wählt, versetzt er den Leser sofort auf eine andere Bewußtseins- und Daseinsstufe, in der die normale menschliche Welt überschritten ist ...» Die Fragen, die auf den Ort dieser Katz-und-Maus-Geschichte innerhalb des Gesamtwerkes von Kafka zielen, geben uns zwar Hinweise, welche Denkkonstellationen und Formungsvorgänge zur Fabel geführt haben, sie entheben uns aber doch letztlich nicht der Interpretation. Ohne Zweifel wird Kafka um 1920 weder durch eine besondere öffentliche Beachtung der Fabelgattung angereizt, noch wird er durch ein persönliches Sonderinteresse oder Studium für diese Kleinstruktur gewonnen, er formt vielmehr ohne Anregung von außen dieses Gebilde – bezeichnenderweise im Tagebuch, also im Dialog mit sich selbst. So liegt die Motivation zum Gebrauch der Fabel nicht wie bei Luther in der politisch-gesellschaftlichen Reflektion («betriegen zur warheit») in einer Krisenzeit, und nicht wie bei Lessing in der kritischen Reflektion eines Aufklärers innerhalb einer Jahrzehnte währenden öffentlichen Diskussion über die Funktion und Bedeutung der Fabel, vielmehr bei Kafka in dem Wunsch eines Menschen, sich seines persönlichen philosophischen Standortes zu versichern.

Vergegenwärtigen wir uns also die in den paar Sätzen erzählte Handlung. Das Leben einer Maus wird uns berichtet, vom Anfang bis zum Ende. Es wird ihr Weg beschrieben. Kommend aus einer angsteinflößenden Weite hat sie sich auf Mauern zubewegt, die allerdings ihre Bewegungsbreite immer stärker eingeengt und sie zuletzt in die ganz ausweglose Position eines Eingeschlossenen gebracht haben. Am Ende ist die Welt dreifach verschlossen: Der Gang endet im Zimmer (hinter ihr die verlorene Weite, vor ihr die Wand), vor der Wand steht in Laufrichtung die Falle und hinter ihr, jeden Ausweg verrammelnd, wartet gelassen die Katze. Das Leben der Maus endet im Rachen der Katze.

Was wir eben umschreibend als die Handlung der «Kleinen Fabel» zu rekonstruieren versucht haben – man könnte wiederum die «Fabel» der Fabel sagen –, ist nun aber nicht von Kafka als Lebensgeschichte in einem folgerichtigen Nacheinander ausgebreitet. Vielmehr erfährt es der Leser aus dem kurzen Dialog zwischen den beiden Kontrahenten Maus und Katze. Der auf ein Minimum reduzierte epische Teil – will man nicht die Ankündigung der jeweiligen Rede («sagte die Maus» – «sagte die Katze») hinzurechnen – steckt in den zwei Wörtern «fraß sie». Mit anderen Worten: Während die erzählte Zeit das Leben der Maus umschließt, beträgt die Erzählzeit die kurze Wechselrede im ausweglosen Zimmer und den Akt des Fressens. Uns gibt diese Diskrepanz zwischen den epischen Zeitlichkeiten insofern zu denken, weil hier in dieser Fabel nicht etwa das erzählte Leben den Akt des Fressens erklärt und begründet. Der Erzähler holt also gar nicht aus, um die Vorgeschichte eines Mordes darzustellen in der Absicht, Ursachen und Erklärungen für eine Katastrophe zu finden. Wir werden durch keine auch noch so karge Bemerkung auf die Feindschaft zwischen Katze und Maus verwiesen, keine Andeutung bereitet uns auf die Tat der Katze vor, etwa daß sie sich duckte, daß sie auf ihr Opfer zuspringt, gierig wird oder hungrig ist. Die von Kafka genutzte Kargheit ist Stilprinzip und Regulativ im Hinblick auf die Atmosphäre in der von ihm erzeugten poetischen Eigenwelt. Die Kargheit allein ist eine Abwehr gegen psychologische Intentionen in die Welt der Fabel. Damit aber sind wir schon dabei, die Elemente der Künstlichkeit dieser Geschichte aufzudecken.

Nicht umsonst wird wohl Kafka das, was er in der Geschichte zum Ausdruck bringen wollte, in die Form einer Wechselrede gebracht haben. Diese ist dazu angelegt, die gegeneinander gerichteten Gedanken verschiedener Figuren zum Ausdruck zu bringen. In unserem Fall erteilt die Katze als Gesprächspartner der Maus den Rat, die Laufrichtung zu ändern. Einen einleuchtenderen Rat kann man sich nicht denken. Er folgt ja auf die Äußerung der Maus über die für sie ausweglose Situation. Aber zwischen Rat und Tat, zwischen verbalem Helfen und existentialem Verschlingen ist eine schlechthin unüberbrückbare Spanne, die der Dichter bis zum äußersten artifiziell ausnützt, indem er beides in einen Satz zusammenrückt. Schon dieses gelungene Kunststück der schockierenden Pointe gibt uns Anlaß, die Geschichte nicht nur als Geschichte hinzunehmen, sondern ihr Transparenz und Bedeutung zu unterschieben. Daß hier am Ende Sinnlosigkeit sichtbar wird, provoziert die Suche nach dem Sinn des Gesagten durch den Leser. Was also wird in der Fabel an Aussage bedeutsam? Die Maus hatte Angst, als es um sie weit war, sie suchte nach Begrenzung. Deshalb war sie glücklich, als sie Mauern sah. Aber diese Begrenzungen engten ihre Freiheit immer mehr ein, sie führten, zunächst das Gefühl von Sicherheit gebend, zu immer größerer Fesselung. Die Maus wendet sich in ihrer Not an den Nächsten, den Einzigen neben ihr, den uns die Fabel präsentiert. Dieser Andere macht ihr den Ausweg einsichtig, aber offeriert ihr zugleich auch brutal die Unbegehbarkeit. Der Ausweg ist nur denkbar, nicht aber begehbar. Die Angst der Maus ist im Bilde gesehene menschliche Angst, die Angst vor der richtungslosen Weite, die Angst vor der uns in Sackgassen führenden Welt, aus denen uns Helfer herausleuchten wollen, diese aber sind wiederum «Sackgassen» beziehungsweise Mausefallen. Es gibt hier keinen Weg zurück und keinen nach vorwärts. Überall stehen Fallen; wohin wir uns auch wenden, wir bewegen uns auf den Abgrund zu. Das Großartige dieser Fabel ist nun, daß sie diesen Gedanken der letzthinnigen Ausweglosigkeit in den letzten beiden Worten nicht vordiskutiert, sondern beweist. Allerdings nur im Bild. Aber für Kafka ist das Reden in Bildern Teil der Wirklichkeit, und insofern existiert der Mensch erst im Entwurf seiner Sinnbilder.

Sollte unsere Vermutung zutreffen, die Fabel von der Maus in der Falle entspräche in ihrer Aussageweise und Bauform den drei anderen hier vorgestellten epischen Miniaturen von Äsop, Luther und Lessing, dann müßte auch hier wieder hinter der Handlung und den deutbaren Bezügen jenes dritte Element der anderen Beispiele sichtbar zu machen sein, in dem das sprachliche Werkchen als «Kunststück» faßbar wird. Wir haben schon die Kargheit als Stilprinzip erwähnt und auf die absichtsvolle Spannung im letzten Satz («Du mußt nur die Laufrichtung ändern», sagte die Katze und fraß sie) hingewiesen. Die Ausnüchterung der Sprache, etwa das absichtliche, blasse «sagte» – «sagte», die spannungslose, kühle Feststellung über das Engerwerden der Welt von Tag zu Tag angesichts der Todesgefahr, bringt uns in Distanz zu dem «Abgebildeten». Handlung und Figuren werden nicht nur durch die Gattungseigentümlichkeit, Figuren reden, denken, sich besiegen zu lassen und damit von naturalistischen Vorstellungen freizustellen, fabelgemäß verwandt, sondern auch noch durch eine bewußte Differenz zwischen Monotonie der Sprachlage und Ernst des Tatbestandes «verfremdet». In einer eigentümlichen Weise ist selbst die Bildhaftigkeit abstrakt: Eine Welt ohne Inhalt, nur Mauern um leere Räume, Fallen und die einsamen, einzigen Wesen Katze und Maus. Mag dies noch so kafkaähnlich sein, es paßt zugleich in die Welt der Fabel, die ja von eh und je zwischen Abstraktion und Wirklichkeit zu finden ist. Durch die Diskrepanz zwischen Handlung und Aussage der Katze, zwischen Rat und Tat, die ja beide in eine einzige Satzfigur gebunden sind, erreicht der Erzähler Kafka jenen schockierenden Abschluß, den man gemeinhin Pointe nennt. Durch sie, Absurdität offenbarend, klappt die Falle, in die der Erzähler den Leser gelockt hat, endgültig zu. Sie setzt den Schlußpunkt wie bei Luther die triumphierende Wendung des Fuchses. Hier kein Triumph, sondern Vernichtung, aber beidemal das runde Ende einer Sprachfigur, die sich ausnimmt wie die Schlittschuhspuren einer Kür auf dem künstlichen Eis.

Den Beweis aber, daß das Leben anders ist, als es sich der enge Rationalist ausmalt, auch anders, als man es sich überhaupt ausmalen kann, diesen Beweis führt auch diese Fabel. Gewiß bietet die «Kleine Fabel» nicht die ganze Lebensphilosophie Kafkas, sie gibt aber eine ausweglose Deutung des Daseins, die von kaum einem anderen als von Franz Kafka stammen kann.

Alle vier Beispiele weisen erstens eine äußerst knappe, nacherzählbare Geschichte, eine Story, auf (im Gegensatz übrigens zu einer einfach mitgeteilten Lebensweisheit), in der Figuren (meist Tiere) eine Rolle spielen; sie lassen zweitens dem Leser oder Hörer eine Deutung der Geschichte zu, ja sie zwingen ihn, den Binnenraum der Geschichte in Richtung einer Anwendung auf andere Verhältnisse zu überschreiten, und sie erlauben drittens eine Analyse der verwandten Kunstmittel.

Im folgenden wollen wir uns der näheren Betrachtung der bis jetzt gewonnenen Blickrichtungen widmen, indem im nächsten Kapitel das Figurenarsenal der Fabelgeschichten untersucht werden soll, im übernächsten die innerhalb der kleinen Sprachgebilde möglichen Lehren zu bestimmen sind und in einem folgenden die Bauform der Miniatursprachwerke herausgehoben und damit zugleich der Ort der Fabel innerhalb der verwandten Gattungen festgelegt werden soll.

II. DIE WELT DER FABELFIGUREN

DIE FABELWELT – EIN BÜHNENRAUM

Die fiktive Welt, in die uns die Fabeln hineinführen, hat ihre eigene Atmosphäre, ihre eigenen Gesetze und ihre eigenen Teile. Die Kulissen, zwischen denen sich zum Beispiel das Zwiegespräch zwischen Katze und Maus in Kafkas «Kleiner Fabel» abspielt, sind leere Weite, Mauern und kahle Räume. Hier findet gewissermaßen eine Diskussion im Hohlraum statt, wobei der Hohlraum die Welt symbolisiert. In Lessings vorhin interpretierter Fabel vom Schwein und dem Eichbaum bedarf es zum Verständnis der Geschichte nichts weiter als die Vorstellung eines Eichbaums, eines Schweins und einiger Maulvoll Eicheln. Auch in Luthers Bearbeitung der Fabeln von der Teilung der Beute dient die anschauliche Sprache nicht so sehr der Veranschaulichung der Szenerie, eher der Präzisierung der Pointe. Und die Pointe ist ein intellektuelles Schnippchen, das geschlagen wird und den Leser amüsiert. Das konnte auch das Beispiel vom Schiffbrüchigen aus dem «Äsop» belegen.

Die Versatzstücke, mit denen die Fabel ausgestattet ist und die anderen Dichtungen gewöhnlich zu einer möglichst hohen naturalistischen Dichte verhelfen, erzeugen in unserer Kleingattung eine gleichsam verdünnte Atmosphäre. Da treten Wesen in Aktion, die zwar anschaubar sind und einen äußerst hohen Gemeinwert besitzen, wie Tiere, Bäume, Pflanzen und Sachen, aber anderseits sind diese Dinge denaturalisiert, indem sie ohne das reale Beziehungsgeflecht gezeigt werden. Tiere werden in der Hand des Fabelautors zu Tierpuppen, und Pflanzen verstehen zu sprechen, Töpfe können gehen, sprechen und über das Zerbrechen reflektieren. Dadurch werden die Tendenzen der Abstraktion und der Anschaulichkeit in einer seltsamen Schwebe gehalten. Man sucht im allgemeinen vergeblich in den einzelnen Fabelgeschichten nach Angaben über Ort und Zeit, obwohl man sich den Schauplatz der einfachen Handlung gut vorstellen kann. Aus einem Beispiel wie dem des Johann Gottlieb Willamov (1736–1777) geht diese Bindungslosigkeit an die Konkreta der Geographie und der Historie deutlich hervor:

DIE GANS UND DER FUCHS

Die Gans: «Komm, Fuchs, wir wollen Frieden schließen,
Was nützt die Feindschaft mir und dir?
Ich muß mein Gras mit steter Furcht genießen,
Und du wirst auch die Raubbegier

Gewiß einst mit dem Tode büßen.
Drum laß uns lieber Freunde sein!»

Der Fuchs: «Vortrefflich, kluge Gans! Ich geh den Antrag ein.
Die Feindschaft bringt uns nicht Gewinn.
Wohlan, der Friede sei geschlossen!»

Die Gans: «Er sei, ich schwör's, auf ewig fest geschlossen!»

Der Fuchs: «Ja – bis ich wieder hungrig bin.»

Der Text könnte ein Dialogausschnitt aus einem Versdrama sein. Es fehlen allerdings sämtliche Bühnenanweisungen. Man spielt ohne Kulisse, erfährt von den Figuren nur durch die wechselseitige Anrede: «Komm, Fuchs ...» und «Vortrefflich, kluge Gans ...». Wo sich dieser «Friedensschluß» abspielt, wird verschwiegen. Die Fabel bedarf dieser Angabe nicht. Sie spielt überall und zu jeder Zeit.

Und dennoch gibt es eine Reihe von Fabeln, in denen Angaben solcher Art gemacht sind, in denen Rhodos, Madrid oder Dreieichenhain genannt werden. Nicht nur dies. Es gibt auch Beispiele, in denen die sprachlichen Mittel des ausschmückenden Schilderns und Beschreibens sogar benutzt werden, um ein gewisses Lokalkolorit zu schaffen. Lessings einseitige Position führte zwar dazu, Fabelgebilde, die zu einer Verbreiterung der Erzählschicht neigten, deshalb schon als Renegaten der Gattung anzusehen. Seine Angriffe auf La Fontaine, auf Gellert und andere zeugen davon. In der Tat können sich bei einem Überwuchern der kargen Fabelstory mit realistischen Erzählelementen die Grenzen der Gattung etwa zu der des Schwanks hin verwischen, wie es leicht in der Renaissancezeit, etwa bei Hans Sachs, Erasmus Alberus oder Burkhard Waldis, geschah. Auf der anderen Seite sind beispielsweise Nennungen von Städtenamen wie die von Cuba und Madrid in Friedrich von Hagedorns (1708–1754) Fabel vom «Papagei in der Fremde» nicht echte realistische Fixierungen, vielmehr symbolische Ortsbezeichnungen. Mit ihnen wird grundsätzliche Andersartigkeit charakterisiert.

DER PAPAGEI IN DER FREMDE

In Cuba war ein Papagei,
Den neckt' ein jeder um die Wette,
Kein einziger gestund, daß er gelehrig sei,
Noch daß ihn die Natur recht schön befiedert hätte.

Er wird drauf nach Madrid gebracht,
Da übertrifft sein Witz die klügsten Papageien:
Sooft der muntre Psittich lacht,
Sooft er etwas nachgemacht,
Scheint über seine Kunst sich alles zu erfreuen,
Sogar sein ernster Herr in seiner Brillenpracht.
Er tröstet sich in diesem Stande,
Wo seinem Wunsche nichts gebricht:
«Schaut», spricht er, «Kluge gelten nicht,
Als außer ihrem Vaterlande.»

Es ist also gar nicht so wichtig, daß Madrid und Cuba, vielmehr, daß nun einmal jedermann bekannte Orte genannt werden, die dem Hörer oder Leser die Vorstellung der räumlichen Ferne geben können. Damit aber wird deutlich, daß hier Namen Requisiten sind, die leicht auszuwechseln sind, ohne daß die Substanz der Fabelgeschichte angegriffen wäre. Anstatt Madrid wäre ebenso Paris, New York, Moskau oder Kalkutta einzusetzen die Möglichkeit gewesen. An der Geschichte vom Propheten, der in seinem Vaterlande nichts gilt, würde sich dadurch nichts ändern. Die Bindung an einen Ort, eine Person oder eine historische Epoche ist in der Fabel keine typische, vielmehr eine akzidentielle Erscheinung, hinter der sich offensichtlich der Gedanke verbirgt, mit solchen Namen und Begriffen als Fabelteile zu rangieren, die möglichst viel allgemeine und auch akute Bedeutsamkeit haben und der Sinnfülle der Fabel hilfreiche Gehalte zuführen können.

Anders liegt der Fall etwa dann, wenn nicht mehr nur eine karge Namensnennung aus dem unwirklichen Fabelreich herausführt, sondern wenn das erzählerische Talent des Autors eine behäbige und breite Schilderung der Zustände oder der Örtlichkeit nahelegen. So beginnt Daniel Stoppe (1697 bis 1747) seine Fabel «Das Echo», in der ein Knabe sich selbst erkennen muß indem er auf sein Echo hört, mit folgenden Zeilen:

Ein Knabe hütete die Kühe,
Und zwar das allererstemal.
Er kletterte mit seinem Viehe
Auf einen Berg; dem gegenüber lag ein Tal,
Das stieß an einen Wald, der voller Fichten stand.
Man konnte weit und breit kein schöner Echo haben
Als das, was hier die Bäume von sich gaben ...

Zugestandenermaßen ist hier ein bedächtiger Erzähler am Werk, der minutiös die Bühne Stück für Stück aufbaut, auf der dann als Hauptfigur das Echo agiert. Gewiß ist Stoppe, der seine «moralischen Gedichte», wie es im Titel der 1738 und 1740 herausgegebenen Sammlungen heißt, «der deutschen Jugend zu einem erbaulichen Zeitvertreibe aufgesetzt» hat, hier weit entfernt von dem Ziel epigrammatischer Kürze, dennoch aber baut er – wenn auch bedächtig – die Versatzstücke und Kulissen im Sinne der Gattung zusammen. Er holt sich als Akteur einen Naiven, Nichtwissenden in die Fabel, um ihn gerade an der Stelle, wo die idealsten Verhältnisse dafür gegeben sind, mit seinem eigenen Echo zu konfrontieren. Hier wird die Landschaft «fabelhaft» und dadurch in Wirklichkeit denaturalisiert. Auch wenn in der Fabel «Das Echo» keine Tiere auftreten, auch wenn dem Echo letztlich nichts an Unmöglichkeit unterschoben wird – es wiederholt nur das, was der Junge ausruft –, ist dennoch von Daniel Stoppe eine unwirkliche Welt eingerichtet worden: Eine idealtypische Landschaft und Figur, die von der zu vermittelnden Lehre bestimmt sind. Hier lautet sie am Ende der Geschichte:

«Wer andre Leute schimpft, der darf sich nicht beklagen,
Wenn sie ihm eben das zu seiner Kränkung sagen.»

Dasjenige Konstruktionselement der Fabel, auf das wir schon wiederholt hingewiesen haben, die Kontrastierung, entwirklicht bei allem Sinn für geschmücktes und ausziseliertes Detail die Szene. In einer seltenen Ausgewogenheit finden wir realistische Kulisse und abstrakte Verläufe in der Gellertschen Fabel «Die Spinne» vereint:

DIE SPINNE

Hochmütig über ihre Künste
Warf vom durchsichtigen Gespinste
Die Spinne manchen finstren Blick
Auf einen Seidenwurm zurück;
So aufgebläht wie ein Pedant,
Der itzt, von seinem Wert erhitzet,
In Werken seiner eignen Hand
Bis an den Bart vergraben sitzet
Und auf den Schüler, der ihn grüßt,
Den Blick mit halben Augen schießt.

Der Seidenwurm, den erst vor wenig Tagen
Der Herr zur Lust mit sich ins Haus getragen,
Sieht dieser Spinne lange zu
Und fragt zuletzt: «Was webst denn du?»
«Unwissender!» läßt sich die Spinn' erbittert hören,
«Du kannst mich noch durch solche Fragen stören?
Ich webe für die Ewigkeit!»

Doch kaum erteilte sie den trotzigen Bescheid,
So reißt die Magd, mit Borsten in den Händen,
Von den noch nicht geputzten Wänden
Die Spinne nebst der Ewigkeit.

Die Kunst sei noch so groß, die dein Verstand besitzet,
Sie bleibt doch lächerlich, wenn sie der Welt nicht nützet.
«Verdient», ruft der Pedant, «mein Fleiß denn keinen Dank?»
Nein! denn er hilft nichts mehr, als andrer Müßiggang.

Plastisch geschildert ist die Szenerie ohne Zweifel. Eine Spinne wird als hochmütig (auf Grund ihrer Künste) und finster blickend aus durchsichtigem Gespinste vorgestellt. Mimik – das Tier «schießt» mit halben Augen einen Blick auf seinen Schüler – wird bemüht, die Hochmutspose wird mit sichtlicher Freude am Veranschaulichen durch die Metapher unterstrichen, sie säße in Werken ihrer eigenen Hand «bis an den Bart vergraben». Hier wird ausgemalt. Aber je mehr ins Bild gebracht wird, desto unrealistischer wird die Szene. Die Spinne und der Seidenwurm beginnen zu sprechen. Die abstrakte Thematik wird in dem programmatischen Schlußsatz der Spinne – «Ich webe für die Ewigkeit» – sichtbar. Und die angedeutete Ausgewogenheit, ja vielleicht wäre besser zu sagen, das Sichaufheben von Abstraktion und Anschaulichkeit kann die Ineinsnahme von Begriff und Ding innerhalb der Pointe belegen: Die Magd reißt «die Spinne nebst der Ewigkeit» von der Wand.

Was hier zu erklären war, ist die «verdünnte Luft» innerhalb der Fabelwelt. Verdünnt durch die unbestimmte und weggelassene Zeitangabe, verdünnt ebenso durch die kargen Ortsangaben. Es ist ein merkwürdig entleerter Raum, in dem sich die Fabelfiguren bewegen. Und dennoch wird in der Literatur gelegentlich das Gegenteil behauptet. Eine Dichtungsgattung wie die (Tier)-Fabel, meint Heinrich Bihler in seinem Aufsatz «Zur Gestalt

Frontispiz und Titelseite aus «Esopi Leben» (Nürnberg 1747)

Dieses Buch ist eine Sammlung von 120 Fabeln für die «liebe Jugend», jeweils mit der Erklärung der in ihr enthaltenen Tugendlehre, und eine in 14 Kapitel eingeteilte Darstellung von Äsops Leben aus dem Jahre 1747. Der Band wurde 1768 erneut gedruckt. Im Vorwort finden sich methodische Hinweise: Der Lehrer oder Erzieher solle die Fabel auswendig lernen lassen oder ihren Inhalt denen, die noch nicht lesen können, erzählen, dabei die «Kupffern» zeigen. Er solle die Schüler zur Erkenntnis der Tugendlehre führen, diese «mit kindischen Exempeln erläutern» usw., um den Kindern «gleichsam mit der

Esopi
Leben
und auserlesene
Fabeln
mit
deutlichen Erklärungen,
nützlichen
Jugend-Lehren,
und hierzu dienlichen saubern Kupffern.
Alles
nach dem Begriff
der lieben Jugend
eingerichtet.

Nürnberg,
bey Peter Conrad Monath, 1747.

Muttermilch die so höchstnöthige Moral einzuflösen». Der «ungemeine Nutzen» sei weit größer, «als wann man den Kindern mit allerhand zum Aberglauben und Erweckung einer unnöthigen Furcht dienenden Mährlein den Kopff anfüllet».

Das Kupfer gegenüber der Titelseite zeigt einen buckligen Äsop, wie er in einem Barockpalast auf der Fabelmotive enthaltenden Bilderwand einem an der Hand der geharnischten Weisheit stehenden Kind Lehren erteilt. In der Deckennische steht: «Esopus stehet da, und lehrt mit seinen Thieren; gib acht, mein Kind, du wirst dabey die Weisheit spühren.»

mittelalterlicher, lateinischer, französischer und spanischer Fassungen der Fabel vom Fuchs und Raben» (in: Medium Aevum Romanicum, München 1963), sei «ihrer Natur, ihrer Thematik nach an sich schon anschaulich». Auch Otto Crusius betont in seiner Einleitung zu C. H. Kleukens Sammlung «Das Buch der Fabeln» die «Naturnähe, in der die ursprünglichen Schöpfer dieser Gestalten sich bewegten». Er sieht die Fabel geradezu als eine Waffe «im Kampf gegen die fortschreitende Denaturalisierung und Mechanisierung des Lebens» an. Aber ich meine: auch in den vielen Fällen, in denen weidlich versucht wird, Atmosphäre zu erzeugen, zu plastizieren und zu veranschaulichen, führt diese Tendenz der Veranschaulichung zur Erhöhung der Unwirklichkeit dieser erzählten Welt. Das Paradoxon wird erreicht: Die Gattung Fabel entwirklicht durch das Kontrastieren als Strukturelement die Anschauung.

Die antirealistische Kulissenstruktur durchzieht die gesamte Geschichte der Gattung Fabel von ihren europäischen und außereuropäischen Anfängen bis in die Moderne. Gewiß tritt dieser Zug zeitweilig stärker in den Vordergrund, zum Beispiel in der Aufklärung, und dort ganz besonders bei Lessing, oder auch mehr in den Hintergrund, wie im späten Mittelalter und der Reformationszeit. Man muß sich allerdings fragen, ob nicht manchmal – zum Beispiel bei Fabeln des Erasmus Alberus, einem Anhänger und Zeitgenossen Martin Luthers – ein allzu breites Erzählen Symptom einer der primitiven Kunst eigenen Naivität ist und die in der Fabelstruktur angelegte intellektuelle Note, ihren Witz und Esprit zerstört. Die bekannte Fabel von der Stadtmaus und der Feldmaus, deutlich darauf angelegt, die gute Position des kleinen Mannes gegenüber dem gefährlichen Leben des städtischen Reichen herauszukehren, lautet im weitausholenden Stil des Erasmus Alberus (um 1500–1553) folgendermaßen:

DIE STADTMAUS UND DIE FELDMAUS

Es war einmal ein' städtisch' Maus,
Die ging spazieren ins Feld hinaus.
Sie sieht, wie sie da läuft umher,
Eine Feldmaus, so von ungefähr.
«Grüß Gott!» sagt Feldmaus, «Stadtmaus zart,
Wie kommst du her in unsre Art?
Ich bitte dich, sei jetzt mein Gast!»
Die Stadtmaus sprach: «Was du mir hast?»

Doch lief die Maus, hatt' kein' Ruh,
Bis daß sie richt' ein' Mahlzeit zu.
Und was sie für den Winter kalt
Gesammelt, holt' sie alsobald
Heraus – die Kammer macht' sie leer –,
Für solchen Gast war's eine Ehr!
Doch wie sie sich auch sorgt' und müht' –
Die Stadtmaus hoch die Schultern zieht.
«Dies Armutszeug, o diese Plage!
Wir Stadtmäus' haben bess're Tage!»
Gleich stand sie auf und wollt' nach Haus
Und nahm mit heim die Ackermaus,
Daß sie beweiset mit der Tat,
Was mit dem Wort gerühmt sie hat.
So sind sie her am Ackerrand
Zur Stadtmauswohnung hingerannt.
Da bracht die Stadtmaus Brot und Weck,
Und Schweizer Käse, fetten Speck,
Und Eierkuchen auch –, und mehr!
Sie lebten wohl und zechten sehr!
Und Stadtmaus nun zur Feldmaus sprach:
«Nicht wahr, hier hab ich gute Tag?»
«Ja wahrlich!» sagt die Ackermaus,
«Die Sach gefällt mir überaus!»
Sie hat das Wort kaum ausgeredt –
Der Hausknecht vor der Kammer steht.
Die Mäuse drin vernahmen schon
Vom Schlüsselbund den Rasselton.
Wie ward den armen Mäusen bang!
Sie konnten sich nicht säumen lang.
Die Feldmaus, hier ganz unbekannt,
Wußt nicht, woher, wohin sie rannt!
«Wär ich in meiner Armut blieben,
Ich würd' jetzt nicht umhergetrieben –»,
Dacht sie. Da endlich in der Wand
Zuletzt sie noch ein Mausloch fand.
Der Hausknecht aber ging hinaus.
Gleich lief hervor die städtisch Maus

Und rief die Feldmaus auch herzu:
«Mein' liebe Feldmaus, wo bist du?
Herzu, herzu, es hat kein' Not!»
Die Feldmaus war als wär sie tot,
Das arm' Feldmäuslein zittert sehr –
Ihr war nicht wohl bei solcher Ehr!
Die Stadtmaus sprach: «Nein, fürcht' dich nicht,
Er ist vorbei, der Bösewicht!
Wozu die Angst? Sei unverzagt.
Was liegt dran, daß wir war'n verjagt?
So uns doch nicht ein Härlein breit
Verwühlet ist? Komm, tu Bescheid!
Ich brachte dir 'ne Ganze aus!
Drum tu mir gleich, mein liebe Maus!»
Dem Gast war's bang zu solchen Sachen,
Wollt' sich nicht lassen fröhlich machen.
Da sprach der Wirt: «Sei guter Ding!»
(«Ich denk, noch einen ich ihm bring,
Daß wieder er sein Farb gewinn!»)
«Du siehst doch, daß ich fröhlich bin,
Warum willst du denn traurig sein?
Du machst ja nur dir selber Pein!
So laß nun fahr'n die Traurigkeit,
Und dank, und tu einmal Bescheid.
Denn Traurigkeit nimmt uns die Kraft
Und hat schon vielen Tod geschafft!
Laß uns ein feines Liedlein singen.
Dann will ich dir noch einen bringen!
Drei Ganze bin ich vor dir dann!»
Zu singen hub die Stadtmaus an
Ein schönes Liedlein auf Latein.
Doch wollt' der Gast nicht fröhlich sein.
Die Stadtmaus sang noch ein' Gesang,
Auf daß ihn' würd die Zeit nicht lang.
Sie sang zu dieser guten Kur
Das Gaudeamus igitur.
Sie sang auch von Schön Elselein,
Doch wollt' der Gast nicht fröhlich sein:

Die Feldmaus war noch immer bang.
Darnach die Stadtmaus wieder sang:
«Ein Mäusfeind kam gegangen
Auf einem hohen Dach –»
Gar köstlich solche Verslein klangen,
Doch war's der Feldmaus nicht darnach.
Dann ging's: «Was kommt dort von der Höh',
Was kommt dort von der ledernen Höh'?»
Und wie dann dies zu Ende war,
Sang sie vom rheinischen Weine gar.
Doch dacht die Feldmaus nicht an Wein,
Wollt' immer noch nicht fröhlich sein.
Und meint: «Stadtmaus, ich muß dich fragen:
Hast oft du solches zu ertragen?»
Die Stadtmaus sprach: «Es ist wohl wahr,
Gar oft besteh ich solch Gefahr!
Ich kehr mich aber nicht daran.
Verachten muß so was der Mann!»
Die Feldmaus sprach: «Ist dem also?
Bei dir würd' ich wohl nimmer froh!
Die schönen Tag? Ich dank dafür!
Ja, lieber meilenweit von hier.
Die köstlich Speis' – ich hab's geschmeckt,
Von außen man an Honig leckt,
Inwendig ist sie voller Gallen!
Solch gute Tag' mir nicht gefallen.
Mit Frieden doppelt lieb ist jetzt
Mein Armut mir, als diese Hetz
Bei gutem Tag in solcher Pracht!
Drum, liebe Maus, nun gute Nacht!»

Offensichtlich versucht der Bearbeiter Erasmus Alberus, seinen Hörer oder Leser in eine Haltung zu versetzen, in der er geruhsam zuhört, einer Geschichte lauscht, die mit «Es war einmal ...» beginnt und ihm eine Vielzahl von Identifikationspunkten bietet. Zum Beispiel werden die begehrenswertesten Lebensmittel, wie Brot, Weck, Schweizer Käse, fetter Speck, Eierkuchen und rheinischer Wein aufgezählt, später die wohl populärsten Lieder der Zeit, das «Gaudeamus igitur», «Was kommt dort von der Höh'» und andere. Nicht zufällig steht am Ende der aufregenden Geschichte die Rückkehr in die nun einmal gegebenen Verhältnisse. Der provokatorische Charakter, den eine auf die Pointe zugespitzte Fabel haben kann, ist in der epischen Breite untergegangen. «Mit Frieden doppelt lieb ist jetzt mein Armut mir», sagt die Feldmaus resignierend am Ende.

Die gute Fabel macht intelligible Einsichten anschaulich. Sie läßt ihre Figuren auch hart zusammenprallen. Es ist deshalb einfach eine irrelevante Auffassung, daß in ihr eine «trauliche Welt» zu finden sein solle (Otto Crusius, a.a.O., S.1), noch dazu, wenn zugleich behauptet wird, diese Traulichkeit sei ein Zeichen dafür, daß die Fabel «Stimme der Vorzeit» sei. Nein, die Fabel – wenn sie gut ist! – ist von eh und je eine Konfrontations- und Veranschaulichungsstelle entgegengesetzter Standpunkte, dies war vor 2500 Jahren genau so wie heute. Sie ist in diesem Sinne nie naive Kunst gewesen. Ihre stilistische Kargheit und ihre Tendenz zur Abstraktion sind von Anfang an gattungsbedingt. Auch bei scheinbarer Breite und Realistik wird die einzelne Geschichte von dem Wunsch getragen, die Pointe schärfer herauszubringen. Anschaulichkeit soll der Durchdringung der intelligiblen Welt dienen.

Bisher ergab sich, daß in dem wiederholt angedeuteten verdünnten Raum der Fabelwelt zweierlei Größen anzutreffen sind. Die einen sind die Requisiten und Kulissen, die andere die Akteure, also die handelnden und redenden Fabelfiguren, die die Pointe zustandebringen. Die Ausdrücke «Requisit», «Kulisse» und «Akteur» sind aus dem Milieu des Theaters genommen, also aus einer künstlerischen Sphäre, in der mit technischen Hilfsmitteln eine Welt errichtet wird: Kulissen, Requisiten, Akteure füllen die Bühne aus, auf der gehandelt wird, um den Zuschauer – aus welchen Gründen auch immer – in den Bann zu ziehen. Es kommt zweifellos nicht von ungefähr, daß der Ausdruck «Requisit» zur Kennzeichnung von Bauelementen volkstümlicher Literatur benutzt wird.

Innerhalb der Volksmärchenforschung hat wahrscheinlich Leopold Schmidt den Begriff der «Requisitverschiebung» eingeführt, und Hermann Bausinger hat ihn aufgenommen. Er spricht in seinem Aufsatz über «Historisierende Tendenzen im deutschen Märchen seit der Romantik – Requisitverschiebung und Requisiterstarrung» (Wirkendes Wort, 1960, S.279) von einem «elementaren Vorgang in der Überlieferung: daß nämlich verschiedene Kulturschichten ihre Spuren in der Tradition hinterlassen, daß sich die

Requisiten verschieben, wenn die Überlieferung in einer neuen kulturgeschichtlichen Situation Fuß faßt.» In den Fabeln können wir alle jene Dinge Requisiten nennen, die die Szenerie ausmachen, einschließlich der Figuren: alles, was gegenständlich vorzustellen ist und dem Handlungslauf dient. Nicht nur Wolf, Esel, Schaf, Löwe, Frosch, Affe, Maus und die anderen bekannten Vögel, Insekten, Haus- und Raubtiere gehören dazu, sondern auch Pflanzen und Gebrauchsgegenstände, wie Töpfe, Säcke usw. Die einfachen Elemente der Landschaft wie Bach, Berg, Wald und Mauer nicht zu ver-

Hundert und zwanzigste Fabel.

Der Bär und die Bienen.

Der Bär und die Bienen (Nürnberg 1747). Die Fabel vom Bären, der sich den Bienen nicht gewachsen zeigt, weil er nach dem ersten Stich die Stöcke umwirft und damit den ganzen Schwarm auf sich hetzt, wurde häufig als Mahnung zur Geduld in Sammlungen für die Jugend aufgenommen. Die hier abgebildete Illustration ist sowohl in dem Buch aus dem Jahr 1747 «Esopi Leben und auserlesene Fabeln mit deutlichen Erklärungen, nützlichen Tugend-Lehren ... nach dem Begriff der lieben Jugend eingerichtet» (Nürnberg 1747) als auch in dem 1821 erschienenen «Der Aesop für Kinder in Aesopischen Fabeln mit Anwendungen, Lehren und eingedruckten Kupfern. Auch Aesops Leben und Schicksale mit Kupfern. Von Dr. J. H. M. Ernesti» (Nürnberg und Altdorf 1821) zu finden.

gessen! Die Vorstellbarkeit dieser einzelnen Teile ist in der Fabel besonders groß, weil sie gewissermaßen vor einem leeren Hintergrund aufgestellt sind. Die Mauern und die Falle in Kafkas «Kleiner Fabel» zeichnen sich vor einem hohlen Bühnenraum konturrein ab. Der Eichbaum ist neben dem Schwein einziger Blickfänger in der Fabel Lessings. Wenn bei Christian Felix Weisse der Elefant in eine Grube fällt, eine Maus vom gleichen Schicksal ereilt wird, und am Ende der Koloß rettungslos gefangen bleibt, während die Maus (Triumph des kleinen Mannes!) wieder herausfindet, dann ist allein diese Szenerie im Blickwinkel des Erzählers: Grube, Elefant und Maus. Und es ist eine schematische Grube, die uns gar nicht erst fragen läßt, wie denn die Rettung der Maus wirklich vor sich gegangen ist und wie das Schicksal des Elefanten weiter verläuft. Wer in die Welt der Fabel einsteigt, nimmt die Requisiten, Kulissen und Figuren in ihrer offensichtlichen Konstruiertheit als «Machwerke» ernst. Bis sich der Vorhang schließt, werden auf der seltsamen Bühne der Fabel scharf umrissene Dinge vor Augen geführt. Aber diese sind trotz aller Anschaulichkeit undifferenziert und flach. Die Fabel muß und möchte innerhalb ihrer Staffage ideale Anschauungsbedingungen für den darzustellenden Fall schaffen. Sie lebt von der Pointe, die optisch durch die rechte Anordnung der Requisiten vorbereitet werden muß. Zum Beispiel findet der in Daniel Stoppes Fabel erwähnte Knabe, dem das «Echo» sein eigenes Verhalten klarmachen soll, in der Tat ideale Echobedingungen vor – «man konnte weit und breit kein schöner Echo haben» –, die Stadtmaus in der Geschichte von der Stadt- und Feldmaus wird in einen unermeßlichen Mausereichtum versetzt (der in Korrelation steht zu der wachsenden Lebensgefahr), der Hund mit dem Fleisch im Maul trifft auf eine Wasserfläche, die so ideal glatt ist, daß er von der Spiegelung des Fleischstückes getäuscht wird und sein Maul öffnet, die Wasserschöpfvorrichtung am Brunnen, in den sich der Fuchs hinunterläßt und durch Überredung des Wolfes, das gleiche zu tun, wieder befreit wird, ist so perfekt gebaut, daß die Fahrten nach unten und oben mühelos funktionieren. Kurz und gut, in der Fabel sind die Requisiten so gebaut, daß sie die Handlung reibungslos vonstatten gehen lassen. Die erwähnte Ausschmückung in vielen Fabeln und bei vielen Bearbeitern oder Fabeldichtern darf dieser Tendenz nicht im Wege stehen, sie muß ihr dienen. Denn durch diesen glatten und präzisen Zuschnitt der Teile und den geölten Verlauf des Geschehens stilisiert sich erst der Modellwert des Gehaltes heraus.

In der Geschichte der Gattung Fabel hat es immer wieder Requisitverschiebungen gegeben. Sie sind nicht nur historisch, sondern zum Teil auch geographisch bedingt. Der Rabe, der von dem gefräßigen Fuchs zum Singen verleitet wird, hat nicht allerorten ein Stück Fleisch im Schnabel wie bei Lessing, sondern in vielen Bearbeitungen einen Käse (wie z.B. bei La Fontaine). Die Erfindung des modernen Flugzeugs bringt zum Beispiel eine neue Variante des Motivs hervor, bei der die Machtanmaßung und Selbstüberhebung des Kleinen demonstriert wird: Bei Christian Fürchtegott Gellert im 18. Jahrhundert sind es die Requisiten Heuwagen, Pferd und Heupferd, die gebraucht werden:

DAS HEUPFERD ODER DER GRASHÜPFER

Ein Wagen Heu, den Veltens Hand
zu hoch gebäumt und schlecht bespannt,
konnt' endlich von den matten Pferden
nicht weiter fortgezogen werden.
Des Fuhrmanns Macht- und Sittenspruch,
ein zehnmal wiederholter Fluch,
war eben, wie der Peitsche Schlagen,
zu schwach bei diesem schweren Wagen.
Ein Heupferd, das bei der Gefahr
zu oberst auf dem Wiesbaum war,
sprang drauf herab und sprach mit Lachen:
«Ich will's dem Viehe leichter machen.»
Drauf ward der Wagen fortgerückt.
«Ei», rief das Heupferd ganz entzückt,
«Du Fuhrmann wirst an mich gedenken;
Fahr fort! Den Dank will ich dir schenken.»

Viel kürzer wirken in der von Otto Crusius (Vorwort zu H.C. Kleukens' «Das Buch der Fabel», Leipzig 1920[2]) zitierten Fabel von A. Roderich der Sperling, der Aeroplan und dessen Pilot zusammen, um ähnlich das Überschätzen der eigenen Macht vor Augen zu führen:

Ein Sperling flog auf einem Aeroplan.
Dem schoß ein Windstoß plötzlich in die Glieder,
Und seinen Führer tötend stürzt' es nieder.
«Ach,» klagt der Spatz, «was hab ich da getan!»

In den heutigen Fabeln, etwa bei James Thurber oder bei Wolfdietrich Schnurre, findet die gesellschaftliche Wirklichkeit unserer Tage in den Requisiten ihren Niederschlag. Sie sind dann zugleich Statussymbole und Anlässe der Zeitkritik:

EIN AHNUNGSVOLLES VERSEHEN

Ein Adler hatte die Offizierslaufbahn eingeschlagen und ging in knarrendem Lederzeug auf dem Corso spazieren. Da sah er einen frisch eingezogenen Spatzenrekruten, der sich ängstlich vor ihm versteckte. Empört flog der Adler ihm nach. Ob er nicht grüßen könne, herrschte er den Zitternden an. «Nanu», sagte der Spatz, «sind Sie denn nicht der Feind?»

Wolfdietrich Schnurre, von dem diese Fabel stammt, die bezeichnend für seine Pointierung und seine Art der Gesellschaftskritik ist, setzt eigentlich nicht Tiere mit Mencheneigenschaften in ein Eigenreich, vielmehr Figuren in die unmittelbare menschliche Machtwelt, in der sich kaum verhüllt Offizier und Rekrut gegenüberstehen und sich der Spatz – auf der untersten Stufe militärischer Hierarchie – nicht ganz über das Freund-Feind-Verhältnis klarwerden kann. Hier steckt in der Pointe die Schnurresche Kritik am Militarismus, in dessen Machtbereich der Untergebene gezwungen ist, den Vorgesetzten als Feind zu betrachten, ihn aber – wenn auch zitternd – untertänig zu grüßen. Knarrendes Lederzeug dient als Symbol eines Standes, die Offizierslaufbahn wird der Gesellschaftsschicht der Raubvögel Adler zugeordnet und in dieser Fabel Zielscheibe der Erkenntnis.

Die Betrachtung der Requisiten in der Welt der Fabel dürfte uns nicht allzu weit führen, denn das Faktum ihres Austauschs, ihrer Veränderung oder ihres Tradierens ist keineswegs gattungsspezifisch. Es ist noch nicht einmal nur in den «einfachen» Literaturformen, sondern in jeder Art Dichtung (Fiction) als kulturgeschichtlich bedeutsame Reminiszenz zu finden. In der Fabel allerdings ist das Besondere, daß es zwei Gruppen von Fabeln gibt, die unterschiedliche Requisitenarten aufweisen: einerseits den großen klassischen Bestand der schon aus der Antike tradierten Geschichten, die fast immun gegen Requisitverschiebung sind. Die zwölf von Luther als Grundstock eines «deutschen Äsop» bearbeiteten Fabeln gehören dazu, ja bilden

Heuschreckenpredigt ist der Titel dieses Aquarells (Original im Martin-Disteli-Museum, Olten) des Schweizers Martin Disteli (1802–1844) aus dem Almanach «Alpenrosen» (Aarau 1833). Es zeigt die mit theatralischer Gestik von einem Podest herunter predigende Heuschrecke, der brav und andächtig Hirschkäfer, Schmetterling und andere Tiere zuhören. Martin Disteli, bekannt als Maler und Karikaturenzeichner, trifft auch hier mit seinem Spott die menschliche Eigenschaft, sich «scheinheilig» zu verhalten.

MARTIN DISTELI: Heuschreckenpredigt (Aarau 1833)

gewissermaßen den Kern. In ihnen treffen wir auch die «klassischen» Fabeltiere, wie den Löwen, den Wolf, den Fuchs, den Esel, das Lamm usw., und eine karge Naturkulisse an. Daneben besteht die andere Gruppe, in der ein momentaner Fall innerhalb der politisch-gesellschaftlichen Gegebenheiten aufgegriffen und für den Zeitgenossen mit Requisiten aus der Gegenwart dargeboten wird. Der reale Zustand, auf den angespielt wird, ist kaum verhüllt. In dem zitierten antimilitaristischen Beispiel des zeitgenössischen Erzählers Wolfdietrich Schnurre finden wir diesen Typ, ähnliches ist schon im 18. Jahrhundert, dort besonders bei Gottlieb Konrad Pfeffel, und auch im 16. Jahrhundert bei Burkard Waldis, Johannes Pauli und Erasmus Alberus zu finden. Bei Pfeffel werden Majestäten, Patriarchen, Großsultane, Könige, Monarchen, Despoten, Sklaven, Heloten, Straßendiebe und Kameralisten genannt. Schon der Wortschatz also, besonders die Bezeichnung der Machtgrößen, signalisiert das politische Klima der damaligen Zeit und charakterisiert den vorrevolutionären demokratischen Standort des Verfassers. Bezeichnend dafür ist unter anderem die folgende Fabel des Kolmarer Pädagogen, Juristen und Literaten Gottlieb Konrad Pfeffel (1736–1809), der sie zwei Jahre vor dem Ausbruch der Französischen Revolution verfaßte:

DIE REICHSGESCHICHTE DER THIERE

Die Thiere lebten viele Jahre
In friedlicher Demokratie;
Doch endlich kamen sie einander in die Haare,
Und ihre Republik versank in Anarchie.
Der Löwe machte sich den innern Streit zu Nutze
Und bot sich ohne Sold dem kleinern Vieh,
Als dem gedrückten Theil, zum Schutze,
Zum Retter seiner Freyheit an.
Er wollte bloß des Volkes Diener heißen,
Und brauchte weislich seinen Zahn
Im Anfang nur, die Räuber zu zerreißen.
Als dies die frohen Bürger sahn,
Ernannten sie zum wohlverdienten Lohne
Den Diener feyerlich zum Chan,
Versicherten die Würde seinem Sohne,
Und gaben ihm die Macht, die Ämter zu verleihn,
Um kräftiger beschützt zu seyn.

Nun sprach der neue Fürst aus einem andern Tone:
Er gürtete sein Haupt mit einer Eichenkrone,
Enthob Tribut, und wer ihm widerstand,
Fiel als Rebell in seine Pranke.
Der Tieger und der Fuchs, der Wolf, der Elephant
Ergaben sich aus List, und jeder ward zum Danke
Zum königlichen Rath ernannt.
Itzt halfen sie dem Chan die schwächern Thiere hetzen,
Bekamen ihren Theil an den erpreßten Schätzen,
Und raubten endlich trotz dem Chan.
Ha, rief das arme Volk mit tiefgesenkten Ohren
Und mit geschundner Haut, was haben wir gethan! –
Allein der Freiheit Kranz war nun einmal verloren,
Der Löwe war und blieb Tyrann;
Er ließ von jedem Thier sich stolz die Pfote lecken,
Und wer nicht kroch, der mußte sich verstecken.

Die Szene ist wie üblich karg ausstaffiert, ein paar Tierfiguren – der Löwe, um ihn herum Tiger, Fuchs, Wolf, Elefant, und das «arme Volk» – auf unausgestaltetem Hintergrund. Nun setzt Pfeffel dieser Fabel mit den genannten Akteuren ein politisches Vokabular auf. Die Rede ist von friedlicher Demokratie, Republik, Anarchie, Retter der Freiheit, Volkes Diener, Macht der Ämter, Rebell, Tyrann usw. Dadurch erlebt die Welt der Fabelfiguren eine Aktualisierung im Hinblick auf die Zustände des ausgehenden 18. Jahrhunderts, sie wird zeitbezogen politisiert.

Vielleicht sollten wir uns im Hinblick auf die Kulissen und die Figuren der Fabelwelt mit folgenden Feststellungen begnügen. Erstens: Als Baumaterial genügen der Fabel wenige, sehr oft nur zwei Figuren, die agieren oder dialogisieren, und die wenigen Gegenstände, die zum Ablauf der Handlung unbedingt notwendig sind. Zweitens: Hinter diesem Requisit ist die Bühne leer. Drittens: Vor dem unbeschriebenen Hintergrund heben sich die Requisiten besonders klar konturiert ab. Viertens: Weder die Requisiten noch die Figuren sind in sich differenziert gezeichnet, im Gegenteil, sie sind auf eine Idealtypik hingearbeitet. Insofern dient jede Detaillierung nur der Prononcierung des Typischen, nicht aber der Individualisierung des Geschehens und der Szene. Fünftens: So ergibt sich für die Fabel eine Bauform, die den Leser oder Hörer in eine spezifische Verständnislage versetzt: Sie drängt sich ihm anschaulich auf, er bekommt klare, konturscharfe Figuren und Kulissen vorgesetzt, und doch sind die Gegenstände unwirklich, die Verhältnisse unrealistisch, transparent. Sie halten ihn in der Schwebe zwischen Anschaulichkeit und Abstraktion. Sechstens: Die Fabel ist einer Requisitverschiebung zugänglich. Da sie jedoch, bedingt durch die Struktur der Gattung, nicht allzu aufnahmefähig ist für die Details aus der Realität, spielt diese, zumindest bei der Bearbeitung der sogenannten «klassischen» Fabeln, keine große Rolle.

DIE FABELFIGUREN – AUSSENGESTEUERTE KONTURWESEN

Wenn wir wiederholt auf die Ähnlichkeit der Fabelwelt mit der auf der Theaterbühne darstellbaren, auf die bewußte Entrückung von der nachkontrollierbaren Wirklichkeit und auf die gleichsam verdünnte Atmosphäre hingewiesen haben, dann müssen diese Feststellungen auch eine Reihe von Folgerungen für das Erscheinungsbild und die Baugesetze der einzelnen Handlungsträger in der Fabelwelt ergeben.

Bei aller Konturschärfe, die schon durch das Bauelement des Kontrastierens der auftretenden Figuren bedingt ist, läßt sich die Fabel ja, wie erwähnt, nicht auf eine psychologisch-realistische Ebene des Verstehens ein. Erinnert sei in diesem Zusammenhang nur an Luthers Fabel von der Teilung der Beute. Uns macht es als Leser im Grunde nichts aus, daß der arme Esel am Ende enthäutet dasteht. Er ist uns so weit entfremdet, daß wir ihn als ein Machwerk, als eine Art Marionette nehmen, der man auch ohne Schwierigkeit die eben abgezogene Haut wieder überziehen könnte. Genauer besehen läßt die Fabel demnach zu, ja sie legt es darauf an, daß ihre Akteure als Demonstrationsobjekte genommen werden, denen wir uns sachlich und ohne Mitleid nähern. Die «dramatis personae» der Fabel sind zerlegbares Spielzeug und grob gebautes Lehrmittel zugleich. In James Thurbers «Der Löwe, der fliegen wollte» feilschen Löwe und Adler um Körperteile, die Löwenmähne wird gegen Adlerflügel getauscht, Substanzen werden an- und abgeschnallt, um am Ende zu dem Ergebnis zu führen, daß der Tausch nur schadet. In Wolfdietrich Schnurres «Der Emigrant» sind sogar die Kontrahenten zwei Teile ein und derselben Sache, nämlich einer Tanne:

Einer Tannenwurzel war der Boden zu steinig, und sie begnügte sich damit, an der Erdoberfläche zu bleiben. Die Tanne sah sich das eine Weile mit an; dann stellte sie die Wurzel zur Rede. Diese verdroß das; und während sie bisher leidlich darauf hingearbeitet hatte, den Baum zu umkreisen, begann sie von nun an, sich entschlossen von ihm zu entfernen. «Nanu», rief die Tanne, «wo willst du denn hin?» «Weg!» schrie die Wurzel erbost; «daß du's nur weißt: mich bist du los!»

Die schon bei Romulus zu findende antike Beispielerzählung von der Rebellion der Glieder gegen den Magen fällt uns ein, die in dem entscheidenden Moment der römischen Geschichte, als die ausgezogenen Plebejer zur Umkehr bewogen werden sollten, eine Rolle gespielt haben soll. Auch in Wolfdietrich Schnurres «Emigrant» will ein Teil des Ganzen auf und davon, will nicht mehr mitmachen. Die Wurzel kehrt allerdings nicht um. Es gibt keine Umkehr. Jedes rationale Argument wird von den Naturverhältnissen ad absurdum geführt. Nicht umsonst ist diese Fabel der Sammlung «Protest im Parterre» entnommen. Die Ausweglosigkeit ist ein Gedanke, den Schnurre ja nicht los wird.

Wie im Märchen werden in der Fabel die handelnden Personen mechanistisch, zerleg-, verschieb- und reparierbar aufgefaßt. Deshalb würde es von einem Mißverstehen dieser literarischen Gebilde zeugen, wollte man – wie es beim Märchen wiederholt geschehen ist – von Grausamkeiten innerhalb der Fabel sprechen. Dieser Kategorie stellt sich diese Gattung einfach nicht. Der enthäutete Esel, der Adler ohne Flügel, der Baum ohne Wurzeln beweisen, daß wir es in der Fabel weder mit Eseln noch mit Adlern, Bäumen, weder mit Tieren noch mit Pflanzen noch mit sonstigen Dingen zu tun haben. Wir wollen deshalb die agierenden Erscheinungen der organischen oder anorganischen Welt als künstliche, ins intelligible Reich gehörende Figuren und als irreale Wesen ansehen, auch wenn sie mit jenen Namen belegt sind, die ihrer äußeren Erscheinung im Text entspricht.

Nicht blutvolle, lebendige Wesen, denen der Leser mit dem Einsatz seiner Empfindungen und Gefühle zu folgen hätte, denen er Mitleid, Sympathie und Antipathie, das ganze Reservoir seelischer Kräfte entgegenbringen möchte, bevölkern das Fabelreich, hier agieren nicht Personen, sondern Schemen, erfundene, künstliche Wesen, Puppen vergleichbar. Ihnen ist nun eben eine psychologische Betrachtungsweise inadäquat, auch wenn sie von den Brüdern Grimm und ihren Schülern wiederholt angeregt worden ist. Die mechanistische Struktur der Fabelfiguren geht auch daraus hervor, daß es in ihrer Welt keinen Unterschied macht, ob ein Akteur aus dem Reich der Menschen, der Sachen oder der Abstraktionen genommen wird. Jeder kann mit jedem kombiniert werden. «Figur» dürfte deshalb der treffende Ausdruck für diese «Spieler» sein, weil aus ihm, seiner Herkunft aus dem Lateinischen «figura» nach, dreierlei abzulesen ist: *Erstens* ist «figura» die Bezeichnung für die äußere Gestalt: «Figur als äußere Umrisse ohne Berücksichtigung ihrer Einwirkung auf das Gefühl, von Lebendem und Leblosem» (Menge-Güthling, Lateinisches Wörterbuch, Stichwort «figura», S. 300). Dies entspricht genau der Konturschärfe und Entseeltheit der Fabelgestalten. *Zweitens* wird damit zum Ausdruck gebracht, daß diese Esel, Mäuse, Füchse, Bären, die Bäume, die Echos, Aeroplane, Insekten und sonstigen sprechenden Dinge erfundene, geformte, jedenfalls von Menschen gemachte künst-

Von einem Löwen und einer Maus (Nürnberg 1747). Das Kupfer illustriert die 16. Fabel in dem erstmals 1747 erschienenen Jugendbuch «Esopi Leben und auserlesene Fabeln mit deutlichen Erklärungen, nützlichen Tugend-Lehren ... nach dem Begriff der lieben Jugend eingerichtet» (Nürnberg bei P. C. Monath 1747). Im Text heißt es unter der Überschrift «Erklärung der Figur» zu der dargestellten Szene, auf der die kleine Maus durch Zernagen des Netzes den gefangenen König der Tiere befreit: «Durch den Löwen wird ein Mächtiger und Gewaltiger abgebildet, welcher einem Geringen und Ohnmächtigen zwar schaden könte, sich aber jedoch seiner Macht nicht mißbraucht, sondern Gnade vor Recht ergehen lässet. Die Mauß stellet einen geringen, dabey aber auch dankbaren Menschen vor, welcher die ihm von dem Mächtigen erwiesene Gnade einigermassen wieder zu vergelten befliessen ist.»

liche Gebilde sind. Und *drittens* läßt sich mit dem Wort «Figur» auch die Vorstellung eines nicht nur äußerlich abgrenzbaren und künstlich geformten, sondern damit auch abstrakten Gefüges verbinden. Bei aller Anschaulichkeit, die eine Figur hat, drückt sie doch – wie etwa die mathematische Figur – ein Komprimat an Geistigkeit aus.

Überblicken wir doch das Personalregister der gesamten Fabelwelt wie bei einem Welttheater und lassen wir einmal außer acht, daß einzelne Tierfabelsammlungen und ebenso bestimmte Autoren oder Bearbeiter oft ein einseitig orientiertes Figurenarsenal einsetzen. Dabei ergeben sich die vorhin erwähnten großen Gruppen, die sowohl im Bereich der traditionellen als auch der jeweils zeitgebundenen und anspruchsvollen Kunstfabel zu finden sind: Figuren, die sich an Spezies aus dem Tierreich anlehnen, solche, die der dinglichen Welt zugeordnet werden können und drittens Figuren, die Abstraktionen versinnbildlichen und damit in den Bereich der Allegorie gehören.

Der Mensch taucht vereinzelt auf, dann aber – soweit wir feststellen konnten – fast immer in Verbindung mit Figuren, die aus den anderen Wirklichkeitsbereichen ihre Konturen bekommen haben.

Gewiß sind die erwähnten Bereiche nicht in gleicher Weise und Stärke innerhalb des uns bekannten europäischen und außereuropäischen Fabelgutes vertreten. Am häufigsten gibt es in der Tat die sogenannten Tierfabeln, in denen Figuren in Tierhüllen entweder untereinander bleiben oder aber mindestens einer der Kontrahenten sind. Beispiele solcher Tierfabeln sind etwa die vom Wolf, der behauptet, das Lamm habe ihm das Wasser getrübt, oder die von der Beichte des Löwen, des Fuchses und aller anderen Tiere, bei der zum Schluß der einfältige Esel (er gesteht, anderer Leute Gras gefressen zu haben) den Opfertod erleiden muß, oder diejenige von der reichen Stadtmaus und der armen Feldmaus, ebenso wie die vom Elefanten, der in die Grube fiel, als Leidensgefährten eine kleine Maus findet, aber nun rettungslos hängen bleibt, während die kleine Maus der Falle entfliehen kann. Uns sind diese Fabeln mehr oder weniger geläufiges Sprachgut geworden, das teilweise auch Eingang in Redewendungen und Sprichwörter gefunden hat. Wir nennen jemanden geduldig wie ein Lamm, wenn er sich so verhält wie das Lamm in der Fabel vom Wolf und Lamm. Wir sprechen von einem Löwenanteil und sind gewiß, daß dieser volkstümliche Ausdruck aus dem Fabelreich abgeleitet und dort erfahren ist. Nun ergibt sich bei näherer Betrachtung, daß im Zentrum des Figurenbestandes der abendländischen Fabeltradition eine kleine Gruppe von Gestalten zu finden ist, auf die immer wieder zurückgegriffen wird. Dazu gehören unter anderem der Löwe, der Fuchs, der Wolf, der Esel, die Maus, der Frosch, das Lamm, der Kranich, die Henne und der Rabe. Die genannten Tiere stellt nur die Fabel in eine Reihe, durch biologische Kriterien oder durch kulturgeschichtliche Zusammenhänge sind sie nicht verbunden. Der Löwe als Tier, das in unseren Breiten kein Heimatrecht hat, steht neben dem Wolf, jener schreckenverbreitenden Bestie vergangener Zeiten, heute bei uns ausgestorben. Haustiere wie Esel und Henne finden sich neben Fröschen, Mäusen und Lämmern. Man merkt schon an dem bunten Zusammenwürfeln des Figurenbestandes, daß wohl andere Kriterien, die diese Tiere hier zusammenführen, vorhanden sein müssen, als ihre biologische oder soziologische oder geographische Zuordnung. Im Fabelreich werden literarische und kulturgeschichtliche Traditionen wirksam, die sich wohl letztlich der datenmäßig exakten wissenschaftlichen Erfassung entziehen mögen, weil sie in einer Gattung sich vollziehen, die sehr alt und widerstandsfähig ist und die in ihrem Kern Modelle tradiert, deren Autorschaft und Alter nicht mehr feststellbar ist. Wir werden uns demnach auf die Feststellung zurückziehen müssen, daß in einer Kernschicht der Fabelwelt eine Reihe von heterogenen Figuren angesiedelt ist. Alle weiteren Folgerungen, etwa aus dem Alter des einen oder anderen Tieres auf das Alter der Gattung zu schließen oder aus der geographischen Herkunft oder der Domestizierung einer Tierart Schlüsse auf die Gattung Fabel zu ziehen, führt in ein rettungsloses Spekulieren. Es scheint im Gegenteil geradezu ein Gattungsmerkmal zu sein, und zwar schon in der griechischen Antike, daß die Figuren der Fabel – an den Kategorien der Realität gemessen – ohne Rücksicht auf Realbezüge zusammengestellt sind. Die Zusammenstellung in den einzelnen Fabeln geschieht aus Gesichtspunkten, die aus der Absicht des Erzählers erwachsen. Er benutzt dann das ihm gebotene Personalregister, um die ihm für die betreffende Rolle geeignete Equipe zu bilden, sich teilweise stützend auf die der Gesellschaft vertraute Symbolkraft einzelner Figuren (Lamm = einfältig, brav; Fuchs = schlau; Wolf = roh und rabiat; Löwe = königlich, mächtig; Maus = wendig, lebensklug). Daß die Einschätzung von Fabelwesen bei einzelnen Autoren, in verschiedenen geschichtlichen Epochen und ebenso in verschiedenen Landschaften auch schwanken kann, geht vielleicht daraus hervor, daß in den vielen Bären-

Fabeln des 18. Jahrhunderts Meister Petz keineswegs einheitlich aufgefaßt wird (er ist sowohl der gutmütige Trottel wie der rachedurstige Volksverteidiger), oder daß zum Beispiel die Ähren bei Abraham Emanuel Fröhlich (1796–1865) frech und hochmütig, bei Wilhelm Busch (1832–1908) dagegen sanftmütig und überlegen gezeigt werden:

A.E. FRÖHLICH · DIE NÜTZLICHEN

«Unkraut seid ihr», sagten die Ähren
zu der Korn- und Feuerblume,
«Und ihr dürft euch vermessen
Selbst von unserm Boden nähren?»

«Wir sind freilich nicht zum Essen;
Wenn das einzig hilft zum Ruhme»,
Sagten diese Wohlgemuten:
«Aber wir erblühn hieneben,
Euer Einerlei, ihr Guten,
Mannigfaltig zu beleben.»

WILHELM BUSCH · DER SACK UND DIE GARBEN

Ein dicker Sack – den Bauer Bolte,
Der ihn zur Mühle tragen wollte,
Um auszuruhn, mal hingestellt
Dicht an ein reifes Ährenfeld –
Legt sich in würdevolle Falten
Und fängt 'ne Rede an zu halten.
«Ich», sprach er, «bin der volle Sack.
Ihr Ähren seid nur dünnes Pack.
Ich bin's, der euch auf dieser Welt
In Einigkeit zusammenhält.
Ich bin's, der hoch vonnöten ist,
Daß euch das Federvieh nicht frißt;
Ich, dessen hohe Fassungskraft
Euch schließlich in die Mühle schafft.
Verneigt euch tief, denn ich bin Der!
Was wäret ihr, wenn ich nicht wär?»
Sanft rauschten die Ähren:
«Du wärst ein leerer Schlauch, wenn wir nicht wären.»

J. G. Wagner (?): Der Vater und seine Söhne (Leipzig 1757)

In dem Buch des Engländers Samuel Richardson, «Sittenlehre für die Jugend in den auserlesensten Aesopischen Fabeln mit dienlichen Betrachtungen zur Beförderung der Religion und der allgemeinen Menschenliebe vorgestellt» (Leipzig 1757), ist der Übersetzer nicht genannt. Es war Gotthold Ephraim Lessing. Der Illustrator des populären englischen Schriftstellers, des «Verfassers der Pamela, der Clarissa und des Grandison», war für die 5. Auflage (1786) höchstwahrscheinlich J. G. Wagner. Unser Bild will die Fabel «Der Vater und seine Söhne» veranschaulichen. Am Beispiel der gebündelten Stäbe zeigt der Vater den Kindern, wie Einigkeit stark macht.

Wenn kein in der Ordnung unserer natürlichen Welt begründetes Gesetz zur Auswahl und Zusammenstellung der für die Fabel besonders geeigneten Wesen besteht, so läßt sich daraus folgern, daß jeder Tiername zur Benennung eines Fabelakteurs herangezogen werden und daß jeder «Balg» mit jeder anderen Figur komponiert werden kann. Wir finden in der Fabel die Versammlung der Arche Noah wieder: fast sämtliche Haustiere, viele Vögel, exotische Tiere, aber auch niedere Tiere wie Mücken und Bienen. Die Tatsache, daß neben einem Kernbestand von «Äsopischen Tieren» innerhalb der abendländischen Tradition der Fabel – wir nannten Wolf, Lamm, Esel, Löwe und andere – wiederholt und weit verstreut viele andere Tiernamen als Figurenbezeichnungen auftauchen, legt den Schluß nahe, daß jedes Lebewesen in die Welt der Fabel übernommen werden kann, es also, was man gemeinhin unter speziellen Fabelwesen versteht, in ihr nicht gibt.

Diese Vermutung, daß es gar keinen separierbaren Figurenbestand der Fabel, der gewissermaßen durch die Bauform der Gattung hervorgerufen wurde – vielmehr nur «Fabulierungen» – gibt, wird bestätigt, wenn wir uns in den anderen Bereichen, aus denen die Fabel ebenfalls ihre handlungstragenden Gestalten holt, umsehen. Der Versuch, die Kombinationsmöglichkeiten zwischen Figurengruppen zu bestimmen, führt angesichts der bekanntesten Fabeln der abendländischen Tradition zu folgendem Ergebnis: Die wohl gängigste Zusammenstellung ist die von zwei Tieren, wie Wolf und Lamm, Fuchs und Rabe, Feldmaus und Stadtmaus, Elefant und Maus, Wildschwein und Esel, Bär und Biene usw. Daneben gibt es eine große Zahl von Fabeln, in denen Tiere mit Menschen in Kontakt gebracht werden. Erinnert sei hier etwa an die Fabel vom Esel, der zuerst den Vater, dann den Sohn, dann alle beide zu tragen hat, bis zuletzt diese den Esel tragen, eine Geschichte, die unter andern Johann Peter Hebel unter dem Titel «Seltsamer Spazierritt» in seinen alemannischen Geschichten bearbeitet hat. Bei Äsop ist ein Esel zu finden, der im Dienste eines Gärtners stand, unzufrieden war, auf Vermittlung von Zeus in verschiedene andere Dienste gerät, bis er aus Furcht vor dem Gerber wieder zurück will. Hier wird nicht ein Tier als Requisit benutzt, vielmehr ist der Esel der Akteur, der vorführt, wie man seinen Herrn wechselt und wie man als Dienstbote leicht vom Regen in die Traufe kommt. Mensch und auch Zeus sind Partner des Esels in der Fabelwelt, ähnlich wie der Affe und der geizige Mann bei Christian Felix Weisses, wo der Affe sämtliche Pläne des Geizhalses zunichte macht, indem er das gesparte Geld zum Fenster hinauswirft. In Lessings Fabel «Äsopus und der Esel» konzentriert sich sogar unser Blick auf den sagenhaften antiken Dichter der Fabel, den angeblichen phrygischen Sklaven Äsop, der zusammen mit dem Esel «verfabelt» wird.

Sucht man nach weiteren Figurenkonstellationen der Fabel, dann stößt man auf Beispiele, in denen Tiere zusammen mit Gegenständen der organischen oder anorganischen Natur auftreten. Schon bei Flavius Avianus, einem römischen Schriftsteller des vierten oder fünften Jahrhunderts, gibt es die Erzählung von der Krähe, die Kieselstein auf Kieselstein ins Wasser des Kruges wirft, bis der Wasserspiegel für sie erreichbar ist und sie den Durst löschen kann. Hier ist durch ein Tier ein Stück Physik zu bewältigen, die Verhältnisse in der anorganischen Natur sind der Kontrahent der Krähe. In Magnus Gottfried Lichtwers «Die Flinte und der Hase» tragen das «Rohr» und «ein blöder Hase» ein Wortgefecht aus, in dem es darum geht festzustellen, daß die Flinte nur gefährlich ist, wenn sie in der Hand einer wachsamen Obrigkeit ist. Eine technische Erfindung des Menschen also wird zur Fabelfigur. Eine künstlerische Erfindung, nämlich die Larve eines Schauspielers, ist bei Lessing im Anschluß an Phädrus Gegenstand einer Fuchs-Meditation:

Vor alten Zeiten fand ein Fuchs die hohle, einen weiten Mund aufreißende Larve eines Schauspielers. «Welch ein Kopf!» sagte der betrachtende Fuchs, «ohne Gehirn und mit einem offenen Munde! Sollte das nicht der Kopf eines Schwätzers gewesen sein?»

Dieser Fuchs kannte euch, ihr ewigen Redner, ihr Strafgerichte des unschuldigsten unserer Sinne!

Auch in modernen Fabeln sind solche Gegenüberstellungen zwischen Tier- und Dingwelt zu finden, wenn etwa bei Wolfdietrich Schnurre unter dem Titel «Unangebrachte Liebesglut» von einem Goldhähnchen berichtet wird, das eine Schneeflocke liebt. Diese geht an der Liebesglut ihres Verehrers zugrunde, sie taut.

Als vierte Konstellationsvariante wäre die zwischen Tieren und Abstraktionen oder auch überirdischen Mächten zu nennen. Zwei Beispiele mögen genügen. Das erste stammt von Lessing, der eine Äsopsche Fabel unter der Überschrift «Die Esel» bearbeitet hat. Darin beklagen sich die Esel bei Zeus über die Menschen und die Schläge, die sie bekommen. Sie ziehen getröstet davon, als Zeus ihnen verspricht, sie dagegen unempfindlich zu machen. Eine Gottheit der griechischen Mythologie wird in das Reich der Fabel gezogen und mit dem Esel auf eine Diskussionsebene gebracht. Als zweites Beispiel sei die ziemlich umfangreiche Erzählung Just Friedrich Wilhelm Zachariäs (1726–1777) erwähnt, in der unter der Überschrift «Die Spinne und das Podagra» das genannte Tier mit der Krankheit auf Wanderschaft geht, sich bei arm und reich einnistet und am Ende erfahren muß:

> Und so wohnt noch zu unsern Zeiten
> Die Spinne bei den Armen gern,
> Das Podagra bei großen Herrn.

Einmal im Zusammenhang mit einer antiken Gottheit, zum anderen mit der personifizierten Gicht treten die Fabeltiere in Erscheinung.

Es läßt sich leicht über die genannten Kombinationsmöglichkeiten hinaus der Katalog der Verbindungen vervollständigen. Da jedes Fabelwesen praktisch mit jedem anderen in einer Geschichte zusammenkommen kann, ergeben sich noch Gruppierungen wie die, bei der Stücke der dinglichen Welt kombiniert werden: Jean de La Fontaine hat unter seinen Fabeln die schon bei Avianus berichtete Geschichte von den beiden Töpfen erzählt, die, aus verschiedenem Material gemacht, miteinander auf Reisen gehen wollen. Dabei bekommt der Tontopf durch die Püffe des neben ihm marschierenden Eisentopfes Risse und geht zuletzt in Scherben. Hier werden zwei Dinge der menschlichen Umwelt – Werkzeuge, Haushaltgeräte – zu Fabelwesen erkoren. Ebenso kann es mit Säcken (Wilhelm Busch), aber auch mit einem Lampion geschehen, der bei Wolfdietrich Schnurre in Konkurrenz mit dem Mond treten will.

DAS SELBSTBEWUSSTSEIN DER HOHLHEIT

Ein runder gelber Lampion, der, von einem Kerzenstümpfchen erhellt, an einem Holunderzweig hing, erblickte unweit von sich im Weiher das windverwischte Mondspiegelbild. «Je, je», dachte er, «was für ein kläglicher zerknautschter Lampion!»

Ein Gestirn und ein leichtgezimmertes Licht werden in eine pointenreiche Beziehung gebracht, sie werden auf eine Ebene gesetzt, auf der ihr Konkurrenzverhältnis durchgespielt werden kann. Ebenso gibt es Beispiele, wo Pflanzen wie Pappeln, Ähren, Blumen, ja wo sogar Teile des Menschenkörpers als selbständige, sprechende Fabelwesen auftreten. Neben der früher

FAVOLE SCELTE,

Tradotte dall' Idioma Franceſe nell' Italiano per il Signor de Veneroni Maeſtro delle ſudette Lingue à Parigi: e poi da quelle nel Tedeſco, per il Signore Baldaſſaro Nickiſch Maeſtro di Lingue in Auguſta. Il tutto arricchito di Figure à ciaſcuna Favola, a fruttuoſa ricreatione della Gioventù amatrice delle Lingue & arti.

In Auguſta appreſſo Gio. Ulrico Kraus, Borgheſe & Intagliator di eſſa Città. 1727.

Auserleſene Fablen,

Aus dem Franzöſiſchen in das Italiäniſche durch den Herrn de Veneroni, Sprach-Meiſtern zu Paris: Und dann durch den Herrn Balthaſar Nickiſch, Sprach-Meiſtern zu Augſpurg, ins Deutſche überſetzt. Alles mit Kupfer-Stücken bey einer jeden Fabel ausgezieret: der Sprach-liebenden und Kunſt-geneigten Jugend zu nützlicher Ergötzlichkeit.

Zu Augſpurg bey Johann Ulrich Krauß, Burger und Kupferſtecher daſelbſt, 1727.

FABLES CHOISIES,

Traduites du François en Italien par le Sieur de Veneroni, Maitre des sudites Langues à Paris: Et puis aprés en Allemand, par Mr. Balthaſar Nickiſch Maître de Langue à Augsbourg. Le tout enrichi de Figures à chaque Fable, au profit & à la recreation de la Jeuneſſe aimant les Langues & les Arts.

A Augsbourg chez Jean Ulric Kraus; Bourgeois & Graveur de la ditte Ville. 1727.

Cum Privilegio Sacræ Cæſ. Majeſtatis.

Augſpurg, zu finden bey Johann Andreas Steißlinger. 1759.

Titelseite und Textseite von «Favole Scelte – Auserlesene Fablen – Fables Choisies» (Augsburg 1759)

Als Beispiel einer polyglotten Fabelausgabe des frühen 18. Jahrhunderts sind hier die Titelseite und die Seite 42 mit der Wiedergabe der Geschichte «Vom Hund und seinem Schatten» zu sehen. Insgesamt 95 Fabeln sind in dem 1759 bei J. E. Steisslinger in Augsburg herausgekommenen Werk auf den

FAV. XL.

Del Cane, e l'ombra ſua.

Un Cane haveva un buon pezzo di carne in bocca, e paſſando vicino un fiume, ove con l'ombra ſua, vidde anche quella del pezzo di carne, che gliela faceva parere un pezzone. Eſſo avido laſciò cadere quella, che teneva ſicura, e s'atuffo nell'acqua per ſeguir l'ombra. Dopo eſſerſi alquanto moſſo, e rimoſſo, corſo, e ricorſo s'auvide il miſero eſſere andato dietto all'ombra, e tutto s'biggottito della perdita della carne, vedendoſi fuor di ſperanza di non poterla più rihavere, diſſe con odio verſo di ſe; ò miſero te; tu dovevi metter fine alla tua sfrenata ingordiggia; che ſe tu non foſſi ſtato tanto ingordo, ti ſarebbe baſtato quel boco, che havevi trà denti, ed hora per la tua ingordiggia non hai coſa alcuna, e però adeſſo va guarda il digiuno.

Senſo Morale.

Quel certo c'habbiamo, biſogna tenerlo ben ſerrato in pugno.

Die XL. Fabel.

Vom Hund und ſeinem Schatten.

Ein Hund hatte ein gut Stuck Fleiſch im Maul, und lieſſe damit bey einem Fluſſe vorbey, darinnen er ſeinen, und ſeines Fleiſches Schatten ſahe. Er meynte, es wäre noch ein anders, und weil dergleichen Thiere von Natur ſehr gefräßig ſeyn, lieſſe er das Stuck, welches er im Rachen hatte, fallen, und ſprang in das Waſſer, dem Schatten nachzuſchwimmen. Kurtz hernach wurde er gewahr, daß nur dem Schatten nachgeſchwummen, und gantz beſtürtzt wegen des Verlurſts, ohne Hoffnung, daß er ſein Stuck Fleiſch wieder bekommen werde, ſprach er: O du Elender! du hätteſt ſollen deine Begierde zum Freſſen mäßigen; dann, wann du nicht ſo begierig auf das Freſſen wäreſt geweſen, ſo wäre dir etwas zwiſchen den Zähnen blieben, an ſtatt, daß deine Begierlichkeit dich dahin gebracht, daß du nichts haſt, und jetzund faſten muſt.

Lehre.

Was wir gewiß haben, ſollen wir nicht fahren laſſen, ſondern feſt halten.

FAB. XL.

Le Chien, & ſon ombre.

Un Chien ayant un bon morceau de chair entre les dents, paſſa ſur le bord d'une riviere, où il vit ſon ombre & celle du morceau de chair. Il crut que c'en étoit un autre, & comme ces ſortes d'animaux ſont naturellement fort gourmands; il laiſſa tomber le morceau qu'il tenoit dans ſa gueule, & ſe jetta dans l'eau pour ſuivre l'ombre. Quelque tems aprés il s'apperçeut qu'il n'avoit ſuivi qu'un ombre; & tout étonné de la perte qu'il venoit de faire, ſans eſperance de pouvoir ratrapper ſon morceau: il dit, ô! miſerable que tu es, tu devois moderer ta gourmandiſe; car ſi tu n'euſſes pas été ſi gourmand, il te ſeroit reſté quelque choſe entre les dents, au lieu que ton avidité t'a mis en état de n'avoir rien, & de jeûner à preſent.

Sens Moral.

Ce que nous tenons certainement, il ne faut pas s'en défaiſir, de crainte de ne rien avoir.

Buchseiten jeweils dreispaltig abgedruckt, dazu je eine Illustration auf insgesamt 45 Kupfertafeln verteilt. Es handelt sich um ein Buch zu «nützlicher Ergötzlichkeit» für die sprach- und kunstliebende Jugend. Seit dem «Orbis Pictus» des Johann Amos Comenius (1654) waren mehrsprachige Jugendbücher vielfach erschienen. Die vorliegende Ausgabe sollte sowohl zur Übermittlung guter Lehren als auch dem Erlernen fremder Sprachen dienen.

zitierten Fabel vom Magen und den Gliedern wird ebenfalls aus der Antike die dem Äsop zugeschriebene Geschichte vom Magen und den Füßen berichtet:

DER MAGEN UND DIE FÜSSE

Magen und Füße lagen im Streit wegen ihrer Stärke. Wenn die Füße bei jeder Gelegenheit sagten, sie seien soviel stärker, daß sie selbst den Magen noch trügen, antwortete dieser: «Wenn ich keine Nahrung zu mir nehme, könnt ihr auch nicht tragen! So ist es auch im Feld: die große Masse bedeutet nichts, wenn die Soldaten nicht den rechten Geist haben.» (Mader, S. 67.)

In der utopischen Welt der Fabel kann jedes körperliche Ding oder Teilstück isoliert auftreten, um in Aktion zu treten und innerhalb der Geschichte bestimmte Funktionen zu übernehmen.

Verweilen wir einen Augenblick bei den Kombinationen mit Gegenständen aus der dinglichen Welt, dann ergeben sich außer den Verbindungen, die schon erwähnt wurden, nämlich der zwischen Tier und Ding, und der zwischen Ding und Ding noch die zwischen Ding und Mensch, gegeben beispielsweise in der Fabel «Der Milchtopf» von Johann Benjamin Michaelis (1746–1772), in der das Geschirr seine Herrin zu den gelüstigsten Überlegungen reizt, bis es am Ende zerspringt und damit alle Hoffnungen zerstört. Als weitere Verbindung besteht die zwischen einem Gegenstand und einem Abstraktum, wie im Beispiel Lessings «Die eherne Bildsäule», wo der Neid personifiziert auftritt und sich an einem Kunstwerk, einer Bildsäule, wetzt.

DIE EHERNE BILDSÄULE

Die eherne Bildsäule eines vortrefflichen Künstlers schmolz durch die Hitze einer wütenden Feuersbrunst in einen Klumpen. Dieser Klumpen kam einem anderen Künstler in die Hände, und durch seine Geschicklichkeit verfertigte er eine neue Bildsäule daraus, von der erstern in dem, was sie vorstellte, unterschieden, an Geschmack und Schönheit aber ihr gleich.
Der Neid sah es und knirschte. Endlich besann er sich auf einen armseligen Trost: «Der gute Mann würde dieses noch ganz erträgliche Stück auch nicht hervorgebracht haben, wenn ihm nicht die Materie der alten Bildsäule dabei zustatten gekommen wäre.»

Die Schwierigkeit, die in den Blick genommene Fabelwelt analytisch zu erfassen, wird immer wieder deutlich. Ein Begriff, ein geistig-seelisches Phänomen, die Gemütsbewegung des Neides, soll in Lessings Fabel veranschaulicht und bloßgestellt werden, indem sie zur Fabelfigur verdichtet wird, sprechen und denken kann und damit intellektuell agiert. Aber alle Veranschaulichung ist von vornherein dadurch gebrochen und sozusagen durchsichtig, daß die Fabel, wie wir immer wieder feststellen können, als Ganzes schon in der Schwebe zwischen Abstraktion und Anschaulichkeit gehalten ist und dementsprechend die Teile ihrer Welt ebenso in diesen Schwebezustand versetzt werden.

So werden auch bei den drei jetzt noch zu nennenden Kombinationsmöglichkeiten niemals die beiden Komponenten, weder die Abstraktion noch die Anschaulichkeit, ganz aufgegeben, auch wenn vielleicht bei der Verbindung von Menschenfiguren mit anderen Elementen die Gelegenheit am günstigsten wäre, im Leser oder Hörer der Geschichte eine realistische, anschauliche Wirklichkeitsvorstellung zu erzeugen, weil nun einmal Menschen sowieso miteinander sprechen, weil sie denken und die Welt, die in der Deutungsschicht der Fabel aufgerissen und kritisch beleuchtet werden soll, schon die ihre ist. Aber in dem Augenblick, in dem Menschen in das Reich der Fabel versetzt sind, sind sie keine Menschen mehr, sondern Fabelwesen in Menschenhülsen. Zum Schemen erstarrt und ohne wirkliche Züge einer menschlichen Individualität verharren sie wie alle Fabelfiguren im Typischen, haben praktisch nur Menschensprache und Menschennamen und existieren als Konturwesen nur aus dem, was sie sagen. Erinnert sei an die von Äsop überlieferte Fabel «Hic Rhodos – hic salta», in der von einem Mann nichts mehr bekannt wird, als das, was zur Wirkung des Pointensatzes «Hic Rhodos – hic salta» nötig ist: daß er angegeben hat, auf Rhodos weit gesprungen zu sein und dazu Zeugen habe. Der Verzicht auf Einzelheiten präpariert die Lehre und Allgemeinverbindlichkeit des Geschehens geradezu heraus: «Ein Mann» ist jedermann, «hier» ist überall und «Rhodos» ist das Anderswo. So fällt die Fassung des «fabula docet» auf einen vorbereiteten Leser.

DER GROSSSPRECHER

Ein Mann war auf Reisen gewesen und rühmte sich nach der Rückkehr in seine Heimat, daß er unter vielen anderen wackeren Taten, die er in verschiedenen Ländern verrichtet, auch auf der Insel Rhodos einen Sprung ausgeführt habe, desgleichen dort niemand zu tun imstande gewesen sei; er habe – fügte er hinzu – die, welche dort dabeigewesen, zu Zeugen. Da nahm einer der Anwesenden das Wort

und sagte: «Wenn das wahr ist, brauchst du keine Zeugen, hier ist Rhodos, hier mache deinen Sprung!»
Die Fabel lehrt, daß, wenn eine Tat nicht vor unseren Augen ausgeführt wird, alles Gerede von ihr überflüssig ist.

Auch das Inbeziehungsetzen und Personifizieren von zwei Abstraktionen – seien es jetzt Begriffe wie Wohltätigkeit und Dankbarkeit, Spiel und Ernst, Wahrheit und Lüge oder mythologische Figuren – führt nicht zu einer Ausschaltung der Anschaulichkeit. Dies zeigen die zwei folgenden Beispiele. Im ersten treffen zwei menschliche Eigenschaften – die Nörgelei und der Frohmut – aufeinander. Es stammt von Johann Heinrich Pestalozzi.

DAS HAHNENGESCHREI

Meister Erdwust: «Warum kräht der Hahn allemal, ehe du aufstehst?»
Knecht Frohmuth: «Damit ich noch einen Augenblick als ein Mensch denken könne, ehe ich als ein Vieh arbeiten muß.»
Dieser Meister Erdwust sagte auch einmal zu seinem Knecht, es sei mit dem Ruhetag, den man Sonntag heiße, eine bloße Narrheit: «Wir haben ja in der Woche sieben Ruhenächte.»

Im zweiten, von Lessing nach einer dem Äsop zugeschriebenen Vorlage erzählt, treffen sich Jupiter und Apollo:

JUPITER UND APOLLO

Jupiter und Apollo stritten, welcher von ihnen der beste Bogenschütze sei. «Laß uns die Probe machen!» sagte Apollo. Er spannte seinen Bogen und schoß so mitten in das bemerkte Ziel, daß Jupiter keine Möglichkeit sahe, ihn zu übertreffen. – «Ich sehe», sprach er, «daß du wirklich sehr wohl schießest. Ich werde Mühe haben, es besser zu machen. Doch will ich es ein andermal versuchen.» – Er soll es noch versuchen, der kluge Jupiter!

Die jeweiligen Begriffe oder Götter, als Fabelwesen dem Gesetz der Gattung folgend, haben zu agieren, zu sprechen und zu denken. Sie sind auf die Ebene des Menschlichen gezogen.

Das gleiche gilt auch für die Figurenkonstellation, bei der in einer Fabel ein Mensch und ein übernatürliches Wesen oder ein abstrakter Begriff zusammentreten. Der Götterbote Hermes spricht dann mit dem Holzhauer und belohnt dessen Gerechtigkeit, der Tod begegnet leibhaftig dem Greis (in den Äsopischen Fabeln «Der Holzfäller und Hermes», Mader, S. 119, und «Der alte Mann und der Tod», Mader, S. 83), aber auch das Echo wird einem Knaben in der schon erwähnten Fabel zum Partner, und die Figur «Gelegenheit» tritt in Daniel Stoppes gleichnamiger, etwas langatmig erzählter Fabel dem Hans folgendermaßen gegenüber:

DIE GELEGENHEIT

Vordem kam die Gelegenheit,
So Ehr' als Reichtum zu erlangen,
Zu einem Mann aufs Land gegangen.
«Hans!» rief sie, «komm, geh mit!»
Hans sprach: «Um welche Zeit?»
«Gleich! Gleich den Augenblick.»
«So hurtig, und wohin?»
«Komm fort, du wirst's schon sehn.»
«Je nu! so wartet doch
Zum wenigsten so lange noch
Mit der zugedachten Gabe,
Bis ich mir, weil ich barfuß bin,
Die Stiefeln angezogen habe.»
Der Bauer dachte nicht, daß die Gelegenheit
Zu einer oft noch kürzern Zeit
Sich einem aus den Händen schwinge
Und so gar schnell verlorenginge.
Er zog die Stiefel an und rufte seinem Weibe,
Die noch im Bette lag: «Hör», sprach er, «lieber Schatz!
Räum alle Kasten aus und mach indessen Platz,
Damit ich, wenn ich je bis mittags außen bleibe,
Bei meiner Wiederkunft als ein beglückter Mann
Das mitgebrachte Geld darein versperren kann.»
Er lief und öffnete sein Haus nun mit Verlangen;
Doch als er vor die Türe kam,
War die Gelegenheit zu seinem großen Gram
Schon weg und wieder fortgegangen.
Er rief, jedoch umsonst; sein Weib kam auch herbei
Und unterstützte sein Geschrei.
Sie liefen hinters Haus, durchsuchten Stall und Scheune,

Besahen auch sogar die Herberge der Schweine,
Ob die Gelegenheit sich etwa hier versteckt.
Jedoch mit aller Mühe ward endlich nichts entdeckt.
Der Bauer setzte sich vor seiner Türe nieder
Und schwur, ins Künftige schon hurtiger zu sein.
Allein was half ihm dies? Sein Hoffen traf nicht ein,
Denn die Gelegenheit kam nach der Zeit nicht wieder.

Der Versuch, zur Erkenntnis des Figurenarsenals der Fabel zu gelangen, indem man Gruppen von Kontrahenten bildet, hat praktisch ergeben, daß sowohl abstrakte Begriffe wie konkrete Gegenstände, Menschen, Tiere, Pflanzen, ja sogar mythische Figuren auftreten können. Ja mehr noch, daß in den einzelnen Fabeln alle diese genannten Gruppen durch ihre Vertreter miteinander oder gegeneinander agieren können. Das bedeutet also, daß wir beliebige Kombinationen von Figuren in dieser Literaturform vorfinden. Uns scheint dies eine wichtige Gesetzmäßigkeit zu sein, welche die Fabel in die Nähe anderer literarischer Gattungen rückt, hier vor allem in die des Märchens. Wenn aber die verschiedensten Figuren nicht nur unverbunden nebeneinander stehen, sondern als Handlungsträger einer kleinen Geschichte miteinander in Verbindung treten, ja gegeneinander gestellt sind, dann fragt sich, wodurch eigentlich die Tiere und Menschen, die Begriffe und toten Dinge einen für den Leser einleuchtenden Kontakt miteinander bekommen können. Denn offensichtlich rückt die Fabel alle von ihr absorbierten Teile der Welt auf eine Ebene. Sie nivelliert sie, denaturiert sie und erzeugt dadurch erst die eigentümliche poetische Sphäre. Die reale Wirklichkeit und die realen Daseinsverhältnisse der Wesen, an die wir zunächst zu denken haben, wenn wir ihre Namen hören, werden sofort vergessen, weil wir in den Sog der Gattungsgesetzlichkeit der Fabel gezogen werden, nach der jede Figur mit jeder Figur in ein Spannungsverhältnis kommen kann und muß. Hier kann wohl rechtens der von Max Lüthi (Das europäische Volksmärchen, Bern 1960[2]) für die Märchenhelden und -unhelden in Anspruch genommene Begriff der Eindimensionalität ins Spiel gebracht werden. Gemeint ist damit, daß alle auftretenden Märchengestalten – ob diesseitige oder jenseitige Wesen – untereinander verkehren, «als ob sie ihresgleichen wären».

Daß die Fabelwesen keine individuellen Geschöpfe sind, vielmehr allenfalls Typen, leuchtet ein. Da wird einfach von «dem» Wolf oder Fuchs, von «dem» Kranich und Esel, von einem alten Mann oder «einem» Tontopf, von

Äsop oder Zeus, von dem Echo oder dem Neid gesprochen. In allen Fällen gibt sich die Fabel keine große Mühe, hier Individuelles bekanntzumachen, sie nennt die Namen, setzt das Vertrautsein der Hörer oder Leser mit der Art oder dem Wesen der Akteure voraus und läßt es damit bewenden. Da nun die Fabel allgemeinverbindliche Aussagen über die menschlichen Verhältnisse machen möchte, braucht sie Figuren, die bestimmte Eigenschaften verkörpern können. So hat sich der Wolf als Habgieriger, zur Unterdrükkung der Schwachen stets bereiter Charakter ein für allemal in die Fabelwelt eingeführt, so stellt zum Beispiel der Esel die Inkarnation der Einfalt und Dummheit, so das Lamm als das nach Recht und Gerechtigkeit lechzende, aber deshalb die Welt nicht wach einschätzende Wesen dar. Die Fabel fragt dabei nicht, ob dies richtig oder biologisch erweisbar ist. So kann natürlich aber auch alles das, was an allgemeinem Erfahrungsgut aus den tatsächlichen Verhältnissen des Menschen mit der Welt genommen worden ist, in die Fabel hinübergenommen werden, indem zum Beispiel die Gestalt des Greises einmal die Hinfälligkeit, Müdigkeit, rückgewandte Lebenssehnsucht signalisiert, zum anderen aber auch die des Weisen, Überlegenen, des Richters wie in der Ringparabel oder des Vaters, der den Söhnen anhand der gebündelten Stäbe das Starksein durch Einigkeit demonstriert (Äsop, Mader, S. 67).

In anderen Fällen werden die tatsächlich in den Gegenständen liegenden Eigenschaften in die Fabel übernommen (Tontopf = Zerbrechlichkeit; Echo = Rückwurf des Hineingegebenen; Sack = hohle Hülle usw.). Da, wo der Neid, die Schönheit, die Wahrheit, Lüge oder Gelegenheit, die allegorischen Figuren also, aufstehen, ist die Bedeutung schon vorgegeben. In den nicht sehr häufigen Fällen, in denen nicht Artnamen genannt sind, sondern tatsächliche Eigennamen herhalten müssen, wie der Äsops selbst oder die der antiken Götter, handelt es sich, genauer besehen, eben auch nicht um Individuen, sondern um allgemeingültige, bedeutsame Wesen, die hier zu Fabelfiguren geworden sind.

Der Fabelschreiber benutzt demnach das bekannte Figurenarsenal, weil er sich auf den eingeführten und traditionellen Aussagewert des vorhandenen «Personals» verlassen kann. Er kann aber genau so gut zu Neuschöpfungen greifen, wenn sie nur die Eigenschaft, zu deren Hervorhebung er sie einsetzen will, allgemeingültig vertreten. So haben wir neben den traditionellen Fabelwesen von Äsop bis James Thurber immer und immer wieder die oft sehr kurzlebigen Prägungen einzelner Dichter.

Wir dürfen an das erinnern, was wir im Hinblick auf die Konsistenz der Fabelwelt, über deren dünne Atmosphäre und über die groben, aber scharfen Konturen der Kulissen gesagt haben. Betrachten wir die einzelnen Figuren im Hinblick auf ihre körperliche Widerstandsfähigkeit in der Fabelwelt, dann erweist sich erneut, daß sie ins Reich des Surrealen gehören und deshalb mit den Denkvorstellungen, die in der Realwelt gelten, kaum zu fassen sind. Der Esel in Luthers Bearbeitung der Fabel von der Teilung der Beute bekam, wir erinnern daran erneut, seine Haut abgezogen, ohne daß er das Leben verliert. Er dient als Demonstrationsobjekt. Der Tontopf zerbricht, ein Fabelwesen endet, ohne daß wir als Leser oder Hörer in Gemütsbewegung versetzt würden. Der Elefant bleibt in der Grube, wir aber freuen uns über den Sieg der Maus, bleiben ungerührt vom weiteren Schicksal des Elefanten. Das Spiel ist aus, der Vorhang fällt. Der Elefant wurde fallengelassen. Er hat uns geholfen, uns das Mächtige, die «Großen dieser Welt», vor Augen zu führen. Damit hat er seine Schuldigkeit getan. Er wird in Christian Felix

Esopi Leben. Die sechs Szenen aus dem Leben des Äsop sind dem 1781 bei Christian Gottlob Proft in Kopenhagen und Leipzig verlegten Werk «Aesopus des Phrygiers Leben und Fabeln, nebst den Fabeln des Philelphus» entnommen. Es handelt sich um eine Übersetzung aus dem Französischen. Auch die Bilder dürften schon der französischen Ausgabe angehört haben. Sie befinden sich auf einem Blatt gegenüber der Titelseite (Frontispiz) und kommentieren im einzelnen folgende Begebenheiten:

1. Äsop wird bezichtigt, die Feigen seines Herrn gegessen zu haben. Seine Unschuld erweist er, indem er alle Verdächtigen lauwarmes Wasser trinken läßt. Er selbst speit klares Wasser wieder aus, während seine Verleumder die von ihnen gegessenen Früchte wieder von sich geben müssen.
2. Xanthus, Äsops Herr, befiehlt seinem Sklaven, «eine Linse» zu kochen. Äsop versteht das wörtlich und setzt seinem Herrn und dessen Freunden ein Gericht vor, das aus purem Wasser und einer einzigen gekochten Linse besteht.
3. Äsop spielt seinem Herrn Xanthus einen Streich, indem er die Speisen, die für die Frau des Xanthus bestimmt sind, der kleinen Hündin vor den Augen der von ihm gehaßten Herrin vorsetzt. Xanthus hatte Äsop aufgetragen: «Bringe das Essen meiner Liebsten.»
4. Auf einem Botengang begegnet Äsop dem Prätor. Er antwortet auf dessen Frage, wohin er gehe, er wüßte es nicht. Der wegen dieser «frechen» Antwort erboste hohe Beamte will Äsop ins Gefängnis werfen lassen. Der schlaue Sklave aber antwortet: «Da siehst du ja, Prätor, daß meine Antwort ganz richtig ist, und daß ich Ursache gehabt habe, zu sagen, ich wüßte nicht wohin ich gienge.» Schon vor dem Gefängnistor angelangt, läßt der Prätor ihn noch einmal laufen.
5. Äsop, Berater der von Kroisos, dem König der Lydier, bedrängten Samier, kniet vor dem Thron des mächtigen Herrschers. Er erreicht dessen Versöhnung, die Freiheit für sein Volk und seine persönliche Anerkennung, indem er sagt: «Laß mich nicht ohne Ursache hinrichten; ich kann niemanden, wer es auch sey, einigen Schaden zufügen: nur rede ich bey meinem unförmlichen Körper ganz freymüthig.»
6. Die Delpher haben angeblich Äsop von einem Felsen herabgestürzt und getötet. Ihr Land soll darauf von einer Pest heimgesucht worden sein. Das Orakel riet ihnen, Buße zu tun. «Ihre Gewissensvorwürfe darüber» – so heißt es am Ende des Lebensberichtes – «nöthigten sie auch, ihm eine Spitzsäule aufzurichten.»

Frontispiz aus «Aesopus des Phrygiers Leben und Fabeln»
(Leipzig 1781)

Weisses Epimythion schon durch ein anderes Symbol der Mächtigkeit, hier der Eiche, ersetzt:

> Beneide nicht die Großen dieser Welt!
> Der Strauch hebt sich im Sturm, die Eiche liegt gefällt.

Die Fabelfiguren bewegen sich so, wie es das Gesetz ihres Einsatzes verlangt. Sie haben kein Eigenleben, sie sind außengesteuerte Hülsen. Die Beziehungen, die sie gewinnen, gewinnen sie durch die Gesetze, die durch die Struktur der Fabel als Sprach- und Denkform vorgeschrieben sind. Der Gegensatz zur Kontrastfigur fordert ein streng geregeltes Verhalten, das durch die zu erzielende Pointe und die Eindimensionalität der Fabelwelt Eingrenzungen erfährt. Gerade das, was sich zwischen den Fabelfiguren abspielt, der zu demonstrierende Fall, bestimmt ihren Auf- und Abtritt, und nicht umgekehrt bestimmt der «Charakter» das Geschehen. Insofern bewegen sich die Fabelfiguren wie Marionetten, die auktorial gelenkt werden. Dies ist kein individueller oder epochal bestimmter Erzählstil, vielmehr eine Möglichkeit, aber auch eine Grenze, die von der Struktur der Gattung vorgezeichnet ist. Wieder ergeben sich Parallelen zum Märchen, von dem Max Lüthi die Flächenhaftigkeit seiner Helden und Unhelden hervorhebt. Wir können zwar nicht einfach sagen, in der Fabel fänden wir nur Gestalten, die «keine Tiefe, nur Oberfläche» haben, aber wir können wohl sagen, daß im allgemeinen von den Fabelautoren kein Wert auf eine breitere Ausgestaltung der einmal kurz gegebenen Kontur gelegt wird und daß die Figuren zwar gewiß ohne «Innenwelt», wie die Märchenfiguren, aber deshalb nicht ohne Intellekt gegeben werden.

Bei einer solchen Sachlage fragt man sich, wieso eigentlich eine Reihe von Figuren aus dem Fabelreich einen so tiefen Eindruck in unserem Gedächtnis und Vorstellungshaushalt hinterlassen hat. Diese Wesen, gleich welcher Gruppenangehörigkeit, ob im Tierbalg steckend oder mit dem Namen eines antiken Gottes versehen, ob als Gegenstand oder abstrakte Wesen agierend, sie überlegen und verstehen, folgern und irren sich, werden dank ihrer intellektuellen Kräfte Sieger über ihren Kontrahenten, oder aber sie erliegen ihm aus Mangel an Witz, Schlagfertigkeit, Einsicht. Sie zeigen ihre humane Potenz in ihrer Sprachmächtigkeit. Auf Grund dieser intellektuellen Einseitigkeit der Fabelfiguren kann erneut die Feststellung der verdünnten Atmosphäre einleuchten. Gerade wegen der letztgenannten

Eigenschaft, der fast ausschließlichen Ausrichtung der Fabelfiguren auf den Zweck, etwas einsichtig zu machen, erinnern wir hier an die wiederholten Vergleiche mit der Welt des Marionettentheaters. Der Kopf der Puppe ist wichtig, darunter sind nur die Kleiderhüllen. Auch die Marionette fällt zusammen, wenn sie keine Außensteuerung mehr aufweisen kann, wenn also der Spieler nicht mehr Hand an sie legt. Bei diesem Zuschnitt der Figuren, der auf unsere Gattung weitgehend zutrifft, ist es erklärlich, warum wir kein Mitleid mit dem Geschick der Fabelwesen empfinden: Ihnen fehlt gerade der Teil menschlichen Wesens, dem wir gewöhnlich unser Mitleid widmen, die Psyche. Die «denaturierte» Natur der Fabeltiere – so meint Lessing in seiner «Abhandlung» – mache den Leser gegenüber dem Stoff und Lehrgut leidenschaftslos. Und Dolf Sternberger sagt in seinem Buch «Figuren der Fabel» (Berlin und Frankfurt 1950): «Die Fabel duldet kein Mitleid.» Insofern leiden die Fabelwesen auch nicht. Sie sterben auch nicht. Sie demonstrieren höchstens das Untergehen, das Zugrundegehen, darin auch wiederum den Kasperlfiguren vergleichbar, die von Stück zu Stück neu erstochen, erschlagen oder aufgefressen werden können, ohne daß wir sie deshalb als potentielle Akteure aus dem Programm des nächsten Stückes zu streichen hätten. Sie sind «wiederholbar». Esel, Wolf, Löwe sterben immer wieder. Sie haben immer wieder ihre Rolle zu spielen, ohne daß wir gelangweilt würden.

DIE GESELLSCHAFTLICHEN KONFLIKTE IN DER FABELWELT

Wer auch immer die Akteure der einzelnen Fabeln sein mögen, Menschen, Tiere, Sachen oder Abstraktionen, ihnen allen wird das Recht zugesprochen, sprechen zu können. Dies Vermögen deutet darauf hin, daß sie alle die Fähigkeit zugebilligt bekommen, denken und ihre Gedanken mitteilen zu können. Der Tod spricht mit einem alten Mann, der Löwe mit dem Fuchs, die Maus mit dem Elefanten, der Affe mit dem Menschen, Zeus mit den Sterblichen usw. Gewiß ist die Ausstattung der Handelnden mit Sprache ein Konstituens der Fabel überhaupt. Aber um dem Beziehungsfeld der einzelnen Fabelwesen weiter auf den Grund zu kommen, ist zu fragen, wer denn im ganz konkreten Fall mit wem ins Gespräch kommt. Und da ergibt sich, daß als Gesprächspartner diejenigen in Frage kommen, die sich möglichst konträr gegenüberstehen. Wir erinnern nur an die ungleichen «Paare» wie den mächtigen Elefanten und die winzige Maus, die Mücke und den Stier, an das schnüffelnde Schwein und den erhaben rauschenden Eichbaum. Aber nicht nur die habituellen, optisch vorstellbaren Kontraste sind gemeint, ebenso auch andere, wie die der Macht und Ohnmacht beim Wolf und Lamm, bei Adler und Taube, oder die der Einfalt und des Witzes beim Vater und Sohn, die am Ende ihren Esel nach Hause tragen, weil sie sich aus den Einflüsterungen der ihnen begegnenden Wanderer nicht anders herausfinden können. Groß und klein, arm und reich, mächtig und ohnmächtig, schlau und dumm sind einige der mannigfachen Grundkontraste, die von Anfang an der kurzen Erzählung gegeben sind. Die Pointe der Fabel besteht gewöhnlich darin, daß das zunächst vermutete Überlegenheitsverhältnis sich umkehrt, indem etwa die Maus über den Elefanten, der Fuchs über den Löwen, der Esel über den Menschen triumphieren. Dies muß nicht so sein. Aber Ungleiche stehen als denkende und sprechende Wesen in der Fabel zusammen auf der Bühne. Hier bereitet gewissermaßen die Konstellation des Personals die Pointe vor.

Nicht nur die Fähigkeit zu sprechen alleine ist Kennzeichen der Fabelfiguren. Die damit verbundene Vermenschlichung geht weiter. In der Fabel vom Kranich, der den Wolf von einem in dessen Halse steckenden Knochen befreit, wird zum Beispiel in der Herderschen Fassung der Kranich mit der Berufsbezeichnung «Chirurgus» versehen:

> In Wolfes Rachen steckt ein Bein,
> Chirurgus Kranich fährt hinein
> und hat es glücklich schon.
> «Herr Wolf, mein Feldscherlohn!»
> «Den hast du», sprach der Wolf, «du Langhalsschnabel schon;
> denn Herr, bei meiner Seele,
> Ihr wart mir in der Kehle.»

Durch die Nennung des Berufs wird die Identifikation von Fabelwesen und Menschenwelt erleichtert und zugleich in eine bestimmte Richtung gelenkt. Im nachdenklichen Lehrsatz, den Herder anfügt, kann nun ohne Schwierigkeit der Fall des Chirurgus auf den des Hofmanns im allgemeinen, der Sklavendienste zu leisten hat, übertragen werden:

«Herr Hofmann, Eure Pension
für so viel Sklavendienst, wo ist nun Euer Lohn?»
«Freund, rechne mir's genug zum Lohne,
daß ich mit heiler Krone
hier wohne.»

Dieser Fall der Gleichsetzung von Tierart und Berufsstand ist keineswegs vereinzelt. Da bekommen Hasen und Lämmer den Status des Soldaten, wie in Erich Kubys «Hasenmanöver» (Alverdes, S. 370) oder Wolfdietrich Schnurres «Die unmöglich gemachte Herausforderung» (Protest im Parterre, S. 22), Spinnen werden bei Sebastian Franck (1499–1543) zu Lehrerinnen erhoben (Alverdes, S. 85), Wölfe anderswo und bei Abraham a Santa Clara (1644–1709) zu Doktoren (Alverdes, S. 91), und in der bekannten Fabel vom Wolf, der zum Schäfer geworden ist, liegt die Paradoxie des Metiers der Bestie klar zutage.

Neben den Berufszugehörigkeiten, die deklariert werden, wird den Fabelfiguren eine Reihe gesellschaftlicher Funktionen untergeschoben, die erneut ihren Zeigecharakter unterstreichen. Ein Hund wird Kläger, Wolf, Weih und Geier sind Zeuge, das Schaf ist Angeklagter. Eine ganze Gerichtsszene rollt ab. Bei Martin Luther lautet sie:

VOM HUNDE UND SCHAF

Der Hund sprach ein Schaf für Gericht an umb Brod, das er jm gelihen hatte. Da aber das Schaf leugnet, berieff sich der Hund auff Zeugen, die musste man zu lassen. Der erste Zeuge war der Wolff, der sprach, Ich weis, das der Hund dem Schaf Brod gelihen hat / Der Weihe sprach, Ich bin dabey gwest. Der Geir sprach zum Schaff / Wie tharstu das so unverschampt leugnen? Also verlor das Schaf seine Sache, und musste mit schaden zur uneben zeit seine Wolle angreiffen, damit es das Brod bezalet, das es nicht schuldig worden war.

Sehen wir ab von der speziellen Tendenz des Bearbeiters, der einen Fall konstruiert, an dem er zeigen kann, daß der «Welt lauff» so ist, keiner dem anderen etwas gönnt, man sich vor bösen Nachbarn hüten müsse, wie es im Epimythion auch ausgesprochen wird, begnügen wir uns hier mit der Feststellung, daß die Fabelwesen in den Funktionen, die eine Gerichtsverhandlung verlangt, zu finden sind, damit also nicht nur die Fähigkeit des Sprechens und Argumentierens aufweisen, sondern auch offizielle gesellschaftliche Funktionen übernehmen. Ebenso gibt es Jagdszenen, bei denen die Tierfiguren als Jäger auftreten, also nicht in der ihnen nach ihrem Äußeren zukommenden Rolle des gejagten Wildes sind. In der von La Fontaine erzählten Fabel «Der Löwe und der Esel auf der Jagd» heißt es:

Der Herr der Tiere lud zur großen Pirsch.
Er feiert Namenstag nicht wie die armen Leute,
denn Sperlinge sind keine Löwenbeute,
doch Schwarz- und Rotwild, Keiler oder Hirsch.
Als Beistand und als Weidmanns Heil
nahm auch der Esel daran teil,
mit seinem starken Stentorbasse
das Amt des Hifthorns zu versehn.
Der Löwe hieß ihn, laubgetarnt zu stehn,
daß auf Befehl er schreiend schasse
das Wild aus dem Versteck. Die Masse
war noch ungewöhnt
der Stimme, die so schaurig tönt.
Die Luft erscholl und grollte von dem Lärme;
Angst fuhr dem Waldvolk ins Gedärme;
es flüchtete und dergestalt
fiels in des Löwen Hinterhalt.
Bin ich nicht unter Jägern eine Zier?
so fragt der Esel voller Ehrbegier.
Gewiß, versetzt der Leu, recht wacker war dein Ton;
kennt ich nicht dich nach Art und nach Person,
ich wär wahrhaftig selbst geflohn.
Gern wär der Esel, hätt er's nur gewagt,
in Zorn geraten ob des grimmen Spottes;
doch einen Esel, den die Ruhmsucht plagt,
wer nimmt ihn ernst? – Ach, niemand, leider Gottes.

In anderen Beispielen werden Beichtszenen dargestellt, ebenso Pilgerfahrten. Alle diese Handlungen und Weltausschnitte, in denen Fabelfiguren auf die menschlich-gesellschaftliche Verstehensebene gerückt werden, zeigen schon an, um was es der Fabel letztlich geht: Ein Bild der menschlichen Welt zu geben, verfremdet dargestellt.

Nun ist der Begriff der menschlichen Welt sehr weiträumig. Es scheint deshalb die Frage berechtigt zu sein, ob sich in den Stoffkreisen der Fabel

Anhaltspunkte für eine eventuelle schärfere Einkreisung des Begriffs, wie ihn die Gattung versteht, ergeben. Offensichtlich schneidet sie sich die Stellen des menschlichen Lebens heraus, an denen die vorhin genannten Unterschiede zwischen groß und klein, arm und reich, mächtig und ohnmächtig, schlau und dumm usw. an die Oberfläche treten und zu einer unverhofften Pointe führen. Diese Pointe – in ihr ist das Element der Überraschung enthalten – wird möglich, weil die agierenden Figuren sich in der Fabel treffen, um einen Fall zu klären. Dabei sind Überraschungen möglich. Was in der Fabel geschieht, ist ein Geschehen in der Öffentlichkeit. Der Bühnen- oder Weltausschnitt, den das Fabelgeschichtchen freigibt, zeigt die Akteure in ihrer gesellschaftlichen, nicht aber in ihrer privaten Sphäre. Damit ist gemeint – was schon einmal angedeutet worden ist –, daß die Fabel nicht in der Lage ist, die Probleme der menschlichen Intimsphäre in ihren Horizont hineinzunehmen. Sie siedelt sich nur in einer Schicht an, in der sie die äußere, mit den Mitteln des Verstandes zu regulierende Welt menschlichen Zusammenlebens darstellen kann. Die Situationen des Lebenskampfes, bei denen Unrecht und Absurdität als Gegebenheiten gezeigt werden können, wenn der Kleinere oder Dümmere oder Schwächere über den Größeren oder Klügeren oder Mächtigeren triumphiert, oder auch wenn der Streit anders ausgeht, interessieren den Fabelautor, nicht aber existentielle, tiefergehende menschliche Begegnungen. Die Fabel will eine Demonstration der Schläue oder auch der Hilflosigkeit des einzelnen gegenüber den Machtverhältnissen und Ungereimtheiten des Lebens in einer letztlich unerklärlichen Welt. So kommt es, daß die Fabelfiguren kein Privatleben haben, daß sie nur die Verkörperung von Funktionen in der Gesellschaft markieren, als Typen im Berufsleben, in Versammlungen (Ratssitzungen, Gerichtssitzungen usw.) und im oftmals lebensgefährlichen Zusammenstoß mit ihren Feinden gezeigt werden. Man könnte einwenden, daß etwa solche Fabeln wie die von der Beichte der Tiere oder die Kafkas von der Maus in der Falle doch die jeweiligen Figuren in ernster philosophischer Diskussion beziehungsweise bußwilliger Haltung zeigen. In beiden Fällen aber besteht ja die Pointe und damit die Absicht der Fabel darin, zu zeigen, daß die Welt sich um diese Innerlichkeit, um die Frage des Gewissens und der stimmigen Lebensdeutung gar nicht kümmert, vielmehr solche Regungen des Menschen nur ausnützt, um Vorteil zu gewinnen. Die Maus wird von der Katze gefressen, ebenso der reumütige Esel von seinen Pilgergefährten.

Johann Rudolf Schellenberg:
Der Fuchs und die Trauben (Winterthur 1794)

Ist so also festzuhalten, daß die Fabelfiguren gleichsam in der öffentlichen Welt, in einer äußeren Daseinsschicht dargestellt werden und zu agieren haben, so leuchtet auch ein, warum diese Öffentlichkeit mit den ihr innewohnenden Normen zu einem weitreichenden Konstituens der Fabelwelt gehört. Der Fabelerzähler stellt seine Figuren in gesellschaftliche Bindungen, der Fabelleser oder -hörer ist darauf vorbereitet: Es gibt eine ganze Reihe von «Reichen», in denen die Figuren eingeordnet sein können. Am bekanntesten ist die Vorstellung, der Löwe beherrsche das Tierreich. Er übt Machtfunktionen aus, beruft Ratssitzungen ein, spricht Recht, bestraft, verbannt, begnadigt, ernennt, befiehlt und wird natürlich auch von seinen Untergebenen übers Ohr gehauen. Als Beleg für die in der Fabel gegebene staatspolitische Perspektive und die Grundvorstellung des Gesetztseins in «Reiche» kann folgende Fabel Christian Friedrich Daniel Schubarts (1739–1791) dienen:

ETWAS AUS DEM TIERREICH

Die Füchse zeichneten sich 'nmal im Tierreiche durch Verschlagenheit und Einsicht so aus, daß ihnen durch einen allgemeinen Reichsschluß die Erziehung der Jugend anvertraut wurde. Aber sie waren so schlau, daß sie ihren Zöglingen nichts als Worte ohne Verstand lernten; dadurch erhielten sie eine Art von Oberherrschaft übers ganze Tierreich. Ein alter Pavian sah dies mit Unwillen, trat in einer Tierversammlung auf und sagte: «Schämt euch der Fesseln, die euch die Füchse anlegen, und streift sie ab! Sie tyrannisieren über euch durch ihren Witz und bilden einen Staat im Staate. Mir, mir folgt! Ich will euch unterrichten! Ich will euch zeigen, daß die Weisheit kein Monopolium habe. Ich, ich ...» Das ganze Tierreich brüllte dem Pavian Beifall zu und jagte die Füchse aus dem Lande. Und nun war der Pavian der allgemeine Pädagog aller Tiere. Seine Meinungen, seine Lehren galten allein, waren allein weise. Ein Uhu sah den Unfug aus einer Felsenblende zu und sagte: «Oh, ihr Narren! Vor wart ihr Sklaven aller Füchse, und nun seid ihr Knechte eines einzigen Affen.» Und die Moral? – Such's, wer will.

Hier wird ein allgemeines Tierreich angenommen, in dem einzelne Tierarten durch «allgemeinen Reichsschluß» bestimmte Aufgaben zugesprochen

Johann Rudolf Schellenberg (1740–1806) hat Kupfertafeln zu dem 1794 in der Steinerschen Buchhandlung in Winterthur erschienenen Buch «Sittenlehre in Fabeln und Erzählungen für die Jugend» beigesteuert, von denen eine dem vielfach behandelten Thema vom Fuchs, dem die Trauben zu hoch hängen, gewidmet ist. Schellenberg, dessen Vater Landschaftsmaler in Winterthur war, hatte ein knappes Jahrzehnt vorher (1785) 52 Blätter zu Basedows «Elementarwerk» angefertigt und war auch durch Kupferstiche zu Dr. Sulzers «Kennzeichen der Insekten» hervorgetreten. Etwas unbeholfen wirken die Bewegungen des Fuchses in der ländlichen Idylle, die im Genre an Salomon Gessner erinnert.

bekommen haben, wie hier die Füchse die Erziehung der Jugend. Es wird von der Kritik an dieser Maßnahme berichtet, basierend auf der Erfahrung, daß die Füchse ihr Amt eigensüchtig mißbraucht hätten. Der opponierende Pavian – im Kampf gegen Monopolstreben – setzt sich durch und – verschlimmert die vorherige Situation. An dieser Fabel interessiert uns nicht die Position der einzelnen Figuren, sondern die Tatsache, daß hier ein allgemeines Tierreich als Vorstellungsgrundlage angenommen wird, in dem schlecht und recht nach parlamentarischen Spielregeln regiert und bürokratisch verwaltet wird, in dem es Volksentscheide und Furcht vor Monopolisierung und Sklaverei gibt. Gewiß will die Pointe dieser Fabel sagen, daß die Tiere sich aus Kurzsichtigkeit vom Regen in die Traufe versetzen lassen. Aber

MARTIN DISTELI: Volksvertreter (Aarau 1829). Im Jahre 1829 erschien bei Heinrich Remigius Sauerländer (Aarau) die 2., ums Doppelte vermehrte Auflage der «Fabeln» Abraham Emanuel Fröhlichs mit 9 in einem besonderen Heft beigelegten Zeichnungen Martin Distelis (1802–1844). Dieser großartige Illustrator zeigt seine satirische Kunst auch in der Interpretation der politischen Fabel «Volksvertreter» (Original im Martin-Disteli-Museum, Olten), in der ein Schaf als verdatterter, schlotternder, aber in Uniform gesteckter Volksvertreter von den arrivierten Häftlingen, den Hunden, gestützt und mit Korn versehen wird – «selbst der Leu hat mit Geflüster etwas zu dem Mann gesprochen». Die Fabel schließt: «Und er fand ein herrlich Leben, / denn es ward ihm Korn gegeben. / Drum er denn auch ‚Ja' sagte / zu dem Allem, was man sagte.» (Vgl. S. 136.)

dieser deprimierende Schluß ist eine deutliche, über den Binnenraum der Fabel hinausweisende politische Provokation. Offensichtlich ist die Fabel nicht nur angetan, politische Zustände zu schildern, sondern ebenso solche durch die Art der Darstellung, vor allem der Pointierung, zu geißeln und zu attackieren. Damit wird sie leicht zum Mittel, in Zeiten, in denen eine Meinungsfreiheit nicht gegeben ist, in verkleideter Form oppositionelle Ansichten auszusprechen.

Die Vorstellung eines Zusammenschlusses aller Tiere in einem einzigen Reich, die uns einige Fabeln nahelegen, ist nicht die einzige politische Projektion der Gattung. Es gibt Beispiele für andere Konstellationen: Die Spatzen können ihren eigenen Reichstag abhalten:

«Ein Reichstag wurde angesagt,
Gehalten und darauf gefragt,
Warum die Menschen Spatzen hassen? ...»

heißt es in der Fabel von Heinrich Gottfried von Bretschneider (1739–1810) «Der Reichstag der Spatzen», in der derjenige «Spatzenmagnat», der seinen Artgenossen Unangenehmes sagt, von den übrigen umgebracht wird.

Und auch die Spinnen haben ihr eigenes Staatswesen bei Justus Friedrich Wilhelm Zachariä (1726–1777).

DIE REPUBLIK DER SPINNEN

Dem Spinnenvolke fiel es ein,
In Zukunft sicherer zu sein
Und nicht jedwedem zu vergönnen,
In ihrem Schloß herumzurennen.
Sie wohnten eben dazumal
In einem großen, wüsten Saal,
Durch dessen offne Fensterbogen
Stets Mücke, Schwalb und Sperling flogen.
«Wir wollen», murreten die Spinnen,
«Den Vorteil euch wohl abgewinnen.»
Und zogen in die Läng und Quer
Viel Fäden vor den Fenstern her.
Doch Schwalb und Sperling kamen bald
Und fuhren dreist und mit Gewalt

Durch diese leichten Spinnenweben;
Und nur die Mücken blieben kleben.

Fast so wie diese Spinnennetze
Sind oft im Staate die Gesetze.
Kein Mächt'ger wird darin gefangen –
Nur bloß der Schwache bleibt drin hangen.

Die Tatsache, daß es eben Herrscher und Untergebene, Mächtige und Ohnmächtige, autoritäre Maßnahmen und parlamentarische Gremien gibt, setzt die Fabel voraus. Auch wenn bei Äsop in der Fabel «Zeus und der Fuchs» (Mader, S. 106) ein antiker Gott auftritt, dann spielt er nur die Rolle eines weltlichen Souveräns, der dank seiner Machtvollkommenheit seine Untergebenen prüfen, einsetzen und absetzen kann.

ZEUS UND DER FUCHS

Da Zeus den Fuchs wegen seines scharfen und geschmeidigen Verstandes bewunderte, machte er ihn zum König der Tiere. Er wollte aber sehen, ob er mit der Änderung seiner Stellung auch seine gehäbige und knickrige Gesinnung geändert habe, und als er einmal in der Sänfte getragen wurde, ließ er vor seinen Augen einen Mistkäfer fliegen. Da dieser um die Sänfte herumflog, konnte der Fuchs es nicht mehr mit ansehn. Ganz gegen die höfische Sitte sprang er auf und wollte ihn fangen. Da ärgerte sich Zeus über ihn und versetzte ihn wieder in seinen früheren Stand.
Die Fabel lehrt, daß gewöhnliche Menschen, auch wenn sie in bessere äußere Verhältnisse kommen, ihren Charakter nicht ändern.

Wer in den Bereich der Fabel eintritt, ob als Leser, Hörer oder als Erzähler und Bearbeiter, setzt, so scheint es uns, schon voraus, daß die agierenden Figuren – wie auch immer die einzelne Geschichte und Lehre aussehen mag – Teile eines Vorstellungsbereiches, eines «Fabelreiches», sind, innerhalb dessen jeder Auftretende zugleich in einem gesellschaftlichen Abhängigkeitsverhältnis steckt. Unter Konturwesen, vermummt in Kostüme und Masken, spielt sich menschliches Gesellschaftsleben ab. Selbst die Ströme und das Meer, als Kontrahenten in einer Äsopischen Fabel auftretend, verhalten sich, als ob sie Vertreter menschlicher Interessengruppen seien.

DIE STRÖME UND DAS MEER

Die Ströme kamen zusammen und machten dem Meer Vorwürfe und sagten zu ihm: «Wir kommen in deine Wasser und sind trinkbar und süß, warum machst du uns salzig und untrinkbar?» Als das Meer sah, daß sie ihm solche Vorwürfe machten, sagte es zu ihnen: «Ihr braucht ja nicht zu kommen und salzig zu werden!» Diese Fabel zeichnet die Menschen, die andern unangebrachte Vorwürfe machen, selbst wenn sie größeren Nutzen von ihnen haben. (Mader, S. 83.)

Die Ebene, auf der sich hier die Kontrahenten treffen, ist die des Gesprächs. Es geht um die Integrität der Flüsse, aber auch um die Macht des Meeres. Der Realpolitiker Meer setzt sich gegen die Utopisten Ströme mit dem pointierten Hinweis auf die tatsächlichen unabweichlichen Gegebenheiten durch.

Damit muß jetzt die Frage gestellt werden, was denn eigentlich in einer solchen Welt, wie sie die Fabel als die unsere zeigt, an Einsichten und Lehren vermittelt werden kann.

III. RICHTUNGEN DER WAHRHEITSSUCHE

DAS DIDAKTISCHE FUNDAMENT

Die Frage, welchem Zweck das vielschichtige und umfangreiche Figurenarsenal der Fabel innerhalb der Geschichte der Gattung gedient habe und heute dient, ja, die Frage, warum Fabeln überhaupt erzählt wurden und werden, ist zwar von eh und je gestellt, aber in den theoretischen Betrachtungen recht unterschiedlich beantwortet worden. Wer so fragt, läßt schon vermuten, daß er ihr einen didaktischen Zweck unterstellt. Er weiß sich allerdings dann im Gegensatz zu den Anhängern der Schule der Brüder Grimm stehend, die – wie zum Beispiel noch Max Staege, der in seiner «Geschichte der deutschen Fabeltheorie» (Bern 1929) sagt: «Auch das Didaktische ist nicht ursprünglicher Bestandteil» (S. 61) – einen L'art pour l'art-Standpunkt vertreten, der hier mit den Gedanken der ursprünglichen Volkspoesie vermischt ist. Ohne Zweifel bietet die Fabel mehr Material zur rationalen Reflektion als etwa das in mancher Beziehung ihr verwandte Märchen oder der Witz, aber auch als das Volkslied und die Sage. Ja, sie liefert im «fabula docet» sehr oft den Beweis ihrer Zweckhaftigkeit ausformuliert mit. Die Fabel will nun einmal belehren, sie will eine Lebensweisheit veranschaulichen, sie hat die Absicht, die Wahrheit zu vermitteln. Hierin liegt eine ihrer Bestimmungen. Ob wir an Luthers listige Formulierung denken, sie wolle «zur warheit betriegen», oder an Gellerts bekannte Definition, die Fabel sei dazu angetan

> «Dem, der nicht viel Verstand besitzt,
> die Wahrheit durch ein Bild zu sagen»,

so verschieden hier die Aufklärungsfunktionen der Fabel gesehen werden – Luther sieht die Fabel als Lehrdichtung für große Herrn und kleine Leute, ja selbst für Kinder an, er spricht ihr damit eine gesellschaftliche Allgemeinverbindlichkeit zu; Gellert dagegen spricht ihr diese Position ab, indem er sie zur Kost der Unaufgeklärten deklassiert –, so deutlich wird jedoch ausgesprochen, daß die Fabel ein Lehrgedicht sei, in dem Wahrheit vermittelt werden solle. In der gleichen Reihe steht auch Lessings Definitionsversuch:

> «Wenn wir einen allgemeinen moralischen Satz auf einen besonderen Fall zurückführen, diesem besonderen Falle die Wirklichkeit erteilen und eine Geschichte daraus dichten, in welcher man den allgemeinen Satz anschauend erkennt, so heißt diese Erdichtung eine Fabel.»

Für Lessing ist die Fabel ausdrückliches Demonstrationsmittel moralischer Lehre geworden, eine sicherlich einseitige, die Existenz des «Kunststücks» Fabel außer acht lassende Formel. Es gibt zu dieser einen grundsätzlichen Anschauung der Fabel als Lehrdichtung eine ganze Reihe von sich widersprechenden Teilansichten, zum Beispiel wenn wir hören, die Fabel sei «eine allgemeine Satire in erzählender Form, worin die handelnden Personen durch entsprechende Tiercharaktere vertreten» (Hertzberg) seien, oder, dieser These widersprechend, können wir andernorts lesen: «So ist die Fabel wie alles Epos, ohne durchaus lehren zu wollen, lehrhaft, aber nicht, wie oft angenommen wird, satirisch: es ist falsch, in ihren besten Gestalten nichts als verstellte Satire anzunehmen» (Badstüber).

Jenseits dieser poetologisch-gattungstypologischen Diadochenkämpfe unter den Theoretikern des vorigen Jahrhunderts um den Nachweis einer streng moralischen, satirischen oder gesellschaftskritischen Lehrabsicht der Gattung muß aber jene grundsätzlich andere These noch einmal erwähnt werden, die aus der ästhetischen Esoterik der Romantik entsprang und von den Brüdern Grimm, vor allem von Wilhelm Grimm, am knappsten formu-

Otto Speckter: Der Bär (Hamburg 1833). «Fünfzig Fabeln für Kinder» heißt das 1833 zum ersten Mal erschienene Buch von Wilhelm Hey (1790–1854), das in der Geschichte der Jugendliteratur wegen seiner schlichten Sprache, seiner gemütvollen Erziehung zur Tierliebe und vor allem wegen seiner feinen und reichen Bilder einen bedeutsamen Platz einnimmt. Nur Fabeln sind die kleinen Geschichten eigentlich nicht mehr. Der Hamburger Zeichner Otto Speckter (1807–1871) illustrierte jede der 50 «Fabeln». Hier die Darstellung zum Gedicht «Der Bär», die Mitleid für die mit Maulkorb versehene und mit der Peitsche bedrohte Kreatur erheischt. Der in der Hamburger Kunsthalle befindliche Probedruck zur ersten Ausgabe zeigt einen wesentlich gebückteren Bären, der den Anschein erweckt, er bräche zusammen.

liert worden ist, da sie das didaktische Element der Fabel von einer anderen Seite beleuchtet. Letzten Endes sei die Tierfabel nichts anderes als eine Tiererzählung. Wilhelm Grimm wirft die Begriffe Märchen, Sage, Fabel durcheinander und leugnet das, was wir über die marionettenhaft außengesteuerte Struktur der Figuren in unserem Kapitel «Die Welt der Fabelfiguren» zu klären versucht haben, wenn er ausgesprochen biogenetisch und zugleich anthropomorphistisch argumentiert:

«der inhalt der dichtungen geht hervor aus der scharf bestimmten, unwandelbaren natur der thiere. der löwe oder der bär ist der stärkste und darum der herrscher, der wolf der grausamste, der hirsch der flüchtigste, der fuchs der listigste, der esel der geduldigste, der hase der furchtsamste, das schaf das unschuldigste. von lastern oder tugenden ist weiter nicht die rede, ihre handlungen sind folge ihrer natürlichen triebe.» (Wilhelm Grimm, Thierfabeln bei den Meistersängern, Berlin 1956, S. 1.)

Jakob Grimm hat in seiner Abhandlung über das «Wesen der Thierfabel» den Lehrcharakter als späteren Zusatz gedeutet und als dekadenten Hinaustritt aus dem Reich der Poesie erklärt:

«Überall wo uns das zur moral vergorene getränk dargeboten wird, ist nicht mehr die frische epischer thierfabel, sondern bereits ihr niederschlag vorhanden.» (Jakob Grimm, Wesen der Thierfabel, S. XIII.)

In einer kühnen Verkehrung der Ansicht vom besonderen Lehrcharakter der Fabel, wie sie von Aristoteles bis Lessing ununterbrochen vertreten worden ist, behauptet demnach Jakob Grimm, daß im ursprünglichen Epos – eine romantische Fiktion! – mehr Lebensfülle und Lehrhaftigkeit stecke als in der verintellektualisierten Zweckform der Fabel:

«Daher quillt auch aus dem epos die lehre eigentlich reichhaltiger nach vielen seiten hervor, der späteren fabel wird eine bestimmte affabulation entpreßt, die von kleinerem bereich in vielen fällen ihren stof gar nicht erschöpft hat; es könnten ihr noch ganz andere lehren, als die gewählten entnommen werden, ja der nämlichen fabel sehr verschiedene.» (Jakob Grimm, Wesen der Thierfabel, S. XIII.)

Hier wird die Meinung vertreten, daß die Absicht, etwas Bestimmtes lehren zu sollen, die Fabel entleere, sie verliere die ursprüngliche Fülle und Lebendigkeit einer Dichtung. In Varianten stoßen wir auf diese nun einmal im 19. Jahrhundert in die Welt gesetzte Hypothese auch noch in unserem Jahrhundert, so wenn Otto Crusius in den Fabeln «Urgeschichten», «Elementarformen der Erzählkunst» (Aus der Geschichte der Fabel, S. LVIII) erkennen will, und zugleich die Behauptung aufstellt, diese spiegelten eine «trauliche Welt», in der «Naturnähe» herrsche, in der der Mensch der «fortschreitenden Denaturierung und Mechanisierung des Lebens» noch nicht verfallen sei.

Es geht weniger um die Aufhellung der zutage tretenden ideologischen Vorstellungen, die hier in die Literatur- und Gattungsgeschichte hineingetragen werden, vielmehr um die nüchterne Feststellung, daß offensichtlich seit der Romantik, beziehungsweise seit den Brüdern Grimm, die Fabel als ursprünglich nicht spezifisch didaktische Gattung angesehen worden ist. Diese Auffassung steht schon bei ihren Verfechtern auf schwachen Füßen, weil sie auf der Hypothese einer Ursprungspoetik beruht. Der intellektuell wache Jakob Grimm fängt denn auch seinen Satz mit den oben zitierten Worten «Lehrhaft nun ist die Fabel allerdings ...» an. Die zusammengetragenen und edierten Fabeln sowohl von Jakob als auch von Wilhelm Grimm rechtfertigen in keiner Weise die verfochtene These. Und die von uns gefundenen theoretischen Äußerungen seit der Romantik, die sich auf diesen Standpunkt einer eigentlich didaktikfreien Fabelpoesie stützen, wirken wie ein unpassendes, aufgezwängtes System. Sie stimmen zum Teil einfach nicht zu den von den Autoren genannten Beispielen oder Tatsachen.

Otto Speckter: Murmeltier tanzt (Hamburg 1833). Eine weitere Illustration aus dem Buch «Fünfzig Fabeln für Kinder». Die dazugehörige Geschichte «Murmeltier tanzt» konfrontiert die drei fröhlichen, ihre Freiheit genießenden Kinder mit dem Murmeltier, das im Käfig leben, für Geld hüpfen und im Winter wachen und betteln muß, statt – wie seine Artgenossen zu dieser Jahreszeit – zu schlafen.

Die Fabel ist eine Gattung, der der Lehrcharakter wesensmäßig zugehört. Ob wir eine zugespitzte und ausformulierte Lehre in einem Epimythion, einem Vorwort oder einem eingeschobenen reflektierenden Teil vorfinden oder ob darauf verzichtet ist, innerhalb des kleinen Werkes die zu gewinnende Einsicht auszusprechen, rührt nicht an die fundamentale Tatsache einer gegebenen didaktischen Tendenz der Fabel. Sieht man jedoch in dieser Gattung nur eine absichtslos erzählte «Urgeschichte», dann kommt das Phänomen nur teilweise ans Licht. Umgekehrt versäumt derjenige, der die Fabel einseitig als didaktisches Werkzeug auffaßt, sie in ihrer erzählerischen Substanz ernstzunehmen. Wir haben, wie schon wiederholt herauszustellen versucht wurde, bei der Betrachtung der Gattung deren Doppelfunktion – als ästhetisches Gebilde und als didaktisches Instrument – im Auge zu behalten, müssen uns aber ebenso darüber im klaren sein, daß wir wohl kaum durch ein isoliertes Betrachten dieser beiden Seiten in den Kern der Fabel treffen, vielmehr nur, indem wir uns dessen bewußt bleiben, daß der Lehrcharakter von der Gattungsstruktur und diese wiederum vom Lehrcharakter mit bestimmt ist.

Den Lehrcharakter näher zu bestimmen, ist eine Aufgabe, die praktisch jede Theorie – selbst die der Brüder Grimm – bisher zu leisten versucht hat. Dies gilt sowohl für die Poetik der Aufklärung als auch für die antiken Kommentare und Bemerkungen von Aristoteles, Platon und Phädrus. Aber, wie uns scheint, geschah dies unter allzu geringer Beachtung der ambivalenten Existenzbedingungen der Fabel zwischen erzählerischer Struktur und didaktischer Zielsetzung und außerdem fast immer nur in der Absicht, eine Pauschalformel zu finden, hinter der sich die tatsächlichen «Lehrgebiete» kaum exakt erkennen lassen. Was bedeutet schon die Aussage, die Fabel wolle die Wahrheit erkennen lassen oder die Bemerkung, in ihr werde eine Lebensweisheit mitgeteilt? Um eine neue Position gegenüber den seitherigen Äußerungen zu gewinnen, soll im folgenden danach gefragt werden, zu welchen Lehraufgaben eine solche Gattung überhaupt in der Lage sein kann. Durch die literarische Form wird die didaktische Absicht auf spezifische Weise artikulierbar und intensivierbar, durch sie werden aber auch Grenzen gesteckt. Die eigentümliche Fabelwelt jener Löwen-, Bären-, Fuchs- und Wolffiguren und anderer fiktiver Wesen kann nicht alles demonstrieren und über alles belehren, sie kann dagegen dasjenige, was in ihren Bereich paßt, treffsicher und eindringlich markieren. Es ist schon etwas Richtiges an Lessings Vergleich der Fabel mit dem Bogen, von dem die Pfeile der Einsichten abgeschossen werden.

Was kann die Fabel lehren? lautet die Frage. Damit ziehen wir uns hinter die seitherigen Ergebnisse, nach denen die Fabel zum Beispiel die Demonstration eines moralischen Lehrsatzes (Lessing), eine Satire (Hertzberg), ein Mittel der Gesellschaftskritik (Emmerich), ein Objekt der Wahrheitsfindung (Luther, Sternberger) sei, zurück. Wer erkennen will, was eine Fabel lehren kann, der muß auch ihre poetische Substanz ernst nehmen. Denn erst die Struktur des Erzählfeldes und der agierenden Figuren zeigt uns die Ebene, auf der sich die Lehren vollziehen lassen. Wir erinnern uns, daß die Fabelfiguren kein Innenleben führen, daß sie vielmehr leeren Bälgen mit menschlichen Stimmen ähneln. Die Mitleidlosigkeit, die der Fabelleser oder Hörer den agierenden Figuren gegenüber zeigt, ist also in der Struktur der Fabelfiguren selbst begründet. Sie können nur die äußeren Lebensverhältnisse in einer verfremdeten Form erfassen. Insofern ist die Fabel ungeeignet, psychologische Situationsinterpretationen zu leisten. Der realistischen Charakterisierung des Lebens mit Hilfe der Fabel steht auch im Wege, daß der Aktionsradius der Figuren durch den Zuschnitt der Handlung auf die Pointe hin beschränkt ist. Auch hier setzt also die Gattungsstruktur der Schilderung von Lebensverhältnissen gewisse Grenzen. In der Tat ist die Fabel im Hinblick auf das, was sie an Wirklichkeit und Lebensfülle zu schildern in der Lage ist, weitaus dünner und magerer als die anderen epischen Gattungen, außer dem Witz und der Anekdote, mit denen sie gewisse Verwandtschaften besitzt. Und gewiß präsentiert die Fabel nur eine Seite, sie versetzt ihre Figuren in eine Welt mit intelligiblen Problemen, mit denen sie fertig werden müssen oder an denen sie scheitern. Ein solcher Weltausschnitt ist in ganz anderer Weise einsichtig zu machen als der der Gefühle und imponderabilen Werte, seelischer Vorgänge und spontaner Handlungen. Weil es sich um den Aufweis von Daseinsverhältnissen handelt, die für jedermann erkenntlich sein sollen, ist die aufklärerische Absicht der Fabel nicht etwas, was später in sie hineingelegt werden mußte, sondern etwas, was in ihr steckt. Insofern ist sie per se didaktisch. Ihre Welt ist linear und klar einsichtig.

Wenn demnach die Fabel an sich didaktisch ist, so heißt das auch, daß nicht erst in einem gesonderten Teil – also einem Anamythion, Epimythion oder in reflektierenden Einschiebseln – die Lehre mitgeteilt werden muß.

TUGEND UND MACHT

Wer den Lehrgehalt der Fabel erfahren will, geht nicht fehl, die Sätze näher zu betrachten, in denen die Fabelautoren und Fabelbearbeiter selber das didaktische Fazit der von ihnen erzählten Geschichten gezogen haben. Man nennt sie die Ana- und Epimythien, je nachdem ob die moralischen Betrachtungen am Anfang oder am Ende stehen. Hier, so scheint es zunächst, treten die Absichten an die Oberfläche, hier sind sie formuliert und stellen sich der Durchleuchtung. Die Lehrsätze beginnen oft in den lateinischen Ausgaben mit den Worten «fabula docet», in älteren deutschen mit der Stereotype «Die Fabel lehrt ...» Allerdings beinhaltet der dann folgende «Satz» nicht immer eine umfassende Ausdeutung der jeweiligen Fabel. In vielen Fällen ist – nicht ohne Grund – auf das «fabula docet» verzichtet. Lessing hat sogar das Weglassen des ausformulierten Lehrsatzes zu einer seiner Maximen erhoben, weil er meinte, daß das Erzählte eine solche Auslegung nicht braucht, ja daß diese ihm schadet.

Von Äsop bis James Thurber sind jedoch Lehrsätze abgeleitet, angehängt oder vorausgestellt, gelegentlich auch als Paranthese eingeschoben worden. Sehen wir uns einige an. Bei Äsop heißt es etwa:

«Die Bosheit läßt sich nicht zähmen, auch wenn man sie mit Wohltaten überschüttet.» (Das Huhn und die Schwalbe, Mader, S. 68.)

«Wer dem ersten Angreifer standhält, macht sich den andern gefürchtet.» (Die getretene Schlange, Mader, S. 71.)

«Leicht ist es den Menschen, etwas zu versprechen, mit dessen Verwirklichung sie nicht rechnen.» (Der Mann, der Unmögliches verspricht, Mader, S. 49.)

«Auch kluge Menschen nehmen auf ihren Besitz keine Rücksicht, wenn sie sich dadurch retten können.» (Der Biber, Mader, S. 56.)

Bei Jean de La Fontaine beginnt die Fabel «Die Lerche, ihre Kleinen und der Bauer» mit dem Anamythion:

«Rechne allein auf dich: die Redensart steht fest. Wie würdig Äsop sie in Szene setzt, das sehn wir jetzt: ...» (Ges. Ausg., S. 111.)

Und aus jüngster Zeit stammen die ironischen Lehrsätze des Amerikaners James Thurber hinter jeder seiner Fabeln. Zum Beispiel:

«Moral: Die Welt ist voll von allen erdenklichen Gütern, daß wir eigentlich alle glücklich und zufrieden wie die Könige leben müßten, und man weiß ja, wie glücklich und zufrieden Könige sind.»

«Moral: Es ist besser, ein paar Fragen zu stellen, als einer Sache allzu sicher zu sein.»

«Moral: Wer wie die Menschen lebt, sich die eigene Grube gräbt.» (Lachen mit Thurber, S. 265, 255, 257.)

Wie umständlich das Epimythion bei einem Manne des 18. Jahrhunderts, bei Christian Fürchtegott Gellert, geraten kann, der es darauf angelegt hatte, seinen Lesern eine gesellschaftliche Anpassungslehre auf galante Weise zu vermitteln, ihnen zu zeigen, wie man möglichst wenig aneckt, geht aus der Reflektion im Anschluß an seine Fabel «Der Tanzbär» hervor:

«Sei nicht geschickt, man wird dich wenig hassen,
Weil dir dann jeder ähnlich ist;
Doch je geschickter du vor vielen andern bist,
Je mehr nimm dich in acht, dich prahlend sehn zu lassen.
Wahr ist's, man wird auf kurze Zeit
Von deinen Künsten rühmlich sprechen;
Doch traue nicht, bald folgt der Neid
Und macht aus der Geschicklichkeit
Ein unvergleichliches Verbrechen.»

Überblickt man die zitierten Beispiele, die mit Absicht recht unsystematisch aus dem großen Reservoir von Fabeln vieler Jahrhunderte herausgenommen worden sind, so ergibt sich auf den ersten Blick ein Sammelsurium von Ratschlägen, Warnsprüchen und Mahnungen, sich den Verhältnissen angemessen zu verhalten und sich auf die Gegebenheiten einzustellen, also situationsgerecht zu reagieren: Bosheit nicht zu zähmen versuchen, dem Angreifer auf Anhieb standzuhalten, dem Großsprecher zu mißtrauen, sich

Elephant. Das Bändchen «Noch fünfzig Fabeln für Kinder» erschien 1837 in Hamburg bei Friedrich Perthes, nachdem vier Jahre vorher die «Fünfzig Fabeln für Kinder» vorausgegangen und erfolgreich verkauft worden waren. Auch im zweiten Band durfte der Verfasser Wilhelm Hey (1790–1854) nicht genannt werden. Desto mehr prägte sich der Name des Malers und Illustrators Otto Speckter (1807 bis 1871) ein. Der Hamburger Bürger und bekannte Schilderer des Tierlebens trug wesentlich dazu bei, daß die «Fabeln» Wilhelm Heys sehr schnell ins Französische übersetzt (1840) und sogar in Japan in den Schulen eingeführt wurden. Unser Beispiel vom braven Elefanten kennzeichnet durch Bild und Text die Absicht des Buches: die friedfertige, einsichtsvolle Tier- und Menschenwelt vor Augen zu führen.

Elephant.

K. Elephant, du hast so große Gewalt,
Wohl hundert Menschen bezwängst du bald,
Und lässest dir doch von uns Kindern allen
Das Ansehn und das Fragen gefallen,
Thust Alles, was dein Herr befiehlt,
Und freust dich, wenn er mit dir spielt.

E. Ich weiß nicht, wie es ist zugegangen;
Aber sie haben mich gefangen.
Da denk' ich, ihr Menschen seid nur klein,
Doch müßt ihr wohl viel klüger seyn.
Auch Essen und Trinken bekomm' ich vom Herrn,
Drum hab' ich ihn lieb und gehorch' ihm gern.

Otto Speckter: Elephant (Hamburg 1837)

gegebenenfalls durch Zerstörung seines Besitzes zu retten, allein auf sich zu vertrauen, besser zu fragen, als sich sicher zu dünken, und nicht durch Geschicklichkeit aufzufallen. Für jeden nur möglichen Konflikt, für jede eventuelle Störung und Einengung des Menschen scheint es eine schon gemachte Erfahrung zu geben, welche das «fabula docet» so allgemeingültig wie möglich mitteilt, nachdem ihm die Fabelgeschichte Anschauungsmaterial geliefert hat. Der Fabelleser bekommt in der Tat Lehren angeboten, die ihm bedeuten wollen, wie er sich in der Welt richtig zu verhalten hat. Fabelsammlungen als moralische «Knigges» zu verstehen, liegt nahe. Es fragt sich allerdings, ob sich die mitgeteilten Verhaltensangebote von Fabel zu Fabel ergänzen, denn nur dann ließe sich ein Regelsystem, ja eine durchgehende Fabelmoral mit normativem Charakter ableiten. Sie tun es aber nicht, sie widersprechen sich vielmehr vielfach. Im übrigen reduziert die Fabel die Komplexität der Lebensverhältnisse, so daß nur partielle Entnahmen an Lehren möglich sind. Aus dem Spannungsfeld von Mensch zu Mensch macht sie ein Schlachtfeld der Eigenschaften beziehungsweise – denken wir an eine einzelne Fabel – ein Turnier zwischen zweien oder dreien.

Die Fabel will ohne Zweifel Ratschläge erteilen. Sie geht dabei von der Vorstellung aus, daß in der menschlichen Welt nicht alles reibungslos läuft, ja, daß im Gegenteil überall Widersacher für jedermann parat sind. In dem letztzitierten Epimythion Gellerts muß der Geschickte mit dem Haß der andern rechnen, er darf niemandem trauen, denn überall nistet der Neid. Unter einer der Thurberschen Fabeln steht die Moral «Wer wie die Menschen lebt, sich die eigene Grube gräbt» (Lachen mit Thurber, S. 257). Die Widersacher im Fabelreich haben alle nur eine Charakterdimension, die einer einzigen Eigenschaft. Es gibt also keine kompliziert konstruierten Fabelfiguren. Das liegt in der Bauform der Gattung Fabel und den Gesetzen ihrer Konturwesen vorgezeichnet. Bosheit und Anstand, Zufriedenheit und Unzufriedenheit, Anmaßung und Bescheidenheit, Gier und Beherrschung, Falschheit und Ehrlichkeit, Schläue und Dummheit, Prahlerei und Zurückhaltung, Stärke und Schwäche, diese Merkmale des Menschen erscheinen im Tiergewand oder in anderen Verkleidungen. In der Fabelgeschichte nehmen solcherart Merkmale des Menschen Gestalt an, so daß sich die Fabelwesen als figurierte Eigenschaften enthüllen lassen. Sie konstituieren im Bühnenraum der Fabel häufig ein Freund-Feind-Verhältnis. Obwohl keineswegs immer die guten Eigenschaften die Oberhand gewinnen, sind doch die Sympathien und Antipathien nicht schwer zu erkennen. Die Einstellung des Fabellesers richtet sich recht schnell gegen den negativ Gezeichneten, den Lasterhaften, der im allgemeinen aber die Macht in Händen hat. Erinnert sei nur an die Fabel vom Wolf und Lamm am Wasser, die schon bei Phädrus erzählt wird und der dieser, ein freigelassener Sklave aus dem ersten nachchristlichen Jahrhundert, ein Epimythion anhängte, in dem Lug und Trug gegen Unschuld gestellt sind.

WOLF UND LAMM

Zum gleichen Bach einst kamen Wolf und Lamm,
Vom Durst getrieben. Oben stand der Wolf,
Weit unterhalb das Lamm. Da trieb die Bosheit
Den Räuber, wüsten Streit vom Zaun zu brechen:
«Was machst du mir beim Trinken», so begann er,
«Das Wasser trüb?» Das Lamm versetzte ängstlich:
«Wie wäre das denn möglich? Sag es Wolf!
Das Wasser, das ich trinke, kommt von dir!»
Die Kraft der Wahrheit machte ihn zuerst
Verstummen. Aber gleich begann er wieder:
«Du hast – ein halbes Jahr ist's – mich beleidigt!»
Worauf das Lamm: «Da lebte ich noch gar nicht!»
«Ganz recht, dein Vater war es, der dort schimpfte!»
Dann griff er zu und tötete das Lamm.

Die Fabel gilt den Menschen, die drauf aus sind,
Mit Lug und Trug die Unschuld zu erdrücken.
(Mader, S. 169/170.)

Die aus der Geschichte abgelesenen Laster sind also «Lug und Trug», die Tugend die «Unschuld». Es dürfte kein Zufall sein, daß Martin Luther sich gerade dieses Stoffes für seine Fabelbearbeitungen annahm, die didaktischen Akzente allerdings in einer anderen, dem Inhalt nach abweichenden Fassung unerhört scharf pointiert zum Ausdruck brachte:

LERE.

Der Welt lauff ist / wer Frum sein wil / der mus leiden / solt man eine Sache vom alten Zaun brechen / Denn Gewalt geht für Recht. Wenn man dem Hunde zu wil / so hat er das Ledder gefressen. Wenn der Wolff wil / so ist das Lamb unrecht.

Frommsein und Rechtschaffenheit stehen hier gegen Gewalt und Gewalttätigkeit. Für die Absicht des Fabelschreibers, menschliche Eigenschaften zu charakterisieren, ist vielleicht der rekonstruierbare Schaffensprozeß des Reformators symptomatisch, der bei der Arbeit an seinem «Esop» zunächst versucht hatte, den einzelnen Fabeln nicht nur die auf die Geschichte zugeschnittenen Titel zu geben (wie z.B. «Vom Han und Perlen», «Vom Wolff und Lemlin», «Vom Frosch und der Maus» usw.), sondern ihnen die Namen der in dem jeweiligen Stück veranschaulichten Eigenschaft voranzustellen. So steht über der «Wolff-und-Lemlin»-Fabel «Hass». Wir finden weiter «Torheit», «Untrew», «Neid», «Geitz», «Frevel», «Gewalt». Ist es Zufall, daß eine solche Rubrizierung nicht weitergeführt wurde, wenn Luther diesen Versuch nach der siebten Fabel aufsteckte? Zwar wäre sicher der begonnene Lasterkatalog noch zu erweitern gewesen, und er könnte für jeden Fabelbearbeiter interpretatorisch erschlossen werden, aber der so Vorgehende würde sehr bald merken, daß er sich nicht mehr auf das Verständnis der Fabel zu bewegt, sich viel eher von ihr und der in ihr «gemalten und erdichteten Welt» in der Abbreviatur der Begriffe entfernt. Die Fabel gibt jeweils mehr, als ihre Lehre und die in ihr bezeichneten Eigenschaften wahrhaben wollen. Im übrigen wäre es auch falsch, konstruierten wir für die Gattung Fabel ein allzu kleines Paket an Lastern und Tugenden heraus. Die Fabel sieht nicht nur Macht als Laster an, sie hat auch oftmals nichts übrig für schwächliche, weltferne Bravheit, und sie steht gelegentlich auf der Seite des Listigen. Es ist zweifelhaft, ob man aus den vielen Lehrsätzen der Gattung so etwas wie eine einheitliche Morallehre herauslesen kann. Widersprüchlich ist die in den einzelnen Beispielen vertretene Moral.

Die in den angehängten oder vorweggenommenen Lehrsätzen formulierten Vorstellungen über das rechte Verhalten des Menschen sind also in der Tat oftmals schlecht miteinander zu vereinbaren. Lassen wir deshalb die Lehrsätze beiseite und befragen wir die Fabelgeschichte selbst. Aber ist in der Fabelstory überhaupt Raum zur Entwicklung einer Tugendlehre? Ich gehe von einem Beispiel aus und zitiere dazu die bekannte Äsopsche Ge-

Der Affe und der Fuchs – Der Fuchs und die Trauben. Die beiden farbigen Illustrationen schmücken eine Seite des 1837 im Tübinger Verlag C.F. Osiander herausgekommenen «Neuen Fabelbuches», das J.E. Gailer, Lehrer am Lyzeum zu Tübingen und seinerzeit bekannter Jugendbuchautor, für die Jugend bearbeitet hatte. Die Ausgabe ist viersprachig (deutsch, lateinisch, französisch und englisch) und enthält 36 kolorierte Kupfer. Der Künstler ist nicht genannt. Im oberen Bild ist der Fuchs derjenige, der den den Fuchsschwanz begehrenden Affen in seine Schranken weist, im unteren wird der Fuchs selber in seinem Begehren, die Trauben zu bekommen, gehindert.

Der Affe und der Fuchs – Der Fuchs und die Trauben
(Tübingen 1836)

schichte vom Fuchs und Ziegenbock, in der zwar der Lehrsatz eine brave Schulweisheit repetiert, die Fabel selbst aber einen listigen Betrüger die Sympathien des Lesers sammeln läßt:

DER FUCHS UND DER ZIEGENBOCK

Der Fuchs war in einen Brunnen gefallen und mußte notgedrungen ausharren, da er nicht wußte, wie hinaufkommen. Ein durstiger Ziegenbock aber, der an den Brunnen kam, sah ihn und fragte, ob das Wasser gut sei. Der Fuchs, der sich über dieses glückliche Zusammentreffen sehr freute, lobte lang und breit das vorzügliche Wasser und redete ihm zu, auch herunterzukommen. Der Ziegenbock sprang auch, weil er im Augenblick nur an seinen Durst dachte, ohne weitere Überlegung hinunter, und als er, nachdem der Durst gelöscht war, mit dem Fuchs das Hinaufkommen überlegte, sagte dieser, er habe einen guten Gedanken zu ihrer beider Rettung. «Wenn du die Vorderbeine gegen die Wand stemmen und die Hörner hochstellen willst, springe ich über deinen Rücken hinauf und ziehe dich dann nach.» Der Ziegenbock ging auch auf diesen zweiten Ratschlag bereitwillig ein: der Fuchs kletterte ihm über die Hinterbeine auf die Schultern, und indem er sich dann auf die Hörner stellte, gelangte er zum Brunnenrand. Einmal droben, machte er aber Miene, davonzugehen. Als ihm der Ziegenbock vorwarf, er handle gegen ihre Verabredung, drehte er sich um und sagte: «Du da drunten, wenn du so viel Verstand hättest wie Haare im Bart, dann hättest du dir vor dem Hinunterspringen das Zurückkommen überlegt.»
So ist es auch bei den Menschen: Verständige denken zuerst an den Ausgang ihrer Unternehmungen, dann erst lassen sie sich darauf ein. (Mader, S. 56/57.)

Der in eine Notlage geratene Fuchs nützt die Einfalt des Ziegenbockes rücksichtslos aus, um zu überleben. Schläue, Scheinheiligkeit, hohle Versprechungen sind die zweifelhaften Tugenden, die die Geschichte zu einem guten Abschluß bringen.

Es fragt sich nach solch einem Beispiel und dem vorausgegangenen konstatierten Divergieren im Bereich der «fabula docet»-Ethik, ob die Fabel überhaupt eine Morallehre entwickeln will, denn auch in vielen anderen Geschichten dieser Art wird in der Handlungsschicht – dieser von uns in anderem Zusammenhang gebrauchte Begriff erweist sich hier als nicht ungeeignetes Handwerkszeug zur Erkenntnis der moralischen Position der Fabel – demonstriert, wie eine Figur, in die Enge getrieben, alle nur erdenklichen Mittel anwendet, um am Leben zu bleiben oder zumindest Oberwasser zu kriegen. Dies geht bei einem so großartigen Fabelbearbeiter wie Jean de La Fontaine so weit, daß er in der Fabel vom Fuchs und den Trauben den Selbstbetrug als akzeptables Lebenselixier preist:

DER FUCHS UND DIE TRAUBEN

Ein Fuchs, Gascogner, andre sagen aus der Normandie,
es starb vor Hunger fast das arme Vieh,
sah am Geländer voll Verlangen
hellrote reife Trauben hangen.
Gern hätte der Schelm davon genascht.
Doch hingen sie zu hoch. Er sprach wie überrascht:
Das Zeug ist viel zu grün und räß für unsereinen!
Tat er nicht gut daran, zu spotten statt zu weinen?

Ges. Ausg., S. 10

In der von Äsop überlieferten alten Fassung ist noch eine Maus als Kontrastfigur vorhanden: «Eine Maus hatte ihm zugesehen und sprach lächelnd: ‹Davon bekommst du nichts!› Er wollte sich aber vor der Maus nicht klein zeigen und meinte: ‹Sie sind mir noch zu sauer!›» Hier ist noch Ausrede, was bei La Fontaine trügerische Selbsttröstung geworden ist.

Vielleicht sollten wir bei der Suche nach einer im Reich der Fabel vorhandenen Ethik von folgendem Tatbestand ausgehen: Gewöhnlich entwickelt sich das erzählte Geschehen in der Fabel daraus, daß eine Figur in eine Zwangslage gerät, sie fällt in eine Grube, gerät in die Fänge des Mächtigen, wird vom Hunger gepeinigt, hat eine schwierige Entscheidung zu fällen. Die Fabel kann dieses Motiv zu dreierlei Demonstrationen nutzen. Einmal erklärt sie, daß der entstandene Zustand eine berechtigte Folge falschen Verhaltens ist. Als Beispiel diene Lessings Fassung der Fabel

DIE PFAUEN UND DIE KRÄHE

Eine stolze Krähe schmückte sich mit den ausgefallenen Federn der farbigen Pfaue und mischte sich kühn, als sie genug geschmückt zu sein glaubte, unter diese glänzenden Vögel der Juno. Sie ward erkannt, und schnell fielen die Pfaue mit scharfen Schnäbeln auf sie, ihr den betrügerischen Putz auszureißen.
«Lasset nach!» schrie sie endlich, «ihr habt nun alle das Eurige wieder.» Doch die Pfaue, welche einige von den eignen glänzenden Schwingfedern der Krähe bemerkt hatten, versetzten: «Schweig, armselige Närrin; auch diese können nicht dein sein!» – und hackten weiter. (Fabeln, Zweites Buch, Nr. 6, 1759.)

Offensichtliche Charakterschwächen wie hier die übertriebene Putzsucht, wie in anderen Beispielen Geschwätzigkeit, Lügenhaftigkeit usw. werden angeprangert. Der Leser oder Hörer erkennt die schlimmen Folgen.

Zum zweiten bietet die Fabel Raum, zu zeigen, wie die in ihr agierenden Figuren sich aus der gegebenen Zwangslage befreien, wie sie tatsächlich mit Hilfe ihrer eigenen Fähigkeiten herauskommen. Er ist nicht immer nur der Fuchs, dem die Befreiung gelingt, der eine Lösung zustande bringt. Flavius Avianus, über dessen Leben im vierten oder fünften nachchristlichen Jahrhundert wir so gut wie nichts wissen, hat die Fabel von der klugen Krähe unter die zweiundvierzig von ihm erhaltenen gemischt:

KRÄHE UND URNE

Durstig erblickte die Krähe dereinst eine mächtige Urne,
  Doch nur der Boden war kaum eben mit Wasser bedeckt.
Lange war sie bemüht, es ganz auf die Erde zu gießen,
  Konnte sie doch dann leicht löschen den quälenden Durst.
Alles Bemühn war umsonst. Da versuchte sie allerlei Listen,
  Wie denn Entrüstung und Not reizt einen findigen Sinn.
Steinchen warf sie hinein, da stieg das Wasser von selber,
  Bis zum Trinken sich ihr leichter die Möglichkeit bot.
Also zeigte der Vogel, wie stärker als Kraft ist die Klugheit,
  Die das begonnene Werk glücklich zum Ende geführt.

Auch hier ist die Fabel ein recht unkompliziertes Demonstrationsobjekt. Die Tugend – in diesem Falle die Klugheit – führt zum Ziel. Wer die Kräfte seines Verstandes gebraucht, hat die Chance, sich aus der selbstverschuldeten Unmündigkeit zu befreien, so könnte man – an Kant erinnernd – formulieren. In der Tat enthält ja die Fabelgattung als didaktische Dichtkunst weitreichende aufklärerische Tendenzen. Aber es ist nicht nur – wie im eben zitierten Beispiel – die Klugheit, die geradlinig zum Ziele führt, auch die Eigenschaft, klein und unscheinbar zu sein, kann nützlich sein und die Möglichkeit sichern, aus der Grube wieder herauszukommen. Erinnert sei an Christian Felix Weisses «Elefant in der Grube», in der der Tierkoloß hilflos gefangen bleibt, während die Maus «die nächste Wand hinauf» laufen und «voll Mitleid auf den Elefanten» niedersehen kann. Auch die Arbeitsamkeit der Ameise wird gegenüber der zirpenden Zikade am Ende belohnt. In diesen Fällen will die Fabel die simple Lehre, daß Tugenden nützlich und Laster schädlich sind, demonstrieren. Daß der Kreis der Tugenden und Laster dabei an den Lebensvorstellungen des Unterdrückten, des in die Enge Getriebenen, des Schwachen, der sich gegen die Macht zu wehren hat, orientiert ist, und daß aus diesem Grunde die arbeitsame kleine Ameise gegenüber der faulen Sängerin, die wendige Maus gegenüber dem mächtigen Elefanten mehr sind als Fabelkontrahenten auf der Bühne, vielmehr Symbole des Schwächeren, leuchtet ein.

Die dritte Weise der Demonstration, die aus der unseres Erachtens elementaren Zwangslagendarlegung in der Fabelgeschichte entwickelt werden kann, ist die Unabänderlichkeit, die Ausweglosigkeit. Es bleibt nach der Lektüre solcher Beispiele die bittere Einsicht zurück, eine Situation vor Augen geführt bekommen zu haben, die menschliche Ohnmacht offenbart hat. Bei Wolfdietrich Schnurre ist eine seiner ganz kurzen Fabeln «Der Luxus des Ärgers» überschrieben. Sie lautet:

«Großer Gott», ächzte die Eiche, «kannst du nicht endlich mal dein Gekreisch abstellen?» «Wenn dir's nicht paßt», sagte der Häher, «dann steh doch hier nicht so blöde herum.» (Protest im Parterre, S. 61.)

Am prägnanten Fall werden die Sinnlosigkeit von Ärger und Nörgelei gezeigt und vor Augen geführt, daß es Verhältnisse gibt, die einfach nicht zu ändern sind. Dies ist ein vergleichsweise harmloses Beispiel für die hier gemeinte Lehrrichtung. Denn die Fabel ist auch in der Lage, zu belegen, daß es existenzzerstörende Ausweglosigkeiten gibt, denken wir doch an Kafkas «Kleine Fabel», denken wir auch an die von Babrios übermittelte antike Fabel

DIE FELDMAUS UND DER FROSCH

Zu ihrem Unglück schloß die Feldmaus einst Freundschaft mit dem Frosch. In böser Absicht band dieser einen Fuß der Maus mit einem eigenen Fuß zusammen. Und zuerst gingen sie auf das Land und verzehrten Getreide. Als sie aber an das Ufer eines Sees kamen,

Da tauchte mit der Maus am Bein der Frosch unter
Vor Übermut. Und als er wieder auftauchte,
Gleich rief er «brekekoax koaxkoax» quakend,
Die arme Maus jedoch

war im Wasser ertrunken. Da sie aber am Fuß des Frosches festgebunden war, schwamm sie nun mit an der Oberfläche. Da sah sie ein Geier und packte sie mit den Krallen.

Der Frosch nun mußte mitkommen,
Gefangen, und auch ihn fraß auf der Raubvogel. (Mader, S. 257.)

Sieht man einmal von der von Babrios im Epimythion vorgenommenen Interpretation ab, so berichtet diese Geschichte doch nicht nur von der gerechten Bestrafung der verräterischen Maus, sondern auch von dem unauflöslichen Ausgeliefertsein des Frosches, von dessen Untergang.

Der Zirkel der Lehrmöglichkeiten und Lehrintentionen, welche die Fabel bietet, dürfte abgeschritten sein. Wenn ich recht sehe, läßt sich keine «Ethik» der Fabel konstruieren, aber vielleicht doch ein Horizont abstecken, innerhalb dessen die Gattung Fabel die Chance wahrnimmt, Erfahrungen mitzuteilen, Verhaltensregeln anzubieten, Lebensvorstellungen zu entwickeln. Ausgehend von der Einsicht, daß die Fabel die Welt so sieht, als wäre sie voller schattierungsloser Kontraste und als prallten linear die entgegengesetzten Eigenschaften aufeinander, läßt sich erkennen, daß es durchaus einige wenige Grundeinstellungen gibt, an denen der Fabelschreiber seine Leser teilnehmen lassen will und zu denen er sie bekehren möchte. Er möchte zum rechten Verhalten im täglichen Leben mit den Mitmenschen und den weltlichen Mächten erziehen, indem er einige nützliche Regeln veranschaulicht. Diese lassen sich als bürgerliche Tugenden solange definieren (Anstand, Gerechtigkeit, Aufrichtigkeit, Frömmigkeit, Güte usw.), solange die Fabel sich nicht des Themas der Übermacht, der Gewalt und Not, unter denen der Mensch zu leiden hat, annimmt. Dann nämlich läßt der Fabeldichter seinen Helden zur List greifen, er läßt ihn Schläue und Gerissenheit entwickeln. Der Fuchs im Menschen soll geweckt werden. Dann entfaltet die Fabel weniger Lebensregeln als Überlebensmodelle. Dies alles aber sind Projektionen auf dem Hintergrund des Denkschemas, daß das Leben ein Kampf der Starken mit den Schwachen, der Mächtigen mit den kleinen Leuten ist. Die Macht ist somit ein zentraler Widersacher und zugleich ein Hauptmotiv in der Fabel, ihr wird Gesetzlosigkeit und Selbstsucht unterstellt wie jenem Löwen, der die Beute teilen läßt und dabei Gerechtigkeit in den Wind bläst, bis der Fuchs die Lösung findet zu überleben. Aber – bei aller vordergründigen Empfehlung, sich anzupassen – stellt die Fabel im Sinne der bescheidenen

Humanität des Machtlosen die Unmenschlichkeit der Potentaten bloß. Nicht ohne Grund ist so von Theophil Spoerri in einem «Der Aufstand der Fabel» überschriebenen Aufsatz (in: Trivium, Jg. I, H. 1, 1942/43, S. 31 ff.) davon gesprochen worden, bei Äsop handle es sich um den «Ausdruck einer Philosophie der Entrechteten und Unterdrückten». Ja, in dieser Einseitigkeit nicht mehr der ganzen Gattung gerecht werdend, sie jedoch in einem wesentlichen Stück treffend, heißt es weiter: «Die aus Resignation und Ressentiment gespiesene Sklaven- und Lakaienmoral wird immer wieder zum Schrei der leidenden Kreatur, zum Ausdruck der Hoffnung aller Hilflosen auf eine bessere Zeit, auf ein kommendes Heil.» Hinter dem Protest der Fabel gegen die bestehende, ungerechte Welt steckt der Glaube an eine mögliche Besserung der Verhältnisse, ein utopischer Entwurf. Er besteht darin, erdenk- und erträumbaren paradiesischen Weltzustand, in dem Gleichberechtigung und Harmonie herrschen, zu projektieren. Daß ein solcher Ansatz sui generis sozialkritische Brisanz besitzt, erfährt man aus der Geschichte der Fabel. Schon Äsop, der sagenumwobene Ahnherr der Gattung, soll ja ein Sklave gewesen sein.

Wenn wir zum Ausdruck brachten, daß die Fabel im Grunde keine Morallehre, sondern Anweisungen zum Überleben in einer amoralischen Welt gäbe, dann finden wir uns in Übereinstimmung mit Äußerungen, die von Karl August Ott im Hinblick auf Lessing und La Fontaine gemacht wurden. In einem äußerst scharfsinnigen Aufsatz («Lessing und La Fontaine – Von dem Gebrauche der Tiere in der Fabel», GRM, 1959. S. 235–266), äußert er, in den Nutzanwendungen der Fabel handelte es sich – ähnlich wie in Sprichwörtern – um die Erteilung «eines amoralischen Wissens um den Lauf der Welt». Für Ott gehört insofern die Fabelbelehrung in den «Bereich des vitalen Daseinskampfes», weil in der Tat die Fabelwelt mit ihrem Freund-Feind-Verhältnis, der Kontrastierung ohne Ausgleich gerade die Welt als amoralisches Gebilde angenommen hat. Wir befürchten allerdings, daß bei einer allzu schnellfertigen Einordnung der Fabel als didaktische Literatur, zuständig für den «Bereich des vitalen Daseinskampfes», der Schritt zu der Auffassung Jakob Grimms nicht mehr weit ist, daß die Fabel hervorkehre, «was an uns noch thierisch ist» (J. Grimm, RF XIII–XIV). Gewiß entwickelt die Fabel keinen Entwurf einer besseren Welt, gewiß weist auch die Fabel immer wieder darauf hin, den «unwandelbaren Kreislauf der natürlichen Dinge» (Ott, a.a.O. S. 251) im Auge zu behalten – der Eichbaum wurzelt nun einmal in der Erde und die Häher kreischen, daran läßt sich nichts ändern –, aber soll man daraus nur ableiten, daß in der Schicht des Vitalismus – der für die Fabel in Anspruch genommen wird – intellektuelle Bewegungen, Ideen, Gedanken, Projekte und Kritiken zum Scheitern verurteilt sind? «Die kühnen Pläne, die wagemutigen Entschlüsse, in denen sich der Mensch seinem Glück vertrauend dem Unvorhersehbaren aussetzt», so meint Karl August Ott, «werden derart mit einer Welt konfrontiert, in der nicht etwa nur der Stärkere stets Recht behält, sondern in der auch eine notwendige und unverrückbare Ordnung der Kräfte herrscht. Die Verkennung dieser Ordnung der natürlichen Kräfte bekommt der Mensch ‹am eigenen Leib zu spüren›, und damit zeigt sich, daß die Spiegelung der menschlichen Lage in tierischen Verhältnissen des weiteren eine zwangsläufige Entwertung des menschlichen Handelns impliziert» (Ott, a.a.O. S.251). Wenn mit diesen Bemerkungen nur gemeint sein soll, daß in der Welt der Fabel die dort gezeigten Weltverhältnisse ein Korrektiv für idealistische Vorstellungen sind, und damit die Äußerung Hans Lothar Markschies' im «Reallexikon der deutschen Literaturgeschichte» (Artikel «Fabel», S.433–441) Unterstützung fände, die Fabel bringe «eine wesentlich naturalistische, antiidealistische und unheroische Gesinnung» zutage, kann man ihnen beipflichten, nicht aber, wenn daraus entnommen würde, die Fabel decke sich weitgehend in ihren Lehrabsichten mit den Zielen des philosophischen Vitalismus. Nein, die Fabel lehrt ein kritisches Verhältnis zur Welt, «nicht das Gute und Edle, sondern die Weltklugheit, die rechte Einschätzung einer Situation, eines Machtverhältnisses», wie Dolf Sternberger es in seinem Essay «Figuren der Fabel» (Frankfurt am Main, 1950, S.19) formulierte.

Und dazu gehört Abstand, gehört auch der Schuß Utopismus, der den Protest gegen das Bestehende erst ermöglicht. Wer die Maus von der Katze fressen, wer den Esel enthäutet vor dem Löwen stehen läßt, wer alle Argumente, die das Lamm dem Wolf gegenüber hervorbringt, null und nichtig macht, will doch damit nicht nur sagen: So ist es nun einmal, er will auch sagen, das ist nicht richtig, sucht einen Weg, die amoralischen, inhumanen Zustände zu ändern.

In einer Ausschließlichkeit dreht sich die Lehre der Fabel um die soziale Welt des Menschen, daß wie im Hinblick auf das beschriebene Figurenarsenal vor einem Paradoxon stehen. Maus, Esel, Fuchs und Löwe, Affe, Elefant und wie sie alle benannt sein mögen, sie alle symbolisieren Teilaspekte des Menschen, aber so sehr sie alle ihre Rolle spielen, um im Leser oder Hörer im negativen Beispiel ein menschliches Verhalten zu provozieren, so unmenschlich sind sie selber wieder gebaut. «Die Fabel duldet kein Mitleid» (Dolf Sternberger, S. 24), sie ist gänzlich unsentimental. Sie will aufklären. Und für sie gelten kaum Demut, Mitgefühl, Gläubigkeit oder Frommsein als erstrebenswerte Lebensinhalte, viel eher Schläue, Listigkeit, Klugheit und Einsichtigkeit. Das Leben verlangt gewiß Anpassung und Widerstand, aber auch Wendigkeit und eine adäquate Einschätzung der gegebenen Machtverhältnisse. Gott hat in der Fabel wenig zu suchen.

ANPASSUNG UND WIDERSTAND

Wer Fabeln schreibt, erfindet, herausgibt, bearbeitet oder empfiehlt, dürfte damit die Absicht verbinden, nicht nur seine Leser oder Zuhörer zu erfreuen, sondern sie auch zu belehren, das heißt aber, in einer bestimmten Weise auf sie pädagogisch einzuwirken. Die verschiedensten Versuche, den didaktischen Standort der Gattung zu bestimmen, sind gemacht worden. Aber die vorhandenen Definitionen, die versuchen, den erzieherischen Nutzen zu bestimmen – Martin Luther spricht vom «betriegen zur warheit», Gotthold Ephraim Lessing vom anschauenden Erkennen eines allgemeinen, moralischen Satzes, andere vom Vermitteln von Lebensweisheiten –, decken zwar formal das Aussagevolumen der Fabel auf, sind aber so allgemein und inhaltsentleert, daß sie im Grunde nichtssagend sind. Welche moralischen Gesetze, welche Wahrheiten und Weisheiten möchte die Fabel verbreiten? Betrachtet man allerdings die Geschichten und dringt in die Lehren ein, vergleicht sie dann mit anderen Texten des gleichen Genres, so lassen sich unschwer Moralkodizes einzelner Verfasser oder Bearbeiter, ja ganzer literarischer Richtungen oder Epochen ablesen. Aber sehr bald erkennt man, daß die Wandlungen von Autor zu Autor und von Zeit zu Zeit so stark sind, daß die Bestimmung des Aussagevolumens und des Lehrgehaltes für die gesamte literarische Form unmöglich ist. Mit anderen Worten: die Richtungen der Beeinflussung, die Lehrtendenzen, die der Fabel zu Gebote stehen, ändern sich von Autor zu Autor, von Epoche zu Epoche, von einer literarischen und pädagogischen Strömung zur anderen. Grundsätzlich jedoch geschieht die Beeinflussung des Lesers und Hörers von Fabeln, sei er nun jung oder alt, in zwei gänzlich auseinanderlaufenden Richtungen: Im einen Fall wird der Konsument darauf aufmerksam gemacht, daß jemandem Schaden zuteil wird, weil er sich nicht ganz so verhalten hat, wie es von ihm verlangt wird. Die Absicht des jeweiligen Fabelerzählers ist es offensichtlich, die Anpassung an die Welt, so wie sie nun einmal ist, zu empfehlen. Die erzählten Beispiele dienen dazu, die Position des Establishments zu sanktionieren. Im andern Falle zielt der Fabelschreiber in der von ihm dargestellten Geschichte, ja oft auch in der beigefügten Verbalbelehrung, darauf ab, zur Einsicht darüber beizutragen, daß die bestehenden Lebensbedingungen und Ansichten, daß die öffentliche Meinung der Kritik, ja des Widerstandes bedarf, um dem Menschen zu einem besseren Leben auf dieser Erde zu verhelfen. Nicht Anpassung, sondern Widerstand wird hier in diesen Fabeln gelehrt.

Einige Beispiele mögen das Gesagte illustrieren. Von Johann Wilhelm Ludwig Gleim (1719–1803), die meiste Zeit seines Lebens als Sekretär in fürstlichen Diensten, auch Hauslehrer beim Prinzen Wilhelm von Braunschweig, stammt die folgende Fabel:

DIE BIENEN

In einem Bienenstock entspann sich einst ein Streit
Der bürgerlichen Eitelkeit,
Mit einem Wort: ein Streit der Ehre,
Wer edler und unedler wäre?
«O», rief die stolzere Parthei,
«Was braucht man lang' zu fragen,
Wer besser oder wer schlechter sei?
Wir, die wir in dem warmen Tagen
Die Höschen in den Zellen tragen,
Und stets mit Kunst beschäftigt sind,
Daß unser Rost von Honig rinnt,
Wer sieht es nicht, daß wir die Bessern sind?»
«So?» fielen hier die Andern ein,
«Wo wird denn euer Honig sein,
Wofern wir nicht das Wasser künstlich tragen?
Daß euer Stachel uns gebricht,
Das schadet unserm Werthe nicht;
Genug, daß wir das Amt getreu verwalten,
Wozu der Staat uns für geschickt gehalten.

So niedrig unsre Pflicht auch scheint,
So soll euch doch der Ausgang lehren,
Daß wir, mit euch zugleich vereint,
Zur ganzen Republik gehören.»

Sie trugen drauf kein Wasser mehr.
Nun mußten die, die Honig machten,
Flieh'n, oder in der Brut verschmachten,
Und viele Zellen wurden leer.

Der Weiser rief darauf den Rest der Unterthanen,
Um sie zur Eintracht zu ermahnen.
«Der Unterschied in eurer Pflicht
Erzeugt,» sprach er, «den Vorzug nicht;
Nur die dem Staat am treu'sten dienen,
Dies sind allein die bessern Bienen.»

Die Fabel berichtet von einem Streit um den Wert und die Bedeutsamkeit unterschiedlicher Arbeitsleistungen. Dabei wird der Disput, der mit einem Streik der Unterbewerteten verbunden ist, durch ein beschwichtigendes Wort – wenigstens für den Leser der Fabel – beendet, indem richterlich entschieden wird, daß nicht der Arbeitsunterschied («Unterschied der Pflicht») Privilegien schaffe, vielmehr nur die Treue zum Staat. «Nur die dem Staat am treu'sten dienen, dies sind allein die bessern Bienen.» Der Aufstand der Arbeitsbienen ist damit für gegenstandlos erklärt. Belohnungen sind das immaterielle Treueverhältnis, nicht aber das sich in materiellem Verdienst und Arbeitsbedingungen ausdrückende bessere Leben. Hier wird ein sozialkritischer Gedanke durch eine ideologische Harmonielehre mundtot gemacht. Diese Fabel des feudalistischen 18. Jahrhunderts wurde bezeichnenderweise der Jugend 1840, in einer Epoche restaurativer Erziehungspraxis, in einem Buch «Lebensweisheit in Fabeln für die Jugend» wieder vorgesetzt, gewiß in der Absicht, ihr klarzumachen, daß jede Arbeit – auch die des ärmsten Mitgliedes, auch des jüngsten natürlich! – des Lobes wert ist und daß ein Widerstand gegen diese von Gott gegebene Ordnung unschicklich ist.

Dem eben gegebenen Beispiel wären unzählige Varianten zur Seite zu stellen, die zwar einen abweichenden Inhalt haben, auch in ihrem Tenor abweichen, aber in der Tendenz, den Leser zu beruhigen, ihn von aufrührerischen Gedanken und Handlungen abzuhalten, ihm die Harmonie und heile Welt, in der Gott alles zum besten der Menschen eingerichtet hat, vor Augen zu führen, mit den Gleimschen «Bienen» übereinstimmen.

Schon in der Antike wurde die bekannte, als Schullektüre seit vielen Generationen bis heute besonders beliebte Fabel von der Stadtmaus und der Landmaus – bei Babrios vorhanden – dazu benutzt, ein Exemplum zu geben, in dem die Gefahren des Aufbruchs in fremde, scheinbar bessere Regionen gezeigt werden. Zum Ende läßt der antike Schriftsteller die Maus vom Lande, sich vom Überfluß des städtischen Mauselebens abwendend, sagen:

«Bei der Verpflegung – bleibe reich und viel Freude!
Und schwelge du bei diesem üpp'gen Mahl weiter,
Wo alle diese Fülle von Gefahr voll ist!
Ich will der schlichten Scholle draußen treu bleiben,
Wo ich von schalem Zeug, doch ohne Angst lebe!»

Hier hat die Tendenz, Anpassung an die bestehenden Verhältnisse zu lehren, einen durchaus privaten, lebensphilosophischen Charakter. Die Sehnsucht nach einem Leben ohne Angst führt zur Entscheidung für das «kleine Glück» des Status quo. Mag man auch zweifeln, ob in der vorhin zitierten Gleimschen Fabel «Die Bienen» bewußt sozialkritischer Stoff ausgelegt werden sollte, so muß man in dem folgenden Beispiel den Zweifel an seiner politischen Relevanz sein lassen, denn hier ist ausdrücklich von «politischer Anwendung» die Rede. Die Fabel «Die Wölfe, die Schafe und die Hunde» findet sich in einem Band, der den Titel trägt «Hrn. Samuel Richardsons, Verfassers der Pamela, der Clarissa und des Grandison *Sittenlehre für die Jugend* in den auserlesensten Aesopischen Fabeln mit dienlichen Betrachtungen zur Beförderung der Religion und der allgemeinen Menschenliebe vorgestellt». Der Übersetzer des 1757 in Leipzig erschienenen, mit vielen entzückenden Kup-

Reineke der Fuchs. Diese Titelseite des Werkes ziert die Volksbücherausgaben, deren erster Band 1838 in Leipzig bei Otto Wigand verlegt wurde und von Gotthard Oswald Marbach herausgegeben wurde. Wahrscheinlich stammt die Illustration, den hofhaltenden Löwen darstellend, von Ludwig Richter (1803–1884). In der rechten unteren Ecke finden sich jedenfalls die bekannten Initialen L. R., und im Innern des Bandes sind auch Illustrationen anderer Dresdner Künstler (u.a. Rietschl) zu erkennen. Nachdem die Romantiker, vor allem durch J. Görres, die Volksbücher wiederentdeckt und aufgewertet hatten, geriet auch «Reineke der Fuchs» unter die «in jeder Buchhandlung für zwei Groschen» zu erhaltenden Sammlungen und Bearbeitungen, ähnlich wie zum Beispiel die «Geschichte von Griseldis und dem Markgrafen Walther. Nebst einigen andern Beispielen treuer Liebe» oder das gerade zuvor in derselben Reihe erschienene Heft 13/14: «Tristan und Isolde».

Reineke der Fuchs.

Volksbücher.

15. 16. 17.

Herausgegeben von G. O. Marbach.

Leipzig, bei Otto Wigand.

Ludwig Richter (?): Titelseite aus dem Volksbuch «Reineke der Fuchs» (Leipzig 1838)

fern ausgestatteten Werks nennt zwar nicht seinen Namen, jedoch ist es Gotthold Ephraim Lessing, der in der Vorrede versichert: «Man hat bey der Uebersetzung nichts weggelassen, als das Leben des Aesopus.»

XLIV. FABEL.

DIE WÖLFE, DIE SCHAFE UND DIE HUNDE.

Es entstand einstmals ein Krieg zwischen den Schafen und den Wölfen, und so lange die Schafe die Hunde zu ihren Bundesgenossen hatten, waren sie ihren Feinden gewachsen. Als die Wölfe das merkten, schickten sie Abgesandte, welche Vorschläge zum Frieden tun mußten, und von beyden Theilen wurden, bis zur völligen Schließung desselben, Geißel gegeben, welches von Seiten der Schafe die Hunde, und von Seiten der Wölfe, junge Wölfe waren. Als sie nun in Unterhandlung standen, fingen die jungen Wölfe an zu heulen, die Wölfe schrien über Verrätherey, weil man ihre Geißel, wie sie vorgaben, mißhandle, fielen in Abwesenheit der Hunde über die Schafe her, und ließen sie wegen der Unvorsichtigkeit, sich von ihren Beschützern getrennt zu haben, büßen.

LEHRE.

Es ist der höchste Grad der Thorheit, wenn man zwischen denen Freundschaft zu stiften denkt, welche die Natur selbst, durch einen unversöhnlichen Haß, entzweyet hat.

BETRACHTUNG.

Ein Volk, um dieser Fabel eine politische Anwendung zu geben, das sich außer Stande setzt, sich bey entstehendem Kriege zu vertheidigen, darf sich nichts anderes als Krieg versprechen. Eine Staatsverfaßung, die das Volk dem ersten dem besten Feinde blosstellt, ist schlimmer als der Krieg selbst. Den Formalitäten eines Scheinfriedens, ist auf die vorgegebene Versöhnung eines Todfeindes, nicht zu trauen. Die christliche Religion befiehlt uns, zu vergeben; allein die christliche Klugheit befiehlt uns auch, zuzusehen, wem wir trauen. Es geht in der Welt eben so, wie es in der Fabel geht; man macht und bricht den Stillstand der Waffen, wie es nach den gegenwärtigen Umständen am zuträglichsten ist; und wir können es als eine gewisse Wahrheit festsetzen, daß sich zu einem Friedensbruche gar leicht ein Vorwand finden läßt, wenn der Feind Lust dazu hat, und seinen Vortheil dabey findet.

Die Absicht, die Welt vor Augen zu führen und dem Leser bewußt zu machen, wie die Machtverhältnisse geregelt sind, verführt Richardson, dem Leser ein Kolleg über die Notwendigkeit stetiger Verteidigungsbereitschaft zu halten. Es gibt nun einmal – so führt die «Lehre» aus – «unversöhnlichen

Haß», ein von der «Natur selbst» eingerichtetes Spannungsverhältnis, das die Menschen beziehungsweise die Staaten hinnehmen, auf das hin sie sich einrichten müssen, indem sie sich militant einigeln. Was hier dazu verführt, den Krieg als Naturereignis hinzustellen, das führt in Christian Fürchtegott Gellerts Fabel «Der Tanzbär» dazu, den Neid nicht als eine menschliche Fehlhaltung, die kritisch betrachtet werden sollte, sondern ebenso als Naturereignis anzusehen. Die Weisheit Gellerts besteht in der Empfehlung, sich auf den gegebenen Zustand einzurichten, das heißt den Neid nicht herauszufordern.

Zwei weitere Beispiele – Pestalozzis Fabel «Zwei Füllen» und Christian Felix Weisses «Der Elefant in der Grube» – können die Gegensätzlichkeit der Ansichten über Selbstbescheidung und Anerkenntnis der nun einmal vorfindlichen Gegebenheiten illustrieren. Bei Pestalozzi wird die Zufälligkeit der Bildungschancen in der Gesellschaft folgendermaßen beschrieben:

ZWEI FÜLLEN

Zwei Füllen, die sich in Wuchs und Bildung wie ein Ei dem andern glichen, fielen in ungleiche Hände. Das eine kaufte ein Bauer und gewöhnte es, ohne Rücksicht auf die Veredlung seiner Natur, zum niedern Dienste am Pflug und an den Karren. Das andere fiel in die Hand eines Bereiters. Dieser baute die Kunst seines Dienstes auf die Veredlung seiner Natur, das ist auf die Erhaltung und Ausbildung seiner Feinheit, seiner Kraft, seines Muts. Es ward ein edles Geschöpf, indessen das andere alle Spuren seiner edlern Natur an sich selber verlor.

Es kann eben geschehen, daß der Mensch in ungleichen Verhältnissen groß wird. Es kann ihm wie den beiden Fohlen gehen. Er hat mehr Pech, wenn er in die Hände eines auf das Fortkommen seines Schützlings nicht sonderlich bedachten Ausnützers gelangt, als der andere, der durch Bildung und Zucht kultiviert wird. Mag der Pestalozzische durch diese Fabel intendierte Denkanstoß den Leser auch in die Lage versetzen, die Misere einer allgemeinen Menschenbildung, die Schwierigkeiten, eine Chancengleichheit in Bildungsfragen zu erzielen, einzusehen und damit Zweifel an den bestehenden Verhältnissen zu hegen. Diese Auffassung verkehrt sich allerdings ins genaue Gegenteil bei Christian Felix Weisse. Denn für diesen Poeten gibt es sogar Vorteile für denjenigen, der an dem Aufstiegsprozeß des Menschengeschlechtes nicht so wie die anderen hat teilnehmen dürfen. Die Fabel vom

Elefanten in der Grube endet damit, daß der Verfasser auf die Gefährlichkeit des Lebens der Großen hinweist und meint:

> «Beneide nicht die Großen dieser Welt!
> Der Strauch hebt sich im Sturm, die Eiche liegt gefällt.»

Und in Johann G. Salzmanns Bearbeitung der Fabel «Die Hasen und die Frösche», die Geschichte von den resignierenden Hasen, die sich ins Wasser stürzen wollen, aber dann durch die wiederum vor ihnen sich in die Fluten stürzenden Frösche belehrt werden, daß sie nicht die einzigen sind, die Angst haben, findet sich die Lehre des Schnepfenthaler Pädagogen:

«Niemand soll sich wider die Ordnung und die Rathschlüsse der Vorsehung auflehnen. Der uns erschaffen hat, weiß, was uns am dienlichsten ist. Eines jeden Menschen Loos, wenn es gehörig eingesehen und gebraucht wird, ist sonder Zweifel für ihn das beste.»

In den genannten Beispielen, das dürfte deutlich geworden sein, wird die Fabel benutzt, um literarisch unterhaltsam die Anpassung zu lehren, die Anpassung an die im privaten Leben, in der Gesellschaft oder in der Politik gegebenen Verhältnisse. Die Beispiele lassen sich aus vielen Jahrhunderten und bei vielen Verfassern und Bearbeitern finden. Man mag gewisse Bedenken haben, die Vertreter dieser Lehrtendenz unter den Fabeldichtern in deren erste Reihe zu stellen. Man mag verleitet sein anzunehmen, daß Vertreter und Fabeln dieser Gruppe die der Gattung innewohnende kritische Potenz der Demonstration braver Gefügigkeit unterwerfen. Ein Historiker der Fabel kann sie jedoch nicht übergehen. Und bedenkt man, daß Autoren wie Babrios, Martin Luther, Gleim, Gellert, Weisse und viele andere unter den Vertretern des angedeuteten Standpunktes sind, daß darüber hinaus gerade dieser Typ in Lesebüchern und Sammlungen für die Jugend Aufnahme gefunden hat, so wird die historische, pädagogische und gesellschaftliche Auswirkung erkennbar. Denn recht verstanden ist in solchen Fällen eine zu

Christian Fürchtegott Gellerts 1746 erstmals erschienene Fabeln gehörten zu den populärsten Werken des 18. und auch noch des 19. Jahrhunderts. Die reich verzierte Titelseite stammt aus der 1838 in Leipzig in der Hahnschen Verlagsbuchhandlung edierten «Neuesten Original-Ausgabe». In dem vielfach mit architektonischem Schmuck und Blumengirlanden aufgelockerten Rahmen sind oben Putten zu erkennen, von denen die mittlere die Maske der Komödie und der Tragödie hochhält. Der Tanzbär und der in den Spiegel schauende Affe sind rechts und links in den Ecken über dem unteren Bildteil zu sehen. In der unteren Muschel scharen sich Kinder um einen sitzenden Mann (Äsop, Gellert?), der ein aufgeschlagenes Buch mit dem deutlich sichtbaren Text hält: «Haec fabula docet». Tod und Enttäuschung flankieren die Szene.

G. Osterwald: Titelseite aus «Fabeln und Erzählungen» von C. F. Gellert (Leipzig 1838)

Kritik und Aufklärung angelegte literarische Form benutzt worden, um Kritik und Aufklärung geradezu zu verhindern.

Demgegenüber finden sich Beispiele genug, in denen offenbar wird, daß die Äsopische Fabel ebenso dazu angetan ist, den Widerstand gegen Vorurteile und die kritische Reflektion über die öffentliche Meinung hervorzurufen.

In vielen Fällen will die Fabel als Beispiel der Auflehnung, als Demonstration des Aufstandes gegen Unsinn und blindes Übernehmen verstanden sein. Von Christian Heinrich Kleukens findet sich in seinem 1951 herausgekommenen Buch «Fabeln, Ein Trostbüchlein» folgendes Stück:

TRIUMPH DER VERNUNFT

Einen fürstlichen Esel, Machthaber über einhundert brave Esel, gelüstete es nach den fünfundneunzig eines andern. Sich diese zu räubern, rief er: Untertanen! Esel! Zu den Waffen! Man will uns überfallen und euch knechten.

Da fragte ein alter Esel, dem die schwere Arbeit nicht alles Denken erdrückt hatte: Müßte ich beim Nachbarn Eurer Majestät mehr schleppen? Würde er mir zwei Sättel auflegen? Sonst wäre ein Herrnwechsel für mich belanglos. Ich bin ja nur ein kleiner Esel, unebenbürtig, Plebs ...

Und da auch die andern Esel eigentlich keine richtigen Esel waren, kam diesmal ein Raubkrieg nicht zustande.

Wir erinnern uns an jene Sanktionierung der Aufrüstung und des Verteidigungskrieges in Samuel Richardsons Fabel aus der «Sittenlehre für die Jugend», in der Schafe und Wölfe als natürliche Feinde konsequent zur Anerkenntnis des «Natürlichen Krieges» kommen. Hier bei Kleukens beginnt ein alter Esel, «dem die schwere Arbeit nicht alles Denken erdrückt hatte», dem Aufruf zum Kriegführen zu widersprechen, indem er bohrend und einfach nach dem Nutzen fragt. Die feinsinnige Fabel endet mit dem Hinweis, daß der Krieg nicht stattfand, weil alle Beteiligten «keine richtigen Esel» waren, das heißt weil alle vernünftig waren. Nicht umsonst hat Kleukens zur Überschrift die Formulierung «Triumph der Vernunft» gewählt.

Falsch wäre es zu glauben, daß womöglich erst in jüngster Zeit die Fabeln solche «provokatorischen Notizen» geworden seien. Richtig ist ohne Zweifel, daß bei zeitgenössischen Autoren, wie zum Beispiel Günther Anders, Wolfdietrich Schnurre und dem Amerikaner James Thurber, der didaktische Akzent auf der Aufhellung scheinbar selbstverständlicher, aber dennoch höchst fragwürdiger Ansichten und Verhaltensschemata liegt. Wenn Günther Anders (Der Blick vom Turm, München 1968, S.7) das geistige Provinzlertum, das dem Andersdenkenden und Andershandelnden sofort Abartigkeit unterschiebt, in folgender Fabel persifliert:

DER LÖWE

Als die Mücke zum ersten Male den Löwen brüllen hörte, da sprach sie zur Henne: «Der summt aber komisch.» «Summen ist gut», fand die Henne. «Sondern?» fragte die Mücke. «Er gackert», antwortete die Henne, «aber *das* tut er allerdings komisch.»

dann versucht er im Leser die Überlegung herauszufordern, ob denn – zugespitzt formuliert – der Löwe wirklich brüllt, oder ob dies vielmehr eine menschliche Unterstellung ist.

Bei James Thurber richtet sich die Tendenz zur Verunsicherung und zum Widerstand gegenüber hergebrachten Vorstellungen sogar gegen die Fabeltradition selbst, indem er parodistische Umformungen, überraschende Sinnveränderungen bekannter Äsopischer Genres vornimmt. Wir greifen dazu zur vorhin erwähnten, seit der Antike in sehr vielen Varianten verbreiteten Geschichte von der Land- und der Stadtmaus. Bei Thurber (Lachen mit Thurber, Hamburg 1964, S.260) lautet sie:

DIE STADTMAUS, DIE AUFS LAND FUHR

Eine Stadtmaus begab sich eines Sonntags aufs Land, wo sie eine Feldmaus besuchen wollte. Sie reiste als blinder Passagier in einem Zug, den zu benutzen ihr die Feldmaus geraten hatte. Leider stellte sich bald heraus, daß der Zug sonntags in Beddington nicht hielt, und so konnte die Stadtmaus nicht in Beddington aussteigen, um den Omnibus nach Sibert's Junction zu nehmen, wo die Feldmaus sie abholen wollte. Die Stadtmaus mußte vielmehr bis Middleburg fahren und dort geschlagene drei Stunden auf den Gegenzug warten. Als sie endlich in Beddington eintraf, entdeckte sie, daß der letzte Omnibus nach Sibert's Junction gerade abgefahren war. Sie setzte sich sofort in Trab, rannte und rannte und holte tatsächlich den Omnibus ein. Keuchend sprang sie auf – und fand heraus, daß es gar nicht der Omnibus nach Sibert's Junction war, sondern daß er in die entgegengesetzte Richtung über Pell's Hollow and Grumm nach einem Ort namens Wimberby fuhr. Als der Omnibus schließlich hielt und die Maus ausstieg, regnete es in Strömen, und zudem erwies sich, daß an diesem Abend überhaupt keine Omnibusse mehr irgendwohin fuhren. «Hol's der Teufel», sagte die Stadtmaus und wanderte in die Stadt zurück.
Moral: Wozu in die Ferne schweifen, wenn es daheim viel gemütlicher ist.

Die Stadtmaus kommt erst gar nicht an, ihr Besuch findet nicht statt, viel weniger noch ein Besuch der Landmaus in der Stadt. Damit wird die Erfahrung, auf die die überlieferte Fabel hinaus will, keineswegs außer Kraft gesetzt. Nein, Thurber kann die Erkenntnis, die in der «Moral» ausgesprochen wird, an die der seitherigen Versionen anlehnen. Auch bei Babrios war davon die Rede, daß die Landmaus (Positionsvertauschung) ein bescheidenes Leben ohne Angst einem zwar weiteren, aber auch gefährlicheren vorzöge. «Wozu in die Ferne schweifen, wenn es daheim viel gemütlicher ist», sagt Thurber. Und darin liegt allerdings in Wirklichkeit mehr als eine Abwandlung, hierin liegt eine Travestierung der ursprünglichen Moral. Thurber macht sich lustig über diejenigen, die aus spießigem Gemütlichkeitsfimmel überall den Anschluß versäumen und diese offensichtliche Lebensuntüchtigkeit auch noch moralisch rechtfertigen. Insofern ist die hier bei Thurber vorgeführte Maus eigentlich die Karikatur zu der Fabelmaus und die Fabelsentenz die Travestie der ursprünglichen. Diese Elemente gehören aber als Stilmittel in den Bereich der Parodie, und diese wiederum im Reich der Fabel anzutreffen, nicht nur bei Thurber, auch bei Schnurre, auch bei dem eben erwähnten Günther Anders, auch in Ansätzen bei Tucholsky, bei Erich Kästner, bei Christian Morgenstern und Ringelnatz, dürfte eine neue Linie kennzeichnen, die bisher in der Geschichte dieser Gattung nicht aufgetreten ist. Ob die Fabel des 20. Jahrhunderts sich als parodistische Fabel manifestiert? Parodie setzt kritische Reflektion und Distanz zum Vorfindlichen voraus. Insofern führt sie zu einer Bewußtseinslage, in der Widerstand und Provokation jederzeit eingeschlossen sind.

Der Appell an das kritische Vermögen, der Aufruf, den Verhältnissen sich nicht unreflektiert anzupassen, vielmehr nachzudenken und sich in seinem Verhalten nach der Einsicht und der Vernunft zu richten, ist – wie erwähnt – eine mögliche, nicht erst unserer Zeit vorbehaltene Tendenz der Gattung. Als Beispiel sei eine Fabel von dem noch viel zu wenig bekannten Schweizer Abraham Emanuel Fröhlich (1796–1865) zitiert, in dem es nicht um die Verhinderung von Krieg, wie bei Kleukens, nicht um die Vorurteile anderen gegenüber, wie bei Anders, nicht um die rechte Einschätzung persönlichen Wohlbefindens geht, wie bei Thurber, sondern um die Erziehung als ein gesellschaftliches Phänomen:

AUCH EIN INSTRUMENT

Hund und Aff' und Papagei,
wohldressirt im Allerlei
fremder Wörter, Tänz' und Sitten,
schlossen einen Lehrerbund.
Und es ward von ihnen kund:
«Daß sie bei so vielen Bitten
für die unerzogne Jugend
endlich sich entschlossen haben:
sowohl Töchter als auch Knaben
in Religion und Tugend
und im Tanz zu unterweisen
nach den angesetzten Preisen.»

Eltern, aller Sorg entladen
eilen nun zum Ort der Gnaden.

Ausstaffirt mit Pfaugefieder
schnattert dort das Gänschen zierlich;
und das Bärchen tanzt manierlich
nach dem Takt verliebter Lieder.

O wie schnell lernt nun die Jugend
die Religion und Tugend!

Eine Satire auf die Erziehung, so wie sie Fröhlich seiner Zeit unterstellt. Hund und Aff' und Papagei, selbst nur auf Dressate zurückgreifen könnend, übernehmen den Unterricht im gesellschaftlichen Verhalten der Töchter und Knaben. Die Eltern beschränken sich darauf, das junge Volk pfauenhaft auszustaffieren und das Geld zu bezahlen, die Erziehung übernehmen die abgerichteten Figuren. Daß sich als Ergebnis eines solchen Arrangements ein fixes Erlernen von Religion und Tugend einstellen dürfte, vermerkt der Autor, selbst Theologe und Pädagoge, mit Ironie. Hier wird protestiert gegen das vorgefundene Erziehungswesen, in dem von Abgerichteten abgerichtet wird, in dem Eltern verantwortungslos handeln, wenn sie Geld geben, statt Mühe an ihre Sprößlinge zu verwenden.

Vorhin wurde der Lehrsatz von Gellerts «Tanzbär»-Fabel erwähnt. In ihm artikulierte sich die Lehre von der Anpassung in besonderer Weise (wer geschickter als die anderen sei, solle mehr als die übrigen aufpassen, um nicht aufzufallen und nicht den Neid zu erregen). Halten wir die Fabel vom Bären und Affen von Johann Heinrich Friedrich Meineke (1745–1825) dagegen:

DER BÄR UND DER AFFE

Ein ernsthafter Bär machte seine erlernten Künste mit allem ihm natürlichen Anstand und Würde. Neben ihm gaukelte ein possierliches Äffchen. Die Zuschauer waren Knaben oder Leute, die wie Knaben dachten. Niemand merkte auf des Bären Kunst; alle bewunderten den Affen aus vollem Halse. «Hum», brummte der Bär, «es ist doch ärgerlich, wenn man sich alle Mühe gibt, um gründliche Beweise der Kunst abzulegen, und niemand auf uns merkt. Höre, Monsieur Affe, woher hast du denn die sonderbare Maxime, Beifall zu erlangen? Etwa von gewissen Professoren in Teutschland?» – «Nein», erwiderte der Affe, «die Herrn lernten diese Kunst erst von mir.»

Die Fabel wird hier benutzt, um Zustände in Deutschland zu kritisieren. Da richtet man sich nach den Äffischsten. Natürlicher Anstand und Würde finden keinen Beifall bei den unausgereift urteilenden Zeitgenossen. Vorbilder sind dressierte Affen, nach denen sich auch die Professoren richten. Kurz und gut: Die Fabel will sagen, so geht es nicht weiter, ändert die Zustände, leistet Widerstand gegen den Lakaienstil des 18. Jahrhunderts. Wer die Geschichte der Fabel des 18. Jahrhunderts genauer verfolgt, wird sehr bald bemerken, daß dieses Thema der Gesellschaftskritik in der damaligen Epoche ganz besonders deutlich seinen Niederschlag findet und dort allerdings zu sehr verschiedenen Antworten Anlaß gibt. Nicht umsonst hat sich das Jahrhundert der Aufklärung als zentralen Fabelfiguren dem Affen, dem Bären, dem Papageien, dem Esel und dem Löwen zugewandt. Im Laufe der Jahrzehnte haben sich Wandlungen in den Auffassungen und in den Zielen des Angriffs ergeben. Man kann dies zum Beispiel schon daraus ablesen, daß bei Daniel Stoppe in der Fabel «Der Affe» aus dem Jahre 1738 diese Figur die progressive, positive Haltung des aufgeklärten, klugen und hilfsbereiten Menschen vertritt, während die Bären die fortschrittshemmende, gefährliche, vorurteilsbelastete Haltung verkörpern. Man halte die Lehrgehalte dieser Stoppeschen Fabel – sie endet mit dem Satz: «Wenn wir ein Ding nicht zu begreifen wissen: So sind wir in der That oft rechte B...» (Bären) – denen des aus demselben Jahrhundert stammenden, jedoch erst nach 1760 schriftstellerisch tätig gewordenen Gottlieb Konrad Pfeffel (1736–1809) in seiner Fabel «Der Tanzbär» gegenüber. Sie endet damit, daß der Bär niemandem mehr als sich selbst gehorsam ist und seinem Despoten die Rippen zerbricht. Die Fabel endet mit dem Ausruf:

> Ihr Zwingherrn, bebt! Es kömmt ein Tag,
> an dem der Sklave seine Ketten
> Zerbrechen wird, und dann vermag
> Euch nichts vor seiner Wut zu retten.

Anpassung und Widerstand kann die Fabel lehren. Sie tut es auf ganz verschiedene Weise: Sie erzählt eine Geschichte, sie formuliert Lehrsätze, sie erlaubt Einsichten, sie enthält Appelle. Über dem durch Anpassung und Widerstand bezeichneten Zielfeld dürfen wir aber nicht vergessen, daß allerdings in vielen Beispielen unserer Gattung nur Lebenserfahrungen mitgeteilt werden, um schlichthin aufzuzeigen: So ist's, so kann's passieren.

I.–I. Grandville: Der Wolf und der Storch (Paris 1838). Hier hat Grandville die Entfernung eines Knochens aus dem Rachen des Wolfes durch den Storch zum Anlaß genommen, eine äußerst detailliert dargestellte Behandlungsszene zu entwerfen: Besteck und Spuckschale flankieren den Patienten, der Arzt arbeitet mit einer Brille auf dem spitz in den Rachen stoßenden Schnabel. – Allerdings wird in der Fabel der Helfer später um seinen Lohn betrogen.

ZWISCHEN PREDIGTMÄRLEIN UND POLITISCHEM LEHRSTÜCK

In welche Richtungen die Fabeln ihre Lehren schicken, diese Frage ist mit der Feststellung, daß sie zur Anpassung verleiten oder zum Widerstand aufrufen, noch nicht beantwortet. Uns scheint ihr didaktischer Horizont durch die drei Absichten, politische, gesellschaftskritische und moralische Aussagen zu machen, bestimmt zu sein. Die Tendenzen wechseln von Autor zu Autor, von Bearbeiter zu Bearbeiter, von Epoche zu Epoche. Die Fabel ist Bestandteil in Predigten und in politischen Reden, sie hat sich aber auch in literarischen «Kunststückchen» isoliert.

Ohne Zweifel hat der Leser oder Hörer den Wunsch, sich bei der Lektüre der Fabel zu vergnügen. Er tritt mit dieser Erwartung dem Erzähler entgegen, er will sich an einer Geschichte erfreuen, von einer Handlung eingefangen und durch sie in eine fiktive Welt entführt werden. Dieser Zug der Fabel, den sie mit jeglicher «schönen Literatur» gemein hat, nämlich «vergnügliche Kurzweil» und nicht nur ernsthafte Unterweisung zu bieten, führte in der Barockzeit zu einer lebhaften Diskussion unter den Kanzelpredigern und Theologen, ob nicht der didaktische Effekt einer Predigt durch die Erzählung einer Fabel gestört werde. Man fragte sich, ob sie nicht von der eigentlichen Lehre mehr ablenke als zu ihr hinführe.

Der bekannte Jesuit und Münchner Domprediger Wolfgang Rauscher (1641–1709) – «man möchte ihn als den würdigsten dieser ganzen, um 1640 geborenen Predigergeneration bezeichnen», sagt Elfriede Moser-Rath in ihrem Buch «Predigtmärlein der Barockzeit» (Berlin 1964, S. 179) – lieferte ein einmaliges Dokument zu dieser Auseinandersetzung in einer Ostermontagpredigt, die er der Frage widmete: «Ob es sich gezieme, daß ein Apostolischer Prediger mit einer Fabel oder Ostermärlein auf die Cantzel komm». Übrigens kommt Rauscher für sich zu der Antwort: «Hat also ein Prediger so wol in H. Göttlicher Schrifft, als in den Vätteren und Scribenten, wie auch in der Vernunfft Grund genug, sich zu fussen und ihme zu förchten keineswegs Ursach, wann er schon ein auserlesne, außpolirte, wolgeschliffne Fabel auf die Cantzel bringt» (Moser-Rath, S. 26). Immerhin bezeichnet eine solche Stellungnahme die Positionen: Dient die Fabel der Wahrheit, ist sie Erkenntnismittel? Oder führt sie von der Erkenntnis ab, weil sie nur eine erfreuliche Erfindung, eine schöne Geschichte ist? Der barocke Kanzelredner bejaht das erstere, er sieht die Äsopischen Stücke als brauchbare Exemplare an. Seine Ansicht deckt sich mit der vieler Theoretiker, nicht zuletzt der der romantischen und neuromantischen Literaturdidaktiker und Germanisten des 19. und 20. Jahrhunderts, die wegen dieser Eigenschaft der Lehrhaftigkeit die Fabel weitgehend aus dem Verband der «reinen» poetischen Gattungen verwiesen, sie für ungeeignet zur literarischen Bildung hielten, aus den Schullesebüchern verbannten, aber als moralisches Beispielgut gelten ließen.

Nun läßt sich der Doppelcharakter – Lehr- und Kunststück zu sein – nicht bestreiten. Er macht die Fabel sogar außerordentlich interessant, weil in ihr klarer als anderswo zutage tritt, in welche Bezirke des menschlichen Lebens dieses Sprachwerk aufklärend hineinwirkt.

Nach den im vorigen Kapitel erwähnten und dargestellten grundsätzlichen Lehrtendenzen, der Aufforderung zum Widerstand und der der Anpassung,

I.-I. GRANDVILLE: Die Katze und die alte Ratte (Paris 1838). Grandvilles (1803–1847) makabrer Mäuse- und Rattentanz unter der sich tot stellenden Katze erschien erstmals 1842 in Deutschland. Grandville – mit bürgerlichem Namen Ignace-Isidore Gérard – war einer der großen Karikaturisten im Schatten Daumiers. Er illustrierte unter anderem La Fontaines Fabeln. Er starb mit 44 Jahren im Irrenhaus zu Vanves bei Paris.

ist jetzt zu fragen, an welchen Stellen der menschlichen Existenz nach Ansicht der Fabel und ihrer Autoren Widerstand und Anpassung geleistet werden sollen. Offensichtlich hat die Fabel im Laufe ihrer seitherigen Geschichte vorwiegend drei Bezirke ausgelotet, über die sie Aussagen macht beziehungsweise zu denen sie Stellungnahmen anbietet. Da ist der Bezirk religiöser Belehrung, der politisch-sozialer Kritik und der lebensphilosophischer und moralischer Einflußnahmen.

Beispiele für die politisch-sozialkritischen und die lebensphilosophisch-moralischen Bereiche sind hier schon genug genannt worden, ich füge jedoch – ehe der religiöse Aspekt zur Sprache kommt – noch einige hinzu, die gleichzeitig aufzeigen können, in welcher konkreten gesellschaftlichen oder politischen Situation die Fabel auftaucht beziehungsweise eingesetzt werden kann.

Als die Plebejer im alten Rom, unzufrieden über die ungleiche Verteilung von Pflichten und Gütern, beschlossen hatten, auszuziehen, soll es dem Patrizier Menenius Agrippa gelungen sein, durch folgende Fabel den rebellierenden Teil der Bevölkerung Roms zur Umkehr zu bringen:

DER MAGEN UND DIE GLIEDER

Wer törichterweise die Seinen im Stich läßt, täuscht sich zuerst.
Niemand taugt etwas ohne die Seinen. So erzählt man sich von den Körperteilen, Hände und Füße seien empört gewesen und hätten sich geweigert, dem Magen Nahrung zu liefern, weil er Tag für Tag ohne irgendwelche Bemühung angefüllt werde. Er selbst sitze untätig dabei. Als der Magen aber hungerte, erhob er ein Geschrei. Doch wollten sie ihm einige Tage lang nichts geben. Da nun der Magen nichts bekam, erschlafften alle Glieder. Als sie ihm dann wieder Nahrung geben wollten, weigerte sich der Magen, weil er die Wege schon zugemacht hatte. So gingen Glieder und Magen vor Erschöpfung zugleich zugrunde.
Diese Fabel mahnt die Diener zur Treue, weil sie nur dadurch stark sind und Bestand haben.

Die Fabel – hier in der Übersetzung aus dem Romulus (1. nachchristliches Jahrhundert) – taucht in unserem Falle also in der politischen Rede auf, ein Mittel, das der Redner auf dem Markt oder in der Debatte gebraucht.

Die Grille und die Ameise. Gustav Süs (1823–1881), Verfasser zahlreicher Jugendschriften (mit selbstgeschaffenen Illustrationen), hat die Zeichnungen zu den 16 Ölfarbdrucken angefertigt, die in dem seit der Erstauflage (1840) weitverbreiteten Band von Ludwig Fernow, «Die Tante Fabula», zu finden sind. Obwohl durch das frühe Farbdruckverfahren in der hier benutzten 4. Auflage (Erfurt 1863) viel von dem ursprünglichen Reiz und der biedermeierlichen Zartheit des Originals verlorengegangen sein dürfte, läßt sich doch aus dem Winterbild zu der Fabel von der Grille und der Ameise Gustav Süs' liebevolles Darstellen des bürgerlichen Milieus – die Butzenscheibenromantik – erkennen.

Gustav Süs: Die Grille und die Ameise (Erfurt 1840)

Der Fuchs und der Ziegenbock (Stuttgart 1840)

Der fließende Übergang zwischen rhetorischem Mittel und Kunstprodukt wird hier in besonderer Weise deutlich, ebenso aber auch, wie weit sich die Fabel von ihrer ursprünglichen Funktion entfernt haben kann, wenn sie im Buch als erlesbares Produkt zu finden ist. Wir müssen nach dem literatursoziologischen Ort fragen, den sie einnimmt. Im Buch ist nur noch die stille, individuelle Einwirkung auf den isolierten Leser möglich. Die Literaturform der Fabel muß deshalb alle Kunst der Sprache aufbieten, um den rhetorischen Moment, die Intonation und Gestik des mündlichen Vortrags zu ersetzen. Mit der immer weiteren Entwicklung der Schriftkultur kommt es vor allem seit dem 18. Jahrhundert zu einer bis dahin in der Geschichte der deutschsprachigen Fabel kaum vorher geübten Kultivierung ihrer Form und theoretischen Präzisierung ihrer Ziele und Inhalte. Lessings Leistung beweist dies. Ob allerdings mit der künstlerischen Sublimierung die politisch-sozialkritische Bedeutsamkeit und Wirkung Schritt halten konnte, möge dahingestellt bleiben. Man müßte vielleicht sogar fragen, ob nicht die Kultivierung der Fabel als ästhetisches Produkt eine Entschärfung ihrer gesellschaftlichen Wirksamkeit, eine Aktionsminderung zur Folge hatte. Sie wanderte gleichsam von den Märkten in die Salons. Insofern bedeutet Literarisierung eine teilweise Einbuße der realen Effizienz. Nehmen wir dazu ein Beispiel aus dem 19. Jahrhundert, in dem sich die Literarisierung in ihrer spezifischen Form, der Episierung, feststellen läßt. Trotz aller versuchten Eleganz des Ausdrucks und trotz der spürbaren provokatorischen Absicht lädt die folgende Fabel des Schweizers Abraham Emanuel Fröhlich mehr zum Genießen und behaglichen Zuschauen als zur Aktion ein. Man spürt zwar aus dem Inhalt heraus, wie der Autor von den durch die Französische Revolution in Gang gekommenen politischen Volksbewegungsgedanken affiziert ist. Die Kontrolle der Volksvertreter – so will Fröhlich sagen – ist unbedingt nötig, sonst verlieren diese Leute, wie der «Hochgeöhrte», unter dem Einfluß der höfischen Cliquenwirtschaft ihr Aufgabenbewußtsein und ihre Kritikfähigkeit. Man genießt aber die dargestellte Szene mit Behagen.

Der Fuchs und der Ziegenbock. Der Hofprediger in Ballenstedt und seinerzeit bekannte Jugendschriftsteller Friedrich Hoffmann gab 1840 ein 588 Seiten dickes Buch «Lebensweisheit in Fabeln für die Jugend» mit 100 kolorierten Bildern eines nicht genannten Künstlers heraus (Stuttgart, Hoffmannsche Verlagsbuchhandlung). Das 27. Bild gehört zu der La Fontaineschen Variante der Brunnen-Fabel. Ziegenbock und Fuchs sind gemeinsam in den Brunnen gestiegen, um sich zu laben. Beim Herausklettern gibt es Schwierigkeiten. Der Fuchs läßt sich helfen und verspricht, den Ziegenbock nachzuziehen. Als er jedoch gerettet ist, empfiehlt er sich, nachdem er den im Brunnen steckenden, einfältigen Ziegenbock noch verhöhnt hat.

VOLKSVERTRETER

Anerkennung eigner Rechte
gaben einst die Wohlgebornen
auch den Schafen, den geschornen.
Und es wählten die Erhörten,
daß er kräftig sie verfechte,
einen von den Hochgeöhrten.

Dieser, an den Hof gekommen,
wurde freundlich aufgenommen,
und die Hunde, die Minister,
haben fröhlich ihn berochen,
selbst der Leu hat mit Geflüster
Etwas zu dem Mann gesprochen.

Und er fand ein herrlich Leben,
denn es ward ihm Korn gegeben.
Drum er denn auch «Ja» sagte
zu dem Allem, was man sagte.

[Vgl. Bild Seite 88.]

Dennoch trägt auch die in Anthologien publizierte, zum nachdenklichen Lesen bestimmte sprachliche Kunstleistung noch den Charakter des Pamphletes, der Streitschrift. Mit dem Aufgeben dieses provokatorischen Zuges würde auch die politisch-sozialkritische Fabel sterben. Bedenken wir doch die gewiß legendäre, vermutlich auch durch Rückschlüsse aus den Fabeln erst rekonstruierte, dabei vielleicht mehr zur Entstehungsgeschichte der Gattung als zur Erkenntnis des Äsop-Lebens beitragende Biographie des Phrygiers. Er soll Sklave gewesen sein, mußte seine Wahrheiten verschlüsseln und verfremden, um sich nicht zu gefährden.

Vielleicht kann die Entstehung einer Fabel aus jüngster Zeit, so wie sie die Zeitschrift «Der Spiegel» 1967 berichtete, besonders eindringlich illustrieren, welche Leistung auch heute noch die Fabel vollbringt: die indirekte, verallgemeinernde, teilweise auch verschleiernde Deutung der gesellschaftlichen Umwelt. Ich zitiere den Anfang des Berichts, der «Tanz und Tod» überschrieben ist:

Ein Schiffbrüchiger auf einsamer Insel befreundet sich mit einer Ameise. In fünf Jahren brachte er ihr die menschliche Sprache bei. Nach weiteren fünf Jahren

konnte sie tanzen, und wieder fünf Jahre später zum Tanz auf einem winzigen Tamburin den Takt schlagen.
Als ein Schiff den Dompteur rettete, nahm er die Ameise mit. Im nächsten Hafen bestellte er sich ein üppiges Menü und setzte die Ameise auf den Tisch. Der Wirt entschuldigte sich und zerdrückte das Tierchen. [Vgl. Bild S. 274.]

Auch das «fabula docet» enthält der «Spiegel»-Artikel. Es lautet: «Zeitschriften sollten nicht wie dressierte Ameisen sterben.»

Man muß wissen, wie diese Fabel entstanden ist. Dann kann man sich leicht aus dem besonderen Fall einen möglichen Modellweg der Fabelerfindung überhaupt ableiten: Der tschechische Schriftsteller Jan Skácel erhielt nämlich wie andere Intellektuelle seines Landes anläßlich des fünfzehnjährigen Bestehens der Literaturzeitung «Literární noviny» eine Umfrage folgenden Gehalts: «Wieweit erfüllen wir Ihre Vorstellung vom Aussehen einer kulturpolitischen Wochenzeitschrift?» Seine Antwort – angesichts des drohenden Verbots dieses Blattes – war die Fabel. Er hat sogar noch erläuternd erklärt, «Literární noviny» entspräche nicht ganz der Vorstellung von einer Ameise und einem Schiffbrüchigen. Prag sei schließlich keine verlassene Insel, und nicht alle Redakteure seien Robinsons. Die Literaturzeitung hatte in fünfzehn Jahren wie Skácels Ameise gelernt, menschlich zu sprechen, zu tanzen und den Takt zu schlagen. Ihr drohte jetzt, wie der Ameise, von der Hand eines unwissenden, groben Wirtes der Tod. Jan Skácel hatte sich nach dem erwähnten «Spiegel»-Aufsatz offenbar auch bereit erklärt, seine Fabel zu interpretieren. Dies steht zwar scheinbar im Widerspruch zu der vorhandenen Absicht, durch die Fabel gerade die direkte Meinungsbekundung zu verhüllen, aber Skácel hat dann auch wohl seine Auslegung recht indirekt gehalten und vor weiteren Erklärungen gepaßt, als es um die nähere Enthüllung der Wirtfigur ging.

Ein weiteres Beispiel aus jüngster Zeit, ebenfalls aus der Tschechoslowakei stammend und wiederum beweisend, wie die politische Lage eines Landes zur Verschlüsselung der Meinungsäußerung in Form der Fabel führt, ist das in der «Nürnberger Zeitung» vom 8./9. Februar 1969 berichtete:

Ein Iltis besucht ein Kaninchen und erklärt: «In deinem Bau stinkt's!» Das Kaninchen wehrt sich: «Komisch, bevor du kamst, roch man nichts.» Antwort: «Das ist mir ganz egal. Ich stelle fest, daß es hier stinkt, und ich gehe nicht eher fort, bis sich das geändert hat!»

Der kurze Dialog – auf der Grenzlinie zwischen Witz und Fabel angesiedelt – offenbart hier in der Rede der Fabelfiguren im Zusammenstoß zwischen Iltis und Kaninchen die Deutung politischer Zustände durch die zwei beteiligten Mächte. Die Geschichte macht aber auch keinen Hehl aus ihrer Parteinahme. Wie so oft in unserer Gattung wird der Schwache, Brave, Bescheidene – hier das wehrlose Kaninchen – mit Sympathie bedacht.

Eine ähnliche Lage zwischen rhetorischer Figur und selbständigem Kunststück wie bei der politisch-sozialkritischen Variante ergibt sich auch für den religiösen Verwendungsbezirk. Allerdings, denken wir etwa an Martin Luthers, aber auch der barocken Prediger theoretische Erörterungen, stellt sich hier noch zusätzlich die Grundsatzfrage, ob die Fabel überhaupt zur Demonstration religiöser Sinngehalte in der Lage ist. Luthers klare Trennung in den «Äsopus» als Lehrbuch der Weltklugheit einerseits und die Bibel als Lehrbuch des Homo religiosus anderseits blieb nicht ohne Widerspruch, wurde in praxi auch schon deshalb nicht eingehalten, weil die Aufgabe des Kanzelpredigers und die des Mannes auf dem Lehrkatheder nicht so scharf zu scheiden waren und sind.

So wurde im Jahrhundert des Dreißigjährigen Krieges die Fabel üblicherweise als Schmuck der Predigten herangezogen, nicht nur bei dem vorhin erwähnten Wolfgang Rauscher. Viele Beispiele sind in dem schon erwähnten Buch über die «Predigtmärlein der Barockzeit» (Berlin 1964) von Elfriede Moser-Rath zu finden. Die «Märlein», die erfundenen Wahrheiten, dienten zur Demonstration christlicher Tugenden und unchristlicher, verwerflicher Laster. Der Warnung des Geistlichen vor Schmeichelsucht, Feigheit, Hochmut und Verleumdung wurden Anschauung und Nachdruck verliehen. Die Mahnungen zur christlichen Nächstenliebe wurden dem Kirchenvolke drastisch vor Augen gemalt, wie zum Beispiel bei Abraham a Santa Clara (1644–1709), wenn er die Fabel von der Spinne und dem Seidenwurm in seine Predigt einflicht:

SPINNE UND SEIDENWURM

Eine Spinne hat einmal wahrgenommen, wie der Seidenwurm so emsig bei seiner Arbeit war und ohne Unterlaß Seide zurichtete. «Mein», sagte sie, «was bist du für ein seltsamer Gispel, indem du Tag und Nacht dich bemühst, Seide zu machen, womit sich andre Leute bekleiden, und dir, armem Narren, nichts anders vorgesetzt wird zu deiner Speise als ein geringes Maulbeerblatt? Tust dich also nur wegen andrer Leut fretten und abplagen! Ich!» fuhr die Spinne fort, «bin in dem Fall weit gescheiter; denn obschon ich spinne, so kommt's meinem Balg zu Nutzen, da ich nichts mache als Garn oder Netze, worinnen ich die Mücken fang für mich selber. Da wäre ich wohl eine große Närrin, wenn ich mich wegen andern plagen möchte.» – «Du», gab zur Antwort der Seidenwurm, «bist eine bekannte giftige Bestie und hast keine einzige Liebe zum Nächsten! Weißt du nicht, daß die Ochsen für andre ackern, die Schafe für andre Wolle tragen, die Bäume für andre Früchte bringen? Der ist ein schlechter Kerl, der für sich allein lebt und seinen Nebenmenschen nicht auch dient!»

Im Raum der Kirche, wie auf der politischen Tribüne, wird die Fabel genutzt, um den Laien und Einsichtigen vom Richtigen zu überzeugen. Auch im Alten Testament – so führt Wolfgang Rauscher in seiner erwähnten Ostermontagspredigt zur Rechtfertigung des Fabelgebrauchs in der Predigt ausdrücklich an – gibt es zumindest eine Fabel. «Und dannoch wird in den Buch der Richteren» – so Rauscher – «ein Fabel erzehlt von den Bäumen, wie sie einen Wahl-Tag angesetzt, und darauff den Dorn-Busch zum König erwählt haben ...»

Die Fabel (Richter 9, 8–15) hat in der Übersetzung der Zürcher Bibel folgenden Wortlaut:

Einst gingen die Bäume hin,
einen König über sich zu salben.
Und sie sprachen zum Ölbaum: Sei unser König!
Aber der Ölbaum antwortete ihnen:
Soll ich meine Fettigkeit lassen,
mit der man Götter und Menschen ehrt,
und hingehen, über den Bäumen zu schweben?
Da sprachen die Bäume zum Feigenbaum:
So komm du und sei unser König!
Aber der Feigenbaum antwortete ihnen:
Soll ich meine Süßigkeit lassen
und meine köstliche Frucht
und hingehen, über den Bäumen zu schweben?
Da sprachen die Bäume zum Weinstock:
So komm du und sei unser König!
Aber der Weinstock antwortete ihnen:
Soll ich meinen Wein lassen,
der Götter und Menschen fröhlich macht,

und hingehen, über den Bäumen zu schweben?
Da sprachen alle Bäume zum Dornbusch:
So komm du und sei unser König!
Und der Dornbusch sprach zu den Bäumen:
Wollt ihr in Wahrheit mich salben,
daß ich König über euch sei,
so kommt und bergt euch in meinem Schatten.
Wo nicht, so wird Feuer ausgehen vom Dornbusch
und verzehren die Zedern des Libanon.

Der seinem mordenden Bruder Abimelech entkommene Jotham erzählt diese Fabel vom brennenden Dornbusch als Warnung und zur Besinnung den Bürgern von Sichem, die sich gerade – unüberlegt – jenen Mörder zum Diktator geholt haben. Jotham fährt denn auch, nachdem er die Fabel erzählt hat, in seiner Rede an die Bürger von Sichem fort und setzt dabei die Angesprochenen mit den Bäumen der Fabel gleich, den Abimelech mit dem Dornbusch. Er interpretiert die Geschichte:

«Nun denn, wenn ihr treu und redlich gehandelt habt, da ihr den Abimelech zum König gemacht, und wenn ihr an Jerubbaal und an seinem Hause gut gehandelt und ihm vergolten habt, wie er es um euch verdient hat – hat doch mein Vater für euch gekämpft und sein Leben gewagt und euch aus der Hand der Midianiter errettet; ihr aber habt euch heute wider das Haus meines Vaters erhoben und seine Söhne ermordet, siebzig Männer, auf *einem* Stein, und habt den Abimelech, den Sohn seiner Magd, über die Bürger von Sichem zum König gemacht, weil er euer Stammesgenosse ist –, wenn ihr also heute treu und redlich gehandelt habt an Jerubbaal und an seinem Hause, so werdet des Abimelech froh, und auch er möge euer froh werden! Wo nicht, so gehe Feuer aus von Abimelech und verzehre die Bürger von Sichem und die Insassen des Millo, und Feuer gehe aus von den Bürgern von Sichem und den Insassen des Millo und verzehre den Abimelech! Darnach entwich Jotham und flüchtete sich vor seinem Bruder Abimelech nach Beer und ließ sich dort nieder.» (Richter, 9,16–21.)

Eine politische Schimpfrede ist das also, in der den Beschimpften verbrecherische Handlungen vorgeworfen und eine unglückliche Zukunft vorausgesagt werden. Ich glaube nicht, daß man der Fabel und ihrer Auslegung durch den Erzähler Jotham einen anderen Sinn unterschieben kann. So ist denn des barocken Kanzelpredigers Wolfgang Rauscher Berufung auf die biblische Fabel von der Wahl des Dornbuschs zum König der Bäume nur eine äußerliche Legitimation für den theologischen Nutzen der Fabel, denn in Wirklichkeit ist unser Beispiel ein Exempel für die politisch-moralische Relevanz der Gattung und ist in seiner Entstehungs- und Wirkungsintention gar nicht weit entfernt von den vorhin herangezogenen Beispielen aus der römischen Antike («Die Glieder und der Magen») und aus der ČSSR von 1967/68 (Jan Skácel, Fabel vom Tanz und Tod einer dressierten Ameise). In allen Fällen handelt es sich um eine Mahnung zur Vernunft und einen Appell an die politische Moralität.

Wenn man sagen kann, daß die Fabel im Munde des Gesellschaftskritikers und des Predigers zwar oftmals der sprachlichen Sensibilisierung entbehrt, dafür aber häufig genütztes Gebrauchsgut ist, dann müssen wir diese Art der Verwendung dem Pädagogen ebenso zugestehen, der seit eh und je Fabeln als Übungsstoffe für Sprachaufgaben, als moralische Exempla und als Übermittlerinnen von Lebensweisheiten der Jugend präsentierte. Gerade aber für die Schule und für den privaten Raum der Fabelverwendung trifft nun der dritte Lehrbezirk, nämlich der lebensphilosophischer und moralischer Weisheiten zu, den die Äsopische Fabel erreicht. Auch dir – berichtet dann zum Beispiel der Erzähler Äsop – kann es so geschehen, wie jenem alten Mann, der den Tod herbeirief, dann aber, Aug in Aug mit ihm, seine Liebe zum Leben wiederentdeckte. Auch du hüte dich, wie jener habgierige Hund zu handeln, der im Spiegel der glatten Wasserfläche sein eigenes Maul, in dem er einen Fleischbrocken trug, wiedererkannte, danach haschte und dabei seine Beute verlor. Und denke daran, daß Perlen im Dreck liegen können, sei deshalb nicht blind wie der Hahn auf dem Misthaufen usw.

Ohne Zweifel finden sich sehr schnell Assoziationsketten in die politisch-sozialkritischen und ebenso in die religiös-moralischen Lehrbereiche. Fabelstoffe lassen sich sehr leicht im Hinblick auf ihre didaktischen Gehalte verändern. Es sei erinnert an die Geschichte von der Stadtmaus und der Feldmaus. Die satirische Kritik an der privaten Gemütlichkeit bei James Thurber hat ihr Gegenüber in der Lutherschen Lehre vom gefährlichen Reichtum. Der Reformator interpretiert gesellschaftskritisch, der Amerikaner privatphilosophisch.

Aber die Erkenntnisse, die jenseits einer systematisierbaren Morallehre angesiedelt sind, Weisheiten und Erfahrungen, das persönliche Leben betreffend, führen im Strukturfeld der Fabel zur Entstehung von Geschichten, die nicht ohne weiteres rhetorische Figuren abgeben, auch nicht immer Anpassung oder Widerstand predigen, keine strenge Didaktik enthalten, vielmehr nur weise Mitteilung sind. In solchen Geschichten ist oftmals eine Psychologisierung und Introvertierung der Gehalte aufgetreten. Solches ist wiederholt, vor allem im endenden 18. und im 19. Jahrhundert, in der deutschen Fabeltradition zu finden. Diese Fabeln verzichten auf Appell, auf Provokation, auf Ansprache in der Absicht, die Welt zu verändern, sie teilen mit und warnen, sie lassen teilnehmen an Eindrücken und versuchen allenfalls, den Leser zur Selbsterkenntnis zu bringen und zur Bewahrung des Innersten und Geliebten aufzurufen, wie es in Goethes im «Wandsbeker Boten» 1773 zuerst unter der Überschrift «Ein Gleichnis» veröffentlichtem Gedicht – später (1815) in den Werken «Dilettant und Kritiker» überschrieben – geschehen ist:

Es hatt' ein Knab' eine Taube zart,
Gar schön von Farben und bunt,
Gar herzlich lieb nach Knabenart,
Geätzet aus seinem Mund,
Und hatte so Freud' am Täubelein sein,
Daß er nicht konnte sich freuen allein.

Da lebte nicht weit ein Altfuchs herum,
Erfahren und lehrreich und schwätzig darum.
Der hatte den Knaben manch Stündlein ergötzt,
Mit Wunder und Lügen verprahlt und verschwätzt.

«Muß meinem Fuchs doch mein Täubelein zeigen!»
Er lief und fand ihn strecken in Sträuchen.
«Sieh, Fuchs, mein lieb' Täublein, mein Täublein so schön.
Hast du dein Tag' so ein Täublein gesehn?»

«Zeig her!» Der Knabe reicht's. «'s geht an.
Aber sieh, es fehlt noch manches dran.
Die Federn sind viel zu kurz geraten.»
Da fing er an, rupft sich den Braten.

Der Knabe schrie. – «Du mußt stärkre einsetzen,
Sonst ziert's nicht, schwingt's nicht!»
Da war's nackt – «Mißgeburt!» – und in Fetzen.
Dem Knaben das Herze bricht.

Wer sich erkennt im Knaben gut,
Der sei vor Füchsen auf seiner Hut.

Die Sentimentalisierung liegt schon im angeschlagenen Volksliedton eingeschlossen. Die Introversion besteht darin, daß dem Text zufolge die füchsische Welt nicht mehr die physische Existenz, die sittliche oder soziale Welt bedroht, sondern die Welt der Ideen und Empfindungen. Die Taube, die der Knabe liebevoll aufzieht, ist das animalische Symbol der jugendlichen Ideale, das gebrochene Herz eine Folge zerstörerischer Rationalität.

Solche Fabeln hängen nur noch mit wenigen Zügen an der Gattung, die doch sonst gerade Kritik entwirft und mit dem Mittel rationaler Einsicht Aufklärung betreiben will. In Goethes «Dilettant und Kritiker» aber wendet sich die Aufklärung gegen die Aufklärung, die Fabel veranstaltet in gewisser Weise ihr eigenes Autodafé, ein Prozeß, der im 19. Jahrhundert anhält und dazu geführt hat, Aufrufe zur Tierliebe, zu Mitgefühl durch rührselige Geschichten als Fabeln auszugeben.

In diesem Sinne kann man Wilhelm Heys «Fünfzig ergötzliche Fabeln für kleine und große Leute» nur noch dem Namen nach der Gattung zurechnen. Dies zeigt deutlich folgendes Beispiel:

MÄUSCHEN

Frau: Mäuschen, was schleppst du dort
mir das Stück Zucker fort?

Mäuschen: Liebe Frau, ach vergib,
Habe vier Kinder lieb,
Waren so hungrig noch.
Gute Frau, laß mir's doch.

Da lachte die Frau in ihrem Sinn,
Und sagte: Nun Mäuschen, so lauf nur hin!
Ich wollte ja meinem Kinde soeben
Auch etwas für den Hunger geben.
Das Mäuschen lief fort, o wie geschwind!
Die Frau ging fröhlich zu ihrem Kind.

Eine Mahnung, daß auch ein Mäuschen ein Wesen sei, das Mutterliebe entwickle, das Kinder zu versorgen habe, das des menschlichen Mitleids bedürfe, das wie wir empfinde, drückt das «fabula docet» aus. Nur noch mit großen Bedenken identifiziert man dieses Mäuschen als Fabelfigur, viel eher erkennt man es als anthropomorphisiertes Tier an. Wir befinden uns im Bereich sentimentaler Tiergeschichten.

Nun läuft in der Fabel, gattungsgeschichtlich gesehen, mit dem Wandel von der rational erkennbaren Lehre im 18. Jahrhundert zum lebensphilosophischen Bekenntnis in vielen Beispielen der Goethe-Zeit und im 19. Jahrhundert die Tendenz einher, aus der vor-aufklärerischen Gebrauchskunst zum Zwecke politischer, religiös-moralischer und lebenskundlicher Verhaltenserkenntnis ein Sprachkunstwerk zu machen. Man kann durchaus in den Theorien des 17. Jahrhunderts, bei La Fontaine und den anderen Franzosen, und des 18. Jahrhunderts, bei Gellert und Lessing etwa, die Symptome für diese Entwicklung finden. Denn die Definitionsversuche Lessings und seiner Zeitgenossen waren philosophisch-poetologische Rechtfertigungen, der Nutzen der Fabel wurde in der intellektuellen Erkenntnis, nicht mehr aber in der praktischen Beeinflussung und Hilfe zur Lebensmeisterung gesehen. Später, bei Herder und den Brüdern Grimm, wird dann das didaktische Element der Fabel ganz geleugnet beziehungsweise als angeblich nachträglicher Zusatz bei ihrer Entstehungstheorie abgetan. Was bleibt, ist dann nur noch eine schön erzählte, erdichtete Geschichte.

Die sich vollziehende Ästhetisierung steckt voller Merkwürdigkeiten und enthält eine fatale Zirkelentwicklung. Denn sobald die Fabel «aus dem Mund» rhetorischer Aktivisten, wie Politiker, Philosophen und Prediger, «in die Hand» der Literaten fällt, verfeinern sich zwar die sprachlichen Mittel, die handgreifliche, volkstümliche Didaktik aber verflüchtigt sich oder geht ganz verloren. Die literarische Gattung Fabel gerät unter ästhetische Wertungskategorien. Sie hört auf, volkstümliches Lehrstück zu sein. In dem Maße aber, in dem sie sich ästhetisch kultiviert, in dem gleichen Maße gibt sie den rationalen, aufklärerischen Lehrzweck auf. Und damit entfabelt sie sich selbst. Die ästhetische Sensibilisierung läßt hinwiederum die holzschnitthafte, verfremdende Konturierung als zu grob erscheinen. Sie wird zugunsten feinsinniger Ausformung aufgegeben. Aus Fabelfiguren werden gemütvolle Wesen. Der klare Blick des Lesers auf Puppen wird zu einem Mitfühlen mit lebendigen Tieren, und damit ist die Fabel entrationalisiert, ihre Beweiskraft ist gebrochen. Die geschilderten Vorgänge spielen sich besonders zwischen 1750 und 1850 ab. Sie hängen engstens mit den Problemen zusammen, die die literarische Klassik in Deutschland aufgeworfen hat.

Die letztgenannte Problematik betrifft vorwiegend einen Teilbereich der Fabellehre, nämlich jenen, den ich vorhin als den lebensphilosophischen Bezirk genannt habe. Er ist aber insofern besonders wichtig, weil im Zuge des eben geschilderten Epochenvorgangs die Literaturwissenschaft und die Literaturgeschichtsschreibung entstanden ist, die sich sporadisch auch der Fabel angenommen hat und sie dementsprechend einseitig als Tiergeschichte, allenfalls im Lessingschen Sinne als knappstes Sprachkunststück zur Veranschaulichung von Gesetzmäßigkeiten ausgegeben hat. In der letzten und bisher umfassendsten Betrachtung der Gattung Fabel, in Erwin Leibfrieds Monographie über die «Fabel» (Sammlung Metzler, Realienbücher für Germanisten, Stuttgart 1967), findet sich so auch – ganz im Lessingschen Sinne – am Ende die Definition: «Die Unabänderlichkeit der Naturgesetze und ihre durchdringende Gültigkeit zu demonstrieren, ist das eigentliche Anliegen der Fabel; jede speziellere, handfestere Belehrung und Anweisung zum richtigen Handeln ist eine Verflachung, eine Pragmatisierung der Grundintention» (S. 94).

Wer pragmatisch vorgehen, die Geschichte der Fabel überschauen und ihre Ausformungen bedenken will, wird schnell zur Erkenntnis kommen können, daß damit eine recht enge, allerdings aus der seitherigen Sichtweise der Germanistik verständliche Interpretation einer sonst sehr viel umfangreicheren, kaum so eindeutig zu definierenden Gattung gegeben worden ist.

Möge aus unseren Beispielen und Erläuterungsversuchen bis hier hervorgegangen sein, daß zu den Grundrichtungen der Didaktik, die der Fabelgattung im Laufe ihrer Geschichte zugekommen sind, nicht nur die lebensphilosophische Aussage, die weise Lebensregel, gehört, sondern auch der moralische, politische und soziale Appell. Die Spannweite der Fabel ist tatsächlich markiert durch ihr Auftreten sowohl im geistlichen Predigtrepertoire als auch in den Debatten der Politiker.

IV. DER KUNSTCHARAKTER DER FABEL

Die Motivationen, die zum Erzählen oder schriftlichen Formulieren einer Fabel führen können, mögen ganz verschiedener Natur sein. Der Reformator Martin Luther griff zur Feder, um den ihm bekannten Äsop zu «fegen», also neu zu bearbeiten, als – und wahrscheinlich auch weil – der Reformator 1530 politisch handlungsunfähig war. Der Literat Gotthold Ephraim Lessing beteiligte sich an einem akademischen Streit über die Theorie der Gattung, präzisierte in ihm seine Gedanken und gab selbst Beispiele. Franz Kafka wiederum schrieb für sich, gleichsam in Selbstkommunikation, und demonstrierte sich selbst am Modell der Maus in der Falle die verzweifelte Lage dessen, für den eine einsichtige, noch Hoffnung lassende Lebensdeutung unmöglich geworden ist. Es gibt offensichtlich ganz verschiedene Entstehungsursachen: Den Wunsch, zeitkritisch-politisch zu wirken; lebensphilosophische Besinnung im Leser zu erzeugen; die Welt zu bessern durch Einsichtigmachen der Tugenden des Menschen. Vielleicht aber möchte der Autor manchmal gar nichts weiter, als eine kleine Geschichte erzählen, ein Spiel mit der Sprache und der Phantasie treiben, ein Kunststück vorführen. Daß diese Absichten die Verfasser der sogenannten «literarischen Fabel» alleine tangierten, ist nicht recht einzusehen, vielmehr dürfte der «vorliterarische» Erzähler von den gleichen Intentionen getragen worden sein. Es ist aber auch nicht so zu verstehen, daß die vier erwähnten Absichten, nämlich sich politisch, philosophisch, pädagogisch und ästhetisch zu engagieren, im Falle einer einzelnen Fabel auf eine davon reduziert wären, daß man bei der Analyse von einzelnen Fabeln exakt herausfinden könne, welche Absicht vorlag und welche ausgeschlossen werden kann. Es scheint vielmehr so zu sein, daß sich das entstandene Produkt den vier genannten Kategorien ganz oder teilweise unterwirft, auch wenn dies gar nicht in den Intentionen des Autors lag. Nicht nur auf die «große Dichtung» trifft zu, was Theodor W. Adorno in einem seiner Aphorismen in dem Band «Minima Moralia» (Frankfurt 1951) behauptet, daß sie «notwendig ein Stoffliches, den ästhetischen Bannkreis Überschreitendes, nicht in die Autonomie der Form Aufgelöstes mit sich führt». Mir scheint, daß auf jeden Fall diese kleinen sprachlichen Gebilde aus der Gattung Fabel bei einer subtilen Betrachtung weder durch einen «strengen und reinen Begriff von Kunst» noch durch einen ebenso strengen und reinen Begriff ihres Zweckes sich fassen lassen. Deshalb könnte man meines Erachtens den nächsten Satz Adornos an der eben genannten Stelle hier ebenso zitieren und die Erwähnung der «bedeutenden Romane des neunzehnten Jahrhunderts» ersetzen durch die Erwähnung der Fabel: «Je tiefer und folgerichtiger die Ästhetik, um so unangemessener ist sie etwa den bedeutenden Romanen des neunzehnten Jahrhunderts.» Wer die Fabel in ihrer totalen Existenz und vollen Substanz zu begreifen gedenkt, muß sich ihrer verschiedenen Dimensionen und Intentionen bewußt werden. Insofern bedarf es zu ihrer gültigen Betrachtung des Verfolgens der verschiedenen Aspekte. Hier in diesem Abschnitt soll dem Kunstcharakter der Fabel nachgegangen werden. Dabei ist noch einmal zu betonen, daß sich keine Fabel, auch nicht die kunstloseste, dem Kunstcharakter entziehen kann. Denn das «gemachte Dasein», das Schicksal, Artefakt zu sein, kann sie nicht leugnen. In ihr liegt ein Stück strukturierter, geworteter Welt, ein Figurieren von Verhältnissen und Verhaltensweisen vor. Über die dieser Form innewohnenden Bedeutungsintentionen versuchte das letzte Kapitel Auskunft zu geben, über die Verhältnisse in der fiktiven Welt der Fabel das vorletzte Kapitel. Nun wollen wir die verwandten Kunstmittel, die eine Fabel konstituieren, untersuchen.

Fabeln, das haben wir wiederholt gesehen, können aus zwei deutlich voneinander abzuhebenden Teilen bestehen. In dem einen wird die Geschichte erzählt, in dem anderen die Lehre formuliert. Viele Fabeln verzichten jedoch auf das «fabula docet», ja – sowohl Lessing als auch die Brüder Grimm sind sich in ihren theoretischen Erörterungen übrigens darin ausnahmsweise einig – es wird bezweifelt, ob das «Morale», der Lehrsatz, ja auch die am Anfang, am Ende oder in eingeschobenen Passagen ausgesprochenen Lehren tatsächlich notwendigerweise zur Fabel gehören müssen. Ob es sich hier nicht vielmehr nur um erklärende, vielfach unzureichende, ja die Substanz der Geschichte gar nicht treffende Zusätze handelt, gleichsam hilflose Versuche für diejenigen, die keinen Zugang zur Sache, zur Fabel selbst finden können? Da in der Tat die Fabel in der erzählten Geschichte steckt, ja die Geschichte ist, lassen wir bei unseren Überlegungen über den Kunstcharakter der Fabel

Das Reich der redenden Tiere. Diese Titelseite zeigt deutlich die biedermeierliche Auffassung der Fabelwelt um die Mitte des 19. Jahrhunderts. Der ungenannte Künstler dieser Jugendausgabe von Georg Friedrich Müller (um 1845) hat einen mit Tierszenen gefüllten, durch ein Laub- und Wurzelornament gehaltenen Rahmen um den Titel gelegt. Im Vordergrund: Eine friedvolle Gartenlandschaft, in der man sich verlustieren kann und in Gemeinschaft mit den Waldtieren lebt; Brettspiel und Tierorchester links und rechts unten. Oben: Der sich breit und versonnen lagernde König der Tiere mit den Reichsinsignien, flankiert von Scharen uniformierter Vierbeiner. Idylle und Harmonie im «Reich der redenden Tiere»!

G. F. MÜLLER: Titelseite aus «Das Reich der redenden Tiere»
(Nürnberg um 1845)

Lieder und Fabeln
für die Jugend.
Zweite verbesserte Auflage.
Mit vielen neuen Beiträgen
von
R. Reinick.
Illustrirt
von
J. Kirchhoff
und
W. Georgy.
Leipzig:
Verlag von Eduard Kretzschmar.

Johann Jakob Kirchhoff: Titelseite aus «Lieder und Fabeln für die Jugend» (Leipzig 1847)

die Ana- und Epimythien außer acht. Wir haben sie gerne zu Hilfe genommen, als wir auf der Suche nach den Lehren der Fabeln in vorangegangenen Kapiteln Ausschau hielten.

Uns kommt es so vor, daß nämlich die Versuche, im «fabula docet» die ganze Interpretation der Fabel zu sehen, immer wieder zum Scheitern verurteilt waren und die beschränkte Authentizität solcher Interpreten erkennen läßt, die sie als ein pures Lehrstück verstehen. Denn wenn tatsächlich Kunstmittel verwandt wurden und ein Kunstwerkchen, mag es noch so klein und bescheiden sein, zustande gekommen ist, dann reichen die moralischen Kategorien nicht mehr aus, um es zu begreifen. Die beabsichtigte Lehre zu finden suchen, ist nur ein Aspekt der Fabelbetrachtung.

Nähern wir uns aber der Fabel als einer Geschichte, so kann leicht eine unseres Erachtens vordergründige poetologische Frageweise nach dem Aufbau und Ablauf des dargestellten Geschehens in die Irre führen. Die Fabel kann man nämlich nicht leichthin als eine epische Miniaturform ansehen. Ja, nach dem Ablauf des Geschehens in der Fabel fragen, heißt unter Umständen eine Erwartung hegen, die die Fabel gar nicht erfüllen will. Erinnern wir uns an Äsops «Der Schiffbrüchige». Das Ende der angefangenen Geschichte wird uns vorenthalten, wir erfahren gar nicht, ob der bigotte, tatenlose Athener im Sturm untergeht, die anderen sich schwimmend retten können, oder ob es noch eine Wendung gibt. Das Ende wird uns aber nicht etwa deshalb vorenthalten, um einen offenen, den Leser verunsichernden Schluß der Kunstform zu erreichen, wie etwa bei der modernen Kurzgeschichte. Nein, in der Fabel wird ein oftmals sogar stark pointierter Schluß gesetzt. Aber für sie ist die erzählte (manchmal nur bruchstückhaft vorgetragene) Geschichte nur Hintergrund, der benötigt wird, um mit seiner Hilfe das Kunststück zu vollbringen. Es ergibt sich folgendes: Wer die Fabel der in ihr beabsichtigten Lehren wegen untersucht, bekommt die Fabel nur unter die-

Lieder und Fabeln für die Jugend. Im Text des erstmals im Jahre 1847 erschienenen Büchleins mit der Biedermeier-Titelseite (hier die 2. Auflage von 1849) hat das Lyrische, das Lied, den Charakter der rationalen und pointierten Fabel abgelöst. Auch in den Illustrationen des Malers, Lithographen und Buchkünstlers Johann Jakob Kirchhoff (1796–1848), kurz vor seinem Tod noch zum künstlerischen Leiter der «Illustrierten Zeitung» avanciert, ist nichts mehr von den Händeln der Welt zu spüren. Zwischen dem reichen Blumen- und Blattschmuck der Titelseite sind Tiere und Kinder angeordnet, die einträchtig beieinander sind. Selbst der böse Wolf ist friedlich und wird von einem Mädchen gestreichelt. Ein spätromantisches Naturparadies lädt den Beschauer zum Verweilen ein. Nach Kirchhoffs Tod hat Wilhelm Georgy (1819–1887) die Illustrationen der weiteren Ausgaben (20. Auflage 1873) dieses Büchleins besorgt.

sem, sehr eingeengten Aspekt zu Gesicht. Ebenso aber bekommt derjenige, der seinen Blick auf die epische Substanz, auf die Geschehensschicht der Fabel richtet, nur teilweise Zugang zu dieser Gattung. Weder die Lehre noch das berichtete Geschehen geben schon die Kunstschicht frei, in der sie sich verwirklicht. Dabei entzieht sie sich sowohl der platten Didaktik wie auch dem ebenso platten realistischen Dichtungsverständnis. Als Kunststücke sind Fabeln in die Welt geworfene Gebilde, zerbrechlich, vielseitig betrachtbar, ja unzugänglich für denjenigen, der sie billig besitzen will.

> Wenn aber einer boshaft kritteln will,
> Daß nicht nur Tiere, daß selbst Bäume reden –
> Vergiß nicht: Fabeln sind der Dichtung Spiel.

So endet der Prolog zu den Fabeln des Phädrus, jenes wahrscheinlich in der Nähe des Olymps geborenen, in Rom unter Augustus lebenden und freigelassenen Sklaven, durch den die Fabeln in der römischen Welt zu einer «literarischen Großmacht» wurden. Der artifizielle Zuschnitt ergibt sich mit der Hilfe einiger erkennbarer Strukturelemente.

Insgesamt darf man sagen, daß die Fabel eines abstrakten Stils bedarf. Abstrakt heißt in diesem Zusammenhang, daß der realistischen Auffassung der Wirklichkeit in ihr nicht Raum gegeben, vielmehr mit allen Mitteln versucht wird, zu verfremden. Dies wird schon durch die Konstruktion der marionettenhaften Fabelfiguren, durch die karge Bühnenwelt und durch die Unwirklichkeit des Geschehens erzeugt. Wir brauchen nicht mehr an die Tatsache, daß Tiere sprechen können, daß Gegenstände miteinander Konflikte austragen, daß alle auftretenden Fabelwesen denken können, ohne daß sie Menschen zu sein brauchen, zu erinnern. Auch nicht daran, daß die Fabel für die Gefühle ihrer Helden, für deren Haß und Liebe, Mitleid und Trauer, Schmerz und Freude kaum Platz hat, dafür aber desto mehr für Recht und Unrecht, Macht und Machtlosigkeit, Dummheit und Einsicht auf der Welt überhaupt. Zugunsten der Abstraktionen werden die benutzten Figuren gleichsam ausgenüchtert. Selbst mit dem Lamm am Bach, das trotz seiner stichhaltigen Argumente die blanke Macht des Wolfes nicht brechen kann, haben wir kein Mitleid, vielmehr ärgert uns die Sachlage über den Fall hinaus, daß eben Macht vor Recht geht. Geschweige denn, daß uns der enthäutete Esel zu der Frage veranlaßte, ob hier nicht Sadismus und Grausamkeit den Fabelautoren beziehungsweise Fabelbearbeiter geleitet haben.

Es geht uns wie in den Märchen, wo der Märchenwolf den Bauch aufgeschnitten und mit Wackersteinen gefüllt bekommt. Die Anatomie wird nicht gefragt. Was geschieht, geschieht weniger in der Wirklichkeit, als daß es sehr abstrakt Wirklichkeit bezeichnen will. Was in der Fabel geschieht, weist schon immer über die Fabel hinaus. Dies eben wird mit Hilfe des abstrakten Stils dem Hörer und Leser signalisiert.

Nun bedienen sich die Fabelschriftsteller und Fabelerzähler eines weiteren Mittels, das ebenso wie die über sich hinausweisende Struktur der Fabelwelt zum abstrakten Stil dieser Gebilde gehört. In der Fabel gibt es nämlich keine feinen Schattierungen und Nuancen, in ihr gibt es arm und reich, mächtig und schwach, richtig und falsch, gerecht und ungerecht, groß und klein. Die Eigenschaften treten zumeist in Paaren auf, es sind in der Regel Gegensatzpaare, so daß damit in das Geschehen eine Polarisierung hineingetrieben wird. Sie entwirklicht die Fabelwelt, und im gleichen Maße verdeutlicht sie die Linien, auf die es ihr ankommt. Die kleine Maus wird dem großen König der Tiere, dem Löwen, gegenübergestellt, oder sie fällt mit dem mächtigen Elefanten in die Grube; Adler und Taube geraten zusammen, der eine die Macht und Kraft verkörpernd, die andere die Klugheit und Friedfertigkeit. Es geht bei dieser Polarisation nicht allein um äußere Dimensionen, sondern ebenso um Eigenschaften des Menschen, um Tugenden und Untugenden. Das epische Element, die erzählte Geschichte also, dient dazu, Platz für diese Polarisation zu schaffen. Man braucht eben ein bißchen Schiff, Meer, Sturm, ein paar Leute und einen reichen Athener, um den Gegensatz zwischen bigott und tatkräftig aufzubauen. Man braucht eben einen alten Mann, einen mühsamen Weg, ein lastendes Reisigbündel und die Figur des Todes, um den Gegensatz zwischen Sehnsucht nach Erlösung vom Leben und die Angst vor dem Tod konfrontieren zu können. Man braucht eben eine arbeitsame, amusische Ameise und eine zirpende Grille, man braucht Sommer und Winter, um den Gegensatz zwischen der möglichen Alternative: arbeitsame Vorsorge – nichtsnutzige Muse aufzubauen. Und man freut sich zugleich an dem phantastischen Spiel der Dimensionsverrückungen und den surrealen Kontakten zwischen Tieren, Menschen und Sachen, die bei Licht besehen ja nur innerhalb der Fabel existieren. Die Tendenz zu polarisieren macht erneut deutlich, daß die Fabel nicht kurzweg als epische Dichtkunst bezeichnet werden kann. Der «epische Dichter» – so versucht Emil Staiger zu umschreiben – ließe sich mit dem Seefahrer oder dem Wanderer vergleichen. «Er zieht mit seinem Helden aus, um fremde Länder und Menschen zu sehen. Er befährt den orbis terrarum. Immer wieder Neues begegnet seiner Neugier. Das Alter versinkt wie eine Stadt am Horizont. Doch weil er alles unter dem gleichen, unter *seinem* Gesichtspunkt betrachtet, findet er wohl, daß alles, was ist, zu ein und demselben Kosmos gehört» (Emil Staiger, Grundbegriffe der Poetik, Zürich 1946, S. 174). Der Fabeldichter und Fabelerzähler aber polarisiert die Welt, er nimmt sie auseinander, er zeigt die Gegensätze, wie dies in der Staigerschen Terminologie der Typ des dramatischen Dichters als Aufgabe sieht: «Ihm ist nichts daran gelegen, nur immer Neues zu sehen. Sein Interesse bezieht sich weniger auf die Dinge selber als auf das, woraufhin er sie ansieht. Er nimmt sie als Zeichen, als Bewährung oder Verdeutlichung seines Problems. Unter ‹Problem› verstanden wir den ‹Vorwurf› im wörtlichen Sinn des Begriffs, das Vorgeworfene, das der Werfende einzuholen berufen ist. Es kann sich dabei um eine hübsche Pointe handeln, wie im ‹Faustin› von Lessing, oder um einen moralischen Satz, wie in der Fabel Äsops. Im höchsten Sinne handelt es sich um ideelle Problematik» (a. a. O., S. 174/175). Diese offensichtliche Inanspruchnahme der Fabel für die «problematische Dichtung» bei Emil Staiger hat etwas Einleuchtendes an sich, wenn sie auch nicht bedeuten darf, daß ihr damit eine eindeutige Zuordnung widerfahren sei. Ich meine, daß sich hier nur tatsächlich zutreffende Tendenzen des Grundrisses abzeichnen. Wer die Welt in ihren Gegensätzen und Widersprüchen zeigen will, dem kann nichts gelegener kommen als der Dialog in seiner schärfsten Form. Frage und Antwort folgen aufeinander, Explikationen erübrigen sich. Von August Friedrich Ernst Langbein (1757–1835) gibt es das unter der Überschrift «Der Weg empor» in die Sammlung «Rabe, Fuchs und Löwe – Fabeln der Welt» (Hrsg. Paul Alverdes, München 1962) aufgenommene Stück:

Adler: «Wie find' ich dich, du träges Tier,
Auf diesem Eichenwipfel hier?
Wie kamst du her? – So rede doch!»
Schnecke: «Je nun, ich kroch.»

Es folgt nur noch das «fabula docet»:

Sein hohes Ehrenamt gewann
Nicht anders mancher Schneckenmann.

In der Frage des Adlers wird hier das kleine Stückchen Welt, das zum Verständnis des in der Antwort der Schnecke Gemeinten nötig ist, preisgegeben. Und die Schnecke spricht genau vier Wörter, um alles eröffnet zu haben, was an Sinn bedeutet werden soll. Im Epimythion wird dann die Übertragbarkeit auf menschliche Verhältnisse expliziert.

In Wolfdietrich Schnurres Fabel «Die Monotonie der Gekränkten» (Protest im Parterre, S. 50) geraten ein Seepferdchen und eine Flunder in einen Dialog, der keiner Verdeutlichung in einem erklärenden Epimythion bedarf, um den Leser die Hohlheit des Gefechts erkennen zu lassen:

DIE MONOTONIE DER GEKRÄNKTEN

Ein Seepferdchen war auf eine Flunder getreten, und die hatte es, ohne eine Entschuldigung gelten zu lassen, auf Gräten gefordert. «Aber was haben Sie denn davon, wenn Sie mich töten!» rief das Seepferdchen entsetzt. «Nichts», sagte die Flunder. «Und was ist gewonnen, wenn ich Sie töte?» «Nichts», sagte die Flunder. «Ja, aber warum fordern Sie mich dann?!» «Sie haben meine Ehre befleckt», sagte die Flunder. [Vgl. Bild S. 215.]

Ohne Zweifel gelingt es nicht jedem Fabelautor und Fabelbearbeiter, einen so ausgemergelten, stechenden Dialog zustande zu bringen; ja es ist auch nicht immer die Absicht des Verfassers, dies unbedingt zu erreichen. Manch einer nimmt die bestehende Form, um sie zu verbreitern, um sie ins Behäbige und Lokale, in das handgreiflich Lehrhafte zu überführen. Dies bekommt der Fabel allerdings nicht gut. Ihr geht ein Stück des abstrakten Stils auf diese Weise meistens wieder verloren. Erasmus Alberus gehörte in der Reformationszeit zu denen, die meinten, erst der Hinweis auf den tatsächlichen Ort des Geschehens gäbe der Fabel die nötige Beweiskraft. Er verlegt zum Beispiel die Handlung erst einmal nach Dreieichenhain:

In der Dreieich soll die Geschicht
Geschehen sein, bin ich recht bericht!
Bei Egelsbach ein Buchbaum steht,
Wo man zur Bayers-Eiche geht,
Darauf ein Rab pflegt alle Jahr ...

Dann läßt er die Fabel vom Raben und dem Fuchs beginnen. Er setzt ebenso an den Anfang der Geschichte vom Dieb und dem Hund die lokale Zuordnung nach Nürnberg:

Man sagt mit Recht, zu Nürnberg sei
Die allerbeste Polizei.
Nürnberg, die hochberühmte Stadt,
Den Preis vor andern Städten hat,
Was hierbei auch zu merken ist,
Wenn einer diese Fabel liest ...

Auch Gellert wollte handgreiflich zeigen, wie der Bürger sich einrichten solle, will er in dieser Welt durchkommen. So stehen am Ende klare Einsichten, die oftmals gerade der Fragwürdigkeit, der Problematik und Einseitigkeit entbehren, die sie etwa bei Lessing haben.

Unabhängig von den verschiedenen persönlichen und epochalen Stilausprägungen dürfte sich jedoch grundsätzlich an der Tendenz der Fabel, die Welt, die geschildert beziehungsweise angedeutet gesetzt wird, zu polarisieren, nichts ändern. Denn auch bei Gellert gewinnt der Leser seine Einsicht erst dadurch, daß der Fabelheld in seinen Erwartungen getäuscht wird, weil die Welt und die Gesellschaft eben nicht so ist, wie er sie sich denkt. Sie tritt ihm also entgegen, von einer anderen Seite, von einem anderen Pol.

Nun würde die Fabel in ihrem künstlerischen Aufbau nicht zureichend beschrieben sein, würde man nicht diesem dialogischen Prinzip – als Konsequenz der Polarisation – bis zum Ende nachgehen. Denn offensichtlich muß der Dialog, diese Stichomythie, oder zumindest diese kontrapunktische Konstellation, formal so zum Abschluß gebracht werden, daß zwar nicht die Problematik, aber doch die fiktive Geschichte der Fabel sichtbar, hörbar und merkbar zu Ende kommt. Jeder Leser wird bei der vorhin zitierten Fabel Langbeins vom Adler und der Schnecke nach der Antwort der Schnecke «Je nun, ich kroch» nichts mehr erwarten, es sei denn den transzendierenden Schlußsatz, der aber durch seine Existenz nur erneut betont, daß diese Fabel ihr Ende schon erreicht hat. Der Satz der Schnecke enthält die Pointe dieser Fabel. Pointe bedeutet so viel wie der springende Punkt, der Hauptpunkt, aber auch das überraschende Ende einer Erzählung. Nicht jede literarische Gattung endet mit einer Pointe. Sie ist vor allem der Anekdote, dem Witz und der Fabel vorbehalten. Recht besehen bedeutet die Pointe ein Doppeltes: Höhepunkt und Schluß zugleich. Die Bezeichnung «Pointe» (im 18. Jahrhundert aus dem Französischen entlehnt, dort ursprünglich «Spitze», «Schärfe» bedeutend) ist hierbei in mehrfacher Weise gerechtfertigt: Einmal als Charakterisierung der tatsächlich punktualen Größe dieser Stelle, zum andern als die schon hervorgehobene Benennung des «Höhepunktes», und drittens als Kennzeichen des Schlusses, gewissermaßen des Schlußpunktes. Worin aber besteht der Sinn der Pointe? Denken wir an das eben erwähnte Beispiel von der befragten Schnecke auf dem Eichenwipfel. Die Antwort der Schnecke steht in keinem Verhältnis zu den hochgespannten Erwartungen, welche die Frage und die in ihr enthaltenen Erwähnungen vermuten läßt. In der Frage des Adlers schwingt bei aller Arroganz doch Respekt vor der Leistung der Schnecke mit. Die Schnecke aber zerstört die eingeleitete Stichomythie in demselben Augenblick, in dem sie sie aufgreift. Sie läßt die Selbstverständlichkeit des Geschehenen erkennen. Sie setzt Pomadigkeit der Arroganz entgegen und macht deutlich, daß ihre Probleme nicht die des Adlers sein können. Pointe wendet und beendet zugleich. Sie erzeugt blitzschnell eine «Gegeneinsicht». Hier ist es die, daß nicht – wie erwartet – der Einsatz von irgendwelchen intellektuellen und körperlichen Kräften, Wille, Witz, Verstand den Aufstieg ermöglichten, vielmehr der einfache, blinde Fortbewegungsvorgang eines Kriechtieres, Devotheit symbolisierend. Die Antwort wäre keine rechte Pointe, würde sie nicht durch diese schockierende Verdrehung von Denkerwartungen den Hörer und Leser provozieren. Er wird sozusagen durch die Pointe selbst gefragt, ob das alles, was die Pointe decouvriert, so sein müsse.

Und gerade dies, nämlich zu fragen, ob die Welt so, wie sie ist, auch sein müsse, ist eine Möglichkeit der Fabel, die ihr ihre Kunstform erlaubt, ja die sie haben will. Die Gattung impliziert Kritik und Nachdenklichkeit, sie ist insofern im höchsten Grade eine intellektuelle Kunst. Zu fragen ist nur, wie weit ihre Bearbeiter die in ihr steckenden Möglichkeiten erkannt haben. Die klügsten ihrer Interpreten, wie Äsop, wie Phädrus, Babrios, Marie de France, Martin Luther, Lessing, Gellert, Herder, Pestalozzi, Fröhlich, Busch, Morgenstern, Kleukens, Kafka, Anders, Schnurre und andere, haben es getan. Aber die Geschichte der Fabel ist voll von Beispielen, wie ein kleines Talent aus der Pointe nur ein gutes Ende und aus dem stechenden Dialog nur eine sentimentale Belehrung macht. So bekannt die Fabeln Wilhelm Heys in der Jugendliteratur des 19. und 20. Jahrhunderts auch geworden sind, sie sind im Grunde gar keine Fabeln mehr, vielmehr kurze szenische Geschichten von Tieren oder über den Umgang mit Tieren:

LAMM

Kind: Lämmchen, was schreist du so kläglich dort?
Lamm: Meine liebe Mutter ist fort.
Kind: Fürchtest du dich, daß in der Zeit
Irgend jemand dir tu ein Leid?
Lamm: Fürchten, ich wüßt nicht was; ach nein,
Möchte nur gern bei der Mutter sein.

Und wie die Mutter hörte das Schrei'n,
Kam sie gleich aus dem Garten herein,
Rief es nur einmal mit sanftem Ton;
Siehe, da hört es das Lämmchen schon,
Läuft, so geschwind es laufen kann,
Drängt sich dicht an die Mutter an.

Wir finden hier zwar noch ganz äußerlich eine dialogische Form, aber aus der harten Stichomythie ist ein besorgtes Fragen und ein naives Antworten geworden. Die Pointe ist weggefallen. Sie ist dem knappen Bericht über den harmonischen Ausgang, die Wiedervereinigung von Lämmchen und Mutterschaf, gewichen. Von den hier genannten Bauelementen, die eine Fabel zu konstruieren helfen, ist in dieser Heyschen eigentlich nur noch das geblieben, daß ein Tier spricht und menschliche Empfindungen hat. Aber reicht dies Kriterium aus, um von einer Fabel zu sprechen?

SAMMLUNGEN, SCHWELLFORMEN UND VERKÜRZUNGEN DER FABEL

Der Inhalt der kurzen Fabeln läßt sich zwar scheinbar leicht behalten, aber ihn kunstvoll zum besten zu geben, so daß die Pointe getroffen wird, ist gar nicht so einfach. Erst die rechte Form macht die Fabel zur Fabel. Schon sehr

Der Alte und seine Söhne. In dem Buch «Acht und Neunzig Fabeln in deutscher, französischer und englischer Sprache» (Leipzig 1846) sind insgesamt 98 Bilder zu finden, die auf 7 Tafeln vereinigt sind. Die hier abgebildete Tafel enthält ein koloriertes Mittelbild und 13 weitere Szenen in dem fein verzierten Rahmen. Folgende Fabeln sind gemeint (Numerierung von oben nach unten): «Der Geyer, der Frosch und die Maus» (43); «Die Krähe und der Krieg» (44); «Die Frösche, die einen König begehren» (45); «Die Hasen und die Frösche bei einem Sturme» (46); «Der Hund und das Schaf» (47); «Die Dohle und die Pfauen» (48); «Die Ameise und die Fliege» (49); «Der Fuchs und der kranke Löwe» (50); «Das muthwillige Kalb» (51); «Die Katze und der Hahn» (52); «Der Leopard und der Fuchs» (53); «Der Fuchs und der Bock» (54); «Der Alte und seine Söhne» (55); «Der alte Jagdhund» (56). Die entzückende biedermeierliche Darstellung und Anordnung dürfte von P.C.Geissler stammen.

P. C. GEISSLER: Der Alte und seine Söhne (Leipzig 1846)

früh kam es deshalb zu den Versuchen, eine besonders treffende und gültige Formulierung schriftlich festzuhalten. Fabeln dieser Art wurden in Sammlungen zusammengeschlossen, damit sie leichter verfügbar wurden. Das Sammeln aber brachte ganz selbstverständlich die Frage der vernünftigsten Anordnung der einzelnen Stücke mit sich. Soll man sie nach den in ihnen auftretenden Tieren zusammenstellen, gibt die Einteilung in die einzelnen

WILHELM VON KAULBACH: Siegesszene im 12. Gesang von «Reineke Fuchs» (Stuttgart 1857)

In Stuttgart kam 1837 bei Cotta Wolfgang von Goethes «Reineke Fuchs» mit den Zeichnungen von Wilhelm von Kaulbach (1807–1874) heraus, die von Julius Schnorr auf Holz gezeichnet und von Allgaier und Siegle gestochen worden waren. Hier die Illustration zu der Siegesszene im 12. Gesang, als der Fuchs mit den Mitteln der List und Eloquenz den Wolf besiegt hat und eine Schar devoter Freunde um sich geschart findet. Die Adler krallen sich in die Fahnenstangen und das Schild «Heil Dir im Siegeskranz». Eine deutliche Parodie auf Reichsfeiern des 19. Jahrhunderts.

Motive und Themen den Ausschlag, ist zwischen der Art und Weise der Darstellung (satirisch, schwankhaft, nachdenklich) zu unterscheiden, oder soll man vielleicht den Tugendkanon zugrunde legen und ihn aus dem Reich der Fabel mit Beispielen füllen wollen? Ohne Zweifel sind im Laufe der Geschichte der Fabelüberlieferung die verschiedensten Versuche der Aufgliederung von Sammlungen gemacht worden. So hat Martin Luther offensichtlich 1530, als er sich den Steinhöwelschen «Äsop» vornahm und auf der Feste Coburg auf seine Machtlosigkeit gegenüber der weltlichen Welt hingewiesen wurde, an eine Sammlung zur Verhaltenspraxis in der menschlichen Gesellschaft gedacht. Ein Lehrbuch mit taktischen Anweisungen zum Überleben war beabsichtigt. Neuere Sammlungen richten sich vielfach nach einem literarhistorischen Prinzip, man beginnt dann mit Fabeln aus der Antike und endet mit Beispielen aus unserer Zeit. Bei Lessing wiederum liegt ein recht schematischer zahlensymmetrischer Aufbau seiner drei Bücher «Fabeln» vor. Er befand sich dabei in der Tradition seiner Zeit. Heinz Röllecke (Nachwort zu G. E. Lessing, Fabeln und Abhandlungen, Stuttgart 1967) hat darauf hingewiesen, daß Daniel Stoppe 1738 und 1740 je vier Bücher zu fünfundzwanzig Fabeln zusammenstellte; daß Daniel Wilhelm Triller seine «Äsopischen Fabeln» (1740) genau auf die Zahl von hundertfünfzig brachte; ähnliches gilt für Johann Ludwig Meyer von Knonau und für Gleim. Aber auch Ulrich Boner hatte schon kurz vor 1350 hundert Fabeln und Burkard Waldis später vierhundert zusammengestellt.

Die Herausgeber suchen offensichtlich, die Kollektion der kurzen Stücke jeweils einem Prinzip zu unterwerfen, mag dies nun von literarhistorischen, pädagogischen, formalsymmetrischen oder anderen Gesichtspunkten bestimmt sein. Alle diese Anthologien aber lassen die einzelne Fabel für sich stehen. Daneben aber sollte man zwei Erscheinungen beachten, die zeigen, wie diese kurzen Geschichten aus ihrer Isolierung herausrücken können, um in größeren Formen wirksam zu werden. Ich würde zweierlei solcher Schwellformen unterscheiden. Einmal die Einfügung in einen Rahmen. Hier können ganz unterschiedliche und thematisch voneinander abweichende Stücke zusammengestellt werden. Sie bilden einen lockeren Reigen innerhalb eines gesteckten Rahmens. Zum anderen kann ein Fabelthema, eine Fabelfigur oder gar eine Fabel zur Entstehung einer größeren Form Anlaß geben. Man muß sich natürlich fragen, ob – vor allem im letzteren Falle – dann überhaupt noch von Fabel gesprochen werden kann, oder ob vielmehr die Fabel nur auslösendes Moment des entstandenen Werkes ist. Den Rahmen hat gewissermaßen schon in der Antike der angebliche Erfinder der Fabel, der sagenhafte Äsop, abgegeben. Es scheint so gewesen zu sein, daß alles, was diesem lebensklugen Menschen in den Mund gepaßt haben könnte, ihm unterschoben worden ist. Es ist eines der Charakteristika der Geschichte der Fabel, daß wir sehr wenig Biographisches über ihn und eine ganze Reihe von früheren Fabelautoren und -bearbeitern, wie zum Beispiel Babrios, die Verfasser der großen Sammlungen wie «Pantschatantra», «Tuti-Nameh», aber auch über Romulus und Avianus sicher wissen. Vielleicht deutet dies darauf hin, daß sie gar kein ausgeprägtes schriftstellerisches Profil hatten (aber ein kompensatorisches Talent). Und ein zweites Charakteristikum der Geschichte der Fabel ist, daß viele Sammlungen viele Stücke enthalten, die im Sinne verschiedener Fabeltheorien (von Luther bis Dolf Sternberger) gar keine Fabeln sind. Wir müssen uns einfach von der Vorstellung freimachen, daß es unter den etwa in der «Sammlung antiker Fabeln» bei Mader wiedergegebenen, dem Äsop unterstellten Stücken nur Fabeln gäbe. Nein, hier werden – vom Herausgeber auch deutlich gekennzeichnet – Märchen, Legenden, Novellen, Schwänke, Satiren, Witze nebeneinander gesammelt. Aber diese Gattungen nennen heißt auch leicht schon, enge Vorstellungen und klar umrissene Grenzen sehen. Es ist einleuchtend, daß sich für den Gebrauch in den Schulen jenes Gut aus den «Äsopschen» Sammlungen besonders eignete, das die Polarisationsstruktur aufweist und einen pädagogisch relevanten Sachverhalt eindeutig demonstriert. Insofern wertete die Schule den Äsop im Hinblick auf die Formen, die wir heute im engeren Sinne Fabeln nennen können, aus. An diesen Geschichten blieb dann die Gattungsbezeichnung «Fabeln» hängen, während ja im weiteren Sinne Fabel einfach Geschichte meint. Wir können einen vergleichsweisen Vorgang im frühen neunzehnten Jahrhundert in der deutschen Literaturgeschichte beobachten, wo die Mären – was ebenfalls Geschichten bedeutet –, also Schwänke, Fabeln, Rätsel usw. in die Rubrik «Märchen» gerieten und dann unter einem wirkungsgeschichtlichen Druck, teilweise unter dem großen Einfluß der Brüder Grimm, eine Gattungsausrichtung und Umstilisierung erfahren haben. Wir meinen, daß der gesteckte Rahmen, die Intention und die Wirkungsgeschichte der Sammlungen früherer Zeiten ihren Anteil an der Entstehung dessen haben, was wir heute – und nunmehr seit Jahrhunderten – unter Fabel verstehen.

In dem sogenannten «Papageienbuch», dem «Tuti-Nameh», so genannt nach dem weisen Vogel, der darin dieselbe Rolle spielt wie die Scheherazade in den Erzählungen aus Tausendundeinernacht, jenem volkstümlichen Geschichtenbuch aus dem Orient (wahrscheinlich indischen Ursprungs, uns in einer Übersetzung aus dem Türkischen vorliegend) sind Fabeln in die verbindende Geschichte eingepaßt. Da ist zum Beispiel der reisende Sticker, der, all seiner Habe bestohlen, wieder heimkehrt. Die Stelle, an der die Fabel «Der Schakal und das räudige Kamel» eingepaßt ist, lautet:

Er setzte also seine Reise fort und gelangte bald nach seiner Vaterstadt, woselbst er seiner Frau alles, was ihm zugestoßen war, erzählte. «Habe ich», erwiderte diese, «dir nicht alles das verschiedene Male gesagt? Du aber wolltest nicht hören! Was dir da begegnet ist, gleicht aufs Haar der Geschichte des Schakals.»
«Was ist das für eine Geschichte?» fragte der Sticker, und die Frau erzählte:

DER SCHAKAL UND DAS RÄUDIGE KAMEL

Es wurde einmal ein Kamel so räudig, daß vom Schaben das rote Fleisch zum Vorschein gekommen war. Da kein Mittel anschlagen wollte, so ließ der Eigentümer das kranke Tier in die Wüste laufen. Wie es nun allein in der Einöde einherging, erblickte es ein Schakal, der sich eben an einem Mauseloch in Hinterhalt gelegt hatte. Alsbald ließ derselbe den Gedanken, die Maus zu fangen, fahren und lief vielmehr dem Kamele nach, welches, so dachte er, ihm zur Beute werden müßte. Seine Genossin aber, das Schakalweibchen, warnte ihn und sprach: «Hab acht, daß dir nicht durch deine Habsucht die schon gewonnene Beute wieder durch die Finger schlüpft! Laß dir an dem geringen Gewinne genügen, sonst möchte, während du dem Großen nachjagst, das Kleine entrinnen und dir nichts bleiben als Täuschung und Reue.» – Ihr antwortete der Schakal: «Nur gemeine Leute begnügen sich mit wenigem; mir ist ein hoher Sinn beschert worden, und darum kann ich diesen herrlichen Bissen nicht fahren lassen, um mich mit der Mäusejagd zu beschäftigen. Warum sollte ich mich um nichts und wieder nichts mit so elendem Wild begnügen?» Damit eilte er dem Kamele nach und folgte ihm drei bis vier Tage lang. Aber das Kamel fiel nicht, so daß er, der vorher die sichere Beute fahren ließ, in seiner Hoffnung getäuscht, mit leerer Hand und hungrigem Magen zu seinem Weibchen zurückkehrte. «Siehst du nun?» fragte ihn dieses, «mit dem dir bestimmten Mahle warst du nicht zufrieden, dafür hast du nun auch ohne Nutzen soviel Elend und Mühsal ausstehen müssen.»

Der Sticker bereute nunmehr, so habsüchtig gewesen zu sein, und war hinfort mit seinem Geschicke zufrieden.

«Nun aber», fuhr der Papàgei fort, «laß dir, o Mahi-Scheker, dies zur Warnung dienen und hüte dich, wenn du bei deinem Geliebten bist, wohl vor Habsucht.» (Tuti-Nameh, Das Papageienbuch, aus dem Türkischen übertragen von Georg Rosen, Leipzig 1956, S. 274f.)

Genau genommen läßt sich aus dem hier gegebenen Ausschnitt ein doppelter Rahmen erkennen, denn der Papagei erzählt die Geschichte des Stickers, und in ihr wiederum erzählt die Frau die Fabel vom habsüchtigen Schakal. Eines wird deutlich: Hier ist die Fabel nicht mehr isoliert, sie hat vielmehr einen Stellenwert eingenommen. Sie wird von der Erzählerin benutzt, um den Sticker zu überzeugen, daß sein Verhalten nicht richtig war. «Der Sticker» – so heißt es direkt im Anschluß an die Darbietung der Fabel – «bereute nunmehr, so habsüchtig gewesen zu sein, und war hinfort mit seinem Geschicke zufrieden.» Es gelingt in einer solchen Rahmenerzählung etwas, das ihr eine genuine poetologische Position zuweist, nämlich die wechselseitige didaktische Erhellung zwischen Rahmen und Fabel. Die Fabel dient zur Reflexion über die Bedeutung der Rahmenerzählung, und die Rahmenerzählung wird in der in ihr steckenden Bedeutsamkeit durch die Fabel erschlossen.

Der bekannte deutsche Jugendschriftsteller James Krüss hat in seinem Buch «Adler und Taube» (Hamburg 1963) dieselbe Bauform verwandt, um insgesamt acht Fabeln miteinander zu verbinden. Nicht Scheherazade, nicht ein Papagei, dafür aber eine Taube erzählt einem sie bedrohenden Adler so lange Geschichten, bis sie sich den Fluchtweg geschaffen hat. «Jetzt sah die Taube» – so formuliert James Krüss das uralte Thema der Fabel – «keinen anderen Ausweg mehr als ihren Witz und ihre Klugheit.»

Man kann bei den seither erwähnten Beispielen nicht eigentlich von Schwellformen der Fabel sprechen, denn recht verstanden handelt es sich in dem einen Fall um Sammlungen, deren Ordnungsprinzip vielleicht interessant sein dürfte, bei denen aber die einzelne Fabel isoliert stehenbleibt; in dem anderen um eine Funktionalisierung der Fabel in einem größeren Zusammenhang. Dieser letztere Vorgang deckt sich mit jenem, der eintritt, wenn die Fabel in einer Predigt, in einer politischen Rede oder in einem pädagogischen Vortrag auftaucht. Auch da dient sie als Beispiel des zu demonstrierenden Tatbestandes.

Gewichtiger wird die Substanz der Fabel in dem Augenblick verändert, in dem ihr Thema, ihr Figurenarsenal und ihre Handlung benutzt werden, um daraus eine ausgedehnte Erzählung zu entwickeln. Gemeint ist hier nicht das Längungsverfahren bei Erasmus Alberus, auch bei James Krüss in den eben erwähnten Fabeln des Bandes «Adler und Taube» und in vielen anderen Fällen, vielmehr der Prozeß der Episierung, wie er etwa im «Froschmäuseler» oder auch in den verschiedenen Fassungen des «Reineke Fuchs» vorliegt. Was ist in den beiden Fällen geschehen? In Georg Rollenhagens «Der Froschmäuseler oder Geschichte des Frösch- und Mäusekriegs von Max Hupfinsholz von Mäuseloch, der jungen Frösche Vorsinger» handelt es sich um ein auf die Verhältnisse des 16. Jahrhunderts eingerichtetes antikes Epos, das sich ausschließlich im Tierreich abspielt. Selbst der Mensch ist hier als «Mannthier» angesprochen. In der Hauptsache stehen sich zwei Reiche gegenüber: Das Reich der Frösche und das der Mäuse. Mitglieder dieser beiden Machtgebilde treiben Konversation, diskutieren über die beste Form der Regierung:

Darum ist nütz die Mittelstraß',
Daß man kein'm Tyrannen zulaß'
Die übermäßige Freiheit,
Auch nicht verführ' gemeine Leut'.
Sondern daß man den Mittelstand
Mit Fleiß durchsucht im ganzen Land,
Daraus die allerbesten wähl',
Ihnen das Regiment befehl'.

(II. Teil, Ende des 15. Kap.)

und: Darum sag' ich ganz wohlbedacht,
Wenn man's auf's allerbeste macht,
Es ist nicht gut, daß viel regieren,
Die Kron' soll einer alleine führen,
Dem Gott selber und weise Leut'
Gönnen die hohe Obrigkeit.

Sie führen Krieg und vernichten sich gegenseitig. Das Epos endet mit den Zeilen:

So fahl, so schal, so kahl geht's aus,
Wenn sich der Frosch rauft mit der Maus.
Aller Welt Rath, Macht, Trotz und Streit
Ist lauter Tand und Eitelkeit,
Macht doch Mord, Armuth, Herzeleid;
Gott helf' und tröst' in Ewigkeit. Amen.

Haupt- und Staatsaktionen werden im Tierreich ausgetragen. Das entspricht der Welt der Fabel. In dem Maße, wie das Ausmalen sich ausbreitet, verlieren aber die Figuren und Situationen an distanzierter Typik der eigentlichen Fabel, das heißt, der abstrakte Stil geht verloren. Die «Helden» erhalten Namen wie «Bröseldieb» und «Bausback», in der eingeblendeten Fabel von der Stadtmaus und der Feldmaus wird diese «Warnfried» und jene «Gutkäschen» genannt. Die ebenfalls breit eingeschaltete Fabel von der Königswahl der Frösche geht gleichsam stumpf aus, denn die Pointe der Fabel – daß der Storch sein Amt benutzt, um seine Untertanen zu verzehren – wird zwar dem Inhalt nach berichtet, aber nur, um erneut Überlegungen unter den Fröschen anstellen zu lassen, wie man dem einen Riegel vorschieben kann. Dabei stellt sich heraus, daß die Macht des herrschenden Storches doch eingeschränkt sei – er kann nicht ins tiefe Wasser, ist nachts außer Gefecht gesetzt usw. Alles dies biegt gerade die Spitze, auf die es der Fabel ankommt, ab. Die epische Zersetzung der Fabel findet statt. Die Kategorien, mit denen eine Fabel gemessen beziehungsweise betrachtet werden kann, stimmen nicht mehr. Der Froschmäuseler ist zwar ein äußerst bedeutsames Dokument gesellschaftskritischer Epik des 16. Jahrhunderts, aber von der Fabel her gesehen nur eine literarische Form, die sie verwertet hat.

Während der «Froschmäuseler» vorwiegend die Tierfiguren Frosch und Maus zu Helden verwandt hat, hat der «Reineke Fuchs» das listigste unter den Fabelwesen zur Zentralfigur. Auf einer älteren Vorlage, einem Spielmannsgedicht, beruhend, erschien im Jahre 1498 das niederdeutsche Tierepos. Es ist – nach Karl Langosch (Das niederdeutsche Epos und seine Quellen, Nachwort zu Reineke Fuchs, Stuttgart 1967) – auf indogermanischem Erzählgut basierend «zur Hauptsache eine Neuschöpfung des Mittelalters aus dem antiken Erbe heraus, und zwar aus der äsopischen Fabel, in der bereits eine moralische und politische Tendenz in der Tiermaske vorgetragen wird» (S. 276). Daß im «Reynke de vos» «die Umgestaltung in eine ständesatirische Dichtung ihren Höhepunkt» erreichte, bemerkt Langosch ebenso wie, daß «nicht so sehr die Geistlichen als vielmehr die herrschende weltliche Schicht und ihr Hofleben in der Tiermaske demaskiert und deren Ordnungen in ihrer Brüchigkeit aufgedeckt» werde. Luther habe das Werk als «lebendige Kontrafaktur des Hoflebens» gerühmt. Und wenn man gleich anschließt, daß Goethe von «unheiliger Weltbibel» sprach, in der «das Menschengeschlecht in seiner ungeheuchelten Tierheit ganz natürlich und mit gutem Humor» vorkäme, dann kann man vielleicht auch gewisse Parallelen erkennen zwischen dem Griff Luthers zu den Fabeln und dem Griff Goethes zu Reineke Fuchs. Der Reformator denkt im Bearbeiten des Äsop über die Weltverhältnisse nach, Goethe distanziert sich 1793 innerlich von der durch die Französische Revolution aufgewühlten Gesellschaft, indem er in seinem «Reineke Fuchs» Dreistigkeit, List, Mut und Schelmerei regieren läßt. Nur zum Teil dürfte die Mitteilung Goethes (vom 2. Mai 1793 an Fritz Jacobi) stimmen: «Ich unternahm die Arbeit, um mich das vergangene Vierteljahr von der Betrachtung der Welthändel abzuziehen, und es ist mir gelungen.» Der «Reineke Fuchs» beschäftigt sich aber mit den Welthändeln.

Die Voraussetzungen, in dem «Reineke Fuchs», der ja wiederholt zu Be- und Umarbeitungen Anlaß gegeben hat und in unzähligen Jugendausgaben verbreitet worden ist und wird, eine Schwellform der Fabel zu sehen, dürften gegeben sein. Aber was wird daraus? Eines der bekanntesten Fabeltiere steht im Mittelpunkt, die gesellschaftskritisch-politische Intention ist in dem Epos deutlich zu erkennen. Und dennoch ist der Reineke Fuchs in dem Sinne ein Roman, als in ihm die Lebensgeschichte eines Fuchses, dessen Bedrängnisse und Siege in einzelnen Erlebniseinheiten berichtet wird. Der Roman besteht aus einer Kette von Abenteuern, die sein Held zu bestehen hat, bis

GUSTAVE DORÉ: Die Stadtmaus und die Feldmaus (Paris 1868). Gustave Doré, der berühmte französische Zeichner und Illustrator (1832–1883), hat die Fabeln Jean de La Fontaines vielfach durch seine Bilder kommentiert. Dabei entstanden genrehafte Natur- und Tierstudien von hohem Niveau, denen man aber oftmals kaum mehr den Fabelinhalt entnehmen kann. Hier eine Illustration zu der Fabel «Die Stadtmaus und die Feldmaus». Am Schluß sagt die Feldmaus in der La Fontaineschen Fassung «s'ist, weil ich ohne Unterlaß esse, wie mir's gefällt.» In der Abbildung ist die Absicht des Künstlers deutlich zu erkennen, die sich aufreckende und sich natürlich gebende Feldmaus vor der zierlichen, ängstlichen Stadtmaus durch die Mittelpunktstellung herauszuheben.

er am Ende «sorglos und in großer Ehr» sich auf seine Burg zurückzieht. Da sich der Fuchs durch Gerissenheit und List auszeichnet, gewinnt der Roman die Züge eines Schelmenromans. Die letztlich in der Pointe der Fabel versteckte oder offen zum Vorschein kommende ernsthafte Lebensweisheit wird vielfach durch das Schwankhafte verdeckt. So sind zwar in dem «Reineke Fuchs» Fabeln integriert, jedoch hat sie der unbekannte Lübecker Ordensgeistliche in seiner Bearbeitung von 1498 innerhalb seines Epos in Erzählkabinen isoliert, zum Beispiel an folgender Stelle: Als Reineke angeklagt an des Königs Hof kommt, erzählt er unter anderem auch Lügengeschichten. Er berichtet von einem Wunderspiegel:

... in dem man da
Ganz deutlich alle Dinge sah,
Die man in einer Meile vollbracht,
Am Tage oder auch bei Nacht.
Wer im Gesicht ein Gebrechen bekam
Oder am Auge Schaden nahm,
Dem ward das Leiden sofort entrückt,
Sobald er in den Spiegel blickt.

Natürlich erklärt er, daß ihm dieser Spiegel verloren gegangen sei. Aber er schildert ihn weiter und behauptet, er habe einen anderthalb Fuß breiten Rahmen gehabt, auf dem «manch fremde Geschichte stand». Hier ist die Gelegenheit, einige Fabeln zu erzählen:

Die erste Geschichte handelt vom Pferd.
Neidisch war es, weil es begehrt',
Von einem Hirsch sich zu befrein;
Doch glückt' es ihm nicht; drum litt es Pein.
Zu einem Hirten lief es da
Und sagte ihm: «Glück ist dir nah.
Setz dich auf mich! Ich trag dich schnell,
Hörst du auf meinen Rat zur Stell,

Der Fuchs ohne Schwanz. Ernest Henry Griset (1844–1907), der in Frankreich geborene und in England gestorbene Zeichner und Buchillustrator, der für «Punch» arbeitete und Zeichnungen zu Werken von Goethe, Schiller und Zschokke anfertigte, hat auch Äsops Fabeln künstlerisch kommentiert. Die obige Illustration ist in der Ausgabe «Der neue Aesop, Eine Sammlung Fabeln von Lessing, Lichtwer, Pfeffel, Hirsch etc.» (Verlag von A.H. Payne in Leipzig, o.J., vor 1878) zu finden. Der alte Fuchs in der Mitte hat seinen langen Schwanz eingebüßt. Er versucht, diese Peinlichkeit dadurch zu überwinden, daß er seine Artgenossen überreden will, eine schwanzlose Mode einzuführen. Allerdings wird er Anlaß zu allgemeinem Gelächter, als er aus der Menge aufgefordert wird, sich umzudrehen.

Ernest Henry Griset: Der Fuchs ohne Schwanz
(Leipzig vor 1878)

Der Spitz bellt den Mond, den strahlenden an,
Den Mond, der doch nie 'was zu Leid ihm gethan.
„Pfui," brummt er, „ich hasse Dich bleichen Gesellen,
Du kannst weder knurren, noch beißen, noch bellen,
Du hast weder Beine, noch Ohren, noch Schwanz,
Hast nichts, als das bischen erbärmlichen Glanz,
Bist häßlich, und über und über voll Flecken,
Wahrhaftig, Du solltest Dich lieber verstecken."

Der Mond, der entgegnet dem Spitzel kein Wort
Zieht schweigend am Himmel, dem nächtlichen fort,
Läßt ruhig sich schelten und schilt ihn nicht wieder,
Da legt denn auch endlich der Spitzel sich nieder.
Doch, wenn er so bös mit dem Pudel gemurrt,
Da hätte der Pudel auch wieder geknurrt,
Dann wäre es sicher zum Beißen gekommen
Und hätte kein friedliches Ende genommen.

Jean Bungartz: Spitz und Mond (Leipzig 1885)

So wirst du den fetten Hirsch dir fangen
Und so zu großer Freude gelangen.
Sein Fleisch, sein Horn verkaufst du heuer,
Sein schönes Fell bestimmt auch teuer.
Sitz auf und laß uns beide jagen!»
Der Hirt sprach: «Ich will es wagen.»
Sie ritten mit größter Schnelligkeit
Und kamen zum Hirsch in kurzer Zeit;
Sie hielten seine Fußspur ein,
Er lief voraus, sie hinterdrein.
Das Pferd kam außer Atem schier.
«Steig etwas ab!» so sprach das Tier,
«Ich bin ganz müde, laß mich ruhn.»
Der Mann sprach: «Nein, ich will's nicht tun.
Jetzt mußt du meinen Befehl ausführen,
Bekommst dazu die Sporen zu spüren.
Hierhin hast du mich nutzlos gebracht.»
Das Pferd bezwang er mit aller Macht.
Wer sich bemüht, dem andern zu schaden,
wird sich mit Unglück selbst beladen.

(Übertragung von Karl Langosch in der o.a. Ausgabe, S. 177/178, Zeile 5073–5100.)

So rückt sowohl im «Reineke Fuchs» des ausgehenden Mittelalters wie in den späteren Bearbeitungen zwar eine Fabelfigur in den Vordergrund, wir erkennen das Figurenarsenal der Tierfabeln wieder, aber die Intention ist insgesamt zwar ähnlich, aber nicht dieselbe. Die Schelmenstreiche dienen dazu, zu beweisen, daß Verstand und Witz die Mächtigen überlisten können wie auch in mancher Fabel. Aber in der Absicht, die Lebensgeschichte des Fuchses von Streich zu Streich zu schildern, die Hofhaltung des Löwen zu dekuvrieren, richtet der Erzähler sein Augenmerk verständlicherweise auf die Möglichkeiten, fortlaufend zu erzählen. Hierbei würden die pointierten Schlüsse der Fabeln stören. So bedarf es des Schaffens von Erzählkabinen, die

Spitz und Mond. Das Bild von Jean Bungartz demonstriert die Tendenz des Textes trefflich: Die überlegene, friedvolle Macht des Mondes über den bellenden, ehrgeizigen und neidischen Spitz, und zugleich die wunderbare Einrichtung der Natur, die die Aggressivität des kleinen Gernegroß lieber im Anbellen des Mondes verpuffen läßt als im Streit mit dem Pudel. Text und Illustration sind dem in Leipzig (1885) erschienenen Buch von Elisabeth Ebeling entnommen: «Vier und zwanzig Fabeln und Gedichte für Kinder.»

in unserem obigen Beispiel durch den Bericht des Fuchses von dem, was er einmal auf einem Spiegelrahmen abgebildet gesehen hat, entstehen.

Wir sehen die Grenzen der Fabel, sich aufzublähen, in die Länge zu ziehen. Sie kann sich schwerlich selbst überschreiten. So kann man auch nicht einen Roman wie Waldemar Bonsels «Biene Maja» nur deshalb eine gelängte Fabel nennen, weil hier das Geschehen sich im Reich der Bienen abspielt, obwohl ganz deutlich ein Staatsroman aus der Wilhelminischen Ära vorliegt.

Wie demnach größere Formen Gestalten, Motive, Themen und Teilstücke aus dem Fabelschatz nehmen, ohne daß man die größeren Einheiten dann selbst noch Fabeln nennen könnte, so bietet die Fabel auch Anlaß zu Verkürzungen, obwohl sie selbst schon so kurz ist. Wir führen diese Abbreviaturen in unserer Sprache mit und wissen oft gar nicht mehr, daß sie aus einer Fabel entlehnt worden sind. Wer denkt, um bei den kürzesten anzufangen, bei Schimpfwörtern wie «Esel» oder «Schaf» daran, daß hier ja wohl kaum der Vergleich in das Tierreich, vielmehr in das Fabelreich führt? Wer macht sich mitten im Gespräch klar, daß er dann, wenn er von einem «Löwenanteil» spricht, auf die Fabel von der Teilung des Löwen anspielt, ebenso dann, wenn die Wendung «das Fell über die Ohren ziehen» eingeflochten wird? Der «Wolf im Schafspelz» gehört hier ebenso erwähnt wie der «Esel im Löwenfell». Und wer von der «Höhle des Löwen» spricht, bewegt sich, vielleicht ohne es zu wissen, genau so in der durch Fabeln mitbestimmten Sprachtradition wie derjenige, der davon spricht, daß ihm «die Trauben zu hoch hingen».

Es wird deutlich, wie der semantische Hof unserer Sprache weiter reicht als ihr vordergründiges Erscheinungsfeld. Um solche Ausdrücke und Redewendungen zustande zu bringen, bedarf es des Einholens der literarischen Gattung in den Kulturbesitz. Allerdings verdünnt sich natürlich die Plastizität der Bilder, die aus der Fabel genommen worden sind, mit der Entfernung von der Vorlage. Durch den Gebrauch und die Verkürzung nutzt sich der Anschauungsbereich ab. Wer erkennt noch in der Wendung «vor Neid platzen» die Herkunft aus der Fabel mit dem «aufgeblasenen Frosch»? Wer erinnert sich bei dem Ausdruck «die Schlange am Busen nähren» noch an seine Herkunft?

In all diesen den Fabeln entnommenen Wendungen wird nicht, wie es das Sprichwort tut, eine in sich geschlossene Weisheit zur Annahme angeboten. Wer das Sprichwort gebraucht und sagt: «Es wird nichts so heiß gegessen, wie es gekocht ist» oder «Wer A sagt, muß auch B sagen» oder «Der Krug geht so lange zum Brunnen, bis er bricht», bietet damit eine Erfahrung an, von der er glaubt, daß sie Gültigkeit besitze und auf den gegebenen Fall zuträfe. Es sind – wie Dolf Sternberger in seinem Essay «Gebrauch von Sprichwörtern» (in: Figuren der Fabel, Berlin und Frankfurt 1950) treffend formuliert hat – «eine Art Zauberformel des gemeinen Menschenverstandes», die allerdings keinen verbindlichen Charakter haben, sich oftmals gegenseitig in ihrer Bedeutung aufheben. «Es sind Aussagen über den Weltlauf, die weder an den Willen noch an den Glauben irgendwelche Anforderungen stellen, sondern lediglich diejenige Fähigkeit angehen und in Gang setzen, die man den gemeinen Menschenverstand nennt.» Während das Sprichwort demnach eine in sich geschlossene These ist, verweist die Redewendung mit den versteckten oder noch erkennbaren Anspielungen auf Fabelinhalte auf eine vergleichbare Erfahrung. Wer sagt «der hat den Löwenanteil bekommen», meint doch, «der hat einen Anteil bekommen, wie der Löwe in der Fabel». Hier wird vielleicht der vorhin erwähnte Plastizitätsverlust deutlich. Denn die in der Fabel noch steckenden Implikationen – Machtanspruch des Löwen, ungerechte Teilung – sind oftmals beim Gebrauch der Redewendung nicht mehr mitgemeint. Wer einen andern einen «Esel» nennt, meint «du, der du dich so dumm verhältst wie der Esel in der Fabel». Die Metapher als rhetorische Figur – und um diese dürfte es sich in den Verkürzungen der Fabel handeln – läßt noch etwas erkennen von der Freiheit des Entwurfs, von der kreativen Substanz, welche die Fabel für uns in den Bereich der Literatur verwiesen hat.

DIE GATTUNG UND IHRE NACHBARN

Werden wir zu dem Versuch aufgefordert, die Gattung Fabel von anderen benachbarten Gattungen abzugrenzen und die Kriterien des Unterschieds exakt zu bestimmen, dann zögern wir, mit sicheren Definitionen zu kommen. Hatten wir nicht selbst und andere auch darauf hingewiesen, daß schon in den antiken Sammlungen mehrere Gattungen zu finden sind: «Neben den ausgesprochen lehrhaften, moralischen Fabeln» – so zählt Mader (S. 18) auf – «auch das Märchen, das reiner Erzählfreude und naivem Unterhaltungsbedürfnis seine Entstehung verdankt; neben dem harmlosen ätiologischen Mythus, der etwa erklären will, warum die Neger schwarz sind oder, schon hintergründiger, warum die Adler nicht brüten, wann die Mistkäfer fliegen, das Novellenmotiv, das nur auf einen Boccaccio zu warten scheint; neben dem Schwank, der kleinbürgerliche Berufe oder Typen harmlos verspottet, die scharfe politische Satire, die für jede Form des Zusammenlebens in einer Gemeinschaft ihre Gültigkeit behält, für die Gegenwart mit ihren Weltstaatbildungen nicht weniger als ehemals für den griechischen Stadtstaat; neben der Anekdote oder Schnurre die Legende, die sich ins Mythisch-Religiöse erhebt; neben dem Witz oder Kalauer praktische Lebensklugheit und oft trockenste, bausbackene Moral» (S. 18). Es dürfte eine Quadratur des Zirkels bedeuten, wollte man im Bewußtsein der Tatsache, daß schon in den ersten Anfängen der erkennbaren Geschichte der Fabel die «reine Form» nicht vorhanden war, eine saubere Typologie erreichen. Dennoch wiederholen sich bis in unsere Zeit hinein Ansätze, irgendwie der Gattung, wenigstens beschreibend, habhaft zu werden. So meint Erwin Leibfried in seinem unter dem Titel «Fabel» erschienenen Realienbüchlein für Germanisten (Stuttgart 1967): «Die einzige Möglichkeit einer Definition besteht in einer

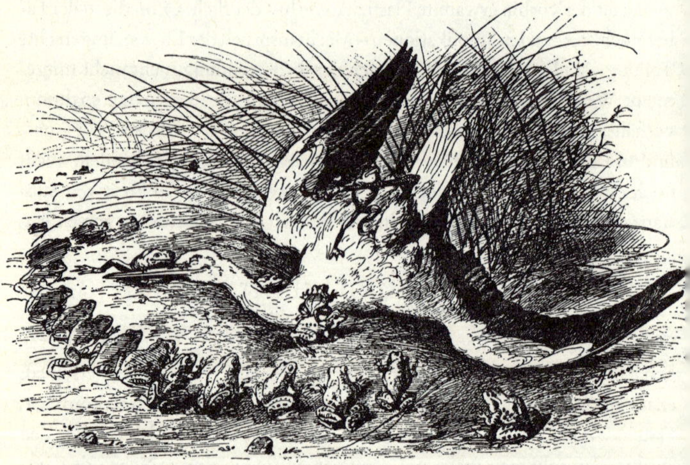

Fedor Flinzer: Der Storch und die Frösche (Leipzig 1881). Der Schüler Ludwig Richters, Fedor (Alexis) Flinzer – 1832 in Reichenbach i. V. geboren, 1911 in Leipzig gestorben –, wurde zum Illustrator des von Julius Sturm (1816–1896) verfaßten Bandes «Neues Fabelbuch», der 1881 in Leipzig erschien. Flinzer greift sich aus der Fabel vom Storch im Froschteich den Moment heraus, in dem sich das quakende Volk sicher wähnt. Der Storch hat sich tot gestellt. Das Ende der Fabel ist grausam: «Hans Langbein sprang blitzschnell empor und schlang und schlang ein Fröschlein nach dem andern ein, es half kein Zappeln und kein Schrei'n.» – Mit feinem Strich entsteht eine kunstvolle Genrezeichnung. Man hat gesagt, Flinzer habe beabsichtigt, die Seelen der Tiere zu erfassen.

Beschreibung der Veränderung und in dem Versuch, die trotz aller Wandlung gleichbleibenden Züge herauszustellen» (S. 15).

Wir gehen davon aus, daß Gattungen als zeitlose Urtypen nicht bestehen, vielmehr historisch bedingte Verallgemeinerungen und veränderbare Größen sind, die sich allerdings – darin stimme ich mit Leibfried überein – nicht definieren, allenfalls annäherungsweise durch Analyse ihrer Bauelemente umschreiben lassen. Wer heute noch eine statische Gattungstypologie betreibt, dürfte selbst hinter die Position von André Jolles in seinem bedeutsamen Buch «Einfache Formen» (1930, 2. Aufl., Darmstadt 1958) zurückfallen, in dem zwar die Fabel unter den «einfachen Formen» nicht behandelt ist, dafür aber am Beispiel Märchen klargemacht wird, daß «... seine Bedeutung als Name für eine bestimmte literarische Form eigentlich erst» festliegt, «seitdem die Gebrüder Grimm ihre Sammlung Kinder- und Hausmärchen nannten» (S. 218). Mit anderen Worten: von Gattungen zu sprechen, Gruppierungen von literarischen Materialien vorzunehmen, ist ein Akt mehr oder weniger willkürlicher Entscheidungen und abhängig von den Auffassungen des einzelnen Theoretikers und seiner Zeit. Insofern würde ich meinen, daß es «das eigentlich Fabulose» gar nicht gibt, das Erwin Leibfried zu sehen glaubt und folgendermaßen umschreibt: «Der Fabeldichter erzählt eine Geschichte, die er erfunden hat und die der Leser für real unmöglich hält. Trotzdem wird sie so dargestellt, als sei sie geschehen, und trotzdem werden aus ihr Folgerungen gezogen, die gelten sollen. Mit dieser Erscheinung ist der innerste Kern der Fabel, das eigentlich Fabulose umschrieben» (S. 25).

Für uns gibt es zwar eine sehr abwechslungsreiche Geschichte der Fabelliteratur, die zeigt, welche Wandlungen diese kleinen Werke mitgemacht haben und wie verschieden die Ansichten der Autoren und Theoretiker waren und sind. Es gibt auch einige uns immer wieder sowohl bei antiken als auch modernen Fabeln auffallende Bauelemente, die in der Regel benutzt werden. Aber gerade dies Bündel von Charakteristika spricht gegen eine einseitige Inanspruchnahme unserer literarischen Form etwa für die Didaktik oder die Satire, spricht gegen eine Festlegung derart, daß die Fabel eine definierbare Lehre enthalten müsse, nur Tiere als Handlungsträger vertrage, nur die Moral des kleinen Mannes zum Ausdruck bringe usw.

Die Fabel ist als eine sprachliche Konstruktionseinheit anzusehen, innerhalb deren die Tendenz zur Polarisation, zum pointenhaften Abschluß, zur Wirklichkeitsüberschreitung und zur Mitteilung einer Lehre besteht. Diese

Elemente können ganz verschieden stilisiert, inhaltlich gefüllt und zusammengesetzt werden.

Wenn wir nun aber im Bewußtsein der Vordergründigkeit allen Fragens nach den Gattungen der Literatur im allgemeinen und hier der Fabel im besonderen danach suchen, wie sich dieser Komplex von Literaturformen, die wir nun einmal Fabeln nennen, von anderen in ihrem Umfang ähnlichen unterscheiden mag, dann leuchtet ein, daß sowohl der Bereich kurzer Tiergeschichten und auch der Kurzgeschichten und Anekdoten überhaupt kaum in die engere Nachbarschaft rückt, weil diese Formen im Leser von vornherein den Anspruch erwecken wollen, die Realität in der Darstellung der handelnden Gestalten zu treffen. In Kurzgeschichten und Anekdoten gibt es im allgemeinen keine «Fabelwesen», hier werden historische Größen, Menschen oder Tiere in realen Lebenssituationen gezeigt. Natürlich arbeitet auch die Anekdote mit dem Bauelement Pointe, und in diesem Zusammenhang braucht sie die Polarisation, natürlich wollen auch Kurzgeschichten auf ihre Weise die Welt deuten, und selbstverständlich verfremdet auch die Tiergeschichte das Tier – auch wenn sie mit allen erzählerischen Mitteln dagegen angeht – und nimmt es in die fiktive Welt hinein. Aber das vielfältige Abstraktionssystem, das die Fabelwelt ausmacht, ist weder in der Anekdote noch in der Kurz- und Tiergeschichte zu finden.

Schwieriger wird es, wenn wir auf die Bezeichnungen Gleichnis, Parabel, Beispiel, ja eventuell auch Allegorie stoßen. Bei näherem Besehen wird ein auf den ersten Blick leicht zu scheidendes Vokabular zu einem fast unentwirrbaren Knäuel von Bedeutungszusammenhängen. Denn zwar wird behauptet, das Gleichnis sei im Gegensatz zur Fabel eine poetische Vergleichung, die nur in einem wesentlichen Punkt zutreffe. Wo aber sind bei den Fabeln die vielen (oder mehrere) vergleichenden Punkte? In demselben Artikel desselben «Sachwörterbuchs der Literatur» von Gero von Wilpert (Stuttgart 1955 und später) werden dann die Gleichnisse des Neuen Testaments eher als Parabeln eingeordnet. Sieht man im «Duden Etymologie» (Mannheim 1966) unter «Parabel» nach, dann steht zur näheren Erklärung, ehe die Herkunft des Begriffs erklärt wird, «Gleichnis; lehrhafte Erzählung, Lehrstück». Und Helmut de Boor hat in seiner Abhandlung «Über Fabel und Bispel» (München 1966) wenigstens für die Zeit des Mittelalters die Frage gestellt, «ob es einen festen Gattungsterminus für die Fabel im Mittelhochdeutschen überhaupt gibt. Es könnte scheinen, als ob sich eben ‹bispel› dafür anböte» (S.7). Helmut de Boor kommt am Ende seiner Untersuchung zu dem Ergebnis, daß bispel und Fabel zu scheiden seien («Das bispel will Erkenntnis, die Fabel gibt Lebenserfahrung ...», S.35).

Ich glaube, man sollte hier überlegen, aus welchem Kategoriendenken die einzelnen Begriffe beziehungsweise Benennungen genommen sind. Dann ergibt sich doch sehr schnell, daß sowohl «Beispiel» als auch «Gleichnis», «Parabel» und auch «Allegorie» nach der Methode des Erklärens fragen, nicht aber nach der poetologischen Form. Denn Allegorie meint «sinnbildliche Darstellung», ist im übrigen gar nicht auf die Darstellung durch Sprache beschränkt und bedeutet – wörtlich genommen – einfach «das Anderssagen». Parabel heißt wörtlich danebenwerfen, vergleichen. Durch das Beispielgeben soll der Vergleich herausgefordert werden. Dasselbe aber beabsichtigt auch das Gleichnis. Alle diese Begriffe bezeichnen die methodisch-didaktische Intention sprachlicher beziehungsweise künstlerischer Verfahren, sie bezeichnen meines Erachtens aber noch nicht eine literarische Gattung. So wäre es doch wohl falsch, wollte man in der seitherigen literaturwissenschaftlichen Denkrichtung weiterfahren und diese genannten Begriffe als Gattungsbegriffe akzeptieren und nebeneinandersetzen. Die Fabel aber als sprachliche Konstruktionseinheit – ihre eigentliche Leistung, sagt Helmut de Boor sehr treffend, sei «die schöpferische Erfindung einer poetischen Wirklichkeit» (S.22) – wird sich nun auf Grund ihrer Bauform besonders eignen, die Gleichnis-, Beispiel- und Parabelintention in sich aufzunehmen. Sie stellt gleichsam ihr Gehäuse den parabolischen Belangen zur Verfügung. Damit aber möchte ich zugleich meinen, daß im Sinne der ästhetischen Form die genannten Einheiten wie Beispiel, Allegorie, Parabel usw. keine genuinen literarischen Gattungen sind, vielmehr formal mit dem, was die Fabel kennzeichnet, zusammenfallen können oder als die rhetorischen Figuren zu gelten haben, für die einstmals Aristoteles die Fabel hielt.

So wäre also die Fabel – um mit Wilhelm von Humboldt zu reden – eines von jenen endlichen Mitteln der Sprache, mit deren Hilfe unendlicher Gebrauch gemacht werden kann. In der Tat bedeutet ja bis ins 18. Jahrhundert hinein das Wort Fabel nichts weiter als Geschichte, Erzählung. Aber dieses Jahrhundert der Aufklärung hat offensichtlich die Akzentuierung des Didaktischen in die Bedeutung des Wortes hineingebracht wie das beginnende 19. Jahrhundert in die des Märchens unsere heutigen, vor allem an den Brüdern Grimm orientierten Vorstellungen. Denn vorher bedeutete –

wie schon erwähnt – Märchen Nachricht, Gerücht, kleine Erzählung, also praktisch dasselbe wie Fabel. Wenn überhaupt zwei Gattungen sich strukturell naheliegen, dann dürften es Märchen und Fabel sein. Denken wir doch auch daran, daß sowohl in den Fabelsammlungen Märchen als auch in den Märchensammlungen Fabeln stecken. Es fragt sich, ob nicht die vorhandenen Stoffe gleichsam fabulös einerseits und märchenhaft anderseits funktionalisiert werden können. Dazu ein Beispiel: Unter den Fabeln, die das 1747 in Nürnberg herausgekommene Werk «Esopi Leben und auserlesene Fabeln mit deutlichen Erklärungen, nützlichen Tugendlehren, und hierzu dienlichen saubern Kupffern. Alles nach dem Begriff der lieben Jugend eingerichtet» enthält, befindet sich als 26. Stück die folgende Fabel, die uns den Vergleich mit dem Märchen nicht schwer werden läßt:

VON DER JUNGEN ZIEGE UND DEM WOLF

Als einesmals eine Ziege aus ihrem Stall auf die Weide gieng, befahl sie ihrem jungen Zieglein sehr ernstlich an, daß es niemand in ihrer Abwesenheit aufmachen solle. Kaum nun, als sie fort war, klopfte ein Wolf an die Thür des Stalls, machte die Stimme der alten Ziege nach, und verlangte, von dem jungen Böcklein eingelassen zu werden. Dieses aber kam der Unterweisung seiner Mutter genau nach, guckete durch ein Loch heraus, und sahe, daß es der Wolf war; welchem es zurief: Ich werde jetzt nicht aufmachen; dann ob du gleich die Stimme einer Ziege annimmst, so sehe ich doch an deiner Gestalt, daß du ein Wolf bist, und es dir nur darum zu thun, wie du mich in deinen Rachen bekommen und auffressen mögest.

ERKLÄRUNG DER FABEL:

Die alte Ziege, welche dorten an dem Baum lehnet, stellet einen guten Rathgeber vor; das junge Böcklein einen jungen Menschen, welcher den getreuen Rath willig annimmt; der Wolf einen hinterlistigen Feind, gegen welchen man eines guten Raths sich zu bedienen Ursach hat.

Es folgt auf dieses «fabula docet», das auf eine dazugehörige Abbildung Bezug nimmt, noch eine umfängliche «Tugendlehre», die mit dem Vierzeiler endet:

Der Grashüpfer. Die Tuschzeichnung, in die der dreistrophige Text von Pauline Schanz eingepaßt ist, stammt von Fedor Flinzer (1832–1911), einem der bekanntesten Tierzeichner und Kinderbuchillustratoren der zweiten Hälfte des 19. Jahrhunderts, der vielfach den Tieren menschliche Handlungsweise und Bewegung unterschob. Pauline Schanz, von der in der «Geschichte der deutschen Jugendliteratur» von A. Merget von 1882 behauptet wird, sie sei «eine Dame», deren Dichtungen «manchmal etwas zu lang» seien, sich aber «ganz gut lesen lassen», hat den «Grashüpfer» verfaßt. Man fragt sich, ob diese besinnlichen Verse noch etwas mit dem Fabelcharakter zu tun haben, den allerdings der Titel des Buches vermuten läßt: «101 neue Fabeln», herausgegeben von Frida Schanz, Berlin, 1. Auflage 1888 und 1889.

Der Grashüpfer

Ich bin das kleine Geigerlein,
Mein Fiedelchen das streich ich
In Wies und Hain, so leis und fein,
Gehst du vorbei,
Heidideldei!
Im Mai, im Mai
Da geig ich, da geig ich!

Der kleine Tänzer bin ich auch,
Mein grünes Fräckchen schwing ich
Durch Thymian und Glockenstrauch
So lustig, ei,
Heidideldei!
Im Mai, im Mai
Da spring ich, da spring ich!

Ich sprach, es bleibt nicht immer Mai!
Den kleinen Tänzer traf ich,
Er geigte: Ist der Mai vorbei,
So ist mir's, ei,
Heidideldei,
Auch einerlei!
Dann schlaf ich, dann schlaf ich!

Pauline Schanz.

FEDOR FLINZER: Der Grashüpfer (Berlin 1888)

Richard Heighway: Der Wolf im Schafspelz
(New York und London 1894)

Gehorsam seyn ist eine Tugend,
die Gott gefällt, und ziert die Jugend:
Drum wer sich nicht will ziehen lassen,
muß selbst sein eignes Glücke hassen.

Das ist eine Variante der vielen «Wolf und die sieben Geißlein»-Geschichten, welcher der unbekannte Verfasser Fabelzüge gegeben hat. Allerdings ist es keine sehr geistvolle Fassung geworden. Die Erzählung ist flach, die Lehre sehr simpel, die Pointe bis zur Unkenntlichkeit stumpf. (Man ist über das Verhalten des Zickleins nicht überrascht.) Immerhin wird deutlich, wie in dieser Fassung des bekannten Märchens ein Lehrstück erzählt wird.

Umgekehrt nun ein Beispiel aus den Kinder- und Hausmärchen der Brüder Grimm, aus dem deutlich wird, wie ein Fabelmotiv märchenhaft umfunktionalisiert wurde. In der Ausgabe von 1864 heißt das 132. Märchen:

DER FUCHS UND DAS PFERD

Es hatte ein Bauer ein treues Pferd, das war alt geworden und konnte keine Dienste mehr tun, da wollte ihm sein Herr nichts mehr zu fressen geben und sprach «brauchen kann ich dich freilich nicht mehr, indes mein ich es gut mit dir, zeigst du dich noch so stark, daß du mir einen Löwen hierher bringst, so will ich dich behalten, jetzt aber mach dich fort aus meinem Stall», und jagte es damit ins weite Feld. Das Pferd war traurig und ging nach dem Wald zu, dort ein wenig Schutz vor dem Wetter zu suchen. Da begegnete ihm der Fuchs und sprach «was hängst du so den Kopf und gehst so einsam herum?» «Ach», antwortete das Pferd, «Geiz und Treue wohnen nicht beisammen in einem Haus: mein Herr hat vergessen, was ich ihm für Dienste in so vielen Jahren geleistet habe, und weil ich nicht recht mehr ackern kann, will er mir kein Futter mehr geben, und hat mich fortgejagt.» «Ohne allen Trost?» fragte der Fuchs. «Der Trost war schlecht, er hat gesagt, wenn ich noch so stark wäre, daß ich ihm einen Löwen brächte, wollt er mich behalten, aber er weiß wohl, daß ich das nicht vermag.» Der Fuchs sprach «da will ich dir helfen, leg dich nur hin, strecke dich aus und rege dich nicht, als wärst du tot.» Das Pferd tat, was der Fuchs verlangte, der Fuchs aber ging zum Löwen, der seine Höhle nicht weit davon hatte, und sprach «da draußen liegt ein totes Pferd, komm doch mit hinaus, da kannst du eine fette Mahlzeit halten.» Der Löwe ging mit, und

Der Wolf im Schafspelz. Im Jahre 1894 erschien das Buch «The Fables of Aesop, selected, told anew and their history traced by Joseph Jacobs». Es enthielt die großartigen Jugendstilbilder Richard Heighways. Sie gehören ohne Zweifel zu den besonders eindrucksvollen buchgraphischen Erscheinungen um die Jahrhundertwende und erregen auch heute noch – in New York 1966 neu herausgekommen – in ihrer ornamentalen, auf harte Konturwirkungen ausgerichteten Klarheit den Betrachter, wie hier die Darstellung des gehängten Wolfs im Schafspelz.

wie sie bei dem Pferd standen, sprach der Fuchs «hier hast dus doch nicht nach deiner Gemächlichkeit, weißt du was? ich wills mit dem Schweif an dich binden, so kannst dus in deine Höhle ziehen und in aller Ruhe verzehren.» Dem Löwen gefiel der Rat, er stellte sich hin, und damit ihm der Fuchs das Pferd festknüpfen könnte, hielt er ganz still. Der Fuchs aber band mit des Pferdes Schweif dem Löwen die Beine zusammen und drehte und schnürte alles so wohl und stark, daß es mit keiner Kraft zu zerreißen war. Als er nun sein Werk vollendet hatte, klopfte er dem Pferd auf die Schulter und sprach «zieh, Schimmel, zieh». Da sprang das Pferd mit einmal auf und zog den Löwen mit sich fort. Der Löwe fing an zu brüllen, daß die Vögel in dem ganzen Wald vor Schrecken aufflogen, aber das Pferd ließ ihn brüllen, zog und schleppte ihn über das Feld vor seines Herrn Tür. Wie der Herr das sah, besann er sich eines Bessern und sprach zu dem Pferd «du sollst bei mir bleiben und es gut haben», und gab ihm satt zu fressen, bis es starb.

Mit Hilfe der List des Fuchses erreicht das Pferd die Gewährung des Gnadenbrots. Aber die List wird zum Erfüllungsgehilfen der Forderungen des geizigen Bauern. Das Beispiel schließt nicht mit einer Pointe, nicht mit einer Lehre, es schließt mit einem glücklichen Ausgang.

Viele strukturelle Parallelen gibt es zwischen Fabel und Märchen, nicht zuletzt die Polarisation, die Linearität, die Beschaffenheit der Figuren. Aber – André Jolles meinte vom Märchen: «Wir können wohl die Welt an das Märchen heranbringen, aber nicht das Märchen an die Welt» (Einfache Formen, S. 233) – das Märchen eröffnet dem Hörer oder Leser eine Welt der Illusionen und Wünsche, die durch «Wunder» auch jederzeit und überall erfüllbar sind. So dient in unserem Beispiel «Der Fuchs und das Pferd» die Fuchsfigur als Mittel, den Wunsch zu erfüllen. Während in der Fabel Illusionen allenfalls benutzt werden, um – durch sie verfremdet – die Welthändel um so drastischer zu zeigen. Nicht umsonst bemerkt Theophil Spoerri in bezug auf La Fontaines Fabeln, dieses Buch sei eine Art «Gesamtabrechnung mit allen Abenteurern und Illusionisten» (Aufstand der Fabel, S. 42). Vielleicht liegt hinter den formalen Unterschieden, die ich im Vergleich zwischen Fabel und Märchen vorwiegend im Ausgang der Geschichte sehe, doch eine unterschiedliche «Geistesbeschäftigung» (A. Jolles). Wer Fabeln liest, will etwas über die Gesetze unserer Welthändel erfahren, wer Märchen liest, will «die als unmoralisch empfundene Welt der Wirklichkeit» (Jolles, S. 243) vergessen und ein Gebiet betreten, in dem Illusionen erlaubt und Wünsche erfüllt werden können.

V. FABELN ALS JUGENDLEKTÜRE

Es leuchtet ein, daß die Fabel nicht nur an die von ihr beabsichtigte Wahrheit oder Lehrweisheit gebunden und damit in ihrem künstlerischen Bewegungsradius eingeengt ist, sondern daß ihr jeweiliger Autor sich in vielen Fällen auch beim Schreiben oder Vortragen auf ein bestimmtes Publikum einstellt. Dabei gibt es große Unterschiede im Hinblick auf die gemeinten Abnehmer. In der Geschichte der Fabel haben wir die entgegengesetztesten Ansichten vorliegen. Lessing wandte sich zum Beispiel praktisch an alle vernunftbegabten Wesen, denen es möglich ist, einen allgemeinen moralischen Satz anschauend zu erkennen. Sein Zeitgenosse Gellert dagegen meinte, die Fabel diene vor allem denjenigen, die «nicht genug Verstand» besitzen. Diese würden mit Hilfe der anschaulichen Beispielgeschichten zu der Erkenntnis der nun einmal gegebenen gesellschaftlichen Normen geführt. Er deklassiert dadurch gewissermaßen die Fabel zu einer Literatur für Minderbegabte. Bei Herder dürfte eine andere Position dem Leser gegenüber abzulesen sein, wenn er die Fabel für «einen Quell, für ein Miniaturstück der großen Dichtung, wo man die meisten Dichtungsregeln in ihrer ursprünglichen Einfalt und gewißermaßen in Originalgestalt findet» (in der 2. Sammlung «Über die neuere deutsche Literatur» unter der Überschrift «Aesop und Lessing» 1768 zu finden) hält. Dann ist die Fabel schon das, als was sie auch später den Brüdern Grimm erscheinen konnte, als ein Stück jedermann zugänglicher, durch die Länge einer uralten Tradition geweihter Volksdichtung, aus der heraus die oftmals gerade bei den Intellektuellen verschütteten Gemütskräfte gestärkt oder gar wiedererweckt werden könnten. Der gezielte gesellschaftliche Bezug der Gattung, ja die bewußte Ansprache und Kritik einer Gruppe in der Lehrtendenz, werden gänzlich übersehen. Vielmehr soll durch diese Art der Deklarierung zur naiven Volksdichtung gerade die volkstümliche Allgemeinverbindlichkeit betont werden. Dies ist ein höchst fragwürdiger Rückzug aus der Realität, in der ja immer bestimmte anzusprechende Gruppen bestehen. Luther hat dies ganz deutlich gesehen, als er in den Adressatenkreis seiner Fabeln namentlich die «großen Fürsten und Herrn» einerseits und die Kinder anderseits einbezieht: «Nicht allein aber die Kinder / sondern auch die großen Fürsten und Herrn / kan man nicht bas betriegen / zur Warheit / und zu jrem nutz / denn das man jnen lasse die Narren die Warheit sagen ... Darumb haben solche weise hohe Leute die Fabeln ertticht ...»

(Vorrede 1530). Er bezieht damit zwar Menschen verschiedensten Alters und Standes in den Teilnehmerkreis der Fabel ein, aber er will zugleich auch angeben, daß er den Menschen in einer bestimmten sozialen Position und Funktion meint, ob er nun groß oder klein, arm oder reich ist. Indem er nämlich darauf hinweist, daß man aus der Fabel lernen könne, «wie man sich im Haushalten/in und gegen der Obrigkeit und Unterthanen schicken sol/ auf das man klüglich und friedlich/unter den bösen Leuten in der falschen argen Welt/leben müge», offenbart er, daß sein Fabelleser derjenige ist, der sich als gesellschaftliches Wesen in einer gänzlich unharmonischen Welt zurechtzufinden hat. Diese funktionale Ortung des Lesers – unabhängig von seinem Lebensalter und seinem Stand – impliziert keineswegs, wie bei Gellert, den Gedanken bestimmter Bildungsvoraussetzungen zum Verständnis der Fabel oder Affinitäten gegenüber Gemütserfahrungen.

Es ist aber nicht von der Hand zu weisen, daß auch schon Luther – und vor ihm viele Bearbeiter der Fabeln in der Antike und im Mittelalter – ihren Adressaten in ganz besonderem Maße in dem noch bildsamen, noch unerfahrenen, noch lernbereiten jungen Menschen gesehen hat. Insofern war die Fabel von eh und je eine literarische Gattung, die als Jugendlektüre angeboten, benutzt und bearbeitet worden ist. Die Feststellung Arno Schirokauers über die literarsoziologischen Gegebenheiten im Mittelalter dürfte – mutatis mutandis – auch vorher und nachher bis in unsere Tage Geltung haben: «In Wirklichkeit wurde ‹Äsop› zum ‹Esopet›, zum Kleinen Äsop, und Äsop für die Kleinen. Das klassische Buch des augusteischen Unfreien (gemeint ist hier Phädrus. *D. Verf.*) wurde ein Lehrbuch für die Unfreien, die juniores, die noch nicht in die Gesellschaft Aufgenommenen: die ‹Jüngeren› studierten es, wobei wohl zu bemerken ist, daß im Frühmittelalter junior sowohl den ständisch Minderwertigen wie auch den rechtlich Minderjährigen bezeichnet» (Die Stellung Äsops in der Literatur des Mittelalters, Festschrift für Wolfgang Stammler, Berlin 1953, S. 181 f.). Gelegentlich ist schon den mittelalterlichen Texten direkt zu entnehmen, an wen sie sich richten. So lautet etwa der Schluß der Fabel vom Zusammentreffen des Wolfs und des Lamms am Wasser bei dem späthöfischen Dichter des 14. Jahrhunderts, Heinrich von Mügeln:

nu merke, kint:
wô du die wolfe dorstig siehst,
dâ saltu trinken mîden.

Das Kind also ist der bevorzugte Abnehmer der Fabel.

Die Fabeln waren früher Schullektüre, sie blieben es bis in unsere Tage. Allerdings hat sich der gesellschaftlich-didaktische Stellenwert der Gattung zugleich mit der Veränderung der Ansichten über ihre Aufgaben und Ziele einerseits und die Aufnahmekapazität und Veranlagung des jungen Menschen anderseits verschoben. So hat sich seit der Aufklärung eine Wandlung in der Einschätzung des jungen Lesers ergeben, die vielleicht grundlegender als je zuvor an dem Ansehen der Fabel als Jugendlektüre gerüttelt hat (ohne sie freilich töten zu können!). Kurz angedeutet handelt es sich um eine Entrationalisierung der Literaturpädagogik aufgrund der Vorstellung, das Kind beziehungsweise der junge Mensch sei zu intellektuellen Anstrengungen, zu logischem Denken und dem Gebrauch seiner Verstandeskräfte nur teilweise oder gar noch nicht in der Lage. Er sei zwar bereit, Tiergeschichten zu lesen, aber die begrifflichen Anstrengungen und die aus der Fabel zu ziehenden Schlüsse lägen ihm nicht. So kommt es, daß in den Lesebüchern, vor allem denen der ersten Hälfte unseres Jahrhunderts, sehr wenig Fabeln zu finden sind. «Die Fabel in der Schule» – so beklagt Werner R. Lehmann noch 1961 in seinem bedeutsamen Essay «Fabel und Parabel als literarisches Bildungsgut» (Studien zur Jugendliteratur und literarischen Bildung, Ratingen 1961) den Zustand – «befindet sich in einem Zustand der Agonie. Sie hat ihren Rang, das steht fest, an das Märchen, an die Ballade, an die sogenannte Umweltgeschichte, die Sage, den Schwank und andere Formen abtreten müssen. In den Lesebüchern für das 5. und 6. Schuljahr ist sie heute kaum noch anzutreffen, in den Lesebüchern für das 7. und 8. Schuljahr fristet sie allenfalls ein geduldetes Dasein.» Hinzugefügt sei, daß sie – wenn sie auftreten – gelegentlich in Kapiteln zu finden sind, die deutlich unter dem Thema «Begegnung mit Tieren» stehen. Dabei liegt doch der Fabel nichts ferner denn als Tierdichtung verstanden zu werden.

Uns geht es hier aber nicht so sehr um die Fabel selbst, vielmehr um ihren jungen Leser. In den psychologischen Arbeiten, die sich um die Erkenntnis seiner Entwicklungsgesetze und Beeinflussungstendenzen bemüht haben, wird selten die Fabel als Lektüre erwähnt. Wir fragen uns warum? Ist doch, wie wir sagten, gerade sie als Jugendlektüre älter als andere Gattungen dieses Genres, als zum Beispiel die Umweltgeschichte, das Mädchenbuch, das Abenteuerbuch usw. Die Antwort dürfte nicht schwerfallen. Die Lektüre des jungen Menschen ist weitgehend bedingt von den Angeboten der Erwachsenen, nur in begrenztem Maße von der eigeninitiativen Eroberung durch den jungen Menschen selbst. Wenn nun aufgrund der Bildungstraditionen im 19. und 20. Jahrhundert im deutschen Sprachgebiet, vielleicht ganz besonders in Deutschland selbst, die Literatur und die literarische Erziehung weitgehend auf sentimentale Erlebnisfähigkeit ausgerichtet worden ist, dann konnte darin die Fabel wenig Platz beanspruchen. So kommt es in der Tat schon vor unserem 20. Jahrhundert, schon seit der Romantik in der ersten Hälfte des 19., zu einer vielseitigen jugendliterarischen Hochschätzung des Märchens, das auch als prototypische Volksliteratur in die verschiedenartigsten didaktischen Schemata paßte, zugleich aber zu einer Minderbewertung der Fabel. Erinnert sei nur, daß die Arbeit Charlotte Bühlers, mit der die psychologische Leserforschung recht eigentlich begann, den Titel trägt «Das Märchen und die Phantasie des Kindes», und daß in deren Einleitung die Feststellung zu finden ist: «Das Märchen ist heutzutage fast ausschließlich Literatur des Kindes und fast seine einzige Literatur in einem bestimmten Alter seines Lebens» (die Abhandlung wurde erstmals 1918 veröffentlicht). Zwar wurden die Ergebnisse nach vierzig Jahren, vor allem nach den Erfahrungen im nordamerikanischen Kulturkreis, durch Charlotte Bühler relativiert, bis zu einem gewissen Grade sogar revidiert, aber die Fabel als prototypische Jugendlektüre taucht bei ihr ebenso wenig auf wie in anderen psychologischen Arbeiten, auch wenn sie neueren Datums sind. In Werken, die sich mit der Erkenntnis des Leseinteresses, der Leseneigungen und Lektüreangebote für Kinder und Jugendliche in neuerer Zeit beschäftigten, findet man die Fabel in der Regel überhaupt nicht erwähnt. Und auch dort, wo man gelegentlich eine Bemerkung zur Einschätzung der Fabel als Jugendlektüre antrifft, fragt man sich, ob der betreffende Verfasser nicht gerade die

Der Prahl-Frosch. Arthur Rackhams erstmals 1912 in England erschienene Illustration wurde auch in dem von Stora Max edierten deutschen Buch «Äsops Fabelbuch» (Verlag Georg W. Dietrich, München o.J.) wiedergegeben. Arthur Rackham (1867–1939), der bedeutendste englische Künstler zwischen Jugendstil und Expressionismus, von dem «Gullivers Reisen» (1900, 1909) und «Alice im Wunderland» (1907) schon früher zeichnerisch interpretiert worden waren, karikiert hier den Frosch, der quacksalbernd durchs Land zieht, bis ihn der Fuchs vor allen anderen auf seine eigenen Gebresten hinweist und damit lächerlich macht.

Arthur Rackham: Der Prahl-Frosch (London 1912)

Vorurteile zu erkennen gibt – auch wenn er diese Gattung lobend erwähnt –, die zu ihrer Abwertung als Jugendlektüre beigetragen haben. Elisabeth Weissert meint nämlich: «Die echte Fabel fordert kein verstandesmäßiges Nachdenken ...» (Vom Abenteuer des Lesens, Stuttgart 1959, S. 33). Praktisch hat die Diskussion über das Märchen als Jugendlektüre in der Fachliteratur unseres Jahrhunderts bisher einen so breiten Raum eingenommen, daß darunter manches andere übersehen worden ist. Wie könnte sonst der italienische Essayist Luigi Santucci in seinem 1964 in deutscher Übersetzung vorgelegten Buch «Das Kind, sein Mythos und sein Märchen» (Hannover 1964) den Satz formulieren: «Die gesamte Kinderliteratur kreist um ein ewiges Moment des Geistes, das unverwandelbar in jedem Kinde vorhanden ist und mit dem Streben nach Kenntnis, Moralität und Poesie koinzidiert. Ein ewiges Moment, dessen Illustrierung im Bereich der Literatur nichts anderes ist als das Märchen.» Die in theoretischen Arbeiten zur literarischen Erziehung stets wiederholte Behauptung, daß der junge Mensch durch eine lange Phase naiver Anschauung hindurch wachsen müsse, um zu Abstraktions- und Denkvermögen zu kommen, förderte in unserem Jahrhundert bis heute die Mißachtung der immerhin zentralsten Gattung der Jugendliteratur im Zeitalter der Aufklärung, der Fabel. Der junge Leser – dies geht aus vielen literaturdidaktischen Äußerungen der vergangenen Jahrzehnte hervor – sei bis zum 9. oder 10. Lebensjahr noch nicht reif, um den kognitiven Anwürfen aus der Welt der Fabel gewachsen zu sein. So kommt es, daß man öfters Angaben findet, in welcher Altersstufe die Fabel von Kindern verstanden werden könnte beziehungsweise unterrichtlich verwandt werden solle. Die Angaben schwanken, jedoch wird meist angenommen, erst Zehn- bis Zwölfjährige seien dazu in der Lage. Man reiht «die einfacheren Stücke dieser Gattung im literarischen Stufengang kurz nach dem Märchen ein» (Karl Ernst Maier, Jugendschrifttum, Bad Heilbrunn/Obb. [3]1969). So blieb in der didaktischen Literatur und der pädagogischen Praxis der Aufsatz Werner R. Lehmanns aus dem Jahre 1961, den wir vorhin zitierten, leider noch weithin unbeachtet. Unsere Feststellungen gelten vor allem für die Schule, obwohl es auch in der vom Institut für Jugendbuchforschung der Universität Frankfurt vorgelegten Querschnittsanalyse des Jahrgangs 1964 der deutschsprachigen Jugendliteratur (Jugendliteratur heute, Frankfurt 1965) heißt: «Unter den genannten folkloristischen Formen sind Märchenausgaben am häufigsten zu finden, gefolgt von den Sagen. Nur drei Fabelbücher, von denen zwei ausgesprochene

Bilderbücher sind, lagen vor». Während allerdings in den letzten Jahren viele Bilderbücher und Anthologien für Kinder im Vorschul- und Schulalter mit vielfach äußerst reizvollen Illustrationen herausgekommen sind, so daß Irene Dyhrenfurth in der 1967 erschienenen neuen Auflage ihrer «Geschichte des deutschen Jugendbuchs» (Zürich, Atlantis) von einer jugendliterarischen «Renaissance der Fabel» mit Recht gesprochen hat – sie dürfte noch anhalten! –, ist in einem für Pädagogen gedachten, 1969 neu aufgelegten deutschdidaktischen Lehrbuch die etwas naiv anmutende Behauptung zu finden: «Schon in der Grundschule begegnen dem Kinde im 4. Schuljahr Fabeln»; und einige Zeilen weiter: «Die frühe Begegnung mit der Fabel wird wohl auf ein Drängen zum bewußten Erfassen beider Ebenen (i.e. die Ebene des ‹märchenhaften› Geschehens und die des ‹Symbol›-Verständnisses) verzichten müssen.» Dies sind meines Erachtens die letzten, späten Gedanken und didaktischen Ableitungen aus einer nun schon anderthalb Jahrhunderte wirksamen theoretischen wie praktischen Umdeutung der Fabel ins Märchenhafte und damit das jahrzehntelange Vorenthalten eines von dieser Gattung her gegebenen Angebots, über Angeschautes zu reflektieren. Der junge Leser ist weitgehend das Produkt der sozio-kulturellen Verhältnisse, in die er gestellt worden ist. Man fragt sich allerdings, ob diese Verhältnisse nicht einer grundlegenden Veränderung bedürfen. Denn erstens dürfte es erweisbar sein, daß Kinder im Grundschulalter, ja schon im Vorschulalter zu der notwendigen Fabelreflexion in der Lage sind. Meine bisherigen Erfahrungen deuten sogar darauf hin, daß die Fabelgeschichte – auch bei den Kleinen – geradezu die Reflexion provoziert. Mithin wäre das Problem nicht das der grundsätzlichen Entwicklungsreifung des Menschen zum Fabelverständnis, sondern umgekehrt die auf Experimente und didaktische Überlegungen begründete Auswahl der Fabeltexte und ihre didaktische und ästhetische Zubereitung nach Verstehens- und Transformationsschwierigkeitsgraden für die verschiedenen Altersstufen. Es gibt ja unter den Tausenden von Fabeln schwerer und leichter verständliche, auch solche, die sich mehr oder weniger für den Erfahrungshorizont des jungen Menschen eignen. Zu locken und zu probieren dürfen wir Erwachsene nicht aufhören, denn «keiner unter uns ist Philosoph genug, um sich ganz auf den Standpunkt eines Kindes versetzen zu können», hat einmal J.-J. Rousseau gesagt. Zweitens scheint mir die Tendenz verfehlt zu sein, die Fabel nur als Märchen genießen zu lassen und die in ihr steckende intellektuelle Provokation den jungen Leuten vorzuenthalten. Der jugendliche Leser – ob er fünf oder fünfzehn Jahre alt ist – will genau wie der Erwachsene nicht an der Wahrheit vorbeigeführt werden. Er will sie treffen. Die Fabel gibt ihm dazu Anlässe, er aber hat als denkendes Wesen die Fähigkeit dazu.

GESCHICHTLICHE WANDLUNGEN

Die Geschichte der Fabel als Jugendliteratur ist bisher noch nicht geschrieben worden. Einige wenige, aber zutreffende Bemerkungen finden sich in Irene Dyhrenfurths «Geschichte des deutschen Jugendbuches» und in der 1882 erschienenen «Geschichte der deutschen Jugendlitteratur» von A. Merget. Dort sind eigentlich nur ein paar Hinweise auf Autoren des 18. Jahrhunderts, wie Haller, Hagedorn, Lichtwer, Gleim, Pfeffel und andere, und auf den angeblich dreifachen Ursprung der «Litteratur der Fabeln und Lehrerzählungen für Kinder»: die Heilige Schrift und der Äsop, die indische Fabelsammlung «Hitopadesa» und drittens das Tierepos. Näher belegt oder ausgeführt ist nichts.

Folgendes sollte meiner Meinung nach bei einer Darstellung der Geschichte der Fabel als Jugendliteratur bedacht werden. Wir müssen – wenigstens teilweise – mit einer gewissen Zweigleisigkeit dieser Tradition rechnen. Denn offensichtlich gibt es einerseits die Fabel, angeboten in Büchern und Zeitschriften zur privaten Unterhaltung, anderseits auch abgedruckt in Lesebüchern und Lehrbüchern zum Gebrauch in der Schule. Vielleicht leuchtet ein, daß im einen Fall der Verleger ein möglichst unterhaltsames, den jugendlichen Lesern und den kaufenden Eltern genehmes Werk herausgeben will, im anderen die Probleme der systematisch-methodischen Unterrichtung, der möglichst durchdachten Information über vergangene und gegenwärtige Dichter, der «rechtgläubigen» Morallehre usw. eine ausschlaggebende Rolle spielen oder gespielt haben. Aus den beiden Verwendungszwecken des Kinder- und Jugendbuchs und des Schullesestoffs ergeben sich nicht unbedingt gegensätzliche inhaltliche Ausrichtungen. In unserer Gesellschaft werden beide Instanzen weitgehend als komplementäre Erziehungsfaktoren angesehen. Allerdings bringt die Fabel von jeher den sie zur Bildung der Jugend Heranziehenden in ein Dilemma: Soll er sie benutzen, um die moralischen und gesellschaftlichen Normen zu vermitteln, oder soll er sie umgekehrt einsetzen, um den Zweifel am Bestand dieser Normen zu erzeugen? Ohne

Zweifel tendiert die Fabel im allgemeinen dazu, ihren Leser aufzuklären. Insofern richtet sie ihr Augenmerk auf die Unvollkommenheit in den herrschenden Verhältnissen, sie richtet sich gegen Unterdrückung und träges Hinnehmen. Sie, gleichsam eine Institution zur Vermittlung von Zweifeln an den bestehenden Ordnungen, soll – so kann man sich fragen – in der Schule und in der Erziehung eingesetzt werden? In vielen Fällen haben die Bearbeiter und Herausgeber von Fabeln für die Jugend deshalb eine sehr zahme, einseitige Auswahl getroffen, Beispielgeschichten zwar gelten lassen, aber den wertvollen Exemplaren die Schärfe genommen und die Pointe ausgetrieben, durch die sie von eh und je bewiesen, daß sie klüger sind als die auspreßbare Moral.

Nun haben sich glücklicherweise im Laufe der jugendliterarischen Geschichte der Fabel mehrere pädagogisch-praktische Zwecke gegen eine solche Verharmlosung und Simplifizierung der Gattung gerichtet. Der erste ist recht einfach. Die Fabel diente im Geschäft der Erziehung gar nicht nur dem unterhaltsamen Nachdenken, dem prodesse et delectare, sie diente oftmals als schlichte, allgemein bekannte Geschichte dem Üben des Lesens, des Schreibens, der Grammatik und Übersetzung. Das heißt, ihr Inhalt blieb weitgehend unberücksichtigt und wenig beachtet. Hier vollzog sich «blinde» Tradierung. Der zweite, wiederholt geäußerte Zweck der Verwendung von Fabeln ist der, daß der um die Jugend bemühte Erwachsene gerade an den besten Fabeln zugleich auch Modelle der Sprachkunst der Vergangenheit von Generation zu Generation weiterzugeben habe. Viele Herausgeber haben im 19. Jahrhundert ihre Auswahl damit begründet. Die Anthologien führten den Leser gleichsam in ein Museum der Fabel, interessant zu betrachten, aber ohne die Gegenwart ernstlich zu berühren. Nur selten dagegen ist der Gedanke zu finden, die Fabel diene dem jungen Menschen zur Provokation, sei ein Aufruf zum kritischen Denken, solle ihn auf die Ungereimtheiten des hic et nunc vorbereiten.

Im Kapitel «Gattungsgeschichtliche Präliminarien» spreche ich von Latenz- und Aktualisierungsphasen in der Geschichte der Fabel. Diese Phänomene dürften sich auch auf der jugendliterarischen Seite der Gattung ausgewirkt haben, allerdings anders als in der Erwachsenenrezeption. Denn gerade in den Latenzzeiten im 19., aber auch im 17. Jahrhundert und der mittelalterlichen Klassik – nach Arno Schirokauer das «fabellose Halbjahrhundert» (1180–1230) – ist es zwar in der «eigentlichen» Literatur still um die Fabel gewesen, in der Jugendliteratur aber recht lebendig zugegangen. Der Schüler bekam sie vorgesetzt, und diese Art der Verbreitung trug weitgehend zum Erhalt des Bewußtseins ihrer Existenz in der Gesellschaft bei.

Bei einem Blick in die geschichtliche Entwicklung müssen wir zunächst noch einmal daran erinnern, daß die Fabel keine spezifische Kinderliteratur ist, sondern daß jedermann als Leser der Gattung gedacht ist. Bei Jugendausgaben kann es sich demnach immer nur um Bearbeitungen oder Auswahlbände, ja auch um schriftstellerische Versuche, neue Fabeln zu bringen, handeln, bei denen altersstufenspezifische Kriterien mit ins Spiel gebracht werden sollen. Erasmus Alberus nennt den Fabelleser «den gemeinen Läser», als er 1579 in einer vollständigen Ausgabe (Frankfurt 1579) eine Vorrede aufnimmt. Er meint «bey jungen vnd auch alten» sei

> Esopus in solchem wehrt gehalten ...
> Daß seine Fabeln nahe vnd weit
> Der gelehrte vnd gemeine Mann,
> Hat gelesen gern ...

Wir müssen weiter daran erinnern, daß es eine spezifische Jugendliteratur eigentlich erst seit der späten Aufklärung gibt. Die Geschichten der Jugendliteratur beginnen so in der Regel auch erst mit dem Darlegen der Verhältnisse vom späten 18. Jahrhundert an. Noch Rousseau hatte in seinem «Emile» (1762) – zur literarischen Abstinenz im Kindesalter ratend – besonders die Fabel genannt und behauptet, «daß ein Kind die Fabeln, welche man es lernen läßt, nicht versteht ..., weil die dichterische Form, obgleich sie ihm das Behalten erleichtert, ihm die Auffassung erschwert ...». Am Ende der Aufklärungszeit und unter dem Einfluß der Philanthropen setzten sich aber Schriftsteller wie Christian Felix Weisse und Joachim Heinrich Campe an den Schreibtisch, um zu versuchen, eine kindgemäße dichterische Fassung, also Kinderliteratur zu entwickeln. Was die Fabel aber betrifft, so war sie damals eine vielfach diskutierte und hochangesehene Dichtungsgattung, die auch als Jugendlektüre schon auf eine sehr lange Geschichte zurückblicken konnte. Denn wohl spätestens seit den frühmittelalterlichen cluniazensischen Reformen wurde das Studium des Äsop in den Klosterschulen intensiv betrieben, «bis Konrad von Hirsau ihn ausdrücklich unter die minores autores, rudimentis parvulorum aptos – und das sind nur Donatus als Grammatiker, Cato als Spruchdichter, Aesop und Avian – aufnimmt und zur Pflichtlektüre der

Klosterschüler bestimmt» (A. Schirokauer, Die Stellung Äsops in der Literatur des Mittelalters, S. 179). Arno Schirokauer vermutet sogar, daß diese Tradition auf Paulus Diakonus, ja schon auf Alkuin zurückgehe.

Es dürfte auch wahrscheinlich sein, daß der des Lesens kundigen weltlichen Jugend der aufblühenden Städte im 15. Jahrhundert die berühmte Sammlung von hundert Fabeln des Berner Dominikanermönchs Ulrich Boner, «Edelstein» (vor 1350) – sie wurde als eines der ersten Bücher der Welt über hundert Jahre später, 1461, gedruckt, offensichtlich ein Beweis der Beliebtheit dieser Schrift –, oder des Böhmen Heinrich von Mügeln Bearbeitung bekannt waren. Späteren Generationen aus der beginnenden Neuzeit waren gewiß auch des Humanisten Heinrich Steinhöwel Verdeutschung des Äsop und dann im 16. Jahrhundert die Flut der Ausgaben von Erasmus Alberus, Burkhard Waldis, Hans Sachs und andern zu Gesicht gekommen. Die Humanisten wie Erasmus von Rotterdam und Philipp Melanchthon haben in ihren Überlegungen übrigens auch den erzieherischen Wert der Fabel betont. So vollzog sich ein Übertragen des Usus aus den Lateinschulen auf deutsche Schulen offensichtlich reibungslos (Wolfgang Kayser, Die Grundlagen der deutschen Fabeldichtung des 16. und 18. Jahrhunderts, S. 19–33), und Philipp Melanchthon sicherte ihnen in den Schulplänen der evangelischen Schulen einen entscheidenden Platz. Zumindest in der Zeit des Humanismus und der Renaissance dürfte es zwei Traditionen der Fabel als Schul- und Kinderlektüre gegeben haben: eine lateinische (z. B. 1526 Melanchthons Rede «De utilitate fabularum»; 1550 Joachim Camerarius' Vorrede zu der Sammlung «Fabulae Aesopicae quaedam notiores») und eine deutsche (Luthers «Vorrede» 1530).

Die Beliebtheit der Fabel, vor allem im Elementarunterricht der Schulen, hielt auch in den folgenden Jahrhunderten an. Dies dürfte eine gemeineuropäische Erscheinung gewesen sein. Denn zum Beispiel auch in Katalonien sind im 16., 17. und 18. Jahrhundert den Kindern in der Sprache des Landes (katalân) die Fabeln des Äsop zu lesen gegeben worden (Teresa Rovira, Kinderbücher in katalanischer Sprache, in: Zeitschrift für Jugendliteratur, 7/1967). Der große Pädagoge Amos Comenius hatte zu seiner Zeit ihren Wert erkannt. So konnten dem Gebrauch der Fabel als Schul- und Jugendlektüre auch gelegentliche Einsprüche wie jener aus einer sächsischen Kirchenordnung des 17. Jahrhunderts nicht viel anhaben, in der der Gebrauch der Fabel unter Berufung auf den 1. Timotheusbrief verboten wurde. Dort nämlich mahnt Paulus, nichts Fremdes zu lehren und nicht die Fabeln heranzuziehen, die «Streitfragen hervorbringen statt Dienstleistungen im Haushalt Gottes» (1,4).

Bedenken wir auch, daß schon ins 17. Jahrhundert, das in Deutschland eine ausgesprochene Latenzphase für die Fabel war, in Frankreich das Schaffen und die erste, bald gemeineuropäisch werdende Wirkung Jean de La Fontaines (1621–1695) gehört. Es dauerte nicht lange, bis seine Fabeln einzeln oder in Sammlungen in andere Sprachen übersetzt und der Jugend zugänglich gemacht wurden. Seine Fabeln gelten bis heute als klassische Werke dieser Gattung.

In Deutschland erschien 1738 von Daniel Stoppe ein Fabelbuch, deutlich noch mit spätbarocken allegorischen Sprachtendenzen und stoizistischen Lehrgehalten behaftet, das ausdrücklich für die «deutsche Jugend zu einem erbaulichen Zeitvertreibe aufgesetzt» war. Es ist die früheste mir zu Gesicht gekommene ausdrücklich der Jugend zugedachte Ausgabe. Sie enthält zwar am Ende jeder Fabel biedere Lehren, wie zum Beispiel die zur XVII. Fabel:

DIE NULLEN

Der Stände Ordnung kömmt von Gottes Weisheit her;
Wozu sie dich gemacht, das bist du und nichts mehr.
Wer höher steigen will, vertieft sich in die Schande.
Drum bleib in dem Beruf, der dir erlesen ist;
Du giltst in einem höhern Stande
Vielleicht noch weniger, als wenn du niedrig bist.

Aber sie hat noch nicht jene weitreichenden anschließenden Reflexionen, die in einer knapp ein Jahrzehnt später edierten Jugendausgabe erkennbar sind und die Richtung vom «erbaulichen Zeitvertreib» zum trockenen Erklären «nützlicher Tugendlehren» kennzeichnen. Während nämlich gegen Mitte des 18. Jahrhunderts Gellerts Fabeln (1746) bekannt und schnell berühmt wurden, Lessing zu publizieren begann, erschien 1747 in Nürnberg ein stattliches Werk, ebenfalls wie Stoppes Sammlung eine ausgesprochene Jugendausgabe: «Esopi Leben und auserlesene Fabeln mit deutlichen Erklärungen, nützlichen Tugend-Lehren, und hierzu dienlichen saubern Kupffern. Alles nach dem Begriff der lieben Jugend eingerichtet». Das 240 Seiten umfassende und 120 Fabeln enthaltende Buch beginnt mit einer didaktischen Vorrede des «Verlegers», in der er unter anderem erklärt, sein Buch sei «hauptsächlich nach dem Begriff der zarten Jugend gestellet ... um ihnen gleichsam mit der Muttermilch die so höchstnöthige Moral einzuflösen ...». Ohne Zweifel liegt hier ein frühes Beispiel jener einen Richtung der Fabelrezeption innerhalb der Jugendliteratur vor: Äsop als Lehrbuch der Tugend. Darin wird einleitend je eine Fabel erzählt, anschließend die in ihr enthaltene Lehre ausgebreitet und zuletzt eine ausgedehnte «Tugend-Lehre» aus dem Fabelstoff entwickelt. Ein Jahrzehnt später machte sich übrigens Gotthold Ephraim Lessing an die Übersetzung des englischen Parallelwerks zu dem eben erwähnten, dessen Autor der seinerzeit nicht nur in England berühmte, oftmals nur als «Verfasser der Clarissa und des Grandison» zeichnende Samuel Richardson war. Lessing gab es 1757 unter dem Titel «Sittenlehre für die Jugend in auserlesensten aesopischen Fabeln mit dienlichen Betrachtungen zur Beförderung der Religion und der allgemeinen Menschenliebe vorgestellt», ohne seinen Namen zu nennen, heraus. Der Band hatte schon 1786 fünf Auflagen erfahren. Lessing hat also, ehe er seine Abhandlungen 1759 herausbrachte und seine eigenen Prosafabeln erscheinen ließ, das damalige Jugendbuch übersetzt. Damals war er mit jenem Christian Felix Weisse zusammen, der später viele Fabeln für seine ab 1776 bis 1784 erschienene Jugendzeitschrift «Der Kinderfreund» verfaßt hatte, die später gesammelt herauskamen und bis heute noch in Lesebüchern abgedruckt werden. «Der Elephant in der Grube» ist ein solches Beispiel. Aber, so scheint es mir, mit Christian Felix Weisses Nennung haben wir hier schon den zweiten, vor allem bei der Entstehung der spezifischen Jugendliteratur innerhalb des Philanthropismus in der Spätphase der Aufklärung sich herausschälenden Traditionsstrang, neben dem der vorhin erwähnten, strengen äsopischen Tugendlehrbücher: die Fabel als bewußte Kinderdichtung. Die Schriftsteller wollen aus der Strenge der Unterweisung herauskommen, sie wollen unterhalten, gewiß mit der Absicht, zu bessern, einsichtiger zu machen, aber mit dem Mittel der Sprachkunst. «Sollte es also nicht gut seyn, die Fabeln der Alten in einer heitern Schreibart, und blos mit kurzen Sittenlehren der Jugend zu lesen zu geben?» schrieb der Verfasser (J. Fr. Reupsch?) der 1760 in Leipzig und Breslau erschienenen «Fabeln aus dem Alterthume». Zum Beispiel lag 1794 auch wieder eine neue «Sittenlehre» auf dem Verkaufstisch der Buchhändler (Sittenlehre in Fabeln und Erzählungen für die Jugend, Winterthur 1794). Auch sie ist speziell für die Jugend zurechtgemacht und mit einer Abhandlung über die Frage versehen: «Sind die Fabeln eine Übung für Kinder oder sind sie es nicht?». Der ungenannte

Verfasser bejaht die selbstgestellte Frage natürlich und entschuldigt sich bei seinem Publikum, daß ihm vielleicht Versbau und Wohlklang nicht immer gelungen seien; er verzichtet bei den Texten auf angehängte Tugendlehren und Erklärungen und hält sich an literarische Vorbilder, vor allem an die Franzosen, und unter ihnen wiederum an La Fontaine. Er überarbeitet sie. Der Versuch einer Sammlung von Dichtungen für die Jugend liegt vor. Noch eine dritte Richtung ist im 18. Jahrhundert zu erkennen, sie dürfte jedoch schon wesentlich älter sein: Es sind die mehrsprachigen Ausgaben, die zum leichteren Erlernen fremder Sprachen beitragen sollten. «Sprachmeister» in Paris, Augsburg oder andernorts mußten eine möglichst wortgetreue Übersetzung zustande bringen, die Drucker mußten möglichst zeilengleich anordnen, um dem Schüler die Übersetzungsarbeit aus einem solch lebendigen, sogar – wie in einem Beispiel aus dem Jahre 1727 (1759) «Favole Scelte – Auserlesene Fablen – Fables Choisies» in Italienisch, Deutsch und Französisch – mit Kupfertafeln illustrierten Buch zu erleichtern (vgl. S. 70/71).

Solche Erscheinungen hatten ihren Fortbestand auch im darauffolgenden Jahrhundert, das beweisen etwa die 1830 in Berlin herausgekommene Ausgabe «Hundert Fabeln nach Äsop und den größten Fabeldichtern aller Zeiten» in deutscher, englischer, französischer und italienischer Sprache, und der Band, den der Tübinger Gymnasiallehrer und Verfasser eines «Neuen Orbis Pictus», J. E. Gailer, 1837 in Tübingen unter dem Titel «Neues Fabelbuch» ebenfalls in deutscher, französischer, italienischer, dazu aber auch in lateinischer Sprache herausbrachte. «Schon lange» – so schreibt er in seinem Vorwort – «nahm ich mir vor, eine Sammlung aus älteren und neueren Fabeldichtern niederzuschreiben, und zwar in mehreren Sprachen, damit außer dem allgemeinen Zweck der Bildung und Belehrung auch ein weiterer, Bereicherung an Sprachkenntniß, erreicht würde.»

Bei aller Hochschätzung der Fabel im Zeitalter der Aufklärung war sie auch in ihren jugendliterarischen Erscheinungen recht unterschiedlich in der Lehrtendenz und der Qualität. «Ich kürzte die Moral ab, wo ich sie zu lang fand. Ich suchte sie hier und da bestimmter und für Kinder tauglicher anzu-

Kröte und Libelle. In München erschien 1901 in Albert Langens Verlag für Literatur und Kunst ein von Theodor Etzel und Hanns Heinz Ewers herausgegebenes Werk «Ein Fabelbuch», dessen Buchschmuck unter anderem auch Horst-Schulze mitgestaltete. Dem ornamentalen Charakter des Jugendstils verhaftet illustrierte er Ewers' kesse Fabel «Kröte und Libelle», in der sich die nicht sehr begehrenswerte Kröte zur Sittenrichterin über das Liebesleben der «horizontalen Person», der Libelle, aufspielt. Hanns Heinz Ewers gehörte zu jenen Poeten, die ihre Werke im literarischen Kabarett selbst vortrugen.

Horst-Schulze: Kröte und Libelle (München 1901)

LUDWIG HEINRICH JUNGNICKEL: Die Hasen und die Frösche
(Wien 1919)

geben, als es bisher geschehen war. Ich füge sie da ganz von neuen hinzu, wo der Dichter, weil er für größere Leute schrieb, sie weggelaßen hatte; und so entstand nach und nach dies Büchlein», schrieb A.G. Meissner am 3. Mai 1791 in Prag, als er die Vorrede für seine im gleichen Jahr in Leipzig publizierten «Aesopischen Fabeln für die Jugend» beendet hatte. So etwa dürfte das Rezept auch manch anderer Jugendausgabe dieser Zeit gelautet haben, und nicht immer führte es wohl zu guten Ergebnissen. Man kann vielleicht, die jugendliterarischen Fabelströmungen des 18. Jahrhunderts überblickend, sagen: Insgesamt versuchten die Autoren in verschiedenen Schattierungen und bei stilistischen Differenzen ihre jugendlichen Leser auf anschauliche Weise und in angemessener Sprache davon zu überzeugen, daß die Anpassung an die von Gott, den Herrschenden in der Gesellschaft und den Eltern der Mädchen und Jungen eingerichtete beziehungsweise für gut gehaltene Weltordnung das erstrebenswerte Ideal des menschlichen Zusammenlebens sei. Diese Tendenz realisiert sich natürlich von Fall zu Fall in anderen Formen, sie mündet in Lehrsätze ein, wie «Nie hat ein Mensch alles. – Aber suche die guten Eigenschaften deines Nächsten zu nützen, und sei auch mit den deinigen dienstfertig gegen ihn, so ist oft beiden geholfen» (Meissner), oder «Beneide nicht die Großen dieser Welt ...» (Weisse). Immerhin war das Ziel der Meissner, Campe, Weisse, Stoppe, ja auch Lessings und Gellerts, den «äsopischen Witz» – wie sich Gellert ausdrückte – unter der Jugend zu verbreiten. Er schreibt in seinem Essay «Nachricht und Exempel von alten deutschen Fabeln», mit dem er die erste Sammlung seiner Fabeln 1746 eröffnete, in erstaunlich unumwundener Weise: «Etliche Blätter voller äsopischen Witzes ... stiften bei der Jugend und bei tausend Erwachsenen vielleicht mehr Nutzen als große Werke, worinnen man die Moral gründlich ausdehnet, mit einer tiefsinnigen Miene seicht und mit einem systematischen Geschreie trocken abhandelt.» Alle genannten Schriftsteller wollten den Kleinen Mut machen. Wenn in der Jugendliteratur das soziale Problem in ein pädagogisches umgemünzt wurde, wenn in ihr aus den gesellschaftlich Zurückgesetzten leicht die Minderjährigen, die noch Unmündigen wurden, denen in den Epimythien das

Die Hasen und die Frösche. Ludwig Heinrich Jungnickel (geb. 1881) kam als Oberfranke nach Wien zu Gustav Klimt und steuerte 1919 zu den von Victor Fleischer ausgewählten und erzählten «Tierfabeln des klassischen Altertums» (Kunstverlag Anton Schroll u. Co., Wien) 24 Originallithographien bei. Expressionistische Züge sind in der hier wiedergegebenen Illustration der Fabeln von den Hasen und den Fröschen, wie auch in den anderen Beiträgen zu finden. Die Hasen halten in ihrer Flucht vor Verfolgern ein, als sie bemerken, daß sie ihrerseits die Frösche zu Flüchtenden gemacht haben.

bescheidene Glück der Kleinen gepriesen wurde, so blieb doch der Anruf der Vernunft, selbst bei dem unmündigen Leser, bestehen. Auch den Kindern wurde zugetraut, Erfindungskraft, Denkvermögen, Einsichten zu haben, mit Hilfe deren sie die Fabeln verstehen und ihre Schlüsse ziehen können. Oder sollte man so hart über diese nur halbe, formale Aufklärung urteilen wie Pestalozzi in seiner Fabel «Künstler und Narren» (Figuren zu meinem ABC-Buch, Basel 1797) über die falschen Pädagogen?

Ein Narr sah einen Künstler an einem rohen Stein arbeiten. «Schade, schade», sagte er, «daß der nicht poliert.» Der Künstler: «Nein, Guter, wir Steinkünstler machen es nicht wie die Menschenkünstler. Diese geben den Kindern eine vollendete Politur, eh sie auch nur daran denken, sie zu bearbeiten.» – «Ja, ja», sagte der Narr, «das ist recht, das ist ganz so. Eben so solltet auch ihr es machen.»

Gibt – so müssen wir uns im Anschluß an Pestalozzis Fabel fragen – der die Fabel zurechtstutzende, sie nur als Anweisung zum besseren Gebrauch und Erwerb von Gesellschaftsformen verfertigende Jugendschriftsteller vielleicht den Kindern «vollendete Politur», anstatt sie unter der Haut zu bearbeiten, sie das kritische Denken zu lehren?

Wenn man sich in literarischen Lexika und wissenschaftlichen Werken über die Geschichte der Fabel in Deutschland informieren will, dann findet man sie – wie im «Reallexikon der deutschen Literaturgeschichte» (Bd. 1, Berlin 1958) – kaum über das 18. Jahrhundert hinausgeführt: «Wenn noch etwas von ihrer lebendigen Kraft im deutschen 19. Jahrhundert zu spüren ist, dann finden wir es in der volkstümlichen Dichtung, der Kinderliteratur und dem Hauskalender.» Sie sei als Ganzes – als Gattung – kein bestimmendes Element der hohen Literatur mehr, behauptet der Verfasser des Artikels, H. L. Markschies. Die These des Absterbens der Fabel ist auch schon im 19. Jahrhundert selbst immer wieder aufgestellt beziehungsweise verbreitet worden. Allein in drei Fabelausgaben, in der von Karl Müchler (Fabeln und Erzählungen, Berlin 1828), von Alexander Reclam (Sechzig Fabeln zur Belehrung und Unterhaltung für die Jugend, Leipzig 1842) und von August Doyê (Neue Original-Fabeln, Berlin [4]1879) wird die Klage wiederholt. Ohne Zweifel zwar gerät die Fabel außerhalb der literarischen Diskussion, sie ist in eine ihrer Latenzzeiten eingetreten. Aber – soweit es die Jugendliteratur betrifft – ihre Wirksamkeit im 19. Jahrhundert ist nicht zu übersehen. Denn nicht allein, daß die polyglotten Ausgaben neuen Zuwachs erhielten und daß in allen ahrzehnten Anthologien mit den inzwischen historisch und teilweise «klassisch» gewordenen Fabeln von La Fontaine bis Herder der Jugend zur Verfügung standen, die Belletristik wurde auch in diesem Jahrhundert im Anschluß an die Romantik in der in ihr entstandenen Germanistik zum Gegenstand der Wissenschaft, die Schule kümmerte sich um die Literarhistorie und damit auch um Gellerts, Lessings, Hans Sachsens, Steinhöwels oder Ulrich Boners Fabeln. In den Lesebüchern der Gymnasien waren die Beispiele abgedruckt, ähnlich in denen anderer Schulen.

Was die Fabelliteratur für Kinder und Jugendliche des 19. Jahrhunderts aber in besonderer Weise auszeichnet, ist meines Erachtens folgendes: Erstens

ARTHUR RACKHAM: Der Wolf und das Ziegenböckchen (London 1912). Die karikaturistische Schwarzweißzeichnung des Engländers Arthur Rackham (1867–1939) zeigt den auf Bitten des Ziegenböckchens flötenden Wolf, der zwar anschließend den kleinen Tänzer fressen will, aber durch seine musikalische Darbietung die Hirten herbeilockt, die den zottigen Kerl vertreiben und das schlaue Böckchen retten. Arthur Rackham, der unter anderem auch Zeichnungen zu «Peter Pan» und «Alice im Wunderland» vorgelegt hat, hat die Aufgabe vorzüglich gelöst. Das Beispiel der expressiven Kunst Arthur Rackhams ist dem Band «Das Fabelbuch, Eine Auswahl von Äsops Fabeln» (München; neue, vermehrte Ausgabe 1927) entnommen.

haben wir aus jener Zeit zum ersten Mal Ausgaben, die man mit Fug und Recht Bilderbücher nennen kann. Gemeint sind Publikationen mit sehr vielen Bildern – oftmals zu jeder Buchseite eine Illustration –, die für die Kinder gedacht beziehungsweise mitgedacht sind, die noch nicht selbst lesen können. Sowohl durch ihre Anzahl als auch durch die künstlerische Qualität bekommen die Bilder eine oftmals den Texten gleichwertige Bedeutung, denken wir nur an Otto Speckters Illustrationen zu Wilhelm Heys Fabeln, an Fedor Flinzers graphische Ausstattung der «101 Fabeln» oder Gustav Süs Bilder zur «Tante Fabula». Zwar sind die Formate dieser Fabelbilderbücher in der ersten Hälfte des vorigen Jahrhunderts noch nicht so groß wie unsere heutigen, aber sie werden im Laufe der Jahrzehnte zunehmend größer, vor allem nach 1850. Dann war es damals noch nicht üblich, eine einzige Fabel mehrmals zu illustrieren und sie mit ihren bildlichen Darstellungen monographisch zu edieren. Je Fabel ein Bild, so war es Brauch; die Fabelbilderbücher des 19. Jahrhunderts sind also alle Anthologien.

Zweitens haben wir in vielen Fabelausgaben, Fabelbearbeitungen und bei vielen Fabelautoren einen Hang zur Entdidaktisierung der Stoffe vorliegen. Das macht sich schon dadurch bemerkbar, daß nun oftmals die Fabeln gar nicht mehr in ausschließlichen Fabelsammlungen zusammengefaßt werden, sondern daß sie mit Erzählungen, Liedern und Gedichten vermischt werden. Man rechnet sie also zu den unterhaltsamen, dichterischen Jugendschriften. In dem Titel «Tante Fabula» kommt vielleicht besonders deutlich zum Ausdruck, wie stark man nun der Erzählkunst vertraut. Diese Ausgabe von L. Fernow unter dem vollständigen Titel «Die Tante Fabula, ein Lesebuch mit Bildern zum Nutzen und zum Vergnügen für fleißige Kinder» (Erfurt 1840, weitere Auflagen 1844, 1852) offenbart sehr einleuchtend die romantische Verbrämung der Jugendfabel jener Zeit des Biedermeier und der Spätromantik. Die Fabel wird personifiziert, sie erscheint als bejahrte Frau, ein «steinaltes Mütterchen, mit eisgrauen Haaren, und ihr Gesicht war voller Runzeln und Falten». Sie wohnt auf einem Berg und erzählt «braven» Kindern Geschichten. Am Ende des Buchs, als die Kinder wieder vom Fabelberg zurückkehren, findet sich der Satz: «Die Kinder wurden mit dem Besuche auf dem Berge immer fleißiger und artiger, und das war auch ganz natürlich! denn bei jeder Unart, die sie begehen wollten, dachten sie sogleich an die alte Tante Fabula und ihre schönen Geschichten.» Wir spüren die Tendenz der Ausgabe, die gemütvollen Geschichten sollen auf den jungen Menschen bessernd wirken.

Ein Mythologisieren der Fabelwelt hat eingesetzt. Die jungen Menschen sollen an ihr teilnehmen und sich mehr und mehr blasser Rationalität entwöhnen. So wird Lernen zum Problem, es soll im Spiel aufgehoben werden, wie aus dem Vorwort Fernows hervorgeht: «Spielen will das Kind, und es ist ihm notwendig, lernen soll es – und es bleibt dem Lehrer nichts weiter übrig, als so mit den Kindern zu spielen, daß diese dabei lernen.» Wenn wir dazu aus dem ein Jahr später erschienenen Buch «Liederfibel» (Eßlingen 1841) den Satz zitieren: «In der Fabel wurde der absichtliche Lehrton und die Zudringlichkeit des Didaktischen durchaus vermieden und vielmehr jene milde herablassende Betrachtungsweise der Natur und des Thierlebens überall bevorzugt, welche der germanischen Naturanschauung und dem deutschen Thiermärchen eigen ist», dann erkennen wir dahinter auch den Geist der Brüder Grimm.

Es fragt sich unter diesen Umständen, ob denn bei solcherart Auffassung die Fabel überhaupt noch Fabel geblieben ist. Ob sie nicht zum Märchen oder zur Tiergeschichte verwandelt wurde.

Dieses aber ist die dritte Feststellung, die wir zu treffen haben: Eine entschiedene Sentimentalisierung der Jugendfabel hat eingesetzt. Die berühmtgewordenen und bis in die Gegenwart neuaufgelegten «Fünfzig Fabeln für Kinder» (Hamburg 1833) Heys, denen dann «Noch funzig Fabeln für Kinder» (Hamburg 1837) folgten, oder zum Beispiel die «Einhundert neuen Fabeln für die Jugend» Friedrich Hoffmanns (Stuttgart 1840) richten sich mehr an das Gemüt als an den Verstand des jungen Lesers, sie sind Aufrufe zum Mitleid und Mitgefühl und zu dem Empfinden, in einer friedfertigen Welt friedlich zu leben. Kontrahenten, sich feindlich gegenüberstehende Konturwesen, gibt es eigentlich in der so verstandenen Fabel nicht mehr. Wenn Friedrich Hoffmann «Bach und Blumen» miteinander konfrontiert, dann geschieht es, damit sich beide Parteien der gegenseitigen Zuneigung versichern:

Das Bächlein hörts mit Wohlgefallen,
Lebt mit den Nachbarn in tiefem Frieden,
Jedes genießt, was ihm beschieden.

Ach, warum hört man doch erschallen
So manches Wort voll Hader und Streit
Unter den Menschen weit und breit?

Und selbst dort, wo Wilhelm Hey eine Anlehnung an einen klassischen Fabelstoff macht, der nun nicht ohne weiteres die heile Welt deutlich werden läßt, stellt er diese gleichsam hinter den Kulissen her und läßt sie durchscheinen. So zum Beispiel geschieht es in der folgenden Fabel, die noch ihre Herkunft aus der vom Fuchs und Raben schwach erahnen läßt. Er macht aus dem Fuchs ein Haustier, einen Hund, und unterschiebt ihm ein schlechtes Gewissen, statt ihm den «äsopischen Witz» zu lassen, mit dessen Hilfe er sich im «Original» das Stück Fleisch erobert hat. Der Rabe dagegen droht mit der Polizei, die für Recht und Ordnung sorgt.

HUND UND RABE

Hund: Rabe, du Schelm, du Spitzbube dort,
Schleppst mir das schöne Stück Fleisch da fort!

Rabe: Hündchen, nur nicht so böse sei!
Weißt du? ich bin bei der Polizei,
Muß nach den bösen Dieben spüren
Und das Gestohlne confisciren.

Der Rabe hatte gewiß gelogen,
Den Hund um seinen Braten betrogen;
Doch der hat ihn nicht darüber verklagt.
Ich denke, er hat es nicht gewagt;
Es sollte wohl nicht zutage kommen,
Woher er ihn selbst erst hatte genommen.

Welchen Stellenwert die Hey-Speckterschen Fabeln im elementarschulpädagogischen Denken des späten 19. Jahrhunderts bekommen hatten, geht daraus hervor, daß es damals ein Speziallehrbuch mit dem Titel «Der Anschauungsunterricht für Haus und Schule auf Grundlage der Hey-Speckterschen Fabeln im Anschluß an W. Pfeiffers Wandbilder» (herausgegeben von Dr. C. Kehr, 4. Auflage Gotha 1894) gegeben hat. «Wie für uns Erwachsene die Dramen Lessings, Goethes oder Schillers: Heys Fabeln sind die Klassiker der Kinderwelt», heißt es dort. Ihnen wird epische Einfachheit, inniger Natursinn und sittliche Reinheit zugesprochen. Man sah in diesem liebenswürdigen, aber unbedeutenden Gemeinschaftswerk eines Illustrators und eines Kinderschriftstellers ein Modell für den Anschauungsunterricht.

Hat sich nun das Ansehen der Fabel und ihre Verwendung und Ausrichtung innerhalb der Jugend- und Kinderliteratur bis in unsere Tage geändert? Wir fragen es uns angesichts der früher erwähnten Feststellung Werner R. Lehmanns aus dem Jahre 1961 über den «Zustand der Agonie», in dem sich unsere Gattung im schulischen Bereiche befände; aber auch angesichts der acht Jahre später, 1967, bei Irene Dyhrenfurth (Geschichte des deutschen Jugendbuches) vorhandenen Formulierung: «In der Gegenwart kann man eher von einer Renaissance der Fabel sprechen.» Zustand der Agonie oder Renaissance? Schaut man vom siebten Jahrzehnt des 20. Jahrhunderts bis zur Jahrhundertwende zurück, so mag Lehmann gewiß recht behalten. Denn nicht allein die Literaturwissenschaft kümmerte sich in dieser Zeitspanne kaum um die Fabel, auch die Deutschlehrer und Herausgeber von Lesebüchern folgten diesem Zug der Zeit, und die Jugendliteraturfachleute konnten sich auf Heinrich Wolgast (Das Elend unserer Jugendliteratur, Hamburg 1896) berufen, der weder für religiöse noch für moralische Tendenzliteratur zu haben war und deshalb auch für die Fabel nichts übrig hatte. Seine provozierende und weithin und langanhaltend wirksame Schrift sah geradezu die Gründe des konstatierten Elends der Jugendliteratur in der Vernachlässigung ästhetischer und der allzu großen Berücksichtigung moralischer Gesichtspunkte. Daß die Fabel meiner Meinung nach dieser Scheinalternative zwischen Ästhetik und Ethik nicht unterzogen werden darf, ändert freilich nichts an der Tatsache, daß sich in der ersten Hälfte unseres Jahrhunderts die jugendliterarische Tradierungsebene im Verhältnis zu der des 19. Jahrhunderts eher verschmälert haben dürfte. Im übrigen, wir wiederholen dies, war schon im 19. Jahrhundert das Märchen zur Standardgattung der Jugendliteratur geworden und blieb es recht eigentlich bis heute.

Die Fabel aber hat gerade in den vergangenen zehn Jahren, ein klein wenig vorbereitet durch die Wandlung der Einstellung nach dem Zweiten Weltkrieg, in der Tat die von Dyhrenfurth vermutete Renaissance als Jugendliteratur erfahren. Daß sich Fabeln auch als Bilderbuchstoffe insofern eignen, als eine einzige kleine Fabel von La Fontaine oder einem anderen Meister genügt, um einen Graphiker zu einer ganzen Bilderfolge zu inspirieren, ist inzwischen längst ausprobiert, verwirklicht und bei den jungen Lesern gut aufgenommen worden. «Der Wolf und der Fuchs» wurde, von Josef Hegenbarth illustriert, bei Rütten und Loening, La Fontaines «Der Löwe und die Ratte», «Der Nordwind und die Sonne», «Der Reiche Mann und der Schuster», «Der

Hase und die Schildkröte», «Der Müller und sein Esel», illustriert von Brian Wildsmith, bei Atlantis herausgegeben. Diese sind hervorragende Beispiele, wie auch das von dem Amerikaner Leo Lionni geschriebene und illustrierte Bilderbuch «Swimmy» (Middelhauve Verlag, Köln), das 1965 den Deutschen Bilderbuchpreis erhielt. Bedenken wir, daß nun seit einigen Jahren fast jedes zweite Jahr eine Anthologie als Jugendbuch erscheint (Edmund Mudrak, Das große Buch der Fabeln, 1962; Paul Alverdes, Rabe, Fuchs und Löwe, 1962; James Krüss' Fabelzyklus Adler und Taube, 1963; Käthe Recheis, Das große Fabelbuch, 1965; Hans Baumann, Ein Fuchs fährt nach Amerika, 1968; u.a.). Vielleicht sollten zwei auffällige Erscheinungen an den modernen Sammlungen und Ausgaben besonders erwähnt werden. Das eine ist der Rückgriff der Herausgeber auf Fabeln aus anderen Ländern und Erdteilen und damit der bewußte Versuch, den Horizont des jugendlichen Lesers im Hinblick auf die Gemeinsamkeit der Literatur und des Denkens und Agierens in aller Welt zu erweitern. «Fabeln gibt es bei allen Völkern, in jedem Land, und oft sind's die gleichen Einfälle, ob sie nun in Indien oder am Amazonas, in der Kalahari oder in Grönland, in Mexiko oder in Ungarn in Fabeln gekleidet werden: der gleiche Kern in verschiedener Sprache», sagt Hans Baumann in seinem Nachwort zu seiner jüngst erschienenen Sammlung.

Das andere Merkmal ist die deutlich spürbare veränderte Einstellung zu der durch die Fabel vermittelbaren Erfahrung. Es scheint mir symptomatisch zu sein, daß zum Motto der Anthologie «Das große Fabelbuch», dessen Zusammenstellung Käthe Recheis und Illustration Janusz Grabianski überlassen wurde, die Sätze aus Luthers «Vorrede» abgedruckt sind: «Alle Welt haßt die Wahrheit, wenn sie einen trifft ...» Das Zitat endet: «So geschieht es denn, wenn man die Fabel liest, daß ein Tier dem andern die Wahrheit sagt.» Wer hätte wohl gedacht, daß nun schon in mehreren Lesebüchern die Kafkasche Fabel von dem ausweglosen Ende der Maus zu finden ist? Die Fabel ist aus ihrer Latenzzeit in der Erwachsenenliteratur, in der Jugendliteratur aus der Zeit sentimentaler und allzu braver Auslegungen herausgerückt.

Der Wolf und der Fuchs. Josef Hegenbarth (1884–1962) war unter anderem als Illustrator der «Volksmärchen der Deutschen» von Musäus (Berlin 1947), der «Fabeln des Äsop» (Hamburg 1949) und durch seine Mitarbeit am «Simplizissimus», der «Jugend» und dem «Ulenspiegel» bekannt geworden, ehe 1951 bei Rütten und Loening in Potsdam das Bilderbuch «Der Wolf und der Fuchs» mit farbigen Zeichnungen des großartigen, ausdrucksstarken Künstlers erschien. Auf unserem Bild blickt der Fuchs überlegen-mitleidig auf den von den Bauern verprügelten, am Stock humpelnden, schmerzgequälten Wolf, der aus Freßsucht die Vorsicht mißachtet hatte.

Josef Hegenbarth: Der Wolf und der Fuchs (Potsdam 1951)

Werner Klemke: Aus «Reineke Fuchs» (Berlin 1964)

«Ich entsinne mich folgender Schulszene:» – so berichtet der Pädagoge Friedrich Trost in seinem Buch «Die Erziehungsmittel» (Weinheim 1966) – «Ein Schüler hatte in seinem Aufsatz ohne Quellenangabe einige Schriftsteller ‹ausgeschrieben›. Vor der Abgabe hatte er in der Klasse mit dem Plagiat nicht wenig geprahlt. Alle Schüler waren auf die Rückgabe gespannt. Der Lehrer gab die Aufsätze mit kritischen oder lobenden Bemerkungen an die Schüler zurück. Dem Schüler mit dem aufgeputzten Aufsatz erzählte er die alte äsopische Fabel, die auch bei Lessing zu finden ist, ‹Die Pfauen und die Krähe›. ‹Eine stolze Krähe schmückte sich mit den ausgefallenen Federn der farbigsten Pfauen ...› Er fügte hinzu: ‹Ich bin nicht so grausam wie die Pfauen. Deshalb habe ich mir Mühe gegeben, Ihre glänzenden Schwungfedern zu erkennen und als die Ihren anzuerkennen. Es waren leider nur wenige.› Selten habe ich einen Schüler gesehen, den die Kritik eines Lehrers so mitgenommen und gründlich für das ganze Leben belehrt hatte, wie diesen prahlerischen Aufsatzschreiber. Das Wort ‹sich mit fremden Federn schmükken› ging uns damals erst auf.»

Ohne Zweifel ist dieses Beispiel aus der Schule zugleich auch ein gutes Beispiel für die eine, grundsätzliche Verwendungsweise der Fabel, nämlich als direktes Mittel der Demonstration und Erziehung genützt zu werden. Sie wird hier zum spontan ergriffenen Werkzeug, sie liefert das Beispiel, um die Situation zu klären, sie zeigt die Konsequenz anschaulich auf. Die Beziehung zur Wirklichkeit ist deutlich. Sie hat die Darbietung der Fabel herausgefordert. Insofern bedeutet der Einsatz der Fabel hier von seiten des Erzählers schon das Ergebnis seiner Reflexion über die gerade gegebenen Verhältnisse, auf seiten des Konsumenten die Aufforderung der Einsicht und Stellungnahme.

Aber die Fabel ist ja nicht nur ein Werkzeug der Kritik und ein Mittel der Überzeugung zum Besseren. Sie ist ebenso ein Kunstprodukt. Und als solches

Reineke Fuchs. Die farbige Zeichnung stammt von Werner Klemke. Sie stellt den Esel dar, der besser eingeschätzt werden will und sich deshalb auf Anraten des Fuchses seinem Herrn gegenüber so verhält wie dessen Hund. Er steigt dem reichen Mann auf die Schulter und beleckt ihn. Die gewünschte Reaktion – die soziale Aufwertung – tritt nicht ein. «Die Knechte trieben Balduin mit Schlägen und Püffen in den Stall zurück», so heißt es im Text des von Franz Fühmann im Kinderbuchverlag (Berlin 1964) neu erzählten «Reineke Fuchs». Werner Klemke (geboren 1917) lebt heute in Berlin (Ost), ist Professor der bildenden Künste und einer der bedeutendsten, in seinem Stil an Josef Hegenbarth erinnernden Buchkünstler in Deutschland.

bedarf es eines solchen oben erwähnten Anlasses gar nicht, damit sie in den Blick- oder Hörkreis des Menschen, besonders des jungen Menschen tritt. Die Fabel kann, sich selbst präsentierend, auf oftmals sehr subtile Weise in den geistigen Haushalt der Jugend eindringen. Dieses geschieht schon beim Betrachten eines Fabelbilderbuches, beim Zuhören, wenn Fabeln erzählt oder auch – wie oben erwähnt – als Erziehungsmittel verwandt werden.

Die Fabel ist demnach Demonstrations- und Vergnügungsobjekt in einem. Dennoch aber stellt sich uns die Frage, wie wir den jungen Menschen so an sie heranführen, daß er gleichsam in den Vollbesitz dessen kommt, was sie ihm zu bieten hat. Einige Praktiken scheiden als untunlich aus, die lange Zeit in den Schulen gang und gäbe waren. Ich meine die der Verwendung als Memorierstoff, als Texte zu sprachlichen und grammatischen Übungen. «Noch weniger will ich von dem geringen Nutzen itzt sprechen» – so wandte sich schon vor mehr als zweihundert Jahren Lessing in seiner Abhandlung über die Fabel gegen eine solche Unsitte –, «den die alten Rhetores in ihren Vorübungen von den Fabeln zogen, indem sie ihren Schülern aufgaben, bald eine Fabel durch alle casus obliquos zu verändern, bald sie zu erweitern, bald sie kürzer zusammenzuziehen etc. Diese Übung kann nichts anders als zum Nachteil der Fabel selbst vorgenommen werden.» Lessing hat recht, solche Methoden als Mißbrauch zu brandmarken. Aber sollte wirklich die entgegengesetzte Auffassung zu all den Äußerungen, in denen unsere Gattung zur «Ausnutzung» empfohlen wird, die richtige sein, nämlich sie unangetastet stehen zu lassen, sie genießend anzunehmen und ihrer Wirkung aus dem einfachen Vorhandensein blindlings zu vertrauen? Solche Vorstellungen spiegeln sich ein wenig in der Bemerkung eines neueren Literaturdidaktikers, Paul Nentwigs, wenn er sagt: «Zwar ist jede Dichtung, also auch die Fabel, aus sich heraus verständlich und immer gültig, bedarf also im Grunde genommen keines besonderen ‹didaktischen Ortes›» (Dichtung im Unterricht, Braunschweig 1960). Also gänzlicher Verzicht auf Nützlichkeitsüberlegungen, ja vielleicht sogar auf solche der Methode des Umgangs? Erschließt sich vielleicht die Fabel dem Leser von selbst? Dies mag in vielen Fällen auch bei Kindern und Jugendlichen so sein. Und schaden kann es auf keinen Fall, wenn der junge Mensch die sprachlichen Kunstwerkchen liest, ohne direkt aufgefordert zu sein, einzuhalten und nachzudenken. Aber «... wenn du nichts zu ihnen hinzudenkst, Leser! so wirst du ihre Einfalt unerträglich finden. Wenn aber deine Erfahrungen ähnliche Gefühle bei dir rege

Wolfdietrich Schnurre: «Protest im Parterre» (München 1957). Der in Berlin lebende Schriftsteller Wolfdietrich Schnurre (geboren 1920) hat noch viele andere seiner Fabeln eigenhändig illustriert.

GELEGENHEIT MACHT FREUNDE

Einige Raben umkreisten mit Astwerk in den Fängen eine Felshöhle, in der ein Adlernest war. «Was wollt ihr?» fragten die Adlerjungen, denen ein Jäger soeben die Eltern getötet hatte. «Nichts», sagten die Raben; «wir tragen nur Sorge, daß euch jetzt kein Unheil geschieht.»

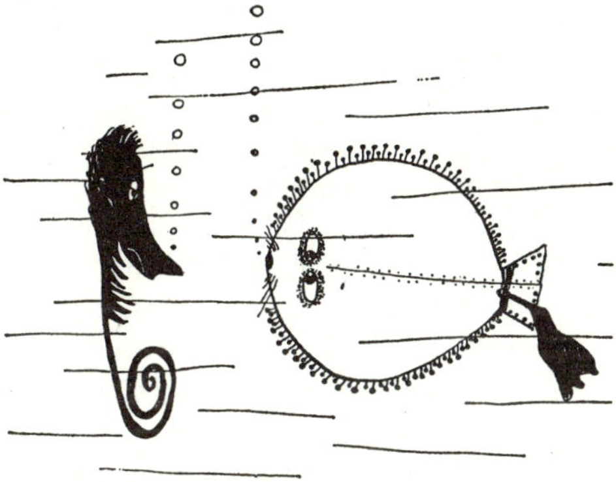

DIE MONOTONIE DER GEKRÄNKTEN

Ein Seepferdchen war auf eine Flunder getreten, und die hatte es, ohne eine Entschuldigung gelten zu lassen, auf Gräten gefordert. «Aber was haben Sie denn davon, wenn Sie mich töten!» rief das Seepferdchen entsetzt. «Nichts», sagte die Flunder. «Und was ist gewonnen, wenn ich Sie töte?» «Nichts», sagte die Flunder. «Ja, aber warum fordern Sie mich denn dann?!» «Sie haben meine Ehre befleckt», sagte die Flunder.

machen werden, mit denjenigen, die mich belebten, da ich sie hinwarf, so wirst du ihre Einfalt lieben», meinte Johann Heinrich Pestalozzi in der kurzen Vorrede zu seinen «Fabeln – Figuren zu meinem ABC-Buch oder zu den Anfangsgründen meines Denkens». Mit anderen Worten: Es bedarf des angestrengten Denkens, um in den Genuß der Fabel zu kommen. Hier muß der Pädagoge mit seinen Überlegungen einsetzen, wie er die Zugänge zum Verständnis der Fabel für den jungen Menschen freilegen kann.

Meiner Meinung nach sollten bei dem Umgang mit der Fabel drei Ziele angestrebt und dementsprechend auch drei Methoden des Umgangs beachtet werden: Es sind der hermeneutische, der heuristische und der kritische Aspekt. Was ist damit gemeint?

Der *hermeneutische* Aspekt zielt auf eine besondere Art der Produktivität des jungen Lesers ab. «Jedes Wort, jeder Satz, jedes Bild wendet sich gleichsam mit der Bitte an den schon gereifteren Schüler der Oberstufe: Deute mich!», heißt es bei Werner R. Lehmann in dem wiederholt zitierten Aufsatz über die «Fabel und Parabel als literarisches Bildungsgut». Ich glaube allerdings, daß die genaue und eindringliche Interpretation des Textes auch schon vor Eintritt in die Oberstufe der höheren Schule, ja eigentlich auf jeder Altersstufe, möglich ist, wenn man eben einen adäquaten Text zugrunde legt. Aber hier handelt es sich in jedem Falle um den Versuch eines Durchschauens, eines Erkennens, eines Enträtselns dessen, was hinter den vorgezeigten Tierbälgen, den kargen Kulissen und den kurzen Worten an Wahrheit steht. «Vom Lehrer behutsam geleitet und geführt, lernt der Schüler, was er nie und nimmer begreifen könnte, wenn wir es ihm diskursiv philosophisch mitteilen würden: daß die Wahrheit nicht nur eine begrifflich artikulierte Gestalt ist, daß die Bildung nicht nur Wissen um Bildung ist, sondern daß beide, Wahrheit und Bildung, die die Würde des Menschen begründen, gelebte Gebärden, existentielle Vollzüge sind» (Lehmann). Auf sehr verschlungene Weise durchdringen sich in dem Versuch des Aufdeckens durch Interpretation reproduktive und kreative Leistungen des Lesers miteinander und tragen zu dem hermeneutischen Prozeß bei.

Der *heuristische* Aspekt bei dem Umgang mit der Fabel bedeutet, daß das Übertragen aus der Fabelgeschichte heraus auf andere Fälle und allgemeine Weisheiten mitbedacht bleiben muß, will man den Intentionen der Fabel selbst gerecht werden. Dieser Denkvorgang ist ein Akt der Erfindung und bringt ganz sicher insgesamt denjenigen, der sich dieser Aufgabe unterzieht, ein Stück weiter auf dem Weg, der ihn zu einem «selbständigen Kopf» (Lessing) macht. Das bedeutet nun aber, daß die Fabel genutzt werden kann, um solche Erfindungsübungen zu veranstalten, bei denen es sich um das Herausziehen des Allgemeinen aus dem besonderen Fall ebenso handeln kann wie umgekehrt um das Treffen des Besonderen aufgrund des gegebenen Allgemeinen. Wenn die Jungen und Mädchen zum Beispiel eine angefangene Fabel zu Ende erzählen sollen, setzt diese Aufgabe schon ein; auch wenn sie aufgefordert werden, selbständig ein Epimythion zu einer mitgeteilten Fabel dazuzuerfinden. Es gibt gewiß viele Varianten dieser einen grundsätzlichen, an die sprachlich manifest werdende Kreativität des Menschen appellierende Aufgabenstellung, die schon von Lessing besonders protegiert wurde, aber auch in heutigen Schulen vielfach genutzt wird. 1953 ist unter dem Titel «Lächelnder Spiegel» eine Sammlung von «Hohenschwangauer Schülerfabeln» (Verlag M. Lurz, München) erschienen. Die sechzehn- bis achtzehnjährigen Autoren haben, wie im Nachwort betont wird, ohne Forderung, aber angeregt in der Schulstube, auf eigene Initiative ihre Texte entworfen. Einer lautet:

DIE SCHNEEFLOCKE

Mit vielen anderen ihrer kleinen Schwestern tanzte sie aus der großen grauen Wolke, freute sich, lachte und scherzte:
«Das wird ein Leben! Wie ich die Menschen necken werde. Auf ihre Nasen werde ich mich setzen! Ich werde sie kitzeln! Man wird meine Schönheit bewundern, ich ...», da hielt sie inne.
«Mir wird so warm», stöhnte sie, «was ist ...», da klatschte sie schon als Regentropfen gegen die Fensterscheibe.

Ein anderer:

DER KARPFEN

Nur verschwommen sah der Hecht den breiten, grauen Rücken des Karpfens in der schlammigen Tiefe. Er zitterte vor Gier.
«Wüßte ich nur, wo dieser – dieser Nimmersatt so viel zu fressen findet!»
Durch Schlamm gedämpft klang es dem Hecht ins Ohr:
«Ich fische im Trüben!»

Und unter den schriftstellerischen Versuchen von Schülern aus dem fünften Schuljahr, also etwa elfjährigen Kindern, die Robert Ulshöfer innerhalb seiner Anregungen zum Fabelunterricht in seinem didaktischen Lehrbuch (Methodik des Deutschunterrichts, Bd. 1, Stuttgart 1963) zitiert, findet sich die folgende:

«Platz da, Zwerg», rief ein Mercedes und drückte das Goggo die Böschung hinunter. Es überschlug sich, kam wieder auf die Beine und fuhr weinend davon.
«Liebes Goggo, hole doch bitte Hilfe», flehte der Mercedes 20 Kilometer entfernt an der Stelle, an der er an den Baum gefahren war. Das Goggo fuhr fort, um Hilfe zu holen.
«Warum hilfst du diesem Frechen?», fragte ein anderer. «Ich kann ihn doch nicht im Graben liegen lassen», sprach das Goggomobil.

Der *kritische* Aspekt nun zielt letztlich auf eine Distanzierung des jungen Lesers von der in der jeweiligen Fabel gebotenen Weisheit hin. Kritisch lesen heißt im ursprünglichen Sinne des Wortes, «sich auseinandersetzen», zum Überlegen gebracht werden, ob und wieweit die Erfahrungen und Lehren der Fabel zutreffen, sich zum Beispiel zu fragen, ob denn der Daseinsentwurf Kafkas in der «Kleinen Fabel», ob – um bei den Fabeln mit Mäusefiguren zu bleiben – denn der kleine Mann (Maus) wirklich immer leichter aus der Grube gelangt als die Großen (Elefant), oder ob die Feldmaus tatsächlich so viel ärmer ist als die Stadtmaus. Somit fordert die Fabel, recht gelesen, den Konsumenten sogleich auch immer auf, die in ihr mitgeteilte beziehungsweise veranschaulichte Weisheit in Frage zu stellen und damit auch ihren begrenzten Wahrheitsgehalt zu erkennen. Diesem Lockruf nach kritischem Verständnis sollte der Pädagoge bereitwillig nachgeben, indem er den Zweifel erzeugt, der davor bewahrt, sich einem Gegebenen zu überantworten, ohne es auf seine Stichhaltigkeit zu überprüfen. «Nicht die Wahrheit» – so meint Lessing in seinen Axiomata –, «in deren Besitz irgend ein Mensch ist, oder zu sein vermeint, sondern die aufrichtige Mühe, die er angewandt hat, hinter die Wahrheit zu kommen, macht den Wert des Menschen. Denn nicht durch Besitz, sondern durch die Nachforschung der Wahrheit erweitern sich seine Kräfte, worinnen allein seine immer wachsende Vollkommenheit besteht.»

VI. FABELTHEORIEN

POSITIONEN DER FABELTHEORIE

Fast so alt wie die Fabel selbst dürfte die Besinnung über die Form, die Aufgabe und die Bedeutung dieser Gattung sein. Es gibt schon aus der antiken Welt Stellungnahmen zu diesen Fragen. Denken wir etwa an die Rhetorik des Aristoteles (Rhetorik II, 20), in der unsere Gattung ausdrücklich als rhetorische Figur bezeichnet ist, der aber das Recht, als eigenständige Form der Dichtung zu gelten, abgesprochen wird. Die Fabel rückt in der Einstellung des Aristoteles aus der Reihe der für sich selbst stehenden, sich nach eigenen Gesetzen entwickelnden Kunstformen heraus (oder wird erst gar nicht in sie aufgenommen) und wird als ein Redemittel und Beweismittel angesehen, das sich jedermann aneignen kann und dann dem Zoon Politikon zur Verfügung steht. Man bedient sich seiner, um besser zu argumentieren und zu überzeugen. Man hat die Fabeln zu lernen, wie Vokabeln und Redewendungen einer (fremden) Sprache. Es ist somit nicht zu fragen, wie ein solches Redemittel selbst zu entwickeln ist, sondern nur, wie man mit ihm umgeht. Für Aristoteles und mit ihm die rhetorische Schule ist die Fabel ein didaktisches Mittel, aber nicht ein literarisches Kunstwerk. Dieser Einstellung wurde auch schon in der Antike widersprochen. So leitet etwa der Mazedonier Phädrus, ein von Augustus freigelassener Sklave, der das äsopische Fabelgut in lateinische Verse umsetzte, seine Ausgabe mit einem Prolog ein, der mit den Worten endet: «Vergiß nicht: Fabeln sind der Dichtung Spiel.» Aber trotz der über die Jahrhunderte anhaltenden Versuche, die dichterische Substanz der Fabeln zu betonen, ist die Position der Rhetoriker wohl nicht zu übersehen. Bei der Bedeutung, die Aristoteles vor allem im Mittelalter hatte, ist dies besonders verständlich. Die Fabel lag auch seit den Anfängen der Germanistik als Wissenschaft im frühen 19. Jahrhundert weitgehend außerhalb dichtungsgeschichtlichen und poetologischen Fragens und wurde meistens mit dem Verdikt des Unwichtigen, Naiven, wenig Ergiebigen versehen, nur kurz erwähnt oder sogar übergangen. In dem 1960 erschienenen «Handbuch der literarischen Rhetorik, Eine Grundlegung der Literaturwissenschaft» (München 1960) von Heinrich Lausberg wird die Fabelgattung als «niedrige Klasse» bezeichnet, die «wegen ihrer primitiveren voluptas» – weil sie also durch das «delectare» das Wohlwollen der Zuhörer oder Leser zu erzeugen versucht, also zweckgerichtet ist – «als deliberatives Überzeugungsmittel vor ungebildeterem Publikum (§ 413) gelte. Lausberg stützt sich in seiner Darlegung auf antike Rhetoriker wie Quintilian und Horaz.

Dieser Vorstellung von der Fabel als Redefigur steht trotz deren zäher Tradition über die Jahrhunderte hinweg bis in unsere Zeit eine andere Auffassung entgegen, die mindestens ebenso alt ist und sich auf Plato stützen kann wie die erstere auf Aristoteles. Vor allem im 18. Jahrhundert ist sie in Deutschland und Frankreich ausgebaut worden. Es ist jene inhaltsbezogene Grundeinschätzung der Fabel, innerhalb deren die Interpreten die künstlerische Form und vor allem den Aussagewert zu erkennen trachten und die Fabel als literarische Gattung ernst nehmen. Im Laufe der Dichtungsgeschichte hat diese Ansicht sogar wiederholt einen entscheidenden Einfluß auf die Poetik gehabt. Dies war im 18. Jahrhundert, zur Zeit Lessings, Christian Wolffs, Gellerts, Bodmers und Breitingers, aber auch noch in den spätromantisch-volksliterarischen Theorien der Brüder Grimm der Fall.

Wir möchten uns hier nicht auf die Diskussionsebene der Alternative, Redefigur oder spezifische Literaturform, einlassen. Die Geschichte selbst belegt auf eine sehr pragmatische Weise die Existenz der Fabeln innerhalb der künstlerischen Welt der Prosa und Poesie, aber ebenso als rhetorisches Material. Allerdings beginnt jenseits der Anerkenntnis der Fabel als spezifisches, sprachliches Gebilde im Grenzgebiet zwischen Dichtung und Redekunst die Frage nach ihrer typischen Struktur, ihrer Herkunft, ihrer Zielsetzung aufs neue. Zur Geschichte der Fabeltheorie liegt aus dem Jahre 1929 eine zuverlässige und klar gefaßte Arbeit von Max Staege vor (Die Geschichte der deutschen Fabeltheorie, Bern 1929), in welcher der Verfasser eingangs zweierlei bekennen muß. Erstens, daß die Theorie der Fabel «in der heutigen ästhetischen Diskussion ... kaum mehr eine Rolle spielt». Dies dürfte auch noch vier Jahrzehnte später gelten, denn beispielsweise in der Poetik Wolfgang Kaysers ist unserer Gattung nur ein einziger knapper Satz gewidmet: «Die Fabel ist im Grunde eine spezielle Form der Parabel» (Das sprachliche Kunstwerk, Bern–München 1961, S. 123). Und zweitens, daß der Begriff «Fabel» in der Geschichte nicht eindeutig gebraucht worden sei. Staege selbst, Material sammelnd und ordnend, die gegebenen Stellen sauber und kritisch interpretierend, enthält sich vernünftigerweise einer eigenen Theorie. Er nimmt die Haltung eines Historiographen ein. Ähnlich zurückhaltend verfährt Erwin Leibfried in der äußerst informativen und reichhaltigen Materialsammlung zum Thema in dem Realienbüchlein für Germanisten, das unter dem Titel «Fabel» (Stuttgart 1967) erschien und grundsätzlich den literarischen Gattungscharakter hervorhebt, aber meint: «Das 19. Jahrhundert bringt ein langsames Absinken der Fabel von der Dichtung zur Unterhaltungsliteratur für Kinder; in der jüngsten Vergangenheit läßt sich nur noch mit Einschränkung von einer fabelartigen Literatur sprechen» (S. 92).

Ich möchte auf eine Darlegung der Entwicklung der Fabeltheorie verzichten, dafür jedoch gewisse Eckpositionen der Fabeltheorie, die einmal formuliert worden sind und seither die Diskussion bestimmt haben, markieren. Drei solche, in vieler Hinsicht konträre Standpunkte scheinen mir von besonderer Bedeutung zu sein, zwei davon sind auf dem Höhepunkt der Aktualisierungszeiten der Fabel – während des Humanismus im 16. und in der Zeit der Aufklärung im 18. Jahrhundert – aufgetreten: bei Luther (1530) und bei Lessing (1759). Die dritte hier herangezogene Theorie der Fabel stammt aus der Zeit der späten Romantik, in der die seinerzeit junge Germanistik sich mit den einfachen, volkstümlichen Formen der Dichtung enger eingelassen hat als jemals später: bei den Brüdern Grimm (1834 und 1855). Wir können an dem letzteren Beispiel besonders gut die Steuerung des literaturwissenschaftlichen Denkens durch ideologische Rücksichten und die damit verbundene Fehlinterpretation gattungsgeschichtlicher Vorgänge erkennen.

WELTLICHE KLUGHEIT IM NARRENGEWAND

Daß Martin Luther seine Auffassungen über die Bedeutung und das Wesen der Fabel in einer Zeit niederschrieb, die eine ausgesprochene Aktualisierungsphase dieser Gattung war, daß also des Reformators theoretische Bemerkungen und auch seine eigenen Fabelbearbeitungen inmitten der seinerseits bekannten Arbeiten seiner direkten Vorläufer Steinhöwel und Ulrich Boner und seiner unmittelbaren Zeitgenossen Erasmus Alberus, Sebastian Brant, Thomas Murner, Johannes Pauli, Hans Sachs, Burkhard Waldis, Jörg Wickram und anderer stehen, muß in Erinnerung gerufen werden. Luther schrieb seine Gedanken – in der «Vorrede» zu der von ihm geplanten und 1530 konzipierten Fabelsammlung niedergelegt – im Protest zu Steinhöwels seinerzeit weitverbreiteter Ausgabe. Martin Luther glaubte, sich gegen die Verunglimpfung eines Lehrbuchs der Lebensweisheit wenden zu müssen, gegen seine Herabminderung zu einem «unzüchtigen Bubenstück» (Vorrede) durch Heinrich Steinhöwels lateinisch-deutsche Ausgabe, die vor 1480 erschienen ist und trotz Luthers Mahnung um 1500 und auch noch später (zahlreiche Neuauflagen bis 1730) ein ausgesprochenes Erfolgsbuch war. Uns interessiert im Zusammenhang mit der Suche nach Eckpositionen der Fabelauffassung jedoch weniger der historische Zusammenhang, obwohl sich aus solchen Tatsachen erst die eingenommene Haltung verstehen läßt. Zum Beispiel kann man daraus, daß Luther sich im Jahre 1530 der Fabel annimmt, mit Sicherheit schließen, daß er – damals auf der Feste Coburg von fern den Augsburger Reichstag beobachtend – durch die Beschäftigung mit politischen Fragen und weltlichen Schwierigkeiten auf diese literarische Form gestoßen ist. Wenn ihm die Fabel geradezu angetan scheint, den «zweifüßigen Wölfen und Löwen» einen «guten Text» heimlich zu lesen, den «sonst kein Prediger, Freund noch Feind lesen dürffte» (Martin Luther, Etliche Fabeln aus Aesopo. 1530. Vorrede), so wächst ihm diese Ansicht letztlich aus seiner konkreten politischen Lage heraus. Die Umstände erklären die Schärfe mancher Formulierungen des uns im Ganzen nur als Fragment überkommenen Lutherschen Äsops. In der knappen «Vorrede» zu seiner geplanten Äsop-Ausgabe und in den von ihm bearbeiteten wenigen Fabeln ist jedoch eine besonders klar formulierte Theorie und zugleich auch eine scharf geschnittene schriftstellerische Kunst im Verfertigen und Bearbeiten von Fabeln zu finden, die sowohl in den bis jetzt vorliegenden Beiträgen zur Geschichte der Fabel als auch in den Arbeiten zur Entwicklung der Fabeltheorie bis auf wenige Ausnahmen kaum beachtet worden ist. Einige Gründe dafür habe ich in meinem Aufsatz «Über das ‹betriegen zur Warheit› – Die Fabelbearbeitungen Martin Luthers» (Wirkendes Wort 1964, S. 379–388) anzugeben versucht. Unbeschadet seiner Stellung in der zeitgebundenen Diskussion oder seiner bis in die Fabeltheorie hineinwirkenden idée fixe, daß wohl in der Welt mit großen Herren nicht gut Kirschen essen sei, dürften Luthers Grundpositionen sowohl für diese Aktualisierungsphase im Zeitalter der Renaissance, als auch für eine grundsätzliche Strukturbetrachtung – also zeittypisch und idealtypisch – von Bedeutung sein.

Luther hat die Fabel außerordentlich hoch geschätzt. Er beginnt seine Vorrede mit dem Satz: «Dis Buch von den Fabeln oder Merlin / ist ein hochberümbt Buch gewesen / bey den allergelertesten auff Erden / sonderlich unter den Heiden.» Und er fährt im folgenden Satz fort, er wisse «außer der heiligen Schrifft / nicht viel Bücher / die diesem überlegen sein solten / so man

Nutz / Kunst und Weisheit ...» ansehen wollte. Ähnliche Formulierungen finden sich wiederholt bei ihm. In einem Brief an Melanchthon vom 23. April 1530 heißt es, er arbeite an «tria tabernacula, Psalterio unum, Prophetis unum et Aesopo unum». Bei der Auslegung des 101. Psalmes 1534 meint er, man könne kaum ein feineres Buch «in weltlicher, heidnischer Weisheit machen, denn das gemeine albere Kinderbuch ist, so Esopum heißt». Diese Äußerungen bezeugen den Respekt Luthers vor dem Äsop, geben aber nur vage den Grund für solche Wertschätzung an, indem sie den Hinweis auf «Nutz, Kunst und Weisheit» bringen. Allerdings verstärkt sich die auf der Hand liegende Vermutung, daß die aus dem Äsop zu entnehmende Lebensklugheit und Weltweisheit Luther veranlaßt, Bibel und Äsopsche Fabeln auf eine Stufe zu stellen, wenn wir seine Argumentation bei der Frage der Herkunft der Fabeln hören. Auch hier nämlich setzt er den Weisheitsgrad der Äsopischen Fabeln so hoch an, daß er sie keinem einzigen Menschen allein zuschreiben will und kann. «Ich halte», so äußert er sich in der Vorrede, «es sey etwa durch viel weiser Leute zuthun mit der zeit Stück nach Stück zuhauffen bracht / und endlich etwa durch einen Gelerten / in solche Ordnung gestellt ...»

Scheint es bis hier, daß Luther unbekümmert um ästhetische Fragen, allein den Gehalt der Fabelgebilde im Auge hat und hochschätzt, so ist doch aus seinen Überlegungen in der Vorrede und aus der künstlerischen Substanz der von Luther bearbeiteten Fabeln selbst deutlich nachweisbar, daß der Reformator wohl auch um die literarische Struktur des «Esop» wußte. Schaut man näher hin, dann sieht man, daß in Luthers Ausführungen «von rechtem Nutz und Brauch desselben Buchs / jedermann wes Standes er auch ist / lüstig und dienslich zu lesen», die Erwähnung des Weisheits- und Nutzwertes in ständiger Korrelation steht zur Erwähnung des Kunstcharakters. Gleich zu Beginn seiner Laudatio auf die Fabel – und eine solche kann die «Vorrede» ohne weiteres genannt werden – spricht er ja gleichermaßen von «Nutz» und «Kunst» und «Weisheit», auf der gleichen Seite finden wir die Bezeichnungen «Witz und Kunst» gekoppelt, weiter unten die Verbindung «Kunst und Weisheit». Er betont, daß der Äsop – zwar mit dem Ziel, zu warnen und zu unterweisen – «ertichtet» sei.

Luthers Sätze zur Theorie der Fabel enthalten zwei sich immer wieder im Laufe der Geschichte poetologischer Besinnung vordrängende Elementargedanken über die Art und Aufgabe der Fabel als Gattung. Der eine ist der eben erwähnte, sie sei eine Kunstform, ein Spiel, zum Ergötzen und Zeitvertreib ersonnen. Aber sobald nach Luther diese Idee, der Unterhaltung zu dienen, verabsolutiert wird, wie es nach seiner Meinung in den epikureischen Bearbeitungen Steinhöwels geschehen ist, dann liegt eine den Intentionen der Gattung nicht mehr gemäße Fehlinterpretation ihres Genotypus vor. Denn für den Reformator – und damit ist der andere Elementargedanke zur Fabelgattung erwähnt – wird der Kunstcharakter nur dann gerechtfertigt, wenn er der Erhellung der Wahrheit auf seine spezielle Weise dient. Im Spannungsfeld zwischen Didaktik und Ästhetik wird die Fabel gesehen, und damit ist ihr Janusgesicht gesehen: einerseits ein Redemittel, eine Waffe zur Überzeugung der Menschen zu sein und anderseits die Kategorien eines kleinen sprachlichen Kunstwerkes aufzuweisen. Diese «Fabeln und Merlin» sollen nach der «Vorrede» Luthers «mit lust und liebe zur Kunst vnd Weisheit» führen. Die wiedergegebenen Stellen und Meinungen Luthers mögen vielleicht vermuten lassen, in seiner Theorie habe die Erörterung des Kunstcharakters einen gleichen Platz wie die Erörterung des didaktischen Wertes. Der Reformator wendet sich jedoch wesentlich mehr den Problemen des Lehrcharakters der Fabel als denen der Ästhetik zu. Dennoch lassen sich aus Bemerkungen, zum Beispiel daß er den Steinhöwel habe «furgenommen zu fegen» oder daß in der Fabel «mummerey» getrieben werde, um unter dem Narrengewand die Wahrheit besser an den Mann bringen zu können, und aus den Fabelbearbeitungen selbst Luthers Vorstellung von der künstlerischen Substanz dieser Gattung klar erkennen. Für Luther ist die Fabel zunächst einmal eine einfache, aber konsequente Geschichte, die prägnant erzählt werden muß. Dies führt in praxi zur strengen äußeren Trennung von Fabellehre und Fabelgeschichte. Reflexionen über die konkrete Geschichte haben ihren Ort im Epimythion, wenn man so will auch in den das Thema angebenden Überschriften wie Torheit, Haß usw., nicht aber im Binnenraum der Fabel. Eine Geschichte erzählen wird als Darbietung eines geschlossenen epischen Vorgangs und als Gegenteil von verallgemeinernder Äußerung empfunden, ist Veranschaulichung des einzelnen Falles. Luther hat sich dem epischen Sog der Geschichte gern ergeben (ohne daß er jedoch damit zum breiten Erzähler wurde). Man kann diesen Vorgang bis in einzelne Formulierungen hinein verfolgen. Dadurch bekommt seine Polemik gegen Steinhöwel nicht nur einen moralischen, sondern auch einen stilkritischen Akzent.

Für die Eckposition in der Geschichte der Fabeltheorien, die wir Luther unterstellen möchten, scheint uns bezeichnend zu sein, daß für den Reformator die Fabel zunächst einmal eine Geschichte ist, die erzählt wird, die als ästhetisches Gebilde ernst genommen werden müßte. Die genuine Substantialität der Fabelstory ist hier so gewichtig, daß das «fabula docet» nicht immer ausreicht, sie zu erfassen, und deshalb bei Luther auch nicht immer stringent den ganzen Gehalt trifft: Der angehängte Lehrsatz stellt vielmehr eine unter mehreren Auslegungsmöglichkeiten dar. Die Einmaligkeit der erzählten Geschichte verträgt sich zwar mit dem allgemeinen Gesetz, zu dessen Demonstration sie dienen soll und das im Epimythion als Lehre formuliert wird, deckt sich aber nicht totaliter mit ihm. Aus diesem Grunde gibt es auch bei Luther – übrigens im Gegensatz zu Lessings Theorie und teilweise auch zu dessen Praxis – Epimythien, die nicht nur eine, sondern streng genommen mehrere Lehren aus einer Fabelgeschichte entnehmen, wie zum Beispiel:

LERE

Sihe dich für, mit wem du handelst. Die Welt ist falsch vnd vntrew vol. Denn welcher Freund den andern vermag, der steckt jn in Sack. Doch schlecht Vntrew allzeit jren Herrn, wie dem Frosch hie geschicht.

Allgemeine Ermahnung zur Vorsicht, Aussage über den Untreu-Status der Welt, Erkenntnis des perversen Konkurrenzkampfes, Aussicht auf die ausgleichende Gerechtigkeit, all dies steckt in den knappen Sätzen, die der Fabel «Vom Frosch vnd der Maus» angefügt sind. Lessing würde eine solche Vielfalt von Lehren geradezu als Beweis einer schriftstellerischen Fehlleistung angesehen haben.

Trotz der bei Luther vorhandenen Selbständigkeit der Fabelstory und der damit vollzogenen Anerkennung als literarische Form, spricht er mit Worten von ihr, die abschätzig klingen. Er gebraucht wiederholt den Ausdruck «Fastnachtsputz», meint damit die erzählerische Einkleidung der Wahrheit und redet vom Narrencharakter der Fabel, ja davon, daß sie ein Betrugsmittel sei (das allerdings der Wahrheitsfindung diene). Gemeint ist offensichtlich mit diesen despektierlichen Benennungen die Tatsache, daß in der Fabel die realen Weltverhältnisse nicht unverblümt benannt werden, sondern sich in der Verkleidung der Tierwelt präsentieren. «Der gemalete Wolff oder Beer / oder Lewe im Buch» stehen zwar für Gestalten aus der

Menschenwelt, sie genießen aber die Freiheit, die in der Welt des scherzhaften Spiels, dem Narrenreich, gewährt wird. Kunst wird hier toleriert, soweit sie sich an der lockeren Leine der Wahrheitsfindung bewegt, soweit sie gleichsam mit der Tendenz durchsetzt ist, Lebensweisheit transparent werden zu lassen. Insofern ist Luthers Ansicht über die Fabel, trotz aller Beachtung und Anerkenntnis ihres Kunstwerkcharakters, nicht zu verstehen als ein Messen und Suchen von ästhetisch-literarischen Formalprinzipien, sondern vielmehr eine moralisch-didaktische Würdigung, bei der aber das ästhetische Prinzip als conditio sine qua non mitgesetzt ist. Fast ließe sich hier Kants These von der wechselseitigen Angewiesenheit von Anschauung und Begriff mutatis mutandis übertragen, indem man Luthers Grundansicht so deutete, daß die durch die Fabel intendierte Wahr- und Weisheit ohne die Anschaulichkeit der Fabelgeschichte stumm (uneinsichtig) bleibt, daß aber umgekehrt eine Fabelgeschichte ohne intendierte Wahr- und Weisheitsvermittlung blind ist. Uns scheint diese Position zwar grundsätzlich der Lessingschen verwandt zu sein, weil dieser in der Fabel auch einen Fall anschauender Erkenntnis sieht, aber sich dennoch durch eine stärkere Akzentuierung der epischen Kategorie von ihr zu unterscheiden.

Was ist aber die Wahrheit, von der Luther behauptet, daß sie «alle Welt hasset», und die er «unter einer lüstigen Lügenfarbe» durch seine Bearbeitung des Äsop dennoch jedermann zugänglich machen will? Luther geht es um die Enthüllung der gesellschaftlichen Gegebenheiten. Ihm dient die Form der Fabel zur Kennzeichnung des menschlichen Verhaltens beziehungsweise Mißverhaltens, allerdings außerhalb der privaten Sphäre, aber auch jenseits der religiösen Bereiche des Daseins. Dort, wo unpersönliche zwischenmenschliche Beziehungsfelder bestehen, wo der einzelne in die «arge Welt» gestellt ist, wo er mit der Obrigkeit zu tun hat, auf Neid, Mißgunst und Schlechtigkeit stößt, wo Gerissenheit mehr gilt als Gerechtigkeit, versucht der Reformator die wahren Machtverhältnisse zu kennzeichnen und dem einfachen Mann durch die Enthüllung dieser gesellschaftlichen

Wie sich der Fuchs mit dem Verstand beriet. Zu der von dem Tschechen Oldřich Syrovátka nacherzählten und 1962 in Prag in deutscher Sprache erschienenen Fabel von La Fontaine (Artia, Prag 1962) steuerte der große Jiří Trnka (1912–1969) dieses Farbbild des altersschwachen Löwen bei, der alle gutmütig sich ihm nähernden Tiere verspeist, bis das Füchslein seinen Verstand gebraucht und zum Schluß kommt, lieber umzukehren als sich fressen zu lassen. Trnka, der 1968 die Hans-Christian-Andersen-Medaille für sein künstlerisches Werk auf dem Felde des Kinder- und Bilderbuchs bekommen hat, ist auch als Puppen- und Trickfilmautor weltberühmt. Schon immer zogen ihn märchenhafte und surreale Motive besonders an.

Jiři Trnka: Wie sich der Fuchs mit dem Verstand beriet (Prag 1962)

Wahrheit zu einer richtigen Einstellung zu verhelfen. Wenn es etwa von den Fabeln allgemein heißt, wer sie zu brauchen wisse, könne in ihnen finden, «wie man sich im Haushalten, in vnd gegen der Obrigkeit und Vnterthanen schicken soll, auff das man klüglich und friedlich, vnter den bösen Leuten in der falschen argen Welt, leben möge» (Vorrede), so wird offenbar, daß Luther die Eröffnungen unter der «lüstigen Lügenfarbe» weniger macht, um die Menschen zu sozialen Revolutionären zu machen oder sie im Sinne einer Morallehre zu bessern, vielmehr um ihnen zu helfen, sich auf Grund der erfolgten Einsichten besser in dieser falschen, argen Welt einzurichten. Man muß den Standpunkt Luthers schon allein deshalb deutlich präzisieren, damit die ganz anderen Positionen, die Lessing und erst recht die Grimms im Hinblick auf den Sinn und die Aufgabe der Fabeln beziehen, klar erkannt werden können. Die Fabel ist zwar immer wieder im Laufe der Jahrhunderte – sowohl in der Antike, etwa bei Phädrus, als auch in der Reformationszeit, etwa bei Erasmus Alberus, oder später im 18. Jahrhundert, beispielsweise bei Pfeffel, oder bei Wolfdietrich Schnurre in unseren Tagen – als sozialkritische Waffe benutzt worden, bei Luther aber hat die gesellschaftliche Enthüllung weniger aggressive Züge als bei einigen seiner Zeitgenossen, Vorgängern und Nachfolgern. Für ihn ist die Welt von Grund auf schlecht: «Denn es gönnet niemand dem andern was Guts, Das ist der Welt lauff» (IV. Fabel, letzter Satz des Epimythions, im Erstdruck). Er leitet daraus nicht die revolutionäre Idee der Veränderung der Gegebenheiten, sondern vielmehr die Lehre ab, daß man sich auf die Heillosigkeiten einstellen und, wie die Stadtmaus und die Feldmaus, jeder in seinem Loch bleiben solle. Wie die abgeleiteten Wahrheiten im einzelnen aussehen mögen, hängt von der Weltsicht und dem Selbstverständnis des Verfassers beziehungsweise Bearbeiters ab. Der umfangreiche Gesamtbestand an Fabelstoffen, den unsere europäische Kultur besitzt, enthält genug Materialien, die verschiedenartigsten, ja sogar gegenteilige Meinungen zu stützen. Bei Luther ist die Weltsicht durch die fundamentale Skepsis gegenüber einer möglichen Moralität in Politik und Öffentlichkeit bestimmt. Daß aber Luther überhaupt die Fabel benutzt, um solche Weisheiten zu verkünden, stellt ihn in die Tradition der eben erwähnten Schriftsteller von Phädrus, ja dem sagenhaften Äsop selber, bis zu Günther Anders, Heinz Risse, Friedrich Wolff oder Wolfdietrich Schnurre, die unsere literarische Kleinform als Werkzeug politisch-gesellschaftlicher Beeinflussung benutzen.

Was die Fabel in der Lutherschen Auffassung leisten kann, ist etwas ganz anderes als etwa bei Lessing, der eine *allgemeine* Morallehre am Fall mit Allgemeingültigkeit aufweisen möchte. Bei Luther geht es um die Darstellung der verworfenen, der heillosen Welt, in der die chaotischen Zustände, der Kampf aller gegen alle herrschen. Eine Morallehre kann also nicht gegeben werden, weil diese der sinnlosen Welt auf Grund ihrer grundsätzlichen Amoralität niemals beikommen kann. Gegeben werden können allerdings Verhaltensbeispiele, gegeben werden können auch Warnungen. Es ist nicht so sehr die Anstrengung des Begriffs, die vom Leser in Luthers Fabeln verlangt wird, vielmehr das Weisewerden in weltlichen Dingen durch ein möglichst einfältiges und anschauliches Erfahren einer Geschichte. Der Theologe Luther gesteht der künstlerischen Plastizität des Sprachwerkchens eine unreflektierte Weisheitsvermittlung zu, die er ausdrücklich dem «hochbedechtig Geschrey» (Vorrede) entgegensetzt.

Luthers Hoffnung ist, daß die Wahrheit der Fabel denjenigen, der sie im Bild erkennt, warnt. Die Fabel selbst ist der Spiegel der bösen Welt, die Epimythien enthalten die Warnungen. Ein theoretischer, abstrakter Moralspruch wird nicht weise machen. Die Fabel erzieht aber jedermann, vor allem die Kinder (aber auch die Fürsten) zu einer realistischen Sicht auf die Dinge dieser Welt. Sie schafft die Voraussetzung dafür, daß die Lehren und Warnungen erhört werden können, sie hält den Betroffenen den Spiegel vor und will damit dem einzelnen zu einem besseren Durchstehen verhelfen. Insofern hat Luther die Fabel als didaktische Literaturgattung gesehen und auch über ihren Verwendungszweck ganz konkret nachgedacht. Er schlägt vor, sie zum Anlaß von Tischgesprächen zu nehmen: «Wenn ein Hausvater uber Tisch wil Kurtzweil haben / die nützlich ist / kan er sein Weib / Kind / Gesind fragen / Was bedeutet diese oder diese Fabel? und beide sie und sich darin üben.»

Bei Luthers Überlegung über Bau, Ziel und Aufgabe der Fabel, bei seiner Erkenntnis ihrer erzieherischen Aufgabe, bedarf es des Hinweises auf die ausgewogene Berücksichtigung sowohl des «prodesse» als auch des «delectare» in seiner Auffassung. Der Reformator ist sich der didaktischen, aber auch der spielerisch-künstlerischen Potenz der Gattung vollauf bewußt. Wer «wil Kurtzweil haben / die nützlich ist», der greife zur Fabel.

Luthers in drei Richtungen gehende Charakterisierung der Fabel – nämlich: sie habe eine Erbauungsfunktion als Kunstprodukt, sie sei ein Sammelbecken von Lebensweisheiten und sie diene sozialkritischer Erkenntnis – ist besser zu verstehen, wenn man sich ins Bewußtsein ruft, daß der Reformator seine Überlegungen inmitten einer literarischen Aufwertungsphase der uns interessierenden Kleingattung anstellte. Seine Gedanken sind geistesgeschichtlich ohne weiteres zu orten. Sie hängen zusammen mit der humanistischen Zueignung zur Weltlichkeit antiker Schriftsteller – man wird auf Äsop und seine weltlichen Weisheiten aufmerksam –; mit der zur Burleske neigenden bürgerlichen Kunst beginnender städtischer Kultur – man will unter Lachen, unter der Decke künstlicher Konstruktion die Wirklichkeit deuten –; aber ebenso mit der latent vorhandenen sozialen Frage – man lehnt sich auf gegen eine Bevormundung durch Adel und Kirche, was sich dann gelegentlich in dem einfachen Gedankengerüst der Fabel (hier blanke Macht, dort arme, zum Unterliegen verurteilte Gerechtigkeit) leicht erkennen läßt. Martin Luther – wie gesagt – umgeben von Fabelbearbeitern wie Steinhöwel, Burkard Waldis, Hans Sachs, Erasmus Alberus und anderen, greift auf keine Theorie der Fabel zurück. Seine Vorrede ist keine Antwort auf eine vorhandene oder diskutierte wissenschaftliche Auffassung über die Aufgaben und Ziele dieser sprachlichen und literarischen Form. In der Tat konnte sich Luther, obwohl er sich ostentativ von den renaissancistischen Wucherungen und Ausschweifungen bei Steinhöwel abhebt und seine Meinung zur Autorschaft Äsops kundtut, auch kaum auf Theorien in seiner Zeit beziehen, sei es nun zur Unterstützung seiner eigenen Anschauungen, sei es, um sich davon abzuheben. Es gab diese Reflexionen nicht.

Lessing dagegen, sich mehr als zweihundert Jahre später ebenso der Bearbeitung und theoretischen Besinnung über die Fabel widmend, wird schon als Student in die Diskussion über die Bedeutung der Fabel hineingezogen – er studierte in Leipzig vier Semester bei dem damaligen Professor der Poesie, Johann Friedrich Christ, der 1746, 1747 und 1748 Schriften über die lateinische Fabel verfaßt hatte (vgl. hierzu Hans Lothar Markschies, Lessing und die äsopische Fabel, Wissenschaftliche Zeitschrift der Universität Leipzig, 4. Jhg., 1954/55, S. 129–142) –, und er beschäftigt sich noch in seinem Todesjahr (1781) mit dem Fabelkomplex, indem er am «Anonymus Neveleti» arbeitet. Nicht nur daß den sporadischen, kurzen, aber scharfen Blicken auf die Gattung bei Martin Luther ein anhaltendes und intensives Studium und eigentlich fortwährendes Beschäftigen Gotthold Ephraim Lessings mit dieser Materie gegenüberstünde, der 1729 geborene Pfarrerssohn aus Kamenz hatte auch noch eine inzwischen ungeheuer angewachsene Sekundärliteratur über die Fabel, ihre Geschichte, ihren poetischen Charakter und ihre philosophische Bedeutung zu bewältigen. Auch er befindet sich wiederum in einer Aktualisierungsphase dieser Gattung. Allerdings hatte sich die Diskussion längst verschoben, der Wert, den man der Fabel beimaß, war jedoch innerhalb der Philosophie und Poetik um ein Beträchtliches gestiegen. Die Fabel galt weithin im 18. Jahrhundert als die Kerngattung der Literatur überhaupt. Lessing tritt demnach in einen schon vielfach aufgeschlüsselten Gedankengang ein, sieht Parteiungen in Einzelfragen, nationale Sondermeinungen – er selbst spricht von den Franzosen und meint die Theoretiker und Fabulisten De la Motte, Richer, Batteux und La Fontaine, den Schweizern, und meint Johann Jakob Breitinger und Friedrich von Hagedorn – und kommt erst nach gründlichem Quellenstudium, eigenen Versuchen, Fabeln zu bearbeiten und neu zu erfinden, außerdem nach eingehender Beschäftigung mit der Geschichte der Fabel zu einer eigenen Standortbestimmung. Da diese seine eigene Fabeltheorie sowie seine Fabelbearbeitungen in unserer Literaturgeschichte eine besondere Anerkennung genießen – bezeichnend für diese Hochschätzung ist etwa der Satz von Hans Lothar Markschies: «Lessing hatte ihr (das ist die Gattung Fabel) das Bewußtsein gegeben und am Ende das Spiel mit sich selbst gestattet. Ihr Kreis und ihre geschichtlichen Möglichkeiten waren damit ausgeschritten» (Lessing und die äsopische Fabel, S. 142) –, und da meines Erachtens Lessing in der Tat eine extreme Position unter den Fabeltheoretikern bezieht, möchte ich auf seine Vorstellungen hier eingehen. Der gelegentlich eingestreute Vergleich mit Luthers Meinung mag vielleicht dazu dienen, Divergenzen und Parallelitäten zu erkennen.

Erwähnt wurde schon, daß Lessing sehr früh während seines Leipziger Studiums bei seinem Lehrer Johann Friedrich Christ mit der Fabel in Berührung kam. Zur Kennzeichnung der Lage zur Zeit von Lessings Stellungnahme muß weiter erwähnt werden, daß Gellerts Fabeln – schnell berühmt gewordene literarische Publikumslieblinge – in der ersten Auflage 1746, in einer zweiten schon 1748 erschienen waren, daß Magnus Gottfried Lichtwer ebenfalls 1748 anonym die «Vier Bücher Äsopischer Fabeln in gebundener Schreibart» herausbrachte, daß Daniel Stoppe 1738 und 1740, Johann George Bock anonym 1743, Ludwig Meyer von Knonau 1744 (anonym), Johann Wilhelm Ludwig Gleim 1756 Fabelbearbeitungen publiziert hatten. Hinzu kommt, daß De La Motte schon 1719 seinen «Discours sur la fable» der Öffentlichkeit übergeben hatte, David Henri Richer, Johann Jakob Breitinger, Charles Batteux ihre Fabeldefinitionen vor Lessings eigener «Abhandlung über die Fabel» von 1759 hatten erscheinen lassen, daß er sich mit ihnen auseinandersetzen konnte. Im Hintergrund jedoch ist die Moralphilosophie Christian Wolffs zu sehen, die die Gedanken der Zeitgenossen in einem starken Maße beeinflußte. «Es sind eben beide, Gottsched und Lessing, getreue Kinder des Rationalismus. Ihr geistiger Vater ist Christian Wolff ...» meint Max Staege in seiner «Geschichte der deutschen Fabeltheorie».

Lessing nun gibt 1753 gesammelt die Fabeln und Erzählungen heraus. Einige davon waren schon 1747 in Hamburg in den «Ermunterungen zum Vergnügen des Gemüths» und 1751 in der «Berlinischen privilegierten Staats- und gelehrten Zeitung» gedruckt worden. Wenig bekannt ist, daß Lessing zwischen seiner 1753 herausgekommenen gereimten Fabelausgabe und den 1759 publizierten, als endgültige Fassung anzusehenden «Fabeln» Samuel Richardsons englische Fassung der äsopischen Fabeln ins Deutsche übersetzte und daß dies Werk unter dem Titel «Sittenlehre für die Jugend in den auserlesensten äsopischen Fabeln» 1757 gedruckt wurde, ohne daß Lessing als Übersetzer genannt wurde. Jeder aufmerksame Biograph stößt bei der Betrachtung von Lessings Leben immer und immer wieder auf Zeiten, in denen der Autor kleinere abgeschlossene Publikationen und – später im Nachlaß aufgefundene – fragmentarische Äußerungen zur Geschichte und Theorie der uns hier interessierenden Gattung erarbeitet hat. Am geschlossensten und systematischsten ist ohne Zweifel die «Abhandlung» von 1759, die auch in ihren Grunderkenntnissen niemals umgestoßen worden ist. Der Mann, der diese seine Schrift unter dem vollständigen Titel «Gotthold Ephraim Lessings Fabeln. Drei Bücher. Nebst Abhandlungen mit dieser Dichtungsart verwandten Inhalts» in Berlin bei Christian Friedrich Voss herausbrachte, sie mit einer Vorrede versah und dort hineinschrieb «Ich hatte mich bei keiner Gattung von Gedichten länger verweilt als bei der Fabel», dieser Mann hat auch kurz vor seinem Tod noch einmal sein Interesse, aber auch sein Unvermögen bestätigt, all seine Vorarbeiten in seiner letztgültigen, systematischen Form zu Papier zu bringen. In einem Fragment aus dem Nachlaß «Zur Geschichte der äsopischen Fabel» heißt es: «Ich habe ehedem an einer vollständigen Geschichte der äsopischen Fabel gearbeitet und in dieser Absicht eine Menge Dinge zusammengetragen, deren Menge selbst mich nunmehr von der Ausführung abschreckt ...» (Beginn des letzten [28.] Stückes [Ein Fragment aus dem Nachlaß], Lessings Werke, Vollst. Ausg., J. Petersen u. W. v. Olshausen, 15. Teil [Eduard Stemplinger], S. 276.)

Lessing hat meines Wissens trotz seiner umfangreichen Spezialkenntnisse in seinen vielen Äußerungen zur Fabelforschung Martin Luther nicht erwähnt. Er hat ihn vielleicht als Fabelbearbeiter und -theoretiker gar nicht gekannt. Seltsamerweise sind dennoch einige Ähnlichkeiten in der Position beider Männer innerhalb der Geschichte der Fabel zu finden. Beide in einer Aktualisierungsphase der Gattung stehend, nehmen eine kritische Haltung zu ihren Zeitgenossen und benachbarten Fabelbearbeitern ein. Bei Martin Luther war es eine deutliche Attacke gegen den sogenannten «Deudschen Esopum» des Heinrich Steinhöwel, den der Reformator in seiner Vorrede «schendlich» nennt, den er ausrotten will, dem er die Durchsetzung mit «schendliche unzüchtige Bubenstück» nachsagt. Luther tritt als Purgator auf, er habe sich «fürgenommen zu fegen». Bei Lessing ist es nicht viel anders. Auch er will sich nicht als Traditionalist in die Reihe der seitherigen Bearbeiter einreihen. Er nimmt sich vielmehr gerade seine Zeitgenossen vor, sagt ihnen ein Abweichen von der der Gattung vorgeschriebenen Form nach: «Ich hatte die alten und neuen Fabulisten so ziemlich alle, und die besten von ihnen mehr als einmal gelesen. Ich hatte über die Theorie der Fabel nachgedacht. Ich hatte mich oft gewundert, daß die gerade auf die Wahrheit führende Bahn des Äsopus von den Neuern für die blumenreichern Abwege der schwatzhaften Gabe, zu erzählen, so sehr verlassen werde» (Vorrede zu den Fabeln, 1759). Fragt man jedoch nach den zentralen Motiven, die zu der Kritik der beiden an den andern Fabelbearbeitern ihrer Zeit geführt haben, so stößt man bei Luther und Lessing auf ganz verschiedene Ansätze. Auf eine kurze Formel gebracht, kann man sagen: Luther setzt vordringlich als Verteidiger einer zuchtvollen Alltagsmoral gegen die Darstellung von ausschweifenden Lebensszenen an, er will die Fabel inhaltlich reinigen. Lessing dagegen wendet sich vor allem gegen den verbalen Flimmer, der den Fabeln durch Versifikationen und wortreiche Ausschmückungen übergeworfen worden ist, Lessing will im Grunde die Form reinigen.

Gewiß ist diese Formulierung allzu einfach, um die komplizierten, oftmals auch nicht ganz widerspruchsfreien Gedankengänge beider Autoren und Theoretiker einzufangen. Sie bezeichnen auch nur eine maßgebliche Grundhaltung, aus der die einzelnen Argumente sich ergeben und verstanden werden können. Wir müssen Lessings Gedanken zur Fabel jedoch näher betrachten, um das Paradoxon aufzulösen, das darin besteht, daß der Moralist Lessing als Formalist gekennzeichnet ist. Damit versuchen wir zugleich die rechte Einsicht in Lessings Theorie der Fabel zu gewinnen.

Lessing beginnt jedes seiner drei «Bücher» in den 1759 erschienenen «Fabeln» mit einer als Prolog gedachten, von ihm erfundenen Geschichte, in der er sich mit ästhetischen Fragen in allegorischer Weise auseinandersetzt. Vielleicht ist dies ein Hinweis auf die erstaunlich weitreichende Veranlagung unseres Dichters, Dichtung und Dichtungstheorie miteinander zu verbinden, das Bearbeiten von Fabeln mit dem Reflektieren über diesen Vorgang und sein Material miteinander zu verschränken. Das letzte Buch der Ausgabe von 1759 wird eröffnet durch die folgende Fabel, die die Überschrift trägt

DER BESITZER DES BOGENS

Ein Mann hatte einen trefflichen Bogen von Ebenholz, mit dem er sehr weit und sehr sicher schoß, und den er ungemein wert hielt. Einst aber, als er ihn aufmerksam betrachtete, sprach er: «Ein wenig zu plump bist du doch! Alle deine Zierde ist die Glätte. Schade! – Doch dem ist abzuhelfen!» fiel ihm ein. «Ich will hingehen und den besten Künstler Bilder in den Bogen schnitzen lassen.» – Er ging hin, und der Künstler schnitzte eine ganze Jagd auf den Bogen; und was hätte sich besser auf einen Bogen geschickt als eine Jagd?
Der Mann war voller Freuden. «Du verdienst diese Zieraten, mein lieber Bogen!» – Indem will er ihn versuchen; er spannt, und der Bogen – zerbricht.

Offensichtlich geht es auch in dieser Fabel, wie in allen anderen, nicht um das Benannte, also um einen Bogen aus Ebenholz, um sein wertvolles Schnitzwerk und um den dadurch um sein Jagdwerkzeug betrogenen Besitzer, vielmehr – und das besagt nicht nur der Inhalt der kurzen Geschichte, sondern auch ihr kompositorischer Platz am Anfang des dritten Buches – steht der wertvolle Bogen für die Fabel als Waffe des Menschen, mit deren Hilfe er Pfeile abschießen und den Menschen treffen kann. Der Besitzer des Bogens ist dann derjenige Mensch, der sich dieser Waffe bedient. Thema dieser Fabel ist nun die Bedeutung des Schmucks und Putzes der Waffe, also im übertragenen Sinne das, was wir gerne den Kunstcharakter der Fabel nennen möchten.

Das schönste Schnitzwerk, wenn es auch noch so sehr die Aufgabe der Fabel vor Augen bringen möchte, die großartigste Ausschmückung durch Wort und Bild, kann für Lessing den Wert der Fabel nicht erhöhen, ja es erreicht gerade das Gegenteil, es zerstört sie. In der Ablehnung des Schmuckes, in der Wendung gegen ein mißverständliches Schönheitsideal liegt zugleich eine spezifische Lessingsche Deutung des Sinnes und Zieles der Fabel. Für ihn ist nämlich die Fabel eine Waffe, mit Hilfe deren man die Pfeile der Wahrheit verschießen, mit Hilfe deren man Erkenntnisse in die Gehirne der anderen transportieren kann. «Alle deine Zierde ist die Glätte», dieser Satz führt dazu, auch zu begründen, warum sich die Fabel vor allem der Tierfiguren bedient und Menschen als Akteure vermeidet. Das «Prinzipium der Reduktion» fordert eine Darstellung an möglichst überschaubaren, unkomplizierten Lebensverhältnissen, in denen die Erkenntnis reibungslos erfolgen kann.

Wir sind der Aristotelischen Behauptung, die Fabel sei ein Redemittel, im Angesicht der Lessingschen Grundargumentation nicht allzu fern. Wie aber stimmt eine solche Auffassung mit dem vorhin erwähnten allgemein in der ersten Hälfte des 18. Jahrhunderts verbreiteten poetologischen Theoriensystem überein, innerhalb dessen gerade die hier bei Lessing so skelettierte Fabel einen zentralen Stellenwert im Dichtungskatalog hatte? In der Tat stoßen wir auf ein Problem, das unseres Erachtens die seitherige Fabelforschung nicht aufgedeckt hat. Nehmen wir den Sinn der Fabel vom «Besitzer des Bogens» ernst, dann geht aus ihm doch ohne Zweifel hervor, daß Lessing in der Fabel weniger ein «Kunststück» als vielmehr ein «Überzeugungsmittel» sehen möchte. Betrachtet man allerdings die literaturwissenschaftlichen Abhandlungen über Lessings Fabeln in unserer Zeit, dann wird von den Autoren merkwürdigerweise gerade das Gegenteil zu belegen versucht. Es sei Lessing gewesen, der «die äsopische Fabel seinem Jahrhundert wieder als *Gattung*, als eine *eigene Form* mit eigenen Gesetzen» entdeckt habe, so schreibt Hans Lothar Markschies in seinem Aufsatz «Lessing und die äsopische Fabel». In einer 1960 erschienenen Interpretation der Fabel «Die Eule und der Schatzgräber» wird vom «schlechthin vollendeten ... Kunstwerk» gesprochen, das man «Wort für Wort liebevoll-aufmerksam durchzufühlen» habe (Fritz Tschirch, Geschmiedetes Gitterwerk – Eine Lessingfabel als künstlerische Gestalt, Zs. Muttersprache, Jhg. 1960, S. 138–144). Und in einer 1950 vorgelegten Dissertation mit dem Titel «Lessings Fabel als Kunstwerk» wird behauptet: «Weiterhin sind die Fabeln dichterisch durch das häufige Eindringen von Gefühlen: Lessing spricht die Sprache des Herzens, die Empfindungen ausdrückt» (Heinrich Gottwald, Lessings Fabel als Kunstwerk [Diss.]. Bonn 1950, Maschinenschrift). Hier verkanten sich meines Erachtens zwei literaturtheoretische Tendenzen zu einem ausgesprochenen Fehlurteil. Formaler Ästhetizismus sucht auch in der Fabel Lessings seine Kunstwerkvorstellung bestätigt zu sehen, und eine trivialisierte Erlebnispoetik in der Folge Diltheys interpretiert in ein untaugliches Objekt «Gefühle» und «Empfindungen» hinein. Daß es Lessing um genau das Gegenteil als um die Erzeugung von Emotionen gegangen ist, daß weiterhin die Fabel ein völlig unbrauchbares Vehikel zum Transport von Herzensempfindungen ist, braucht nicht weiter ausgeführt zu werden.

Eine andere Frage ist allerdings, ob nicht Lessing tatsächlich mit der Absicht, den Schmuck an Bildern und Worten bei der Fabel zu beseitigen, und mit der Absicht, nur noch den Charakter des Werkzeugs zur Absendung von Erkenntnissen und Wahrheiten gelten zu lassen, den Kunstcharakter dieser Gattung verleugnet und damit eine Definition aufstellt, die zur Verbiegung der Fabelintention führt. Hier ist die Klemme für Lessing, in die er als Aufklärer geraten mußte. Ohne Zweifel hatte Luther der Fabel einen «Spielraum» gelassen, gleichsam einen Amüsierzirkel zuerkannt, innerhalb dessen Narrenpossen vollzogen werden können. Die Kunst-als-Spiel-Attitüde Luthers ist bei Lessing verlorengegangen. Die Suche nach dem Zweck, dem die Fabel zu dienen hat, beherrscht seine theoretische Überlegung.

Aber immerhin, trotz aller Zwecktheorie, gibt es für ihn noch ein Bauelement der Fabel, das jenseits einer die Gattung in Frage stellenden Wertung als Redemittel zur poetologischen Rechtfertigung beitragen könnte. Um nämlich den Effekt der Wahrheitsübermittlung erreichen zu können, muß in der Überlegung Lessings die Fabel Fälle vorsetzen, die der Leser oder Hörer für

Der Fuchs und der Storch. Die Fabel vom Fuchs, der dem von ihm geladenen Storch die Speise in einem flachen Teller vorsetzt und so fast alles selber auslecken kann, und dem Storch, der eine Gegeneinladung macht und nun dem Fuchs die Fische in einer langhalsigen Vase serviert, so daß Reinekes Zunge nichts zu tun bekommt, ist hier von Gerhard Oberländer (1907 in Berlin geboren), der vor allem in den fünfziger Jahren der Kinderbuchillustration entscheidende Impulse gegeben hat, interpretiert worden. Ein überlegener Storch sonnt sich in seiner Macht über den schmachtenden Fuchs. Aus: La Fontaine, «Fabeln» (Büchergilde Gutenberg, Frankfurt 1964).

Gerhard Oberländer: Der Fuchs und der Storch (Frankfurt am Main 1964)

wirklich hält. Es heißt in den Abhandlungen: «Der einzelne Fall, aus welchem die Fabel besteht, muß als wirklich vorgestellt werden. Begnüge ich mich an der Möglichkeit desselben, so ist es ein Beispiel, eine Parabel ...» Das aber bedeutet, daß Lessing der Fabel konzediert, eine Falldarstellung, also eine kleine Geschichte zu enthalten, und daß diese Darstellung so erzählt ist, daß sie «Wirklichkeit erteilt». Hier wird ein Kriterium ins Spiel gebracht, das der Dichter unter Hinweis auf Aristoteles exemplifiziert. Er meint nämlich:

Ich lese bei dem Aristoteles: «Eine obrigkeitliche Person durch das Los zu ernennen, ist eben, als wenn ein Schiffsherr, der einen Steuermann braucht, es auf das Los ankommen ließe, welcher von seinen Matrosen es sein sollte, anstatt daß er den allergeschicktesten dazu unter ihnen mit Fleiß aussuchte.» – Hier sind zwei besondere Fälle, die unter eine allgemeine moralische Wahrheit gehören. Der eine ist der sich eben jetzt äußernde, der andere ist der erdichtete. Ist dieser erdichtete eine Fabel? Niemand wird ihn dafür gelten lassen. – Aber wenn es bei dem Aristoteles so hieße: «Ihr wollt euren Magistrat durch das Los ernennen? Ich sorge, es wird euch gehen wie jenem Schiffsherrn, der, als es ihm an einem Steuermann fehlte etc.». Das verspricht doch eine Fabel? Und warum? Welche Veränderung ist damit vorgegangen? Man betrachte alles genau, und man wird keine finden als diese: dort ward der Schiffsherr durch ein als wenn eingeführt, er ward bloß als möglich betrachtet; und hier hat er die Wirklichkeit erhalten; es ist hier ein gewisser, es ist jener Schiffsherr.

An dieser Stelle – und sie dürfte für das Verständnis Lessings gegenüber der Dichtung schlechthin von großer Bedeutung sein – sieht es so aus, als ob der Verfasser der Abhandlung von 1759 das «Erteilen von Wirklichkeit» als ein unabdingbares Stilelement der Fabel ansehe. Der Irrealis eines «als wenn» dagegen, die bloße Möglichkeit, wird hier mit dem wertmindernden Attribut «erdichtet» belegt. «Das trifft den Punkt!», so heißt es bei Lessing im Anschluß an die eben zitierte Stelle. «Der einzelne Fall, aus welchem die Fabel besteht, muß als wirklich vorgestellt werden. Begnüge ich mich an der Möglichkeit desselben, so ist es ein Beispiel, eine Parabel ...»

Damit läßt sich im Hinblick auf Lessings Ansicht vom Kunstcharakter der Fabel folgendes aussagen. Einmal beweist, zumindest verbaliter, seine Scheidung zwischen Dichtung und Wirklichkeit die vorhin geäußerte Vermutung, daß er der Fabel keinen weiteren Raum als poetische Gattung zuerkennen kann. Die Fabel ist nur ein Mittel zur Demonstration und Verdeutlichung des Falles. Nimmt man aber dennoch Lessings der Fabel unterstellte Absicht der Wirklichkeitserteilung eines besonderen Falles als eine poetologisch relevante Aussage, fragt man sich nach der damit gegebenen Kategorie der Poetik, so reicht auch damit das Prinzip der Wirklichkeitserteilung nicht aus, um eine literarische Gattung zu begründen. Es ist vielmehr wohl der Anspruch, Welt und Wirklichkeit zu schaffen, ein Stilprinzip der Dichtung, der Sprache überhaupt, das insofern nichts besagt, als es erst in seiner Differenzierung zur Charakterisierung auch von Gattungsstrukturen beitragen kann. Die Wirklichkeit des Märchens, der Anekdote, der Novelle und somit auch der Fabel ist eine jeweils andere.

Wie wenig Wert Lessing auf die Analyse des Kunstcharakters der Fabel legt, geht aus der Undifferenziertheit dieser seiner Feststellung hervor. Die Fabel hat für ihn keinen «Spielraum», keinen zweckgelösten Unterhaltungs- und Vergnügungsraum. Um so mehr muß uns dann jener Teil seiner Definition interessieren, in der er die inhaltliche Seite der Fabel festzulegen versucht.

So umfangreich seine Auseinandersetzung mit den Theoretikern seiner Zeit auch sind, so eindeutig streben doch alle Darlegungen der «Abhandlung über die Fabel» darauf zu, die in der Schlußdefinition vorgebrachte Ansicht zu stützen. Diese lautet:

Und nunmehr glaube ich meine Meinung von dem Wesen der Fabel genugsam verbreitet zu haben. Ich fasse daher alles zusammen und sage: Wenn wir einen allgemeinen moralischen Satz auf einen besonderen Fall zurückführen, diesem besonderen Falle die Wirklichkeit erteilen und eine Geschichte daraus dichten, in welcher man den allgemeinen Satz anschauend erkennt, so heißt diese Erdichtung eine Fabel.
Das ist meine Erklärung ...

Ob in einer zur Geschichte geformten Wirklichkeit ein allgemeiner Satz anschauend erkannt werden kann, möge als allgemeine Frage der Erkenntnistheorie nicht erneut betrachtet werden, dafür aber um so schärfer die Behauptung Lessings, daß eine Fabel die Aufgabe habe, eine Morallehre zu vermitteln. Man mag es als ein überraschendes Paradoxon ansehen, daß Lessing ab 1759 – im Gegensatz zu fast allen seinen Vorläufern, ja zu seiner eigenen praktischen Handhabung bis dahin – gegen die Ausformulierung dieser Moral ist. Er, als Verfechter der Fabel als Moralliteratur, der 1757 noch treu und brav Richardsons lange moralische «Betrachtungen» ins Deutsche übersetzt hatte, verzichtet auf Ana- oder Epimythion. Er traut dem formulierten

«Fall» so viel moralische Überzeugungskraft zu, daß er auf jegliche Erklärung verzichten zu können glaubt. Was also bis Lessing gewissermaßen «offene», am «fabula docet» klar erkennbare Lehrdichtung war, erfährt bei dem strengen Moralisten eine Introversion. Im Anschauen vollzöge sich ja schon das Erkennen, so folgert er konsequent aus der vorkantischen Philosophie. Er möchte die Fabel von dem Überflüssigen reinigen (wie in äußerlicher Verwandschaft dazu Martin Luther auch). Und nicht nur eine galante Sprache und eine bilderreiche und symbolträchtige Kulisse sind ihm zuviel, sondern ebenso die Nennung dessen, was im «Fall» in der Geschichte, in dem Binnenraum der Fabel anschauend sowieso als moralischer Satz angeblich erkannt werden kann.

Lessing konstruiert seine Fabeltheorie von der Moralqualität aus, während Luther sie seinerzeit als Geschichte, als poetisches Gebilde ernst genommen hatte. Moralist bleibt also Lessing, auch wenn er das «Morale» hinauswerfen möchte. Im Gegenteil, er glaubt die Fabel so sehr im Banne der Moralvermittlung, daß er sie nur noch als Werkzeug im Sinne einer moralischen Rhetorik ansieht. Abgesehen von der einleuchtenden Unmöglichkeit, anschauliche Einzelfalldarstellung und allgemeine Moralsatzerkenntnis in eins zu bringen, stellt sich die Frage, ob die Aufgabe der Fabel, wie Lessing sie in der Vermittlung der Moral sieht, von dieser Gattung tatsächlich geleistet werden kann.

Mir scheinen bei Lessing Theorie und Praxis, also das Schreiben von Fabeln und das poetologisch-moralische Reflektieren, nicht ganz übereinzustimmen und darüber hinaus seine Vorstellung von der Fabel als Morallehre am Fall verfehlt zu sein. Denn sucht man nach dem allgemeinen Gesetz als Teilstück einer allgemeinen Morallehre, dann stößt man in den einzelnen Fabeln zwar auf formulierbare Erkenntnisse – zum Beispiel enthält die von Lessing angedeutete, Aristoteles unterstellte Fabel von der Wahl eines neuen Steuermanns die allgemeine Wahrheit, daß Erfahrung und Leistung zur Vergabe von Ämtern führen sollen und nicht der Zufall; in der ebenso erwähnten Fabel vom Besitzer des Bogens steckt die Lehre, daß Zierat die Funktionalität stört oder in der «Die Sperlinge» überschriebenen, daß jeder nach den Gesichtspunkten urteilt, die ihm naheliegen und einsichtig sind –; genauer besehen handelt es sich in diesen drei Beispielen aber kaum um sittliche Maximen, vielmehr um Lebenserfahrungen, die allzuoft auch nur in partiellen Bereichen ihre Bedeutung haben. Denn im ersten Fall mag zwar eine ethische Wertkategorie angesprochen sein, aber schon im zweiten wird zweifelhaft, ob nicht eine solche Verallgemeinerung zu einer recht phantasiearmen einseitigen Kunst- und Lebensauffassung führen würde, und im letzten ist die Verallgemeinerung zugleich die Antithese zu jenem Lessing, der sich zum aufklärerischen Geniebegriff bekennt. In diesem Sinne belegen die Fabellehren nicht eigentlich die normative praktische Moral, vielmehr gerade das Gegenteil. Sie weisen die Einseitigkeit, ja auch die Unvollkommenheit, Dummheit, Verranntheit, sogar Ausweglosigkeit menschlicher Lebensverhältnisse und Denkbahnen an Beispielen nach. In einem äußerst interessanten Aufsatz über «Lessing und La Fontaine, Von dem Gebrauche der Tiere in der Fabel» (GRM, 1959, S. 235–266) konnte Karl August Ott behaupten, «eine imperativisch fordernde Moral» widerstreite dem Wesen der Fabel. Er meint, daß dieser Satz gerade mit dem Beispiel der Lessingschen Bearbeitungen belegt werden könne. Er sieht – allerdings im Blick auf La Fontaine – in der Gattung gerade das Gegenteil einer positiven Morallehre, eine Art negative Ethik oder, wie er sich ausdrückt, «Gleichnisse für das Unmenschliche im menschlichen Leben». Ich glaube, wir müssen Karl August Ott recht geben, wenn er die Hohlheit der ethischen Intention bei Lessing mit den Worten konstatiert: «Indem er (Lessing) ihr ‹ethische› Unterweisung zu entnehmen sucht und sie als Mittel der ‹praktischen Morallehre› benutzen will», verkenne er «das Wesen der Fabel».

Wir überblicken noch einmal die erkennbaren Positionen und Ansichten und vergleichen Luther und Lessing. Bei einigen äußeren Bedingungsverwandtschaften – inmitten von Aktualisierungsphasen der Fabelgattung schreibend, sich mit zeitgenössischen Bearbeitungskonkurrenten auseinandersetzend, im Bewußtsein des Reinigenmüssens, des für Zucht und Ordnung in diesem literarischen Revier Sorgenmüssens sich der Fabel annehmend – ist es nicht zu leugnen, daß auch einige Ergebnisse ihres theoretischen Besinnens über die Gattung Fabel verwandt sind. Sie beide gestehen ihr einen didaktischen Wert zu, sie beide sprechen von der Wahrheit, die zu erkennen diese Gattung angelegt sei. Aber genauer besehen finden sich doch ganz gewichtige Unterschiede der Auffassungen.

Während Luther den Kunstcharakter der Fabel uneingeschränkt akzeptiert, sie als unterhaltsame Stücke, als Spielraum der Narretei kennzeichnet und damit die Anerkenntnis ästhetischer Elemente in ihr legitimiert, sieht Lessing in der Fabel im Grunde ein schmuckloses Werkzeug zur Erkenntnis von allgemeinen Gesetzen, den «Fall». Er unterstellt ihr die Absicht, den Hörer oder Leser zu nüchterner Abstraktion (vom Fall zum Gesetz) zu führen, er sieht damit die «moralisch-erkenntniskritische» Kategorie als primär und legitim an. Hier unterscheiden sich beide Fabeltheoretiker in ihrer Wertungstendenz ganz wesentlich voneinander. Noch wesentlicher jedoch ist die Diskrepanz der Ansichten im Hinblick auf das, was die Fabel auszusagen vermag: Bei Luther ein Darstellen der Wirklichkeit nach der Devise – So ist die Welt, sieh dir dieses heillose Jammertal an! Bei Lessing ein Aufzählen von «Modellfällen» der Moralität, um den Fabelkonsumenten zur anschauenden Erkenntnis zu führen.

Lessing wollte erreichen, was unvereinbar ist. Er hat eine literarische Gattung überfordert, ja mißdeutet. Er war von der Vorstellung eingenommen, daß Anschauung und Erkenntnis, der besondere Fall und das allgemeine Gesetz, ja daß Kunst und Moral im Becken der Fabel zu einer einheitlichen Masse verschmelzen könnten.

Wir betrachten hier seine Theorie, nicht seine Fabeln selbst. Diese letzteren widerlegen sogar teilweise die Richtigkeit seiner Theorie und Fabeldefinition. Der Dichter war so klug, dies zu erkennen. Im Vorwort zu den 1759 erschienenen Fabeln heißt es:

«Sollte er (der Leser) auch schon dabei (beim Vergleich zwischen Abhandlung und Fabeln) entdecken, daß meine Regeln mit meiner Ausübung nicht allezeit übereinstimmen, was ist es mehr? Er weiß von selbst, daß das Genie seinen Eigensinn hat, daß es den Regeln selten mit Vorsatz folget, und daß diese seine wollüstigen Auswüchse zwar beschneiden, aber nicht hemmen sollen. Er prüfe also in den Fabeln seinen Geschmack und in der Abhandlung meine Gründe.»

MYTHISCHE WEISHEIT

Martin Luther hatte in seiner Vorrede zu der von ihm geplanten Fabelbearbeitung zwar erwähnt, daß nach seiner Meinung «der Äsop» nicht das Werk eines einzigen Menschen, vielmehr das vieler sein müßte, der Frage nach der Herkunft und dem Alter der Gattung ist er jedoch über diese Andeutungen hinaus nicht weiter nachgegangen. Auch für Lessing spielen Thesen und Hypothesen über Ursprung und Wandlung der Fabel eine geringe Rolle, wenn auch sein Interesse der positiven Geschichte der Fabel gilt, ja er sein Leben lang an der Entdeckung alter Handschriften, dem Vergleichen von Ausgaben und den Biographien der Fabelbearbeiter beteiligt war.

Bei den Brüdern Grimm wird – wir wir gleich sehen werden – die Frage nach der Herkunft und Entstehung zur Kernfrage. Die Wendung zu diesem deutlich romantischen Denkansatz läßt sich bis ins einzelne zurückverfolgen. Wenn Goethe noch 1772 in einer Rezension über H. Braun die Andeutung macht: «Wir glauben, daß sie (die Fabel) im Anfang nichts war, als eine Art von Induction» (vgl. Goethe-Handbuch, Bd. I, Stuttgart 1961), dann gibt er zu erkennen, wie stark er noch in Parallele zu Lessing dem Gedanken anhängt, die Fabel sei eine erweiterte Falldarstellung zum Zwecke der Belehrung. Die Gattungstypologie führt bei ihm zu einer Entwicklungshypothese, nämlich die Fabel sei ein Mittel der Rhetorik, ein Überzeugungs- und Überredungsmittel, das mit Hilfe von dichterischen Elementen im Laufe der Zeit verfeinert worden sei. Nur so kann man Goethes Sätze aus der eben erwähnten Rezension verstehen:

«Wollte man nämlich andere belehren oder überreden, so zeigte man ihnen den Ausgang verschiedener Unternehmungen in Beispielen. Wahre Beispiele waren nicht lange hinlänglich; man erdichtete also andere ...»

Die Kehre in den Auffassungen über die Herkunft und Konstruktion der Fabelgattung hatte sich – ohne Goethe – schon vier Jahre vorher vollzogen, als J. G. Herder in die zweite Sammlung der Fragmente «Über die neuere deutsche Literatur» einige kritische Bemerkungen über «Äsop und Lessing» einfügte, in denen so zu lesen ist:

«Ich halte die Fabel für einen Quell, für ein Miniaturstück der großen Dichtkunst, wo man die meisten Dichtungsregeln in ihrer ursprünglichen Einfalt und gewissermaßen in Originalgestalt findet. Aus meiner Poetik laße ich mir also die Äsopische Fabel ungern rauben.»

Das Wesen der Fabel in der «Erdichtung» zu sehen und nicht mehr in der Vermittlerfunktion von Erkenntnissen – die Unterscheidung von Wesen (Poesie) und Zweck (anschauende Erkenntnis) – eröffnet die Möglichkeit, in der äsopischen Tradition eine poetische Erscheinung von Grund auf zu erkennen.

Diese Chance haben die Brüder Grimm genützt. Sie haben die Ansichten Herders ausgebaut und ins Extreme gesteigert. Sie haben eine historische

Begründung für die poetische Fabeltheorie versucht und ebenso eine Erklärung dafür zu geben unternommen, daß die Fabeln einen lebendigen Gegenwartswert haben. Herder sprach an der erwähnten Stelle davon, daß «Verstand des gemeinen Lebens die Sphäre der Fabel seyn müße», die Brüder Grimm – einig mit Herder in der Inanspruchnahme der Fabel für die Dichtung – sehen in der Moralisierung geradezu eine Entartungserscheinung: «überall, wo uns das zur moral vergorene getränk dargeboten wird, ist nicht mehr die frische epische thierfabel, sondern bereits ihr niederschlag vorhanden», so äußert sich Jacob Grimm im Vorwort zu seiner Ausgabe des «Reinhart Fuchs» (Berlin 1834, S. XIII).

Diejenigen Stellen im Werk Jacob und Wilhelm Grimms, auf die wir zurückgreifen können, wenn wir ihre Anschauungen zum Komplex Fabel kennenlernen wollen, sind das eben genannte Vorwort – es stammt von Jacob – und die 1855 verlesene Berliner Akademieabhandlung «Thierfabeln bei den Meistersängern» von Wilhelm Grimm. Tatsächlich jedoch geht die Beschäftigung mit der Fabel bis in der Brüder erste Jahre des Sammelns volkstümlicher Literatur zurück, denn unter den ersten Märchenaufzeichnungen befindet sich schon das «Der Fuchs und die Frau Füchsin» überschriebene Stück aus dem Jahre 1808. Es gewinnt besondere Bedeutung, da es der Anlaß zur Herausgabe des «Reinhart Fuchs» und zu einer Abhandlung «Herausgabe des alten Reinhart Fuchs durch die Brüder Grimm in Kassel» in Schlegels «Deutschem Museum» wurde. Die Brüder forderten damals die Leser der Zeitschrift auf, ähnlichen Tierfabeln nachzuspüren. 1812 und 1813 war Jacob Grimm ganz enthusiasmiert von dem Gedanken, den «Reinhart Fuchs» herauszugeben und dessen volkstümlichen und bruchstückhaften Überlieferungen nachzugehen, bis dieser Plan durch die Herausgabe der Märchen, Sagen, später der deutschen Grammatik und anderem verdrängt und bis 1832–1834 verschoben wurde. Während der leidenschaftlichen Sammlertätigkeit der Brüder Grimm unterschieden sie jedoch nicht akurat nach Gattungen und Volksliteratur. Unter den Märchen waren von Anfang an auch fabelartige Tiergeschichten, wie schon aus der Ölenberger Handschrift – einer ursprünglich Clemens Brentano überlassenen Abschrift der gesammelten Märchen aus dem Jahre 1810, die erst nach 1920 in der Abtei Ölenberg im Elsaß wiederentdeckt und von Joseph Lefftz 1927 in Heidelberg publiziert wurde – deutlich hervorgeht. Dort sind die ersten Wiedergaben, die der Fabel nahestehenden Stücke «Vom Kätzchen und Mäuschen»,

«Das Läuschen und Flöhchen», «Der getreue Gevatter Sperling» und «Von dem Strohhälmchen, dem Köhlchen und dem Böhnchen», ehe das Märchen «Das Brüderchen und das Schwesterchen» wiedergegeben ist.

Wir müssen uns die doppelschichtige Forschertätigkeit der Brüder Grimm vor Augen halten, um den Unschärfefaktor zu erkennen, der sich bis in die Terminologie hinein bemerkbar macht. Einerseits nämlich geht es ihnen – mit durchaus ideologischen Argumenten unterbaut – um das Festhalten der alten Volkspoesie, ganz gleich, ob Lieder, Märchen, Fabeln, Epen oder Sprüche und Sagen zu finden sind. Anderseits stoßen sie bei ihrer Suche nach den Quellen und ursprünglichen Formen auf gattungstypologische Probleme, sie müssen versuchen, Märchen und Sagen strukturell zu trennen und dann auch die Fabel zu definieren. In der oftmals wechselnden Benennung der entdeckten Geschichten drückt sich eine Gleichgültigkeit gegenüber exakteren Unterscheidungen aus, die vor allem Wilhelm Grimm zur Last gelegt werden muß. Bei der Erwähnung von Babrios spricht er in der Abhandlung «Thierfabeln bei den Meistersängern» von Tiermärchen, bei der Erwähnung von Äsop und Steinhöwel von Tiersagen. Man gewinnt den Eindruck, als ob Wilhelm die Ausdrücke Fabel, Sage, Märchen und Epos unkontrolliert als Synonyme benutzt hat. Hier ist Jacob in seiner Terminologie sauberer und klarer. Es fragt sich dabei, ob Jacob und Wilhelm Grimm auch in anderen Punkten voneinander abweichen. Wir meinen, daß dies nur in Nuancen der Fall ist, daß zum Beispiel Jacob etwas vorsichtiger formuliert, Wilhelm dagegen sich «gläubiger» gibt, daß sich aber beide in den uns hier interessierenden Fragen der Fabeltheorie der gleichen Intention unterwerfen und deshalb gemeinsam betrachtet werden dürfen, ja in gewisser Weise sogar müssen, da sie in ihrer Lebens- und Arbeitsgemeinschaft in so starke gegenseitige Abhängigkeit geraten sind, daß ihre Werke schlechterdings nicht mehr isolierbar sind.

Schon daß Jacob Grimm anläßlich der Herausgabe des «Reinhart Fuchs» sein Vorwort der Frage nach der Herkunft der Äsopischen Fabel widmet, ist bedeutsam. Er unterscheidet damit nicht zwischen Tierepos und Fabel, sieht vielmehr beides als Ausformungen ein und desselben «Gemeingutes» an. «Mich dünkt», so heißt es, «die äsopische fabel, deren geschwächte, auf eine ältere, kräftigere gestaltung hinweisende form nicht zu verkennen ist, müsse eben durch die vorstellung an bedeutsamkeit gewinnen, daß ihr ein gemeingut zugrunde liege, das seit frühester zeit stammverwandten völkern, ohne nachweisliche übergänge von einem auf das andere, zugehöre.» Schon dieser erste Satz enthält zwei wesentliche Grimmsche Mutmaßungen über die Äsopische Fabel, nämlich die, uns sei sie nur in einer «geschwächten» Form zugänglich, und die, sie sei auf ein «stammesverwandten völkern» zugehöriges «gemeingut» zurückzuführen. Mit anderen Worten wird hier die Frage einer supranationalen Herkunft und die der dekadenten Tradierung angeschnitten. Jacob Grimm ist auf der Suche nach der «einheimischen» Fabel. Wilhelm Grimm verfolgt diesen Gedanken zwanzig Jahre später weiter. Für die Brüder ist ein unumstößliches Theorem, daß es eine solche uralte, von Äsop unabhängige, direkt «aus dem munde des volkes» (Wilhelm Grimm) aufgenommene Fabel in Deutschland gegeben hat. Wie die Märchen sind die Tierfabeln für sich Reste einer wiederzuentdeckenden, von Rationalismus und Klassizismus übertünchten, einheimischen Kultur. «Was wir» – das heißt wir Menschen einer Spätzeit – «unter dem namen äsopischer fabeln begreifen», seien deformierte, «die ursprüngliche abfassung» nicht mehr deutlich sichtbar machende «kostbare überbleibsel». «So manch bedeutsamer und erfreulicher zug auch noch in dieser geschwächten niederschreibung haftet, ist doch fast alles bereits auf die epimythien zugeschnitten, also nur bloße verkürzung einer älteren, in größerer freiheit empfangenen und auferzogenen thierfabel» (Jacob Grimm). Wer Lessings Theorie kennt, weiß, gegen wen sich diese letzten Feststellungen Jacob Grimms richten, auch wenn er die Sätze, die direkt den «geistreichen Mann» apostrophieren, nicht gelesen haben sollte. Lessing habe «das neue element» «bis auf die leiseste ahnung» vermissen lassen, er habe die griechische Fabel zwar tiefsinnig studiert, aber nicht die altdeutsche, er habe den «sinnlichen gehalt» der Fabel vernichtet, indem er sie auf eine Moral ausgerichtet habe. Kurzum, Lessing ist genau derjenige, an dessen Beispiel sich für Jacob Grimm die gefährliche Fehlentwicklung nachweisen läßt. Lessing ist für Jacob Grimm ein Totengräber der deutschen Fabel.

Wir haben uns zu fragen, wie in der Vorstellung der Brüder Grimm diese «einheimische Fabel» aussehen muß. Daß für Jacob und Wilhelm Grimm Kon-

Die Fahrt in den Brunnen hat der polnische Künstler Janusz Grabianski (geboren 1929) in dem «Großen Fabelbuch» (Ueberreuter Verlag, Wien/Heidelberg 1965) durch diese Illustration auf eine höchst dramatische Weise ausgelegt. Man sieht den zottigen Wolf mit querhängender Zunge heruntersinken, während der Fuchs die aussichtslose Gefangenschaft wieder einmal mit Hilfe seiner Schwindeleien und Überredungskünste verlassen kann. «So geht es in der Welt: Der eine kommt in die Höhe, der andere fällt hinunter.» Käthe Recheis hat den Text der bekannten Fabel bearbeitet.

Janusz Grabianski: Die Fahrt in den Brunnen (Wien / Heidelberg 1965)

ALICE UND MARTIN PROVENSEN: Der Rabe und der Fuchs
(New York 1965 / Ravensburg 1966)

struktion gleich Rekonstruktion ist, daß sie durch Wiederentdeckung des Alten zur Erneuerung und Weiterentwicklung der deutschen Kultur führen wollen, ist ein Grundgedanke ihres gesamten Schaffens. Die ideologische Fiktion ist dabei eine vorhandene, geschlossene, «reine» altdeutsche Vergangenheit, die durch Fehlorientierungen verschüttet worden sei und die es wieder ins Bewußtsein zu holen gälte. «Wenn auch Mangel an Nachrichten directe Beweise unmöglich macht», so müsse der «Grund» der Märchen «sehr alt seyn», heißt es in der Vorrede zu der ersten Ausgabe der Kinder- und Hausmärchen von 1812, «nur ein einziger, aber sicherer ergiebt sich aus ihrem Zusammenhang mit dem großen Heldenepos und der einheimischen Thierfabel». Wir bemerken, wie Hypothesen gegenseitig zum positiven Beweis dienen sollen, denn gerade die alte Tradition «einheimischer Thierfabeln» steht zur Debatte, kann aber nicht als Beweisstütze gelten.

Die ideale einheimische Fabel hätte in den Äußerungen von Jacob und Wilhelm Grimm folgende Charakteristik:

1. Sie basiert auf einem Gemeingut stammverwandter Völker, ist also eine nationale Ausformung von gemeineuropäischem (?) Stoff- und Motivgut. Jacob Grimm äußert im Vorwort zum «Reinhart Fuchs»: «mich dünkt, die äsopische fabel ... müsse eben durch die vorstellung an bedeutsamkeit gewinnen, daß ihr ein gemeingut zum grunde liege, das seit frühster zeit stammverwandten völkern ... zugehöre.» Gewisse Bemerkungen – auch im Vorwort zum «Reinhart Fuchs» zu finden – legen sogar die Vermutung nahe, daß die Brüder Grimm in einer niemals exakt bestimmten Urphase der abendländischen Kulturgeschichte den Kulminationspunkt der geistigen Existenz zu erkennen glaubten und seiner in einem dort vorhandenen Urepos habhaft zu werden hofften. Letzte Splitter dieser Mythologie seien sowohl in den Märchen, in den Sagen und eben auch in den Fabeln zu finden. Die deutsche Literaturgeschichte hat nun nach Ansicht der Brüder Grimm leider die Antike, die Äsopische Fabeltradition bevorzugt und versäumt, die ein-

Der Rabe und der Fuchs. Der schmeichlerische Fuchs erreicht in dieser Fabel, daß der Vogel den Käse fallen läßt, um «Gesang» erschallen zu lassen. Der Fuchs kommt so zu seinem Ziel: in den Besitz des Käses. Die Illustration ist dem Kinderbuch «Fabeln des Äsop, nacherzählt von Rudolf Hagelstange» entnommen (Otto Maier Verlag, Ravensburg 1966), aber 1965 schon in einer amerikanischen Ausgabe erschienen. Sie stammt von Alice und Martin Provensen (1918 und 1916 geboren), einem amerikanischen Graphiker-Ehepaar. Vielleicht ist die Aufbereitung der Szenerie, dem Raben ein Häubchen aufzusetzen, den Fuchs mit Federhut zu versehen und ihm seine Kinderchen an die Hand zu geben, für die in den amerikanischen Kinderbüchern öfters vorhandene Tendenz bezeichnend, traute Bürgerlichkeit darzustellen.

heimische zu pflegen. Wilhelm Grimm bedauert die Umwege, die er gehen muß, um zu den vermeintlichen altdeutschen Tierfabeln zu kommen, daß sie vermutlich teilweise (so als sogenannte Extravaganten in der ersten Ausgabe von Steinhöwels Äsop im Jahre 1480) «gleich in lateinischer prosa niedergeschrieben worden» und dann ins Deutsche zurückübersetzt werden mußten, obwohl sie ursprünglich aus dem Munde des Volkes aufgenommen worden seien. Und Jacob Grimm wirft Lessing vor, wäre seine «scharfsinnige betrachtung wie in die griechische fabel ebenso tief in die altdeutsche gedrungen und durch umfassendere historische studien unterstützt worden; so hätten wir diesem geistreichen mann vielleicht die fruchtbarsten erörterungen unserer thierfabel zu danken». Derselbe Jacob Grimm hält es für eine «schädliche folge der bekanntschaft mit der classischen literatur ..., daß Äsop und Phädrus allmählich die einheimische fabel verdrängen konnten».

2. Die Fabeln sind «unerfindbar». Sie sind Träger einer überpersonalen Weisheit, einer Mythologie, sie halten «unerfundene» Stoffe fest. Es geht ihnen so wie den Märchen, denen «die Menschen absterben, sie nicht den Menschen», wie es in der Vorrede zu der Ausgabe der Kinder- und Hausmärchen von 1819 heißt. Damit ist für die Romantiker Jacob und Wilhelm Grimm die Verfasserfrage aus dem Bereich diffizileren Nachdenkens herausgenommen. «Es ist ebenso widerstrebend echte thierfabeln zu ersinnen, als ein anderes episches gedicht», sagt Jacob im Kapitel «Wesen der Thierfabel» seiner Einleitung zum «Reinhart Fuchs». Er fährt fort: «alle versuche scheitern, weil das gelingen gebunden ist an einen unerfundenen und unerfindbaren stof, über den die länge der tradition gekommen sein muß, ihn zu weihen und festigen.» Wer solcherart eine hypothetische Urpoesie auf den Altar hebt, begibt sich kritischer Stellungnahme, kann höchstens verehrungsvoll zu bewahren versuchen. Er sieht in den Fabeltheorien des vorausgegangenen Jahrhunderts unlautere Versuche eines menschlichen Eingriffs in ein unantastbares Gut. Konkret führten diese nach seiner Ansicht nur zur «bloßen verdünnung einer älteren, in größerer freiheit empfangenen und auferzogenen thierfabel».

3. Die Fabeln sind epische Dichtungen. Hier tritt erneut der Gegensatz zu Lessing zutage. Man beachte – etwa in der Bemerkung, die Tierfabel gründete «sich also auf nichts anderes als den sicheren und dauerhaften boden jedweder epischen dichtung» – die selbstverständliche Einreihung der Fabel in die epische Dichtung. Die Brüder Grimm unterscheiden sich untereinander

auch bei der Einordnung der Fabel in die Poetik nur in Nuancen. Während bei Jacob vorsichtig das Epos als Vergleichskategorie herangezogen wird («gleich allem epos, in nie still stehendem wachsthum, setzt sie ringe an ...». Und: «es ist ebenso widerstrebend echte thierfabeln zu ersinnen, als ein anderes episches gedicht»), ist Wilhelm Grimm bereit, Tierfabeln und Tierepos gleichzusetzen und die Bezeichnungen synonym zu gebrauchen. Eine solche Betrachtung wird nur verständlich, wenn man sich erneut vergegenwärtigt, daß es eben ein Spezifikum Grimmscher «Weltanschauung» war, anzunehmen, es habe einmal ein geschlossenes «einheimisches» Tierepos gegeben, dessen Splitter in den heute überlieferten Fabeln zu sehen seien. Insofern schleppt die Theorie der Brüder Grimm an allen Ecken die Fiktion des nicht mehr sichtbaren, aber dennoch entscheidenden ursprünglichen Tierepos mit sich. Solche angenommenen oder auch behaupteten Gleichsetzungen mit dem Epos erweitern die konträre Position zu den poetologischen Ansichten der Aufklärung, spezifisch denen Lessings. Es heißt bei Jacob Grimm, die Fabel «strömt in ruhiger, unbewuster breite; sie ist gleichmütig, wird von ihrer innern lust getragen». Wiederholt wird die «verdünnung», «geschwächte niederschreibung» und Verschlechterung der ursprünglichen, hypothetischen Tierfabel konstatiert. Die Kontroverse zwischen Lessing und den Grimms wird besonders deutlich, erinnert man sich an Lessings Kampf gegen jeglichen Schmuck und trifft bei Jacob Grimm auf die – gegen Lessing gerichtete – Feststellung: «man darf umgedreht behaupten, daß die kürze der tod der fabel ist und ihren sinnlichen gehalt vernichtet.»

4. «die fabel braucht nicht einmal eine sittliche lehre zu enthalten», schreibt Jacob Grimm und wendet sich damit gegen eine rationale Ausdeutung, eine Überbewertung des Epimythions und eine Überschätzung des didaktischen Charakters. Wer, wie Wilhelm Grimm, die «unschuldige, freie lust an der poesie» betont, legt auch Wert darauf, vom Tiermärchen (d.i. die Tierfabel) zu sagen, «es will zunächst nur ergötzen und überläßt es seiner inneren kraft in dem rechten augenblick auf das gemüt des menschen zu wirken». Eine merkwürdige, laszive Theorie wird hier entwickelt: Die Fabel werde von «ihrer innern lust getragen», sie sei ursprünglich frei von Anspielungen und satirischen Zügen. Bei aller Betonung der epischen Kraft, bei aller Hochwertung der erzählten Geschichte, die wiederzugeben Lust und zu hören Behagen verursachte, können die Brüder Grimm nicht umhin, den doch sichtbaren Lehrcharakter zu konstatieren. Nun sind sie einmal der Ansicht,

daß in all den Fällen, wo «Anspielungen» und über die Fabelgeschichte hinausweisende satirische Bezüge sichtbar werden, eine «der wahren natur der fabel fremde und halb aufgedrungene ausschmückung (Jacob Grimm)» vorläge. Zum anderen konzedieren sie ihrer idealtypischen Fabel eine «innere kraft, in dem rechten augenblick auf das gemüt des menschen zu wirken» (Wilhelm Grimm). Ob nun Jacob Grimm von «innerer lust» spricht oder Wilhelm von der «inneren kraft», gemeint ist, daß die Fabelgeschichte in sich selbst ruhe und keiner Erklärung, keiner Abrichtung auf einen Fall oder einen moralischen Lehrsatz bedürfe. Die Didaktik ist für sie in die epische Substanz hineingerutscht. Wer sie herausholen will, muß sich in die Geschichte vertiefen. Die Schwierigkeit zur Erfassung des Gemeinten besteht darin, daß die Brüder Grimm sich winden und sich letztlich weigern, die Lehren der Fabeln zu formulieren, ja eine Formulierbarkeit bezweifeln, weil dies die «Verdünnung» der epischen Struktur der Fabel zur Folge hätte. «sie lebt wie alles epos, aber sie geht nicht darauf aus zu lehren», heißt es bei Jacob Grimm, der fortfährt, «die lehre mag aus ihr und dem epos, um eine vergleichung zu brauchen, gezogen werden wie der saft aus der traube ... überall, wo uns das zur moral vergorene getränk dargeboten wird, ist nicht mehr die frische epische thierfabel, sondern bereits ihr niederschlag vorhanden.» So sind die wenigen positiven Lehrbestimmungen bei Jacob und Wilhelm Grimm nur Andeutungen, von denen die wichtigsten die sind, die Fabel biete oft keine sittliche Lehre, sondern «nur eine regel der klugheit» (Jacob Grimm), und sie sei dazu angetan, auf den «unterschied der thiere von dem Menschen aufmerksam (zu) machen» (Wilhelm Grimm). Dieser letzte Gedanke weist auf ein weiteres Grimmsches Charakteristikum der Fabel hin:

5. Die Tierfabel – und nur um diese kreisen die Gedanken der Brüder Grimm – ist eine Tiererzählung, eine Geschichte also, deren Inhalt das Leben der Tiere betrifft. So formuliert Wilhelm am Anfang seiner Abhandlung: «der inhalt der dichtungen geht hervor aus der scharf bestimmten, unwandelbaren natur der thiere.» Wer die satirischen «Anspielungen» ablehnt, wer jeglicher Ausdeutung mit dem Hinweis auf den tiefen Ernst der dargestellten Kulissen und Figuren entgegentritt, setzt sich folgerichtig dafür ein, in der Urfabel eine Geschichte zu sehen, welche die auf den «natürlichen Trieben» der Tiere basierenden Handlungen wiedergibt. Das Epos von dem Leben und lehrreichen Verhalten der Tiere ist der Grundgedanke, dem vor

allem Wilhelm Grimm anhängt. Er glaubt an die in den Fabeln wiedergegebene unwandelbare Natur der Tiere, daß der Löwe oder der Bär die stärksten seien und deshalb Herrscherrollen übernehmen müßten, daß zum Beispiel der Wolf der grausamste, der Hirsch der flüchtigste, der Fuchs der listigste, der Esel der geduldigste Vertreter des Tierreiches seien. In allem Ernst werden die Handlungen der Tiere in den Fabeln als naturbedingte, biologisch zu erklärende Vorgänge gedeutet. Das führt zur Kritik an dieser oder jener Fabel, in der dem einen oder anderen Tier ein Charakterzug unterschoben worden sei, der seiner Natur nicht entspräche. So wenigstens äußert sich Wilhelm 1855, während sein vorsichtigerer Bruder zwanzig Jahre vorher die Meinung vertrat, der «besondere, sogar dem übrigen epos mangelnde reiz» läge in der «innigen vermischung des menschlichen mit dem tierischen element». «dieser vereinbarung zweier in der wirklichkeit widerstreitender elemente» – so heißt es weiter – «kann die thierfabel nicht entrathen.» Und: «fehlte den thieren der fabel der menschliche beigeschmack, so würden sie altern, fehlte ihnen der thierische, langweilig sein.» Wenn wir es recht sehen, decken sich der Brüder Ansichten in einem für die Fabeltheorie entscheidenden Punkt: Echte Tiere, mehr oder weniger anthropomorph gesehen, Tiere und keine Fabelwesen, bevölkern die Fabelwelt.

Kritisch betrachtet ist die eben dargestellte Ansicht über Wesen, Werden und Struktur der Fabel zwar als eine reaktionäre ideologische Gedankenfolge nach dem aufklärerischen Jahrhundert zu verstehen, aber als unhaltbare Hypothese zurückzuweisen. Schon die Reduzierung der Gattung allein auf die Tierfabel ist dem gesamten Bestand der Fabelliteratur nicht entsprechend. Solcher gewaltsame Einschnitt führt die Brüder Grimm in die Irre. Sie machen aus der Fabel eine Tiergeschichte, suchen an ihr die Mentalität von Löwe, Hirsch, Lamm usw. abzulesen beziehungsweise in ihr wiederzufinden, sich nicht darum kümmernd, daß diese angeblichen animalischen Charakterzüge Fabelfiguren betreffen und nicht die Zoologie. Diese Fabelfiguren wiederum sind substantiell Fiktionen zum Zwecke von Anspielungen und nicht, wie uns die Grimms glauben machen wollen, reine, einfältige Naturwesen, welche Inkarnationen ursprünglicher Weisheiten seien. Völlig ins Unfaßliche verliert sich die Grimmsche These, die Fabeln stammten nicht von Menschenhand. Sie gehörten vielmehr zu dem allmählich verschleuderten, verdünnten, zersplitterten Paradiesgut der Urpoesie. Daß sich dafür keine Beweise geben lassen, stört Jacob, vor allem aber den gläubig dieser Vorstellung ergebenen Wilhelm Grimm nicht. Daß aber die Gegenbeweise von den Brüdern übersehen wurden, nämlich der unleugbare Lehrcharakter, die unbestreitbaren Rationalzugänge und die nicht wegzudenkenden kritischen Anspielungen, daß dies auch aus den von den Grimms herangezogenen Beispielen nicht zu eliminieren ist, kann nur durch eine allzu große Verfangenheit im eigenen System erklärt werden. Die Kategorien der Fabel wurden zugunsten eines verschwommenen Grundgedankens mißachtet. Zweierlei jedoch muß von dem Historiker der Fabeltheorie festgehalten werden: Die Akzentuierung der poetologischen Struktur der Fabel im Anschluß an Herder und die Rückweisung von Lessings Zwangsvorstellung, jede Fabel müsse kurz und ohne Ausschmückung einen Fall darstellen, aus dem eine sittliche Lehre eindeutig erkannt werden könne. Jacob Grimms Ablehnung der formulierbaren Regel («da fast jede sittenlehre von dem umfang der erzählung übertroffen wird») steht gegen diesen Ausfluß aufklärerischen Denkens.

Nicht ganz zufällig habe ich bisher die gattungstheoretischen Überlegungen Luthers, Lessings und der Brüder Grimm gegenübergestellt. Ich wollte drei Eckpositionen der geäußerten Ansichten vorstellen. In der Frage der Herkunft der didaktischen Absicht oder der poetischen Struktur der Fabel differieren sie – vor allem Lessing und die Grimms – so beträchtlich, daß man sich fragen muß, ob sie ein und dieselbe Sache meinen. Ich habe aber auch diese drei gewählt, weil sie – überblickt man die Geschichte der Fabeltheorie – Thesen entwickelt haben, die weitergewirkt haben. Lessing sei Vollender der Fabel und derjenige, der sie gültig definiert hat, ist die eine, noch heute vertretene Meinung, die andere, nicht weniger wirksame, die der Grimms, auf die sich ein so einflußreicher Herausgeber wie Crusius entscheidend stützt. Wir hätten die Reste zu bewahren und nicht durch intellektuelle Eingriffe und rationale Zusätze ein uraltes Volksgut zu verunglimpfen. Die Moralisten einerseits und die Volksdichtungsideologen anderseits haben Luther wenig beachtet. Dafür wird der Blick in einem bedeutsamen Essay von Dolf Sternberger in seinem Buch «Figuren der Fabel» (1950) besonders auf ihn gerichtet. Vielleicht kann uns tatsächlich des Reformators recht nüchtern anmutende Auffassung von der Fabel als Kunststück und zugleich als Lehrstück weltlicher Weisheit am besten weiterhelfen, die offensichtlich zu verbissene und enge Definition Lessings und die verschwommenen und unbeweisbaren, ideologisch verfangenen Hypothesen der Brüder Grimm beiseite zu rücken, um einige realistischere Zugänge zu den Fabeln zu gewinnen. Damit aber ist gesagt, daß wir die genannten Theorien zu skizzieren unternahmen, um uns von ihnen in Richtung einer neuen, bisher fehlenden Gattungstheorie abzuheben. Während literarische Gattungen wie die der Novelle, der Ballade, des Romans, der Kurzgeschichte, ja selbst der unserer Fabel eng benachbarten Formen wie die des Märchens und der Sage ausgedehnte Betrachtungen erfahren haben, mangelt es bis heute einer ausführlichen monographischen Betrachtung der Fabel. Sicherlich ist dies – circulus vitiosus! – wenigstens teilweise eine Folge der Grimmschen These von der dekadenten und abwegigen Überlieferung, nach der sie heute totzusagen (Mackensen, Markschies, Leibfried), von ihr als von einer entwürdigten (Crusius) oder gar als einer der Industrialisierung zum Opfer gefallenen Erscheinung (!) (Badstüber) zu reden nur Variationen dieses Grundgedankengangs sind.

Demgegenüber etwa auf Wolfgang Kaysers einzige magere Erwähnung im «Sprachlichen Kunstwerk» innerhalb des Kapitels «Exkurs: Bild, Vergleich, Metapher, Synästhesie» hinzuweisen, führt zu nichts: «Die Fabel» – so heißt es dort – «ist im Grunde eine spezielle Form der Parabel.» Und diese sei durch ihr Gleichniselement charakterisiert. Es ist an der Zeit, der literarischen Kurzform Fabel die ihr zukommende Beachtung zu schenken, denn sie ist keineswegs eine abgewirtschaftete oder gar ausgestorbene Daseinsform unserer literarischen und sprachlichen Welt. Sie ist – ohne daß ihr Vorhandensein literaturtheoretisch und literaturkritisch bisher gebührend artikuliert worden ist – vielmehr lebendig wie in der Vergangenheit. Dies bezeugen die in jedem Jahr erscheinenden Sammlungen, aber auch die Versuche, dem traditionellen Bestand moderne Fabeln hinzuzufügen, wie dies etwa bei Bert Brecht, Franz Kafka, Robert Musil, Friedrich Wolf, Wolfdietrich Schnurre, Heinz Risse, dem Amerikaner James Thurber, dem Polen Kolakowski und vielen anderen der Fall ist.

In der gegebenen Situation scheint es richtig zu sein, Reflexionen anzustellen, deren Ziel eine Erkenntnis der Strukturgesetze und Leistungsmöglichkeiten der Fabel ist. Ich setze voraus, daß die Fabel nicht nur als eine rhetorische Figur angesehen wird, sondern ebenso als eine umgrenzbare, kleine literarische Kunstgattung, der neben dem Witz, der Anekdote, dem

Märchen, der Kurzgeschichte usw. ein Platz in der Poetik zusteht. Vorsichtig geworden durch fehlgegangene Theorien in der Vergangenheit, beschritt ich den Weg von der Interpretation einzelner Modelle zur Analyse einzelner Bauelemente und der Motiv- und Lehrmöglichkeiten der gesamten Gattung. Ich bin also vom Fall ausgegangen, dabei aus dem geschichtlichen Reservoir der Fabel auswählend, um unbeschadet von Theorie und Ideologie die Kategorien freizulegen, denen diese kleinen Formen folgen. Es stellt sich schnell heraus, daß *der* «Äsop» nicht nur Fabeln enthält, vielmehr in der Tat eine Sammlung von Lebensweisheiten in verschiedenstem literarischem Gewand ist. Immerhin setzt die Kür von Beispielen zugegebenermaßen eine Idee des «Fabelhaften» als angenommene Sinn- und Struktureinheit voraus. Daß diese Idee als korrigierbare Fiktion (Utopie) verstanden werden muß, als Arbeitshypothese, an der die Wirklichkeit zu messen ist, die in einem wechselseitig bedingten Prozeß von Abstraktion und Eindringen zu verändern oder abzubauen ist, ergibt sich aus dem Gegenstand und der wissenschaftlichen Möglichkeit der literarischen Gattungstypologie.

Hierbei helfen weder eine etymologische Untersuchung des Wortes «Fabel» (Fabel kommt vom lateinischen fabula, zu deutsch etwa «kleine Geschichte») oder eine geistesgeschichtliche Betrachtung und Epochaleinordnung, noch eine Methode, die sich auf einzelinterpretatorische Filigranarbeit beschränkt.

VII. EINBLICKE IN DIE GESCHICHTE DER FABEL

Eine Gattungsgeschichte der Fabel ist in Gefahr, den tatsächlichen Wirkungsumfang und Existenzbereich der Gattung gar nicht wahrnehmen zu können und nur die schriftlichen Artikulationen und die mit ihr gekoppelten theoretischen Reflexionen zu berücksichtigen. Die Konzentration des Blickes auf das 18. Jahrhundert, auf die Renaissance und die Antike in der Sekundärliteratur – also jene Epochen, die in der literaturgeschichtlichen Erörterung bei Erwin Leibfried als «Blütenzeiten» bezeichnet werden – ist eine zwar verständliche, aber einseitige Folge ästhetisierender Betrachtung. Dagegen wäre unter pädagogischen und literatursoziologischen Aspekten darüber nachzudenken, ob nicht die Tatsache, daß gerade das Mittelalter in seinen Klosterschulen die Äsopische Fabel zum kanonischen Lehrgut erklärt hatte, daß die barocken Predigtmärlein zum großen Teil von Fabeln durchsetzt sind, daß die Lesebücher des 19. Jahrhunderts mehr Fabeln enthielten als die unserer Zeit und die der ersten Hälfte des 20. Jahrhunderts, ob nicht diese Fakten konstitutive Bedeutung für die Erfassung der Gattungsgeschichte haben müssen.

Wir müssen dann wohl zwischen Latenz- und Aktualisierungsphasen unterscheiden. Zeiten, in denen die Fabel, ohne wesentliche Versuche, sie zu verändern beziehungsweise sie provokatorisch einzusetzen, tradiert wird, sind solche Latenzzeiten. Dies dürfte im Mittelalter, im Barock und im 19., ja auch im beginnenden 20. Jahrhundert weithin der Fall gewesen sein. Die Fabel diente als Lehrgut, sie half dazu, in den Köpfen der Leser und Hörer das bestehende Gesellschaftsgefüge und die von der Obrigkeit vertretene Moral zu bestätigen. Sie gab Hilfen, die Anpassung zu ermöglichen.

Zeiten jedoch, in denen der Fabel größere Beachtung in der Öffentlichkeit geschenkt wird, in denen sie literarische Bedeutung erlangt und in denen ihre Form zur Entwicklung von Theorien Anlaß gibt, entsprechen interessanterweise Zeiten gesellschaftlicher Umstrukturierungen. Die Reformation, die Bauernkriege, die Entwicklung des Bürgertums im 15. und 16. Jahrhundert sind Ereignisse, die mit der Aktualisierung der Fabel bei Luther, Burkard Waldis, Erasmus Alberus, Hans Sachs und anderen geschichtlich zusammenfallen. Und die Entdeckung der «selbstverschuldeten Unmündigkeit», die Befreiung von der feudalherrschaftlichen Lebensordnung, die geistige, soziale und politische Aufklärung, die zur Französischen Revolution mit all ihren internationalen Konsequenzen führte, muß als Hintergrund der Aktualisierung der Fabel im 18. Jahrhundert erkannt werden.

Damit ergeben sich drei leicht erkennbare Vorgänge: Erstens offeriert die Fabel in den Latenzzeiten ihrer Gattung die Tendenz der Anpassung, die Fabel in den Aktualisierungsphasen dagegen forciert die Widerstandstendenz im Lehrgehalt; zweitens vollziehen sich im Wandel der Geschichte ständige Bedeutungsverlagerungen einzelner Lehrbezirke der Fabel; und drittens sind die Veränderungen der Funktion der Fabel verbunden mit Veränderungen ihrer Form.

Mögen einige Beispiele dazu beitragen, die drei Feststellungen zu erklären:

Zum ersten: Der Bär als Figur der Fabel ist seit der Antike bekannt. Schon bei Äsop findet sich die Geschichte «Der Löwe und der Bär», in der die beiden bis zur Erschöpfung um ein Hirschkalb kämpfen, dann durch den schlauen Fuchs um die Beute betrogen werden (Mader, S. 145). Aber im 18. Jahrhundert gewinnt «Meister Petz» besondere Bedeutung, nachdem Mode geworden war, diese Tiere zu zähmen und zum Tanz abzurichten. Der Tanzbär wird eine häufig verwendete Fabelfigur. Auf sie werden Züge des Täppischen, Plumpen, aber auch des Kräftigen und Einfältigen, die schon seit jeher beim Fabelbären vorhanden waren, übertragen, aber mit gesellschaftskritischem Symbolwert versehen. Dies beginnt recht harmlos schon in dem Buch «Neue Fabeln oder moralische Gedichte der Jugend zu einem nützlichen Zeitvertreibe aufgesetzt» (Breslau 1740) des spätbarocken Daniel Stoppe, wenn er in der Fabel «Der Bär und der Fuchs» (2. Teil, 3. Buch, X. Fabel, S. 163) den Bären zum gelehrigen Schüler des gerissenen Fuchses werden und bei ihm Laster lernen läßt. Das Epimythion lautet:

> O seht, was die Gewohnheit thut!
> Sie giebt oft auch sogar den Hasen Herz und Muth,
> Besiegt die frömmste Furcht, und macht der eitlen Jugend
> Das Laster nach und nach zur angenehmsten Tugend.

Obwohl vom Hasen die Rede ist, wird doch der Bär gemeint. Gewarnt wird durch ihn, sich nicht verführen zu lassen.

Das sieht in Gellerts vier bis sechs Jahre später erschienener Tanzbärfabel schon anders aus. Hier hat der Bär die Schule des Tanzens durchlaufen, er hat sich damit eine Geschicklichkeit zu eigen gemacht, die ihm seine Artgenossen im Walde neiden. Die Kunst als positiver Besitz, den man aber bescheiden vor den neidischen Augen der anderen verbergen soll, ist Thema. Die beiden Fabeln lehren die Anpassung an die bestehende Ordnung, im einen Fall an die bestehenden Tugendideale der Aufrichtigkeit und Standhaftigkeit, im anderen an die Normen des gesellschaftlichen Lebens in Form von Zurückhaltung und Höflichkeit.

Lessings Beitrag zu diesem Thema zeigt die Wende in die Provokation. Seine schon 1753 veröffentlichte, in seiner späteren Sammlung (1759) nicht mehr aufgenommene gereimte Fabel lautet:

DER TANZBÄR

Ein Tanzbär war der Kett entrissen,
Kam wieder in den Wald zurück
Und tanzte seiner Schar ein Meisterstück
Auf den gewohnten Hinterfüßen.
«Seht», schrie er, «das ist Kunst; das lernt man in der Welt!
Tut mir es nach, wenn's euch gefällt
Und wenn ihr könnt!» – «Geh», brummt ein alter Bär,
«Dergleichen Kunst, sie sei so schwer,
Sie sei so rar sie sei,
Zeigt deinen niedern Geist und deine Sklaverei!»

Ein großer Hofmann sein,
Ein Mann, dem Schmeichelei und List
Statt Witz und Tugend ist,
Der durch Kabalen steigt, des Fürsten Gunst erstiehlt,
Mit Wort und Schwur als Komplimenten spielt,
Ein solcher Mann, ein großer Hofmann sein,
Schließt das Lob oder Tadel ein?

Die Kunst, in der Gesellschaft mitzumachen, sich dem höfischen Stil anzupassen, wird von den alten Bären als Zeichen niederen Geistes und der Servilität entlarvt. Und Lessing stellt in seinem Lehrsatz Witz und Tugend als Gegenideale zu Schmeichelei und List auf.

In der ebenfalls «Der Tanzbär» überschriebenen Fabel Gottlieb Konrad Pfeffels, im Jahr der Französischen Revolution (1789) entstanden, wird die vorsichtige Frage Lessings, ob man Lob oder Tadel dem höfischen Verhalten des Bären zollen solle, zur dringenden Forderung nach sozialer Gerechtigkeit und Satisfaktion für zugefügtes Unrecht, und aus dem Einsatz Lessings für

Tugend und Witz wird der offene Aufruf zum Widerstand. Der mißhandelte, seinem Despoten aber entflohene Bär übt Rache und zerbricht seinem Schinder die Rippen.

DER TANZBÄR

Ein Gauner an dem Weichselstrand,
wo man nichts kennet als Despoten
mit ehrnen Zeptern und Heloten
in Lumpen, zog mit kecker Hand
ein Bärchen aus der Mutter Pfoten,
die durch ihn fiel. Der Sieger hieng
flugs einen Korb dem armen Waisen
ums rauhe Kinn; ein dichter Ring
mit einem Gängelband von Eisen
würgt ihm den Hals und überdieß
stumpft er, um sich vor seinem Biß
zu schützen, ihm die jungen Zähne.
Da half kein Heulen, keine Träne.
Noch mehr, er zwang den armen Wicht
mit aufgerecktem Kopf und Ranzen,
er mochte wollen oder nicht,
nach seinem Dudelsack zu tanzen
und seinen Affen Favorit,
der, taub gleich ihm bey Petzens Klagen,
wenn dieser seufzte Fratzen schnitt,
als Reitpferd durch die Welt zu tragen.
Wenn ihn der Unmuth überwand,
so büßten seinen Widerstand
bald seine Knochen, bald sein Magen.
So strich ihm unter tausend Plagen
bereits das dritte Jahr vorbey,
als einst, im Sturm der Schwelgerey,
sein Herr vergaß, ihn anzuschließen.
Die Freyheit winkt. Mit schnellen Füßen
verläßt er seine faule Streu
und fliehet von den Finsternissen
der Nacht bedeckt, durch Busch und Moor
ins nahe Holz. Mit frohen Küßen
empfängt ihn seiner Brüder Chor.

Der eine reicht ihm leckre Speisen,
der andre hilft ihm von den Eisen
an Hals und Schnauze sich befreyn
Der Hedman eilet voll Entzücken,
den Gast mit Eichenlaub zu schmücken
und weihet ihn zum Bürger ein.
Kaum konnte Petz sein Glück ermessen,
doch lernt er eher Honig fressen
und nur, sich selbst gehorsam seyn,
als seines Henkers Wut vergessen.
Einst sah er ihn den dunkeln Hain
durchwandeln; gleich dem Höllendrachen
stürzt er mit aufgesperrtem Rachen
sich über ihn. Ha, Wüterich!
brüllt er, nun kommt der Tanz an dich.
Jetzt packt er ihn mit seinen Tatzen
und preßet ihn, mit wilder Lust,
so fest an seine Felsenbrust,
daß alle Rippen ihm zerplatzen.

Daß wir es mit einem kaum verhüllten politischen Pamphlet zu tun haben, spricht aus dem Nachwort:

Ihr Zwingherrn, bebt! Es kömmt ein Tag,
An dem der Sklave seine Ketten
Zerbrechen wird und dann vermag
Euch nichts vor seiner Wut zu retten.

Die Wendung reicht von der braven Verhaltensberatung bei Gellert über die Kritik an dem Verhalten bei Lessing bis zum vernichtenden Angriff auf die Verhältnisse bei Pfeffel. Eine Tanzbärenfigur ist auch in einer Fabel aus dem Jahre 1833 unter den «Fünfzig ergötzlichen Fabeln für kleine und große Leute» von Wilhelm Hey zu finden. Der Weg durch die Aktualisierungsphase ist abgeschritten, aus dem Tanzbären als Demonstrationsobjekt für Gesellschaftskritik und politische Zustände ist ein bemitleidenswertes Tier geworden.

DER BÄR

Was kommt denn da für ein Tanzmeister her?
Willkommen, willkommen, du lieber Bär!
Was du doch alles für Künste verstehst,

Wie zierlich du auf zwei Beinen gehst!
Nur schade noch, Bärchen, höre du:
Du brummst so gar verdrießlich dazu.
Dem Bären war's freilich nicht zum Lachen,
Er mußte hier seine Sprünge machen;
Viel lieber wär' er im Wald zu Haus
Und schliefe in seiner Höhle aus.
Hier mußt' er hungern den halben Tag;
Viel lieber ging er dem Honig nach.

Der Leser wird gebeten, mit der armen Kreatur Mitleid zu haben, die sich in die Ruhe des Waldes genau so zurücksehnt wie der romantische Mensch. Aber an den Verhältnissen rüttelt diese Fabel nicht mehr, sie akzeptiert sie, fordert nur den Leser auf, Tugenden zu entwickeln, die das Erleiden vielleicht erträglicher machen: Mitleid.

Die Varianten der Tanzbärenfabel sollten belegen, wie in einer Aktualisierungsphase der Provokationscharakter leicht an die Stelle der Anpassungstendenz treten kann. Die Beispiele zeigen dies, wie mir scheint, in besonders klarer Weise, obwohl sich durch Vergleiche anderer Fabeln zu einem bestimmten Thema, zum Beispiel Affen-, Füchse- und Mäusefabeln, ähnliches ergeben würde. Daß die Provokation beziehungsweise die Anpassung jeweils an der Epoche entsprechenden Themen vorgezeigt wird, dürfte einleuchten. Es gibt eine aufschlußreiche Untersuchung über die Varianten der Fabel vom Fuchs und Raben im Mittelalter. Heinrich Bihler hat in seinem Aufsatz (Zur Gestalt mittelalterlicher lateinischer, französischer und spanischer Fassungen der Fabel vom Fuchs und Raben [in: Medium Aevum Romanicum, Festschrift für Hans Rheinfelder, hrsg. v. H. Bihler u. A. Noyer-Weidner, München 1963, S. 21 ff.]), nur lateinische, französische und spanische Fassungen unter die Lupe genommen, und er kann auch dieses allgemeine Gesetz der geistesgeschichtlichen Relevanz zeigen. Die Veränderungen von Gestalt und Lehrtendenz der bekannten Fabel vom Raben, der, auf einem Baum sitzend,

Die Warnung. Die Lithographie von A. Paul Weber (geboren 1893) illustriert die 1955 von Günther Anders geschriebene und 1968 in dem in München erschienenen Fabelband des Autors «Der Blick vom Turm» veröffentlichte Fabel. Spitznäsige, hellhörige, neugierige und bebrillte «Philosophen» wollen die zwei erfahrenen Lebenspraktiker interviewen. Sie beugen sich voller Spannung über sie, diese aber haben abwehrend die Augenlider gesenkt und sich Schlösser vor den Mund gelegt, um nicht zu Äußerungen veranlaßt zu werden, die dann entstellt und umgedeutet veröffentlicht werden könnten. «Si tacuisses philosophus mansisses!» Die hohe satirische Kunst A. Paul Webers soll den Schriftsteller Günther Anders in Versuchung gebracht haben, eine Fabel über das Überflüssigwerden von Fabeln zu schreiben.

A. Paul Weber: Die Warnung (München 1968)

Imre Reiner: Der Fuchs und die Trauben (Frankfurt 1968)

ein Stück Fleisch, oft auch ein Stück Käse im Schnabel, den schmeichlerischen Lockreden des Fuchses am Ende doch unterliegt und seine Beute fallen läßt, werden aufgewiesen. Es stellt sich heraus, daß im frühen Mittelalter eine Verchristlichung in der Auslegung des Gehaltes stattfindet, die im hohen Mittelalter bei Marie de France (12. Jh.) einem spezifisch weltlich-mittelalterlichen, feudalistischen Gepräge stattgibt. Mit der Aktualisierung sei eine künstlerische Wertverbesserung verbunden.

Mit dem bisher Gesagten dürfte weitgehend auch schon die *zweite* vorhin getroffene Feststellung veranschaulicht worden sein, nämlich daß mit dem Wandel der Fabel im Lauf ihrer Geschichte neben dem Wechsel der Lehrintention (Anpassung oder Widerstand) auch eine Veränderung der Lehrbezirke dieser Gattung verbunden ist. Was ist mit Lehrbezirk gemeint? Nun, der Fabelbearbeiter kann ja nicht nur entscheiden zwischen dem Lehrziel, Information zu geben über Möglichkeiten, wie man sich gegen Widerstände durchsetzen kann oder wie man sich in das verfügte Schicksal ergibt, er kann auch wählen, ob er dem Publikum Ratschläge gibt, die diesem in seiner privaten Sphäre behilflich sein können, solche, die ihm einen gesellschaftlichen oder politischen Standpunkt erklären, und solche, die eine allgemeine Lebensweisheit zur Erbauung und Besinnung mitteilen. Jedesmal sind andere Bezirke des menschlichen Daseins gemeint, in die hinein die von den Fabeln gegebenen Beispiele übertragen werden sollen. Allerdings lassen sich die Sphären nicht scharf trennen.

Durchblättert man zum Beispiel die Erstausgabe des «Esopus gantz neuw gemacht und in Reimen gefaßt» des Burkard Waldis aus dem Jahre 1548, so findet man unter den Hunderten von Fabeln nur wenige, die nicht Hausregeln für den braven Mann enthalten, der tapfer und aufrecht

«Behertzet sein und guter mût
Dünckt mich in allen sachen gut ...»

(Burkard Waldis, S. 20, XXIII. Fabel
Von Hasen und Fröschen)

Der Fuchs und die Trauben. In «einmaliger Auflage» erschien 1968 in Frankfurt am Main, als Liebhaberdruck von Hand gesetzt, von Gotthard de Beauclair herausgegeben und nacherzählt, das großformatige Buch «Äsopische Fabeln» im Verlag der Trajanus-Presse. Imre Reiner hat alle 18 von den Originalstöcken gedruckten Linolschnitte beigesteuert. «Der Fuchs und die Trauben oder Billiger Trost» überschreibt Gotthard de Beauclair die dazugehörige Fabel, ein altes Motiv in neuer Abwandlung.

dem Undank der Welt, der Verkommenheit der Zeit,

«Vorzeiten in den alten Jarn
Da die Leut gar viel frömmer warn
Denn jetzt in dieser bösen Zeit
Da der Sathan verbößt die Leut ...»
(Burkard Waldis, S. 314, LXXXIII. Fabel von einem Curtisan)

Reichtum und Geld abgewandt ist. Das Bürgertum des frühen Protestantismus entwickelt hier seine an Luthers Vorbild gemessene Ethik, die zwar bei Waldis eine lebensphilosophische Bereichsausweitung bringt, aber sich dafür weder um transzendentale Fragen noch um sozialkritische Probleme kümmert.

«Ein jeder bleib bey seinem standt
So steht es wol im gantzen Landt»

heißt es am Schluß der Fabel «Vom Hundt und Esel» (Burkard Waldis, S. 12, XIII. Fabel Vom Hundt und Esel).

Hält man die Fabeln aus den Predigten des Barock – mehr als hundert Jahre später – daneben, dann ist aus ihnen in vielen Fällen eine ganz andere, undidaktische Haltung zu erkennen. Schwankhafte unterhaltsame Geschichten werden schmuckreich vorgetragen. Voller Lebensfreude konnte das Kirchenvolk von Äsop hören, wie dieser sagenhafte Weise, der jetzt Narrenzüge zugedichtet bekommt («Schertzweiser Aesopus»), seine Kumpanen übers Ohr haut, «keck und geschwind» (Moser-Rath, S. 295) oder wie der Esel, der sich verbessern will, am Ende bei seinem eigenen Schlächter Dienst annimmt:

EIN ESEL BEKLAGT SICH SEINES HARTEN DIENSTES

Thue in Wahrheit, was jener Esel in der Fabel solle gethan haben. Dieser diente lange Zeit einem Müllner, weilen ihme aber das tägliche Säck-Tragen zu schwer fallete, bate er den allgewaltigen Gott Jupiter, er wolle ihne zu einen andern und bessern Herren im Dienst bringen. Es geschieht, er kommt von dem Müllner zu einem Haffner, weilen er aber bey selbem den schwehristen Laim tragen, und noch darzu harte Stöß und Schläg einnehmen muste, wolte ihm auch dieser Dienst nicht schmecken, kame hierauf zu den dritten Herrn, einem Weißgerber, und als er eines Tags allerhand Häut demselben zuführte, fragte er den Lehr-Jung, was das für Häut wären? der antwortet, das seynd Ochsen-Häut, Kühe-Häut, Kälber-Häut, und das ist ein Esel-Haut, dein Vorfahrer hat meinem Meister lang gedienet, letztlich, als er von Alters wegen nicht mehr fort kunte, liesse er ihne zum Kopff schlagen und ausschinden, und das ist sein Haut, die man jetzund gärben und ausarbeiten wird. Als diß der Esel vernahme, fienge er hierüber an zu seufftzen, und in diese Klag-Wort aufzuruffen: O mich armes Thierlein! wäre ich bey meinem ersten Herrn geblieben, so wäre mir besser geschehen, hier muß ich gar meine Haut und Leben verliehren.

Der diese Geschichte erzählt, Ignatius Ertl (1645–1713), Kanzelprediger aus dem Orden der Augustinereremiten in München, will, daß sich seine Hörer über das paradoxe Mißgeschick eines Einfältigen amüsieren, aber nicht mehr, daß sie daraus nur die Stillhalteparolen entnehmen. Witz wird bei dem Esel vermißt, der Hörer soll das merken und selber witziger werden. Auch hier geht es um den Bezirk der privaten Lebens- und Verhaltensregel, nur anders gewendet.

Und 1738 – um ein Beispiel aus einer wiederum anderen Zeit zu nehmen –, bei dem zwischen Barock und Aufklärung stehenden Daniel Stoppe, der bezeichnenderweise den ersten Teil seiner «Neuen Fabeln oder moralischen Gedichte» dem katholischen «Rath Glafey», den zweiten Teil dem Vorsteher der evangelischen Kirche in Hirschberg gewidmet hat, erkennt man schon an vielen Fabeltiteln, welch stoizistische Weltanschauung den Hintergrund der Lehren abgibt. «Die Gelegenheit», «Die Zeit», «Die Hoffnung und die Furcht», «Der Reichthum», «Das Podagra und das Glück» sind bezeichnende Themen. Wenn auch gelegentlich Zweifel an der Lehre von der irdischen Glückseligkeit durch Genügsamkeit und Sich-drein-Schicken geäußert werden (vgl. dazu die XXIV. Fabel Die Maus in der Falle, im 1. Teil, S. 200), so plädiert Stoppe doch letztlich für das Begnügen:

> Es will sich ja kein Mensch an dem begnügen,
> Was mittelmäßig ist, und sich für ihn recht schickt!

An die Stelle des Aufrufs zur Standhaftigkeit und Lebensstrenge bei dem Luther-Anhänger der späten Renaissance Burkard Waldis ist bei Daniel Stoppe, aber auch schon in den Predigtmärlein des ausgehenden 17. Jahrhunderts die Mahnung zur Schicklichkeit und Zufriedenheit mit den sozialen Gegebenheiten getreten – «Der Stände Ordnung kömmt von Gottes Weisheit her», heißt es bei Stoppe –, auch das Memento mori ist zu hören, aber mindestens ebensosehr das Carpe diem, die Aufforderung, sich dem Augenblick hinzugeben, denn «wie leichte wendet sich das Blatt» (Daniel Stoppe).

Wieder ein Jahrhundert später gibt der Hofprediger in Ballenstedt, Friedrich Hoffmann, eine umfangreiche Anthologie, «wie sie» – so betont er im Vorwort – «noch in keiner bisherigen Sammlung zusammengestellt erschien», unter dem Titel «Lebensweisheit in Fabeln für die Jugend» (Stuttgart 1840) heraus. Insgesamt 533 Fabeln von Äsop bis Wilhelm Hey, von Horaz und Phädrus bis zu Mathias Claudius, Friedrich Müller (dem Maler) und auch Friedrich Hoffmann selbst sind vereinigt. Das Buch hat insofern einen besonderern, in unserem Zusammenhang interessanten Charakter, weil es systematisch, das heißt nach den beabsichtigten Lehrzielen aufgebaut ist. Ich gebe die Titel der einzelnen Abschnitte wieder, und zwar in der gegebenen Reihenfolge:

I. Gottes Liebe – Lobe den Herrn, II. Das Arbeiten für die Ewigkeit, III. Elternliebe – Kindesdank. Dank gegen Wohltäter, IV. Folgsamkeit gegen den Rath der Eltern und der Erwachsenen, V. Pflichttreue, VI. Fleiß und wohlgeordnete Tätigkeit, VII. Erkenne dich selbst, VIII. Erfahrung, IX. Das Bleibende, wahren Werth gebende, X. Besonnenheit und Vorsicht – Blinder Eifer, XI. Kleine Unbequemlichkeiten sind um größerer Vortheile willen zu tragen, XII. Verhalten in Leid und Gefahr, XIII. Bescheidenheit. Stolz und Hochmuth, XIV. Genügsamkeit. Zufriedenheit. Unschuldige Freude, XV. Mäßigkeit, XVI. Geiz, Sparsamkeit, XVII. Bewahre dir deine Freiheit, XVIII. Sei gerecht gegen jedermann, XIX. Achte fremdes Eigenthum, XX. Wahrhaftigkeit. Heuchelei. Schmeichelei. Verleumdung, XXI. Traue nicht dem Scheine! Urtheile nicht nach dem Scheine, XXII. Sei sanftmüthig – Hüte dich vor Zorn! – Räche dich nicht!, XXIII. Sei nicht neidisch und schadenfroh, XXIV. Sei dienstfertig, freundlich, hülfreich, milde!, XXV. Eintracht und Verträglichkeit, XXVI. Freundschaft, XXVII. Verhalten gegen Thiere, XXVIII. Vermischte Lehren der Weisheit – Anregendes.

Beachten wir doch, daß hier der religiöse Lehrbezirk ganz auffällig den Führungsanspruch wieder übernimmt. Die Fabel als Preisgesang Gottes eröffnet die praktische Ethik, die Friedrich Hoffmann dem jungen Leser überantworten will. Es folgen Beispiele für die christlichen Gebote der Arbeitsamkeit, der Nächstenliebe, des Gehorsams, der Pflichttreue, des Fleißes, ehe dann etwa ab Kapitel VIII partielles Lehrgut in kaum noch zu überschauender Einteilung dargeboten wird. Aber die Tendenz, unter Berufung auf die christlichen Tugenden weltliche Anpassung an die bestehenden Ordnungen zu lehren, dürfte schon aus dieser Inhaltsübersicht hervorgehen.

Wenn man den gezeigten kurzen Einblicken in die Ausrichtung von Fabelsammlungen verschiedener Zeiten symptomatische Bedeutung für die Tendenz des Lehrbezirks zumessen darf, dann ergibt sich folgendes: Von Epoche zu Epoche, ja von Sammlung zu Sammlung verändert sich der Akzent und der Bereich der Fabelmoral. In unseren wenigen und kurzen Blicken ergab sich eine ernste lebensphilosophische Tendenz bei Burkard Waldis, eine schwankhafte, ebenso lebensphilosophische in den barocken Predigtmärlein, eine stoizistische bei Daniel Stoppe und eine sentimental-christliche bei Friedrich Hoffmann.

Wie anders sähen zum Beispiel die Ausrichtung und die Unterschiede aus, würde man etwa Sammlungen Gottlieb Conrad Pfeffels, Abraham Emanuel Fröhlichs und Wolfdietrich Schnurres zum Vergleich heranziehen. Die Synopse dieser drei zeit- und sozialkritischen, aber jeweils durch fast ein Jahrhundert getrennten Schriftsteller würde die Position deutlich machen, von der aus sie – durch Umstände und Temperament, Geschmack und Kunstverstand veranlaßt – den Widerstand gegen blinden Gehorsam und brave Anpassung artikuliert haben.

Die gegebenen Veränderungen lassen sich auch in der Form- und Sprachstruktur erkennen. Dies war unsere eingangs erwähnte *dritte* Feststellung. Dem derben Konkretismus der Renaissance steht die epische Breite barocken Erzählens gegenüber, und aus dem umschweifigen allegorischen Stil Stoppes entwickelt sich der rationale Rigorismus, die formale Verknappung in der Aufklärung, sie weicht sentimentalen Lyrismen in den Ästhetisierungsformen der Klassik und Romantik, um heutzutage, wenn uns nicht alles täuscht, satirischen Formen Platz zu machen.

Wenn man bedenkt, daß sich alle diese Feststellungen auf sehr kleine Gebilde, Geschichten von ein paar Zeilen Länge beziehen, die solchen Verwandlungen ausgesetzt waren oder sind, ja daß viele dieser Geschichten seit mehr als zweitausend Jahren nach- und weitererzählt werden, dann wird verständlich, warum die Fabel besonders dazu angetan ist, auf den Vorgang des Umformulierens und Veränderns je nach Einstellung des Erzählers angelegt zu sein.

Ein und derselbe Handlungsverlauf kann zum Demonstrationsobjekt ganz verschiedener Lehren werden. Der Handlungskörper bekommt neue Teile eingesetzt, Figuren werden ausgetauscht, die Sprache in ihrem Duktus der Absicht angepaßt, die Interpretation der Geschichte im Epimythion, im eingestreuten Lehrsatz oder in der vorweggenommenen Zielangabe abgewandelt, ja ins Gegenteil verkehrt.

Wer die Geschichte der Fabel betrachten will, muß sich meines Erachtens – der Sondersituation der Fabel eingedenk – um den Wandel der Lehrtendenzen, um die durch geistesgeschichtliche Vorgänge bestimmte Lehrbezirksverschiebungen genauso kümmern wie um die Bauformentwicklung. Wer sich mit der Fabel beschäftigt, stößt auf ein Gebilde, das nur dann voll erfaßt werden kann, wenn man einen Literaturbegriff zugrundelegt, der Gebrauchsformen mit umschließt. Eine «Dichtungswissenschaft» im engeren Sinne kann der Gefahr einer ästhetisierenden Vereinseitigung des Blickwinkels leicht erliegen.

Erhard Flössner: Die tanzende Ameise (Originalzeichnung, Wiesbaden 1969). Des Wiesbadener Graphikers Erhard Flössner (1928 geboren) Bild der tanzenden und Tamburin schlagenden Ameise dient zur Illustration der modernen tschechischen Fabel von einem schiffbrüchigen Dompteur, dessen Lebenswerk so nebenbei von einem die artistische Meisterleistung der Ameise mißachtenden Wirt zerstört wird. Er zerdrückt das Tier auf dem Tisch. Die politischen Hintergründe werden demjenigen deutlich, der die jüngste Geschichte der ČSSR verfolgt hat.

SAMMLUNGEN, AUTOREN UND BEARBEITER AUS DER GESCHICHTE DER FABEL

Die folgenden Anmerkungen wollen nur informatorische Notizen zu einigen wichtigen Ausgaben und – soweit überhaupt feststellbar – den Verfassern der Fabeln sein. Die Auswahl ist sehr begrenzt und läßt Lücken offen. Bei den aufgeführten Fabelbeispielen wurde, soweit möglich, der Originaltext zugrundegelegt. Alle aus dem Griechischen oder Lateinischen übersetzten Fabeln sind nach Ludwig Mader (Antike Fabeln, Artemis Verlag, Zürich 1951) zitiert. Mittelhochdeutsche und frühneuhochdeutsche Texte sind original wiedergegeben. Spätere Beispiele wurden weitgehend dem Sinn und der Wortstellung nach belassen, in der Orthographie dem derzeitigen Usus angepaßt.

Orientalische Sammlungen und antike Quellen

Sowohl in der griechisch-römischen Antike als auch in den frühen indischen, persischen und türkischen Sammlungen bleiben zumeist die Verfasser verborgen. Es scheint, daß sie teilweise nur die Stoffe gesammelt und zusammengestellt, aber nicht erfunden haben. Die Überlieferung von dieser zu jener Zeit, der Transport von jener in diese Sprache läßt sich kaum aufhellen. Es dürfte weitgehend mit dem Lehrbuchcharakter der Sammlungen zusammenhängen, daß die einzelnen Geschichten überhaupt schriftlich fixiert und zusammengestellt worden sind.

Pañcatantra (Pantschatantra) ist die bekannteste altindische Fabelsammlung. Sie ist vermutlich im 3. Jahrhundert n. Chr. in Kaschmir entstanden. Der Titel bedeutet «Aus fünf Beispielen klugen Verhaltens bestehend». Jedes der einzelnen in Sanskrit verfaßten Bücher enthält eine Rahmenerzählung, die auf die Hauptlehren der Staatskunst Bezug nimmt, und lehrhafte Erzählungen. Unter den mehr als zweihundert Textfassungen in über sechzig Sprachen geht die europäische Übersetzungstradition auf eine alte nordwestindische Fassung aus dem 6. Jahrhundert in Pehlewi zurück.

Noch älter ist *Jàtaka* (Dschatakam), das Buch von den frühen Existenzen Buddhas, das in mittelindischer Palisprache verfaßt und wahrscheinlich im 3. vorchristlichen Jahrhundert entstanden ist. Es enthält mehr als 500 Erzählungen (Fabeln, Anekdoten, Legenden, Märchen, Parabeln). Von den Tierfabeln finden sich viele auch im Pañcatantra und Hitopadeśa. Die

Sammlung diente offensichtlich buddhistischen Predigern zur religiösen und moralischen Unterweisung der Laien durch Beispielgeschichten. Auch die Fabeln berichten nach dieser Interpretation von dem künftigen Buddha, der in ihnen vor seiner Geburt auch in Tiergestalt (als Affe, Hase, Rabe, Papagei) erscheint.

Hitopadeśa (Hitopadescha), was in Sanskrit «Die heilsame Unterweisung» bedeutet, ist das wichtigste vom Pañcatantra abgeleitete erzählerische Werk der Sanskritliteratur. Der Verfasser, der sich Narayana nennt, war wahrscheinlich ein Bengale. In der Zeit zwischen dem 10. und 14. Jahrhundert niedergeschrieben, bewahrt dieses Buch konsequent Lehrbuchcharakter. Hauptthema ist die Staatsklugheit. Die sich bekriegenden Tiere sind Schwan und Pfau. Jedes der vier Bücher enthält eine Rahmenfabel.

Ebenfalls auf Pañcatantra gehen *Bidpais Fabeln* zurück. Bidpai war ein Philosoph, der im anmutigen Gewand der Fabeln und Parabeln seine Lehren verbreitete und dabei auf die indischen Lehrbücher zurückgriff. Bidpais Fabeln sind eine arabische Bearbeitung des Pañcatantra aus dem 8. Jahrhundert.

Und wiederum ist *Das Buch der Beispiele der alten Weisen* die erste deutsche Bearbeitung der Fabeln des Hauptes der Brahmanen (Bidpai), allerdings aus einer lateinischen Übersetzung des 13. Jahrhunderts ins Deutsche übertragen. Diese Ausgabe, vom Herzog Eberhard von Württemberg veranlaßt, war eines der ersten Erzeugnisse der deutschen Druckerpresse gegen Ende des 15. Jahrhunderts.

Tuti-Nameh, das Papageienbuch, ist genannt nach dem klugen Vogel, der die Erzählerrolle übernommen hat wie in Tausendundeinernacht Scheherazade. Das berühmte persische Werk war schon am Anfang des 14. Jahrhunderts altbekannt und übernahm danach im Türkischen die Rolle eines Regentenspiegels, eines Lehrbuchs der türkischen Prinzen.

In allen diesen eben erwähnten Sammlungen tauchen zwar Fabeln auf, sie sind aber vermischt mit anderen Formen von Kleinprosa.

ÄSOP (auch: AISOPOS, ESOP). Wir wissen nichts Sicheres über sein Leben und Schaffen. Vielleicht hat er gar nicht gelebt, und sein Name steht nur für die «Verkörperung des fabulierenden griechischen Volksgeistes» (Hausrath). Der vermutliche historische Kern dieser legendären Figur dürfte sein: Ein phrygischer Sklave aus Samos oder Sardes trat um die Mitte des 6. Jahrhunderts vor Christi Geburt als brillanter Erzähler hervor, der die bekannten volkstümlichen Erzählstoffe wußte und wiedergeben konnte. Alles, was in Griechenland an «Märchen aus der Tierwelt, Schnurren und Geschichten umlief», wurde später «mit dem Namen Äsop in Verbindung gebracht» (Mader).

Eine *Äsop-Legende* entstand: Danach war der Fabelerzähler auch der Erfinder der Fabel. Er sei – laut Herodot – Sklave eines Mannes namens «Iadmon» gewesen. Die Delphier hätten ihn ermordet. Möglicherweise bestand schon vor der Zeit des Herodot ein Volksbuch, in dem über das Leben des Phrygiers Äsop Sagenhaftes berichtet wurde. Aus byzantinischer Zeit ist ein *Äsop-Roman* in drei Fassungen überliefert. Darin ist Äsop eine Schelmenfigur. Er spielt als Sklave dem Philosophen Xanthos Streiche, ist politischer Ratgeber des Herrschers von Samos, wird aufgrund seiner Verdienste freigelassen, hält sich am Hof des Kroisos auf, führt witzige Gefechte mit den Sieben Weisen und wird in Delphi getötet. Anscheinend verbreitete er die volkstümlichen Weisheiten, Erfahrungen und Lehren im bewußten Widerspruch zu den Auffassungen der etablierten Priester und Philosophen.

Es gibt keinen authentischen Text der dem Äsop zugeschriebenen Fabeln. Wahrscheinlich aber ist, daß eine Zusammenstellung schon um 500 vor Christi Geburt vorgelegen hat. Sokrates hat nach Platons «Phaidon» im Gefängnis vor seinem Tod Fabeln des Äsop in Verse gebracht. Wir müssen annehmen, daß es schon frühe Sammlungen mit unterschiedlicher Tendenz gegeben hat: Einmal Schwank- und Anekdotensammlungen zur amüsanten Unterhaltung, unter Umständen mit Anlehnung an den fiktiven Lebenslauf des Mannes Äsop; zum anderen Anthologien lehrhaften Gehalts zum Gebrauch in den Schulen. Als älteste Ausgabe wird die des Demetrius von Phaleron gegen Ende des 4. nachchristlichen Jahrhunderts genannt. Davon ist jedoch keine Spur mehr vorhanden.

Unter den Fabeln, die dem legendären Dichter zugeschrieben werden, sind nicht nur Tierfabeln mit deutlich lehrhaftem Charakter, sondern auch kleine besinnliche oder scherzhafte Geschichten, die wir oftmals als Sagen,

Märchen, Legenden, Parabeln und anderes ansprechen möchten. Da wir von Äsop nichts schriftlich überliefert haben, läßt sich auch schwerlich seine «literarische Individualität» (Mader) erschließen.

DER FUCHS UND DER LÖWE

Der Fuchs hatte noch niemals den Löwen gesehen. Als er ihm zufällig einmal begegnete, erschrak er beim ersten Anblick so sehr, daß ihn fast der Schlag getroffen hätte. Bei der zweiten Begegnung hatte er immer noch Angst, aber nicht mehr so, wie das erste Mal. Als er ihn das dritte Mal sah, hatte er schon soviel Mut, daß er auf ihn zuging und sich mit ihm unterhielt. Die Fabel zeigt, daß Gewohnheit auch furchterregende Dinge in anderem Licht sehen läßt.

DIE HUNDE VOR ZEUS

Die Hunde ärgerten sich eines Tages über die dauernden Plackereien und Quälereien und schickten Gesandte zu Zeus, er solle doch ihre Beschwerden abstellen. Indem dieser ihnen zeigen wollte, daß dies unmöglich sei, erklärte er: «Eure Not wird aufhören, wenn ihr einmal soviel gepißt habt, daß ein Fluß daraus wird!» Sie hielten das für Ernst und machen es seitdem so bis auf den heutigen Tag: wo sie sehen, daß einer von ihnen gepißt hat, bleiben sie stehen, um ebenfalls zu pissen. Die Fabel lehrt, daß man an seinem Los nichts ändern kann.

TAUBE UND KRÄHE

Die Taube in einem Schlag brüstete sich mit ihren vielen Jungen. Als die Krähe es hörte, sagte sie: «Nein, hör auf, damit großzutun! Je mehr du ausbrütest, desto mehr Sklavenlos mußt du beklagen.» – So ist es auch mit dienenden Leuten: am unglücklichsten sind diejenigen dran, die viele Kinder bekommen.

PHÄDRUS. Er dürfte in Mazedoniens Küstenlandschaft nahe dem Olymp geboren, schon in seiner Jugend als Sklave nach Rom gekommen und unter Kaiser Augustus freigelassen worden sein. Seine Biographie ist weithin unbekannt, da zeitgenössische Schriftsteller Phädrus nicht nennen und wir auf seine eigenen Erwähnungen in den Prologen und Epilogen seiner fünf Bücher Fabeln angewiesen sind. Unter Kaiser Tiberius muß er wegen angeblicher Anspielungen und Kritik an den Herrschenden Verfolgungen ausgesetzt, vielleicht auch in die Verbannung geschickt worden sein. Er hat noch unter den Kaisern Caligula und Claudius gedichtet und starb in hohem Alter.

Phädrus brachte die Äsopischen Fabeln – vermischt mit geschichtlichen Anekdoten und anderen epischen Kleinformen – in lateinische Verse. Seine

Sammlung wurde in fünf Büchern im 1. nachchristlichen Jahrhundert veröffentlicht. Phädrus setzt an Anfang oder Schluß gewöhnlich ein deutliches «fabula docet», das nicht immer genau mit dem Inhalt der Fabelgeschichte zusammenstimmt.

DER FALKE UND DIE TAUBEN

Wer sich dem Schurken anvertraut zum Schutz,
Statt Schutz zu finden, rennt in das Verderben.
Oft flohn die Tauben vor dem wilden Falken
Und fanden Rettung nur im schnellen Flug.
Da griff zum Trug der hinterhältge Räuber
Und täuschte so das waffenlose Volk:
«Was wollt ihr lieber so bekümmert leben,
Statt daß wir durch Vergleich uns klug vertragen
Und ihr zu eurem König mich erwählt,
Der euch beschützt vor jeder Art von Unrecht?»
Vertrauensselig gaben sie sich hin.
Kaum war der Falke König, da begann er
Sie, eine nach der andern, zu zerreißen.
Das war das Königtum der scharfen Krallen.
Von denen, die am Leben blieben, sagte
So manche dann: «Wir büßen eigne Schuld!»

DER FUCHS UND DIE MASKE

Einst kam die Maske eines Trauerspiels
Dem Fuchs vor Augen, und er meinte gleich:
«O wie bedeutend, aber kein Gehirn!»
Das gilt für jene, denen Ruhm und Ehre
Das Schicksal gab, doch den Verstand versagte.

VIPER UND FEILE

Wer mit dem scharfen Zahn den schärfren angreift,
Der wisse, daß ihn diese Fabel schildert.
In eine Schmiede kam einmal die Viper
Und suchte, wo sie was zu essen fände:
Sie biß in eine Feile. Trotzig sagte diese:
«Was willst du, Törin, mit dem Zahn mir schaden?
Die ich gewohnt bin, Eisen durchzunagen!»

BABRIOS. Lebensdaten dieses griechischen Fabeldichters – vielleicht war er auch ein Römer, der griechisch dichtete – sind nicht bekannt. Aus Erwähnungen und Stilkriterien ist geschlossen worden, daß er im 2. oder 3. Jahrhundert nach Christi Geburt geschrieben hat. Andere Quellen behaupten, er habe schon um 70 n. Chr. Äsopische Fabeln in Verse gebracht. Sein Nachahmer Avianus erwähnt, Babrios habe in griechischen Jamben die Äsopischen Fabeln nacherzählt und in zwei Bänden zusammengefaßt. Diese Sammlung – angeblich bestand sie aus zehn Büchern – war bis ins 19. Jahrhundert verschollen. Im Mittelalter kannte man die Fabelbearbeitungen des Babrios nur in einer Nachdichtung des Ignatius Magister (9. Jahrhundert). Erst 1844 wurden 136 Originalfabeln im Kloster auf dem Berg Athos, einige weitere an anderen Orten (Vatikan, Palmyra) entdeckt.

Babrios zählt zu den Klassikern der Fabelliteratur. Herder nennt ihn den einzigen mustergültigen Vertreter dieser Gattung im Altertum. Babrios hat den Prosavorlagen eine dichterische Form gegeben, dabei jambische Trimeter benutzt, die im letzten Metrum hinkend (choliambisch) schließen und unserem Ohr schwer eingänglich sind. Mit dem Versuch der Poetisierung geht eine Verfeinerung der Darstellung und eine Sublimierung der Lehre einher.

DER LÖWE ALS KÖNIG

Einst war ein Löwe König. Gar nicht jähzornig
Noch grausam war er oder auf Gewalt pochend.
Nur sanft und rechtlich, wie nur je ein Mensch sein kann.
Und unter dieses Königs Herrschertum, sagt man,
War einst im Wald der wilden Tiere Haupttagung,
Um Rechenschaft zu tauschen, dieser mit jenem.
Als alle treulich nun die Rechnung ablegten –
Der Wolf dem Lamm, der Panther drauf der Wildziege,
Dem Hirsch der Tiger – und sie Frieden drauf schlossen,
Da meint der Hase scheu: «Ja, diesen Tag hab' ich
Schon immer mir von je so sehr gewünscht, wo auch
Die Rücksichtslosen vor den Schwachen Angst fühlen!»

DER HIRT UND DER WOLF

Als einer, abends seine Schafe einpferchend,
Zugleich mit ihnen auch den fahlen Wolf eintat,

Da sah es noch der Hund und sprach zu ihm warnend:
«Wie soll's den Schafen gehen, wenn du den mitbringst!»

DAS SCHAF UND DER WOLF

Das Schaf, dem unerwartet einst ein Wolf streunend
Begegnet, fand in offnem Tempelraum Zuflucht,
Wo festlich sie dem Gott ein Opfer darbrachten,
Doch hielt den Wolf zurück die Mauereinfassung,
Und, draußen weilend, hielt er mit dem Schaf Zwiesprach.
«Siehst du», so sprach er, «dort nicht den Altar blutig?
Komm! Sonst ergreift man dich und wird auch dich opfern!»
Es sprach: «Mach dir um mich nur keinerlei Sorge!
Mir geht es gut. Selbst wenn sie mich dem Gott opfern,
Es wär mir lieber, als wenn mich der Wolf fräße!»

AVIANUS. Über das Leben des römischen Fabeldichters ist nichts bekannt. Wahrscheinlich ist jedoch, daß Avianus gegen Ende des 4. Jahrhunderts n.Chr. seine Fabeln verfaßte. Zweiundvierzig davon sind in den vielerorts überlieferten mittelalterlichen Handschriften (z.B. in Paris, Oxford, Cambridge, London, Trier, St.Gallen, Karlsruhe) zu unserer Kenntnis gekommen. Sie enthalten meist Stoffe, die bei Phädrus nicht zu finden sind. Seine Schreibart blieb nicht ohne Kritik: «Man hat oft den peinlichen Eindruck, ein Bettler wirft sich einen Königsmantel um die schlotternden Glieder» (Mader).

DIE ZWEI KREBSE

Schräg die Beine gesetzt bewegte der Jungkrebs sich rückwärts,
Als er im nassen Gestein heftig im Rücken sich stieß.
Immer schon wünschte die Mutter, er solle bequemer doch vorwärts
Gehen und gab ihm auch jetzt, heißt es, den folgenden Rat:
«Setz dir's doch nicht in den Kopf, hier zu gehen, wo keinerlei Weg ist,
Und gewöhne dir ab, immer nur rückwärts zu gehn!
Nein, beschränk dich darauf, gradaus die Schritte zu lenken
Ohne Gefahr auf dem Weg, der dich geleitet ans Ziel!
Drauf versetzte der Sohn: «Geh du erst, Mutter, voran mir!
Wenn du den Weg mir zeigst, folge ich sichrer dir nach.»
Maßlose Torheit ist's, wenn du selber verkehrt etwas anfängst,
Gleich in des andern Tun nur das Verkehrte zu sehn.

KRÄHE UND URNE

Durstig erblickte die Krähe dereinst eine mächtige Urne,
 Doch nur der Boden war kaum eben mit Wasser bedeckt.
Lange war sie bemüht, es ganz auf die Erde zu gießen,
 Konnte sie doch dann leicht löschen den quälenden Durst.
Alles Bemühn war umsonst. Da versuchte sie allerlei Listen,
 Wie denn Entrüstung und Not reizt einen findigen Sinn.
Steinchen warf sie hinein, da stieg das Wasser von selber,
 Bis zum Trinken sich ihr leichter die Möglichkeit bot.
Also zeigte der Vogel, wie stärker als Kraft ist die Klugheit,
 Die das begonnene Werk glücklich zum Ende geführt.

Mittelalterliche Überlieferung

Wahrscheinlich vollzog sich die Weitergabe des antiken Fabelgutes ohne große Zäsuren während des gesamten Mittelalters. Man kann mehrere Überlieferungsstränge in die gesamte europäische Literatur des lateinischen Mittelalters hinein verfolgen. Die bedeutendste Grundlage bildet jedoch das sogenannte «Romulus-Corpus» (zwischen 350 und 500 n. Chr.) in lateinischer Prosa. Auf diesem «Aesopus latinus» beruhten auch die im England des 12. und 13. Jahrhunderts entstandenen «Romulus Nilantii» und «Romulus Nevelati», aber auch der «Esope» der Marie de France, einer anglo-normannischen Dichterin, die in der zweiten Hälfte des 12. Jahrhunderts 103 Versfabeln in französicher Sprache dem «Romulus» nachformte. Seit dem 7. Jahrhundert ist die Fabel in Westeuropa literarisch belegt. Die kleinen Tiergeschichten (bîspel-Sammlungen) dienten sehr oft als «Herbarien der Moral» (Schirokauer). Ihre Bearbeiter, wie Paulus Diakonus (um 800) oder Egbert von Lüttich (nach 1000), griffen auf die bekannten Tiere und die ihnen zugeschriebenen moralischen Qualitäten zurück, um die Lehre von der Ungleichheit aller Geschöpfe und der gottgefügten Ordnung zu verbreiten.

Wir haben zwischen lateinischer mittelalterlicher Fabelüberlieferung einerseits und der nationalsprachlicher Bearbeitungen anderseits zu unterscheiden.

ROMULUS. Dieses verbreitetste Fabelbuch des Mittelalters stammt von einem Mann, der sich in der Vorrede selbst Romulus nennt und behauptet, er habe die Fabeln aus dem Griechischen ins Lateinische übersetzt. Die mehr als 80 Stücke in schlechtem Spätlatein dürften nicht nur eine Prosabearbeitung des Phädrus sein, vielmehr zum Teil auch auf einem verlorengegangenen, bis ins 2. Jahrhundert zurückzuverfolgenden lateinischen Prosa-Äsop basieren. Die älteste Romulus-Handschrift, die uns bekannt ist, stammt aus dem 10. Jahrhundert (Kloster Weißenburg im Elsaß, um 920). Da im Mittelalter Babrios verschollen war und Phädrus-Bearbeitungen unbekannt blieben, bildete der Romulus die zentrale Brücke zwischen antiker und mittelalterlicher Fabeltradition.

DIE SCHNECKE UND DER SPIEGEL

Eine Schnecke fand einen Spiegel. Als er ihr so herrlich glänzte, verliebte sie sich in ihn. Indem sie über ihn kroch, machte sie sich gleich daran, ihn abzulecken, tat ihm aber nichts weiter, als daß sie seinen Glanz mit Schleim und Schmutz überzog. So besudelt fand ihn ein Affe und sagte: «Wer sich mit so etwas einläßt, verdient es nicht anders.»

Das gilt für Weiber, die sich mit törichten und nichtsnutzigen Männern verbinden.

DAS GEISSLEIN UND DER WOLF

Als die Ziege trächtig war und auf die Weide gehen wollte, ermahnte sie das unerfahrene Geißlein, ja keinem zu öffnen, da sie wohl wußte, daß viele wilde Tiere um die Viehställe herumschlichen. So warnte sie und ging. Da kam der Wolf, und indem er die Stimme der Mutter nachmachte, verlangte er Einlaß. Da sagte das Geißlein, das ihn durch die Ritzen hindurch sehen konnte: «Ich höre die Stimme meiner Mutter, aber du bist ein hinterlistiger Feind, und indem du die mütterliche Stimme nachmachst, willst du mich auffressen. Geh fort, ich lasse dich nicht herein.»

DER STRICKER. Man hat ihn den bedeutendsten Fabeldichter des späten Mittelalters genannt. Er war keinem Hof verpflichtet und lebte als Fahrender zwischen 1215 und 1250 in Bayern und Österreich. Seine Fabelsammlung «Die Welt» enthält Stücke mit deutlich ausgesprochener Lehre, ja sogar gelegentlich mit zweiten und dritten Moralauslegungen. Die bîspel oder exempla prangern die Laster der Zeit an. Beim Stricker sind die Tiere beseelte, sittliche Wesen geworden, die dem Bußprediger Anschauungsmaterial für menschliches Verhalten bieten.

DER VOGEL UND DER SPERWER

Ûf einem grüenen rîse
sanc ein vogel sîne wîse
eines morgens vil fruo.
im was sô ernest dar zuo
daz er sîn selbes vergaz
und alsô singende saz
unz ein sperwaere dar swanc
do er aller wünneclîchest sanc
und nam in in sîn füeze.
dô wart sîn stimme unsüeze
und sanc als die da singent
die mit dem tode ringent.
Alsô vreunt sich der werlde kint,
die mit der werlt sô vaste sint
daz si got lâzent underwegen
und welnt deheiner vorhte pflegen
und tuont swaz in gevellet,
unz si der tôt ersnellet
und würget si als drâte
daz in helfe kumt ze spâte.
sus nimt ir vröude unde ir spil
ein boeser ende unde ein zil
denne des vogels der dâ sanc
unz er den tôt dâ mite erranc.
die nôt die im sîn sanc erwarp
der was ein ende dô er starp;
sô ist der werlte kinde nôt,
die âne riuwe ligent tôt,
ân ende und sô manicvalt
daz si immer blîbent ungezalt.

Der Müller und sein Esel. Das Bild des Engländers Brian Wildsmith (geboren 1930), einem der stärksten Talente unter den gegenwärtigen Bilder- und Kinderbuchillustratoren von internationalem Rang, stellt eine Station auf dem Wege des Müllers, seines Sohns und des Esels zum Markte dar. Die Szene in dieser La Fontaineschen Fabel wechselt oft: Sohn und Vater tragen zeitweise das Tier (um es zu schonen), dann sitzt der greise Vater, dann wieder der Sohn allein auf dem Rücken des Esels, oder alle drei laufen nebeneinander her. Wildsmith läßt hier gerade Vater und Sohn auf dem überlasteten Tier reiten. Das Bild ist dem Buch «Der Müller und sein Esel» (Atlantis Verlag, Zürich/Freiburg i. Br. 1969) entnommen.

Brian Wildsmith: «Der Müller und sein Esel» (London und Zürich / Freiburg i. Br. 1969)

GERHARD VON MINDEN. Ihm werden die Fabeln des «Wolfenbütteler Äsop» zugeschrieben. Gerhard ist zwischen 1260 und 1278 in Minden als Geistlicher nachgewiesen. Eine Papierhandschrift aus dem 15. Jahrhundert mit 125 mittelniederdeutschen Fabeln ist uns überliefert. Sie wird in Wolfenbüttel aufbewahrt.

Gerhard hat sich eng an seine lateinische Vorlage, den Prosa-Romulus, gehalten und die erste fast vollständige Übersetzung der spätantiken Sammlung in die deutsche Sprache zustandegebracht. Vierzeilige Lehren beschließen jeweils die erzählte Geschichte. Gerhard, der in einem Prolog sein geringes Wissen über Äsop als Fabeldichter zu erkennen gibt, sieht in der «schönen Lehre» und der Möglichkeit, alle Wesen mit menschlicher Sprache reden zu lassen, die wesentlichsten Merkmale der Gattung.

De hunt gink över ene bach;
enen andern he darinne sach,
de enes keses formen voch
als he in sinem munde droch.
an dat water he snelle sprank
und na dem andern kese rank:
den sinen he also vorlet,
des andern he ok ne gebet.

En girich minsche dicke gert
ens andern got und sik ernert
nümmer van dem gode sin:
ens andern hel dat is sin pin.

HUGO VON TRIMBERG. Innerhalb seines Lehrgedichts, des «Renner» (1310), haben auch die Fabeln ihren Platz. Sie stellen dort anschauliche Exkurse innerhalb theoretischer Abhandlungen dar. Hugo von Trimberg kritisiert in den eingefügten Exempla das kirchliche und weltliche Leben und das Verhalten der Menschen. Die Fabel wird teilweise zum Werkzeug der Sozialkritik, sie kann die Schäden der gesellschaftlichen Struktur markieren.

Ein agelster zuo ir tohter sprach
‚kint, wiltû niht werden veige,
sô warte wâ der man sich neige

und mit der hant grîf an die erden,
daz dînes lebens tage iht werden
kürzer, wan sô wil er dich
werfen; des gedenke an mich
und fliuc von ime.' – ,daz taete ich gern,
und möhtest dû mich des gewern
daz er den stein niht bî im haete
verborgen under seiner waete.'
diu agelster sprach ,var hin von mir,
ich kan niht mêr gerâten dir:
du hâst mêr liste danne ich hân.'

ULRICH BONER. Der Predigermönch Ulrich Boner, der zwischen 1324 und 1349 in Bern nachgewiesen ist, verfaßte – wahrscheinlich zwischen 1330 und 1350 – hundert Fabeln in Versen, die in mindestens zwölf Handschriften aus dem 14. und 15. Jahrhundert überliefert sind und zu der Sammlung «Der Edelstein» zusammengeschlossen wurden. Als eines der ersten deutschen Bücher druckte mehr als hundert Jahre später (1461) Albrecht Pfister in Bamberg die damals berühmte Bonersche Fabelsammlung. Im hochdeutschen Raum wurden durch den «Edelstein» die antiken Fabelmotive erstmals geschlossen greifbar und populär. Mit dieser Sammlung setzte die Tradition der geschlossenen Fabelausgaben ein. Das bürgerliche Mittelalter beginnt, sich der Gattung anzunehmen, nachdem sie im Bereich höfischen Lebens meist nur eine subliterarische Rolle gespielt hatte.

VON EINEM VRÖSCH UND EINEM OCHSEN VON UBERMUOTE

Ein vrösch mit sinem sune kan
eis mâls gesprungen ûf den plan,
da er ein grôzen ochsen sach.
des kam der vrösch in ungemach.
er sprach ,got hêr, waz sol ich dir
dar umbe danken, daz du mir
hâst ein als swachen lip gegeben;
dar zuo versmâcht ist gar mîn leben
vor mangem tier, diu grôze sint,

als ouch diz gegenwürtig rint.‘
der vrösch haet gern gelîchet sich
dem ochsen; vaste blât er sich.
do sprach sîn sun ‚trût vatter mîn,
es hilft nicht; lâ dîn blaegen sîn.
du macht nicht wol dem wider streben,
daz dîn natûr dir hât gegeben.‘
dar umb wolt er nicht abe lân,
sîn hôchvart wolt er vür sich hân;
zem andern mâle blât er sich
vil vast und sprach ‚möcht ich gelîch
dem grôzen ochsen werden,
sô beschach mir ûf der erden
nie sô lieb, ûf mînen eit.‘
der sun sprach ‚vatter, mir ist leit,
daz du dich marterst âne nôt;
ich vörcht, du werdest ligen tôt;
du macht wol komen um den lîp.
volg mir, lâz ab dîs herzen kîp.
trût vatter, volg dem râte mîn
und lâ dîn üppig blaegen sîn.‘
der alte sprach ‚ez ist ein spot;
ich tuon ez nicht, sô helf mir got.
ich muoz grôz werden als das rint,
des hânt êr alliu mîniu kint.‘
er blâte sich unz er zerbrach.
haet er gehebt sîn guot gemach,
lîcht waer im nicht alsô beschehen.

Man hât ez dicke mê gesehen:
wer mêr êren wolte
denn er begeren solte,
daz dem vil ze wêning wart.
wer mit vergifter hôchvart
geblaeget ist, daz ist nicht guot:
ûf nît, ûf haz so stât sîn muot;
der ob im ist, daz ist im leit,
dem undern er dur niut vertreit,

der glîche muoz hân sînen haz.
im ist vil leit, mag ieman baz
denn er. dâ von sô waere wol,
daz al sîn lîp waer ougen vol,
der nîdig ist, durch daz er saehe,
wâ kein guot ieman beschaehe,
dâ von er würde blâstes vol,
daz er zerklachte – daz waer wol –
und daz beschaehe in kurzer vrist,
als disem vrösch beschehen ist.

Die Zeit der Renaissance, der Humanismus und der Reformation

Ohne Zweifel tritt die Fabel im 15. Jahrhundert aus einer weitreichenden Latenzphase in eine über ein Jahrhundert währende Aktualisierungsphase ein. Dies läßt sich besonders an den vielen Sammlungen und Übersetzungen und aus dem säkularisierten Gebrauch der Fabel erkennen. Die Form des mittelalterlichen bîspels als Erkenntnis- und Besserungsmittel verliert gegenüber der «Fabel» als sich selber deutende amüsante Geschichte an Bedeutung. Schwankhafte Züge der Gattung werden hervorgekehrt (Hans Sachs, Johannes Pauli, Hans Wilhelm Kirchhoff). Unter den ersten Buchdrucken des ausgehenden 15. Jahrhunderts sind nicht zufällig Fabelsammlungen wie «Der Edelstein» Ulrich Boners (1461), Heinrich Steinhöwels «Esopus» (um 1480), Ulrich von Pottensteins «Buch der natürlichen Weisheit» (1490) zu finden. Drei Tendenzen, die sich wechselseitig bedingen, lassen sich in der Fabel der Reformationszeit erkennen. Erstens gewinnt sie schwankhafte, naturalistische Züge und zeugt von volkstümlich derber Lebenszuwendung. Zweitens wird sie zu zeitkritischer und religiöser Agitation von seiten der Protestanten benutzt. Und drittens gehört sie zu dem sprachlichen und bildungsmäßigen Grundbestand der Humanisten, die Übersetzungsarbeit leisten und so das Fabelgut populär machen (Steinhöwels «Esopus», Luthers Fabelbearbeitungen, Antonius Pforrs Verdeutschung des Pañcatantra 1480, Ulrich von Pottensteins Übersetzung des «Speculum Sapientiae» des Bischofs Cyrill schon 1410, erschienen 1490).

HEINRICH STEINHÖWEL (1412–1478). Der Ulmer Stadtarzt und Humanist Dr. Hainricus Stainhöwel hat die Äsopischen Fabeln «uß latin... schlecht und verstentlich getütschet, nit wort uß wort, sunder sin uß sin». Seine lateinischen Vorlagen müssen umfangreich gewesen sein: Romulus, «Anonymus Neveleti», «Romulus Monacensis», «Rimicius», Avian, «Vita Esopi» und zeitgenössisches Erzählgut. Mehr als 140 Motive finden sich in der um 1480 bei Johann Zainer in Ulm mit 100 Holzschnitten gedruckten Ausgabe, die zu vielen deutschen Neuauflagen bis 1730 geführt hat und Vorlage zu Übersetzungen ins Niederländische, Spanische, Französische, Englische und Tschechische geworden ist. Mit dieser Ausgabe, so meint Arno Schirokauer, begänne der hundertjährige Siegeszug der humanistisch schwankfreudigen und vernunftgläubigen Fabel durch die europäischen Sprachlandschaften.

VON DEM FROSCH UND DEM OCHSEN

Wa sich die armen in übermuot also erheben, daz sie mainen den mächtigen gelych syn, die verfallen und zerbrechen von ierem hochmuot. Als dise fabel uszwyset. Ain frosch sach einen ochsen gaun uff ainer waid, und gedacht in im selber: Wa du dyn gerunzelte hut uff bletest, du möchtest ouch wol so grosz werden als diser ochs. Er fieng sich an ze bleen so kreftiglich er mocht, und fragt syne jungen und sprach zuo inen: Wie bedunkt üch, bin ich so grosz als der ochs? Sie antwürten: Nain. Er bleet sich aber noch basz und sprach zuo inen: Wie nun? Sie antwurten: Nichcz des gelychen. Er ward sich zuo dem dritten maul bleen, do zerbrach er und starb. Usz dem ist das gemain sprichwort entsprungen: Du solt dich nit ze ser bleen, daz du nit brechest. Daz ist, du solt nit ze hoffärtig und übermütig syn, oder du würdst vernichtet.

MARTIN LUTHER (1483–1546). Der Reformator bewertete die Äsopischen Fabeln sehr hoch: «Wie könnte man ein feiner Buch in weltlicher, heidnischer Weisheit machen, denn das gemeine albere Kinderbuch ist, so Esopum heißt?» Deshalb wollte er durch eigene Bearbeitungen, die auf der Feste Coburg 1530 entstanden, jedoch erst 1557, nach seinem Tode, veröffentlicht wurden, die nach seiner Meinung verfehlte Steinhöwelsche Übertragung verbessern. Sein Versuch blieb Fragment. Nur dreizehn Fabeln und eine Vorrede sind erhalten. Die Handschriften der Fabeln befinden sich heute in der Vatikanischen Bibliothek in Rom, die der Vorrede ging verloren. Martin Luther trennt scharf zwischen Fabel und Lehre. Für ihn kann jedermann Fabelleser sein, weil in dieser Gattung nicht nur Kurzweil, sondern auch Verhaltensbeispiele für das Leben in der bösen Welt zu finden seien. Er hielt nichts von der Äsop-Legende: «Daß man aber dem Esopo zuschreibt, ist meines Erachtens ein geticht und vielleicht kein Mensch auf Erden Esopus geheißen.»

VOM HUND UND SCHAFF

Der hund sprach ein schaff fur gericht an umb brod, das er ihm gelihen hette. Da aber das schaff leugnet, berieff sich der wolff auff zeugen, die muste man zulassen, Der erste zeuge war der wolff, der sprach, Ich weis, das der hund dem schaff brod gelihen hat. Der Weyh sprach, Ich bin dabey gewest, Der Geyr sprach zum schaff, wie tharstu so unverschampt leugnen? Also verlor das schaff seine sache. Und muste mit schaden zur uneben zeit seine wolle angreifen, damit es das Brod bezalet, des es nicht schuldig war.

LERE

Hutt dich fur bosen nachbarn, odder schick dich auff gedult, wiltu bey leuten wonen. Denn es gennet niemand dem andern was guts, das ist der wellt lauff.

BURKARD WALDIS (1490–1556). Der zum Protestantismus übergetretene Franziskanermönch, der in Hessen geboren (Allendorf) und gestorben (Abterode) ist, geriet in religiös-politische Wirren und kam weit in Europa herum (Riga). Von ihm stammt die umfangreichste Fabelsammlung des 16. Jahrhunderts, mit 400 Fabeln in vier Büchern. Sie erschien erstmals 1548 in Frankfurt und enthält oftmals behäbig erzählte, zur Bravheit und Bescheidenheit auffordernde Stücke, in denen im lutherschen Sinne die böse Welt gemalt und eine bürgerliche Moral vertreten wird. In seiner Widmung am Anfang des Buches betont er, daß er nicht für Gelehrte schreibe, sondern «der lieben jugent / knaben un jungfrau wen zu dienste und fürderung lassen außgehen / dz ich jnen hiemit zu besserung dienen möcht / und die zarten keuschen ohren der lieben jugent / sich an meinem schreiben nicht zu ergern hetten ...»

VON ZWEIEN HANEN

Als zwen han teten zamen kempfen,
welcher den andern erst könt dempfen,
solt das regiment gwunnen han,
bleiben allein der hennen man.
Sie kempften, bisz der eine floch,

für scham in die neszeln verkroch.
Als der ander gewunnen sach,
vor freuden floh er auf das dach,
krät laut und rümt sich mechtig ser.
Da floh ein adlar gschwind daher,
erwischt und trug in in sein nest.
Da ward der ander han der best,
und kamen zu im all die hennen,
für iren herrn teten erkennen.

Wer dem glück allzu ser vertraut,
aufs ungewis gewisses baut,
gar oft in gröszer unglück fellt,
welchs im oft heimlich wird gestellt.

HANS SACHS (1494–1576). Der Nürnberger Schuhmacher und Meistersinger hat etwa 140 Fabelmotive in der Art des Meistersangs verarbeitet, 50 als Spruchgedichte. Seine Quellen, an die er sich übrigens zum großen Teil in den Bearbeitungen für den Meistersang eng hält, waren Steinhöwel, Ulrich von Potternheims «Cyrill», Burkard Waldis' und Johannes Paulis Schwanksammlungen. Hans Sachs dürfte es um das Erzählen der burlesken Geschichten mindestens ebenso gehen wie um die moralischen Interpretationen und die Erfüllung der Meistersangregeln. In seiner «Summa all meiner Gedicht» (1567) heißt es im Hinblick auf seine «poetischen» Fabeln: In ihnen «fand ich darinnen frey / geistlich und Weltlich mancherley / Gesprech und Sprüch von lob der tugend / und gute sitten für die Jugend». Auch mancherlei «kurtzweilig Schwenck» kämen dazu, «doch alle unzucht auszgenommen ...»

Die 5 fabel Auiani:

DER RÜMENT FROSCH

Auianus peschreibt ein fabel
Von ainem frosch ain solch parabel,
Wie er auf grunem anger sas
Pey dierlein vnd fogel in dem gras.
Der rümet sich in hoffart frey,
Er wer ain doctor der arzney,
Künd hailen allerley kranckheit

Im glawben aus ainfeltikeit.
Thierlein vnd fögel hiltn in schon;
Allain wider ret das der hon
Vnd sprach: «Wie last ir eüch petrüben,
Thüet dem frosch seines rüemens glauben,
Der doch nichs kan vnd ist verflüecht;
Wan er hat selber die gelsüecht?!
Wer er ain arczt, wie er fürgab,
Er hüelff im selb seinr kranckheit ab.»
Zv hant der fögel vnd thierlein rot
Drieben aus dem frosch iren spot.
Als der frosch merckt ir hon vnd schmach,
Da floch er vnd hüepft in den pach.

Also manch stolcz, hoffertig mon
Manch hoher künst sich ruemen kon;
Doch wen mans pey dem liecht pesicht,
So ist der rümb lüeg vnd erdicht.
So wirt er den zw schant vnd spot
Vnd stet vor iderman schamrot.

Anno salutis 1569, am 22 tag Januari.

ERASMUS ALBERUS (um 1500–1553). Der aus der Wetterau stammende Anhänger Luthers war später bis zu seinem Tod Generalsuperintendent in Neubrandenburg, nachdem er, der wahrscheinlich als uneheliches Kind zur Welt kam, zuerst als Schulmeister in Oberursel (Taunus) und dann als Pastor in Sprendlingen bei Frankfurt am Main beschäftigt war. Seine 49 Fabeln erschienen 1550 gesammelt unter dem Titel «Das Buch von der Tugent und Weissheit» in Frankfurt. Wie Burkard Waldis ist er Vertreter der bürgerlichen protestantischen Fabeldichtung, die sich durch epische Breite, Hereinnahme von Lokalkolorit und strenge Morallehren auszeichnet.

VON EINEM HANEN

Bey Dantzig wont ein reicher man
Auff einem hof, da war ein Han,
Der gieng vmbher, vnd scharr im mist,
Wie dann der hüner gwonheit ist,

Vnd pflegen stets auff solche weiß,
Im mist zusuchen jhre speiß.
Wie nun der Han sicht auff ein seit,
Kaum eines halben Hanschritts weit,
Eins edelgsteins wirdt er gewar,
Wie er war etwan kummen dar,
Verwarloset, vnd außgekert,
Einer dunn Golds war er wol werdt,
Vnd noch viel mehr. Da stund der Han,
Vnd sah den Stein wol eben an,
Er pickt drauff, vnd nam jhn inn mundt,
Er sprach, du bist mir vngesundt,
Die frucht, so ich vom edelgstein
Empfangen mög, ist warlich klein,
Darumb er mir nicht willkum ist,
Vnd bleibt meinthalben wol im mist.
Wer ein geschickter Kauffmann hie,
So hoch wer er erfrewet nie,
Weil jhm ein solch glück wer beschert,
Sein lebenlang wer er ernert,
Ich weyß nicht was ich mit soll thun,
Weyß nicht mehr dann ein ander hun,
Drumb wer es noch so hübsch vnd schon,
Hab ich doch keinen nutz daruon.
Ja fünd ich tausent edelgstein,
Ich acht sie all zumal gar klein,
Ein gersten korn ist nicht so fein,
Dannoch solt mirs viel lieber sein.

MORALE, DAS IST, DER VERSTANDT DIESER FABEL

Der edelstein die Kunst bedeut,
Der Han zeigt an die tollen Leut,
So gar nach nichts dann wollust streben,
Fressen vnd sauffen ist jhr leben,
Sie fragen nichts nach guter Ler,
Ein voller bauch jhn lieber wer.

In der zweiten Hälfte des 16. Jahrhunderts verringerte sich die Bedeutung der Fabel in Deutschland. Die Auflagen gingen zurück, Neubearbeitungen fanden kaum mehr statt. Die Gattung trat in eine bis etwa 1740 anhaltende Latenzzeit ein, in der sie einer offiziellen Hochschätzung entbehren mußte. «Sonderlich der gemeine Pövel» (Opitz) oder «Kinder und alte Weiber» (Harsdörffer) seien ihr vordringliches Publikum. Gründe für die Minderbewertung dürften in ihrer im Gegensatz zu prunkvollen Formen der Zeit stehenden Schlichtheit des Stils und der Aussage, in ihrem rational-kritischen Wirklichkeitsbezug, ihrem weltlichen Aufklärungseifer und ihrem Ziel, sich antielitär an jedermann zu wenden, zu finden sein. Die höfische Kultur des Barock hatte wenig Platz für die Fabel. Allerdings hielt ihr Gebrauch als Schullektüre unvermindert an. Und der Traditionsstrom wurde ebenso durch die Verwendung der Fabelmotive in den Predigten der großen Kanzelredner wie Abraham a Sancta Clara und Ignatius Ertl gespeist, bis im beginnenden 18. Jahrhundert wieder selbständige dichterische Versuche bei Daniel Wilhelm Triller und Daniel Stoppe hervortraten.

Das 17. Jahrhundert hat allerdings in Frankreich Jean de La Fontaine hervorgebracht, der einer der größten und bis heute wirkungsvollsten Fabelerzähler der Weltliteratur geblieben ist. Auch Englands klassischer Fabeldichter John Gay schrieb schon am Anfang des 18. Jahrhunderts, als im deutschen Sprachgebiet die aufklärerische Blütezeit der Fabel noch nicht eingetreten war.

JEAN DE LA FONTAINE (1621–1695). Seine Hauptquelle war die 1610 und 1660 in Frankfurt am Main erschienene, die griechisch-römische Überlieferung widerspiegelnde Sammlung von 782 Fabelfassungen «Mythologia aesopica» von Isaac Nevelet, eines in die Schweiz emigrierten Protestanten. La Fontaine schrieb insgesamt 240 Fabeln, die zwischen 1668 und 1694 in zwölf Büchern herauskamen (1. bis 6. Buch: 1668; 7. bis 11. Buch: 1678, und 12. Buch: 1694).

Die formale Eindringlichkeit und meisterhaft witzige, amüsante und nuancenreiche Erzählkunst haben die Fabeln La Fontaines, dessen sonstige dichterische Versuche fast vergessen sind, zur klassischen Literatur für Erwachsene und Kinder in Frankreich und aller Welt werden lassen. «Mit seinem Herzen ist La Fontaine auf seiten der kleinen Tiere», meint Theophil Spoerri. Insofern wird in den Fabeln der «Protest der unteren gegen die obere Welt» artikuliert und durch den Zauber der Form literarisch salonfähig gemacht.

Der in Château-Thierry in der Champagne geborene Jean de La Fontaine muß ein kindlicher, fauler Genießer gewesen sein, von dem gesagt wurde: «Das ist kein Mensch, das ist ein Baum, auf dem Fabeln wachsen.» Der Sohn eines Forstbeamten war zum Geistlichen bestimmt, fand aber während seines Studiums in Reims keinen Geschmack an der Theologie. Er wurde Wald- und Wasserinspektor in Château-Thierry, ging Ende der fünfziger Jahre nach Paris, kehrte 1661 mittellos in seine Heimat zurück, ging nach drei Jahren wiederum nach Paris und blieb bis zu seinem Tod in der Hauptstadt. Er war ab 1684 Mitglied der Akademie.

DER ALTERNDE LÖWE

3. Buch
15. Fabel

Der Leu, der Schrecken aller Forsten,
fand, hochbetagt, die stolze Kraft geborsten.
Schon höhnten ihn die Tiere, die es merkten
und sich mit Übermut aus seiner Schwäche stärkten.
Das Pferd, sich nähernd, schlug ihn mit dem Hufe,
der Wolf mit scharfem Zahn, der Ochse mit dem Horn.
Der Unglücksleu, ermattet war sein Zorn,
kaum knurren konnt' er noch auf dieser Elendsstufe.
Er duldet klaglos und verschluckt den Groll,
bis ihm der Esel auf die Pranke tritt.
Ich sterbe zweimal, ruft er; ah, das Maß ist voll!
Erst tötet die Gemeinheit mich, sodann des Sensers Schnitt.

DAS MAULTIER UND SEIN STAMMBAUM

6. Buch
7. Fabel

Eines Prälaten Maultier, eitel auf Adligkeit,
redete die meiste Zeit
nur von seiner Mutter, der Stute
und ihrer Heldenhaftigkeit;
dies hatte sie getan und das vollbracht, die Gute.
Dem Sohne mochte es daher frommen,
unbedingt in die Geschichtsbücher zu kommen.
Er glaubte, der Dienst bei einem Arzte erniedrige ihn.
Im Alter trottet er zur Mühle hin:

da kam ihm erst sein Vater wieder, der Esel, in den Sinn.
Wenn das Unglück stets nur brächte
Narren zur Vernunft,
hieß es in der Menschenzunft:
immer gut; mit vollem Rechte.

ABRAHAM A SANCTA CLARA (1644–1709). Bei ihm ist die Fabel wiederholt Bestandteil seiner Predigten. Sie wird Überzeugungs-, Belehrungs- und rhetorisches Mittel, offenbart jedoch auch die Erzählfreude des Wiener Mönchs. Der Augustiner-Barfüßer-Pater, der seit 1677 das Amt des Hofpredigers und ab 1689 die Leitung der deutschböhmischen Provinz seines Ordens innehatte, mit weltlichem Namen Ulrich Megerle hieß, benutzte und veränderte die Fabelstoffe nach eigenem Gutdünken, um die Gläubigen an die Tugenden des Christenmenschen zu gemahnen.

BAUER UND SCHIFFSMANN

Ein Bauer konnte sich über die Kühnheit der Schiffsleute gar nicht genug wundern, die einem so schwachen Holz Leib und Seele anvertrauten und beides so oft an den wilden Meeresklippen einbüßten. Darum fragte er einstmals einen Schiffer, wo denn sein Vater gestorben wäre. «Auf dem Meer», antwortete der Schiffsmann. «Und dein Großvater und dein Urgroßvater?» fragte der Bauer. «Auch auf dem Meer», bekam er zur Antwort. «Auch auf dem Meer?» sagte der Bauer. «Wie kannst du dann so närrisch sein und dich auch dem Meere anvertrauen, das dir deinen Vater, Großvater und Urgroßvater fortgenommen?» – «Und dein Vater und dein Großvater», antwortete der Schiffsmann, «wo sind die gestorben?» – «Auf dem Bett», erwiderte der Bauer. «Und warum bist du dann ein so großer Narr», fragte der Schiffsmann, «daß du alle Nacht in dasselbe Bett steigst, auf dem deine Vorfahren gestorben? Da siehst du, Bauer, daß es nichts ausmacht, wo einer stirbt; wenn er nur selig stirbt.»

JOHN GAY (1685–1732). John Gays «Fables» erschienen 1726, ein zweiter Teil mit politischen Fabeln nach seinem Tod 1738. Der Dichter der «Dreigroschenoper» (1728) erhielt seine erste Schulbildung in Barnstaple, kam dann nach London in die Seidenweberlehre, gab aber den Beruf auf, wurde literarisch tätig und ab 1712 Sekretär von Adligen, später Gesandter am Hof von Hannover. Er starb am 4. Dezember 1732 in London. John Gay gilt als bekanntester englischer Fabeldichter.

DAS TRUTHUHN UND DIE AMEISE

Ein Truthuhn war das Futter satt,
das man im Hof den Hühnern streute.
«Zu leicht gefunden ist die Beute,
die man nicht selbst gesucht sich hat»,
so sprachs und ging zum nahen Wald;
die Jungen folgten ihm alsbald.
«Kommt, Kinderchen, kommt!» rief die Mutter,
«hier liegt ein ganzer Berg voll Futter;
seht nur, geschäftige Ameisen,
die sind gar köstlich zum Verspeisen.
Nur unverzagt, fangt tüchtig an zu essen,
Ameisen sind für uns Delikatessen.
Ach, wie gesegnet wäre unser Leben,
wenn es nur keinen Schlachttag würde geben;
jedoch der Mensch liebt Putenbraten ungeheuer,
und gar am Weihnachtsfest sind wir ihm teuer.
Da können wir mit Austern konkurrieren
und mitten auf der Tafel paradieren.
Bei arm und reich sind wir dann so beliebt,
daß es in Hütte und Palast nur Putenbraten gibt.
O Kinder, hört, was ich euch jetzt verkünde:
Gefräßigkeit ist eine schwere Sünde!»
Da rief ein Ameislein herab von einem Blatt:
«Wer so wie du gemordet unsre Scharen
und so wie du an uns sich satt gefressen hat,
der soll wahrlich einsichtsvoll gewahren,
daß er den Menschen Mörder nicht darf schelten,
will er nicht selbst als ärgrer Mörder gelten.»

DANIEL STOPPE (1697–1747). Er stammt aus Hirschberg in Schlesien, war Sohn eines Schleierwebers, studierte Philosophie und schöne Wissenschaften in Leipzig und war später nach mühsamen Kandidatenjahren bis zu seinem Tod Konrektor am Gymnasium in Hirschberg. Stoppe liebt die allegorische Ausdeutung der Dinge und vertritt in seinen 1738 und 1740 herausgekommenen 200 «Fabeln und moralischen Gedichten», die «der deutschen Jugend zu einem erbaulichen Zeitvertreib» gewidmet sind, eine Lehre der Genügsamkeit, Ergebenheit und Vorsicht. Denn «wie leichte wendet sich das Blatt ...»

DIE RINNE

Die Rinne fing nach ihrer Art
einst mit den Schindeln auf dem Dache
Verdruß und Händel an. «Sagt», sprach sie, «wem ihr spart?
Erlaubt mir, daß ich euer lache.
Ich weiß wohl, daß es euch verdrießt,
daß ihr das Wasser nicht selbst zu verzehren wißt;
Ihr übergebt euch nicht. Ich kann's euch nicht verhehlen,
ihr seid, so wie ihr seid, vollkommen geiz'ge Seelen.»
«Das lügst du», fingen hier zwei Schindeln an zu schrein.
«Wir geizig? Nimmermehr! Wer sollte dieses sagen?
Du kannst dich über uns mit Rechte nicht beklagen.
Du müßtest denn besoffen sein.
Man sieht es schon, du bist nicht recht bei Sinnen!»
«Ihr seid die Rechten», sprach die Rinne,
«ihr gebt mir viel! Ja, wer's nicht wüßte!
Ihr fragt den Tod danach, wenn ich verdursten müßte.»
Die Antwort war darauf: «Sind wir denn schuld daran,
daß du den gestrig starken Regen,
den wir dir zugewandt, so liederlich vertan?
Die Sonne strafet dich jetzt der Verschwendung wegen.
Du hättest, wenn du Wirtschaft triebest,
auf drei, vier Tage Wasser g'nug.»

Im Ernst, mein Freund, du bist nicht klug,
wenn du die eigne Schuld auf andre Leute schiebst.
Ein Narr kann auch das größte Gut
in kurzer Zeit mit leichter Müh verschwenden.
Wer alles auf einmal vertut,
hat endlich nichts in beiden Händen.

Das 18. Jahrhundert

Es gibt kaum einen Dichter des Zeitalters der Aufklärung, der nicht auch Fabeln verfaßt hätte. Fabeln zu schreiben war nicht nur Mode («Fabelepidemie»), sondern auch Erfüllung einer poetologisch fundamentierten Aufgabe der Aufklärung: Enthüllung der Wahrheit. Denn nach der rationalistischen Dichtungstheorie Gottscheds, Bodmers, Breitingers, Wolffs, Lessings und anderer ist diese Dichtungsgattung in der Lage, Belehrung, Genuß und Phantasie miteinander zu vereinigen. Der Glaube an die unbeschränkte Macht der Wahrheit erkennt in den Fabeln Exempla praktischer Sittenlehre an.

Insofern streift die Aufklärung mehr, als dies je im Mittelalter, der Reformationszeit und dem Zeitalter des Barock geschehen ist, die Tendenz religiöser Unterweisung ab und ist moraldidaktisch und fortschreitend sozialkritisch orientiert. Jean de La Fontaines Wirkung war groß, auch dort, wo man sich kritisch mit ihm auseinandersetzte (Lessing).

Zu unterscheiden sind einerseits die Versuche, durch neue Bearbeitungen und die Aufnahme von zeitgemäßen, rokokohaften Sprachelementen die überlieferten Fabeln zu modernisieren, und anderseits, neue Motive zu erfinden. Meist läuft beides nebeneinander her. Die Tendenz, durch knappe Prosa und treffende Pointierung der Einsicht die Pfeile der Erkenntnis zu verschießen (Lessing), besteht neben der Richtung, möglichst anschaulich und in amüsanten Versen den Leser zu unterhalten (Hagedorn, Gleim, Gellert). Zwischen naiver Moralpredigt am Anfang der Zeit (Stoppe, Triller) und politisch-gesellschaftlicher Fabeldichtung (Pfeffel, Fischer, Herder, Pestalozzi) liegt die Spanne der Fabelliteratur dieses Jahrhunderts. «Während die Fabel in der frühen Aufklärung», schreibt Karl Emmerich, «vorwiegend moralische Lehren und neue sittliche Prinzipien vermittelt, erweitert sich ihre Tendenz nach der Jahrhundertmitte zur sozialen Kritik an den Handlungen feudal-absolutistischer Herrscher und ihres Machtapparates.» Von etwa 1740 bis 1770 war ihre Hochzeit, in der unzählige Ausgaben und Autoren zu verzeichnen sind. Literatursoziologisch ist zu betonen, daß die größte gesellschaftliche Wirksamkeit zwar in diese Jahre gefallen sein dürfte, daß allerdings danach die jugendliterarische Bedeutung der Fabel erst richtig beginnt (Ch. F. Weisse, J. H. Campe), die dann über die Jahrhundertwende hinaus anhielt.

FRIEDRICH VON HAGEDORN (1708–1754). Er ist in Hamburg geboren, war eine Zeitlang nach einem Jurastudium in Jena Privatsekretär des dänischen Gesandten in London und ab 1733 Sekretär einer englischen Handelsgesellschaft in Hamburg. In seinen etwa hundert Fabeln, die unter dem Titel «Versuch in poetischen Fabeln und Erzehlungen» (1738) und

«Moralische Gedichte» (1750) in Hamburg erschienen sind, erweist er sich als kunstfertiger, graziöser, das Detail ausmalender, in seinen Formen flexibler Poet, der von La Fontaine beeinflußt sein dürfte und die bürgerlichen Maximen der persönlichen Freiheit, des Widerstandes gegen Unrecht und der weisen Lebensführung anschaulich und einsichtig machen will.

DER FUCHS OHNE SCHWANZ

Reineke verwirrte sich
In die ihm gelegten Stricke,
Und wiewohl er selbst entwich,
Ließ er doch den Schwanz zurücke.

Um nicht lächerlich zu sein,
Predigt er den Füchsen ein,
Auch den ihren abzulegen.
Seine Hörer zu bewegen,
Sprach er als ein Cicero:
«Erstlich will's der Wohlstand so,
Um sich zierlicher zu regen;
Denn man trabt damit zu schwer
Und zu unbequem einher.
Zweitens macht ein Schweif zu kenntlich.
Drittens hält er in dem Lauf
Oft den schnellsten Brandfuchs auf.
Viertens riecht er vielen schändlich.»

«Stumpfer Redner, schweige du!»
Rief ein alter Fuchs ihm zu.
«Was du lehrest, wird verlachet.
Nur der Neid ist, was dich quält,
Der den Vorzug, der dir fehlt,
Andern gern zuwider machet.»

CHRISTIAN FÜRCHTEGOTT GELLERT (1715–1769). Der volkstümlichste unter den Fabeldichtern des 18. Jahrhunderts in Deutschland ist als Sohn eines Predigers in Hainichen (Sachsen) geboren, studierte in Leipzig Theologie, wurde Hauslehrer, 1745 Privatdozent und 1751 Professor der Theorie der schönen Wissenschaften, Poesie, Beredsamkeit und praktischen Moral an der Universität Leipzig. Dort starb er 1769. Seine «Fabeln und Erzählungen» erschienen zuerst 1746 und ein zweiter Teil 1748 in Leipzig. Sie wurden schnell zum moralischen Hausbuch des deutschen Bürgertums. In einer umfangreichen einleitenden Abhandlung, die durch eine 1744 der Fakultät vorgelegte Habilitationsschrift über die Theorie der Fabel bedingt sein dürfte, läßt Gellert erkennen, daß er die europäische Geschichte der Fabel gut überschaut und Boner, Luther, Waldis, Chytraeus, Harsdörffer, Rabener und vor allem La Fontaine gelesen hat. Er unterstreicht, daß die Fabel stilistisch «das Leichte, Freywillige und Muntre» haben müsse, damit sie in der Lage sei, «dem, der nicht viel Verstand besitzt, die Wahrheit durch ein Bild zu sagen». Ihm geht es um die Beschreibung der gesellschaftlichen Verhältnisse und eine Art galanter Verhaltenslehre. Das «erste leise soziale Grollen» (Franz Mehring) wird dadurch weitgehend noch verdeckt.

DAS KUTSCHPFERD

Ein Kutschpferd sah den Gaul den Pflug im Acker ziehn
Und wieherte mit Stolz auf ihn.
«Wann», sprach es und fing an, die Schenkel schön zu heben,
«Wann kannst du dir ein solches Ansehn geben?
Und wann bewundert dich die Welt?»
«Schweig», rief der Gaul, «und laß mich ruhig pflügen;
Denn baute nicht mein Fleiß das Feld,
Wo würdest du den Haber kriegen,
Der deine Schenkel stolz erhält?»

Die ihr die Niedern so verachtet,
Vornehmer Müßiggänger, wißt,
Daß selbst der Stolz, mit dem ihr sie betrachtet,
Daß euer Vorzug selbst, aus dem ihr sie verachtet,
Auf ihren Fleiß gegründet ist.
Ist der, der sich und euch durch seine Händ ernährt,
Nichts Bessers als Verachtung wert?
Gesetzt, du hättest beßre Sitten,
So ist der Vorzug doch nicht dein.
Denn stammtest du aus ihren Hütten,
So hättest du auch ihre Sitten.
Und was du bist und mehr, das würden sie auch sein,
Wenn sie wie du erzogen wären.
Dich kann die Welt sehr leicht, ihn aber nicht entbehren.

MAGNUS GOTTFRIED LICHTWER (1719–1783). Der in Wurzen in Sachsen geborene Sohn eines Stiftsherrn, studierte Jurist, Kanonikus am Halberstädter Kapitel und spätere Konsistorial-, Kriminal- und Vormundschaftsrat gab 1748 «Vier Bücher Äsopischer Fabeln» heraus, die schon 1762 in der dritten und 1768 in einer weiteren Auflage vorlagen. Er dürfte von Gellert beeinflußt sein und als Staatsbeamter manchen Einblick in die Institutionen der politischen Macht bekommen haben. Er vertritt in äußerst gefälliger Form die Glücksphilosophie des Mittelstandes. Bezeichnenderweise schließt eine seiner Fabeln («Der Hänfling») mit dem Morale: «Vergnügte Tage findet man, / woferne man sie finden kann, / nicht auf dem Thron und nicht in Hütten. / Kannst du vom Himmel es erbitten, / so sei dein eigner Herr und Knecht; / dies bleibt des Mittelstandes Recht.»

DER WIESEL UND DIE HÜHNER

Nach Recht und Urteil mit dem Prügel
Ward vor dem frohen Hausgeflügel
Ein Dieb und andres Tullian,
Ein schlimmer Wiesel abgetan.
Ein Hof voll Hühner sah ihn leiden
Und gackerte dabei vor Freuden.
Nur eine Henne blieb betrübt
Und sprach: «Man bricht des Räubers Glieder;
Allein die Tat ist schon verübt,
Wer gibt mir meine Kinder wieder?»

GOTTHOLD EPHRAIM LESSING (1729–1781). Lessing war Sohn eines Pfarrers in Kamenz in der Oberlausitz, besuchte die Fürstenschule zu Meißen, studierte ab 1746 in Leipzig, wurde 1748 journalistisch in Berlin tätig, lebte später in Wittenberg, Leipzig (1755–1758), Breslau (1760–1765), Berlin (1765–1767), Hamburg (1767–1770) und bis zu seinem Tod 1781 als Bibliothekar in Wolfenbüttel. Lessing hat sich zeit seines Lebens mit der Fabel beschäftigt: als Fabeldichter und -bearbeiter, als Theoretiker und Historiograph. Die erste umfassende Ausgabe seiner Fabeln erschien 1759 zusammen mit theoretischen Erörterungen über das Wesen, den Gebrauch der Tiere, die Einteilung, den Vortrag und den besonderen Nutzen der Fabeln in den Schulen (Fabeln. Drey Bücher. Nebst Abhandlungen mit dieser Dichtungsart verwandten Inhalts. Berlin 1759). Lessing sah in der Kürze «die Seele der Fabel». Er schrieb nach anfänglichen gereimten Versuchen eine epigrammatische Kurzprosa, ließ zumeist die Lehrsätze weg und spitzte die Pointe intellektuell zu. Seine antiken Quellen gibt er sorgfältig an. Lessings Fabeln sind eine Spitzenleistung der Fabelliteratur des 18. Jahrhunderts. Seine Definition: «Wenn wir einen allgemeinen moralischen Satz auf einen besonderen Fall zurückführen, diesem besonderen Falle die Wirklichkeit erteilen und eine Geschichte daraus erdichten, in welcher man den allgemeinen Satz anschauend erkennt: so heißt diese Erdichtung eine Fabel» galt lange Zeit als verbindlich, obwohl Lessing selbst ihr nicht immer gefolgt ist.

DAS ROSS UND DER STIER

1. Buch Auf einem feurigen Rosse floh stolz ein dreister Knabe daher.
9. Fabel Da rief ein wilder Stier dem Rosse zu: Schande! Von einem Knaben ließ ich mich nicht regieren!

Aber ich, versetzte das Roß. Denn was für Ehre könnte es mir bringen, einen Knaben abzuwerfen?

DER RABE

3. Buch Der Rabe bemerkte, daß der Adler ganze dreißig Tage über sei-
6. Fabel nen Eiern brütete. Und daher kommt es, ohne Zweifel, sprach er, daß die Jungen des Adlers so allsehend und stark werden. Gut! Das will ich auch tun.

Und seitdem brütet der Rabe wirklich ganze dreißig Tage über seinen Eiern; aber noch hat er nichts als elende Raben ausgebrütet.

DER ESEL MIT DEM LÖWEN

2. Buch Als der Esel mit dem Löwen des Aesopus, der ihn statt seines
8. Fabel Jägerhorns brauchte, nach dem Walde ging, begegnete ihm ein
(Phaedrus andrer Esel von seiner Bekanntschaft und rief ihm zu: Guten Tag,
lib. I mein Bruder! – Unverschämter! war die Antwort. – Und warum
Fab. 11) das? fuhr jener Esel fort. Bist du deswegen, weil du mit einem Löwen gehst, besser als ich? Mehr als ein Esel?

MEROPS

1. Buch Ich muß dich doch etwas fragen, sprach ein junger Adler zu ei-
24. Fabel nem tiefsinnigen, grundgelehrten Uhu. Man sagt, es gäbe einen

Vogel, mit Namen Merops, der, wenn er in die Luft steige, mit dem Schwanze voraus, den Kopf gegen die Erde gekehret, fliege. Ist das wahr?

Ei nicht doch! antwortete der Uhu. Das ist eine alberne Erdichtung des Menschen. Er mag selbst ein solcher Merops sein, weil er nur gar zu gern den Himmel erfliegen möchte, ohne die Erde, auch nur einen Augenblick, aus dem Gesichte zu verlieren.

GOTTLIEB KONRAD PFEFFEL (1736–1809). Als Sohn eines Stadtvorstehers ist Pfeffel in Kolmar geboren, studierte in Halle Jura, mußte aber wegen eines Augenleidens abbrechen. 1759 erblindete er völlig. Er lebte in Kolmar und Straßburg. 1773 gründete er und leitete von Anfang an in Kolmar eine schnell bekannt gewordene Erziehungsanstalt für die protestantische Jugend. Von 1803 bis zu seinem Tod war er Präsident des evangelischen Konsistoriums zu Kolmar. Seine Fabeln, die ab 1755 verstreut erschienen und unter dem Titel «Poetische Versuche» 1789 in Basel erstmals gesammelt herauskamen, sind gereimte gesellschaftskritische Stücke, in denen der vom Geist der Französischen Revolution erfaßte Pädagoge und Poet die Übelstände der ständischen Ordnung und der Herrschaftsform hart geißelt.

DER WOLF UND DER LÖWE

Aus eines Sultans Park entkam
Ein Löwe, der mit raschem Schritte,
Voll edlen Trotzes wie ein Brite,
Den Weg nach einer Wildnis nahm.
Ihn lud ein Wolf in seine Höhle
Auf einen fetten Hammel ein
Und rief bei Tische: «Freund, erzähle,
Wie lebt man in des Fürsten Hain?»
«Man wird», sprach er, «mit Fleisch gefüttert,
Man schläft auf einer Streu von Moos,
Der Wald ist tausend Ruten groß,
Allein mit starkem Erz vergittert.»
«Wie glücklich, Vetter, war dein Los»,
Versetzt der Wolf, «bei meinem Leben;
Will man ein Schaf mir täglich geben,
So sperre man mich in den Hain

Des Sultans diese Nacht noch ein.»
Der Gast fuhr auf und rief entrüstet:
«Den pisse Has und Esel an,
Der die Despoten fliehen kann
Und sich mit ihren Fesseln brüstet.»

AUGUST CHRISTIAN FISCHER (1771–1829). Der ab 1804 in Würzburg als Professor für Kultur- und Literaturgeschichte lehrende August Christian Fischer mußte wegen einer von ihm verfaßten Flugschrift, die sich gegen einen Minister richtete, von 1821 bis 1824 Festungshaft über sich ergehen lassen. Mit fünfundzwanzig Jahren, 1796, gab er «Politische Fabeln» in Königsberg heraus, in denen eine aggressiv vorgetragene Gesellschaftskritik deutlich zutage tritt. Die Schlußsätze seiner Prosafabeln tragen den Charakter des Aufrufs und Bekenntnisses. Eine Fabel «Das Pferd und der Esel» endet zum Beispiel: «Nationen! Provinzen! Die Bedrückung einer Stadt, die Mißhandlung eines Bürgers geht euch alle an!»

DER SCHMETTERLING UND DIE SCHNECKE

«Elende», sagte ein glänzender Schmetterling zu einer Schnecke, «wie kannst du es wagen, mir unter die Augen zu kommen!»
«Stolzer Wicht», antwortete die Schnecke, «vor einer Stunde warest du noch ein unförmlicher Klumpen. Ich habe mein Haus, ich lebe in meinem Eigentum, ich bin mit wenigem zufrieden. Du hast weder Heimat noch Obdach, du lebst durch die Gnade der Blumen, um ihnen zu – schaden.»

Elende Parvenüs, die ihr verächtlich auf den fleißigen Bürger, auf den arbeitsamen Landmann herabseht – die Fabel ist für euch!

Unter den vielen *weiteren deutschen Fabeldichtern des 18. Jahrhunderts*, des Jahrhunderts der Fabel, sind noch besonders zu nennen:

Johann Georg Bock, 1698–1762
Johann Ludwig Meyer von Knonau, 1705–1785
Johann Wilhelm Ludwig Gleim, 1719–1803
Abraham Gotthelf Kästner, 1719–1800
Carl Max Wilhelm Petermann, 1720–1794
Johann Adolf Schlegel, 1721–1793

Friedrich Karl von Moser, 1723–1798
Karl Wilhelm Ramler, 1725–1798
Christian Felix Weisse, 1726–1804
Just Friedrich Wilhelm Zachariae, 1726–1777
Johann Friedrich August Kazner, 1732–1798
Johann Gottlieb Willamov, 1736–1777
Gottlieb Wilhelm Burmann, 1737–1805
Ludwig Heinrich von Nicolay, 1737–1820
Heinrich Gottfried von Bretschneider, 1739–1810
Christian Friedrich Daniel Schubart, 1739–1791
Matthias Claudius, 1740–1815
Johann Heinrich Merck, 1741–1791
Johann Heinrich Friedrich Meineke, 1745–1825
Joachim Heinrich Campe, 1746–1810
Christian Gottlieb Göz, 1746–1803
Johann Benjamin Michaelis, 1746–1772
Gottfried August Bürger, 1747–1794
August Gottlieb Meissner, 1753–1796
Johann Ferdinand Schlez, 1759–1839

Zwischen Aufklärung und 20. Jahrhundert

Schon Goethe sah in «Dichtung und Wahrheit» (7. Buch) mit einem gewissen Abstand auf die aufklärerische Hochschätzung der Fabel zurück: «Daß Gellert und nachher Lichtwer sich diesem Fache widmeten, daß selbst Lessing darin zu arbeiten versuchte, daß so viele andere ihr Talent dahin wendeten, spricht für das Zutrauen, welches sich diese Gattung erworben hatte.» Herder und vor allem die Brüder Grimm vollbringen eine Kehre in der theoretischen Betrachtung der Fabel: Sie wurde nunmehr als Beweisstück uralt überlieferter volkstümlicher Literatur gesehen, nicht mehr unbedingt als ein intellektuelles Lehrstück. Weitgehend sah man im 19. und auch teilweise noch im 20. Jahrhundert die Geschichte der Gattung als abgeschlossen an. Sie erlebte in der Tat wiederum eine ihrer Latenzzeiten, blieb jedoch als didaktische Gebrauchsliteratur, als Kinderliteratur (W. Hey, R. Reinick, Fr. Schanz u. a.) und Schullektüre von großer Bedeutung.

Trotz der vielfachen Klagen über das Absterben der Fabel findet sich jedoch eine stattliche Anzahl von Anthologien älterer und neuer Fabeln. Vielfach sind nunmehr Fabeln in Gedicht- und Märchensammlungen untergemengt, ein Beweis dafür, daß man sie kaum mehr als geschlossene Gattung betrachtete (so bei Goethe, Brüder Grimm, H. Chr. Andersen, Grillparzer, H. Heine, M. von Ebner-Eschenbach, H. Seidel u. a.). In Rußland brachte das 19. Jahrhundert die meisterhaften Fabelerzähler Iwan Krylow, Iwan Turgenjew, Leo Tolstoi und Michail Saltikow-Schtschedrin hervor.

In ihren besten Beispielen belegen auch die Fabeln des 19. Jahrhunderts die didaktischen Tendenzen der Analyse der Lebensverhältnisse in einer von Vorurteilen vollen Welt, der Kritik an den gesellschaftlichen Mißständen, der Anprangerung menschlicher Unzulänglichkeiten. Die Fabeln wollen, wie die Pestalozzis, wie Jean Pauls wenige Versuche, wie die Krylows, Schopenhauers, Fröhlichs oder Wilhelm Buschs die Vernunft des Lesers provozieren beziehungsweise die menschliche Unvernunft bloßstellen.

Vielleicht lassen sich vier Richtungen der Fabeldichtung des 19. Jahrhunderts unterscheiden: die lebensphilosophische, die sozialkritische, die satirische und die wohl am stärksten ausgeprägte, die sentimentale.

JOHANN HEINRICH PESTALOZZI (1746–1827). Der in Zürich geborene und in Brugg gestorbene große Pädagoge, der in seinen Schriften die Wurzeln der moralischen und gesellschaftlichen Mißstände untersuchte, war Anhänger der Französischen Revolution. 1802 wurde er als schweizerischer Volksvertreter nach Paris geschickt. Er, dessen Sorge vor allem den niederen Ständen galt, sah in der Emporbildung der «inneren Kräfte der Menschennatur zu reiner Menschenweisheit» den «allgemeinen Zweck der Bildung auch der niedersten Menschen». 1797 veröffentlichte er unter dem Titel «Figuren zu meinem ABC-Buch» Aphorismen, unter denen sich viele Fabeln befinden. Pestalozzi versucht darin, das Beziehungssystem menschlicher Handlungen und Verhaltensweisen anschaulich zu durchdringen und die wechselseitigen Bedingungen der Veränderungen aufzuzeigen.

ZWEI PFERDE UND DIE DEICHSEL

Die Deichsel brach vom Wagen, und die Pferde sprangen wütend mit ihr über Stauden und Stöcke. Da sie aufgefangen wurden, sagte die Deichsel zu ihnen: «Ihr geht sonst so still neben mir euren Weg; warum wütet ihr jetzt also an meiner Seite?» Die Pferde antworteten: «Solange du selbst am Wagen angekettet als eine tote Stange in dir selbst unbeweglich in Ruhe zwischen uns lagst, so gingen wir freilich auch ruhig an deiner Seite unsern Weg; da du jetzt aber vom Wagen abgerissen, selbst ungebunden, in wilden, bösen Sprüngen um unsere Beine herumtanzst, so macht uns das wütend.»

Ebenso können Regierungsmaßregeln, die in willkürlichen Sprüngen den Geldseckel, den Brotkorb, die Ehrliebe und das Rechts- und Sicherheitsbedürfnis eines Volks verletzend angreifen, bei den Menschen die gleiche Wirkung hervorbringen wie die vom Wagen abgerissene Deichsel, wenn sie in willkürlichen Sprüngen um die Füße der Pferde herumtanzt.

IWAN A. KRYLOW (1768–1843). Der Sohn eines zaristischen Offiziers ist in Moskau geboren, war eine Zeitlang Finanzschreiber, dann Schriftsteller und fürstlicher Sekretär, später (1812) Bibliothekar in Petersburg. 1809 erschienen seine ersten 23 Fabeln. Die letzte Ausgabe zu seinen Lebzeiten (1843) enthielt 197 Fabeln. Man hat ihn den russischen La Fontaine genannt. Er entlehnte einen Teil seiner Stoffe bei dem großen Franzosen, den er ins Russische übersetzte und dem er stilistisch nacheiferte. Ohne vordergründiges Moralisieren geißelt er menschliche Absonderlichkeiten und gesellschaftliche Schwächen. In oft lieblicher Verhüllung sucht er die verlorene Gerechtigkeit zu finden.

DER MAGNAT

In grauer Vorzeit war einst ein Magnat
Von seinen üpp'gen Kissen
In jenes Reich, wo Pluto herrscht, gerissen.
Ihn führt alsbald der düstre Pfad
Hin vor das ernste Richtertribunal.
Man fragt: «Was warst du? Wo kamst du zur Welt?» –
«Ein Perser war ich und aus der Satrapen Zahl,
Doch war's mit der Gesundheit schlecht bestellt.
Im Lande hab' ich drum nicht selbst gewaltet,
Es hat für mich mein Sekretär geschaltet.» –
«Was tatst denn du?» – «Ich aß und trank und schlief
Und unterzeichnete, wie's nach der Reihe lief.» –
«Nur ins Elysium!» – «Wie? Was? Ist das Justiz?»
Rief hier Merkur recht grob und spitz.
«Mein Lieber», sagt ihm Äakus,
«Das macht dir ohne Grund Verdruß.

Siehst du denn nicht? Der Sel'ge war ein Tropf;
Wenn der bei seiner Macht
Gehandelt hätt' aus eignem Kopf,
Ins Elend hätt' er die Provinz gebracht,
Und Tränen flössen ungezählet.
Nein, just darum
Kommt dieser ins Elysium,
Weil mit Geschäften er sich nie gequälet.
Ich sah 'nen Richter jüngst in Themis' Heiligtum –
Der kommt gewiß dereinst auch ins Elysium.»

Diese Fabel durfte Krylow auf einem Maskenfest dem Zar Nikolaus vorlesen, der ihn anschließend umarmte und rief: «Schreib nur zu, Alter, schreib zu!» Dadurch waren die Hindernisse beseitigt, die durch die Zensur dem Abdruck dieser Fabel entgegenstanden.

WILHELM HEY (1789–1854). Der in Leina bei Gotha 1789 geborne Pfarrerssohn studierte in Jena und Göttingen Theologie, war Haus- und später Gymnasiallehrer, ehe er 1818 Pfarrer in Töttelstedt, 1827 Hofprediger in Gotha und 1832 Superintendent in Ichtershausen wurde. Dort starb er 1854. 1833 erschienen seine «Fünfzig Fabeln für Kinder», 1835 «Noch fünfzig Fabeln für Kinder». Beide Bändchen wurden von Otto Speckter illustriert, dessen Name in den ersten Auflagen allein genannt ist, während der Textdichter anonym blieb. Wilhelm Heys Fabeln, eigentlich nur noch gemütvoll dargestellte Szenen mit Tieren, wurden als Modelle ästhetischer Kleinkinderliteratur schnell berühmt. Die Bändchen erlebten viele Auflagen, einzelne Fabeln wurden oftmals nachgedruckt. Es entstand eine eigene Methode des «Anschauungsunterrichts auf der Grundlage der Hey-Speckterschen Fabeln» (C. Kehr, Der Anschauungsunterricht für Haus und Schule auf der Grundlage der Hey-Speckterschen Fabeln, Gotha 1883, [4]1894). Wilhelm Hey schrieb aus dem Geist demütiger Religiosität. In einem Anhang an die «Noch fünfzig Fabeln» befinden sich fromme Gedichte für den christlichen Unterricht.

KNABE UND ESEL

Knabe: Esel, ein Rätsel rat einmal:
Es hat ein Tier gar grau und fahl,

Hat kurzen Verstand und Ohren lang,
Schreit Ia und schleicht mit trägem Gang.

Esel: Nein, Knabe, das ist mir zu schwer und fein;
Was mag das für ein Tierchen sein?

Da rief ihm der Knabe mit Lachen zu:
Ei schäme dich, Esel, das bist du!
Er hört es, doch konnt er's noch nicht fassen,
Da hat ihn der Knabe im Zorn verlassen.
Warum auch hat er nicht dran gedacht?
Der Esel ist nicht zum Raten gemacht.

ABRAHAM EMANUEL FRÖHLICH (1796–1827). Der in Brugg in der Schweiz als Sohn eines Lehrers geborene Abraham Emanuel Fröhlich wurde nach einem Theologiestudium in Zürich Lehrer an der Lateinschule seiner Geburtsstadt, später an der Kantonsschule in Aarau Rektor. Er starb in Gebenstorf im Aargau. 1825 erschienen «Fabeln» von ihm, die 1829 in einer vermehrten Ausgabe mit neun Zeichnungen Martin Distelis herauskamen. Fröhlichs Fabeln sind in ihrer Knappheit treffsicher und mit oftmals beißender Kritik und mit ironischem Unterton ausgestattet.

FRÖMMLER

Irrwische hielten ihr nächtliches Stündchen
auf der Heide, und ohne ein Sündchen
tanzten sie betend wohl auf und ab,
priesen auch: daß in so finstern Zeiten
Demuth allein die Erleuchtung hab',
richtigen Pfad, die Welt zu leiten.

Aber die Sterne sangen herab:
«Wer, verirrt in erdunkelten Talen,
aufschaut zu den himmlischen Strahlen,
die da brennen in ewiger Ruh,
diesen führen wir aus den Qualen
einem erfrischenden Morgen zu!
Aber in Nacht bleibt jeder versunken,
welcher gefolgt, wo jene gewunken!»

SPIEGELS UNSCHULD

In einem Brunnen spiegelhell
erkennt der Aff – sein Fratzenbild.
«Gewiß, du Pfütze», schimpft er wild,
«bist einzig mir zum Spotte da!»
So schimpft nicht minder sein Gesell,
und keiner kommt der Quell mehr nah.

WILHELM BUSCH (1832–1908). Der spätere Mitarbeiter an den «Fliegenden Blättern» und dem «Münchener Bilderbogen» ist 1832 in Wiedensahl (Hannover) geboren, lebte nach dem Studium an den Kunstakademien in Düsseldorf, Antwerpen und München eine Zeitlang in München und war in Wiedensahl und Mechtshausen am Harz bis zu seinem Tod (1908) ansässig. Unter Wilhelm Buschs Gedichten sind immer wieder Fabeln, so zum Beispiel in der Sammlung «Kritik des Herzens» (1874) oder in dem Buch «Stippstörchen für Äuglein und Öhrchen» (1880). Busch benutzte die Fabeln, um seine skeptische Weltsicht zu demonstrieren. Es sind kurze, pointierte Gedichte mit leicht einprägsamen Wendungen.

Es flog einmal ein muntres Fliegel
Zu einem vollen Honigtigel.
Da tunkt es mit Zufriedenheit
Den Rüssel in die Süßigkeit.
Nachdem es dann genug geschleckt,
Hat es die Flüglein ausgereckt
Und möchte sich nach oben schwingen.
Allein das Bein im Honigseim
Sitzt fest als wie in Vogelleim.
Nun fängt das Fliegel an zu singen:
Ach, lieber Himmel, mach mich frei
Aus dieser süßen Sklaverei!

Ein Freund von mir, der dieses sah,
Der seufzte tief und rief: Ja ja!

Auch im 20. Jahrhundert bleibt die Fabel, wie im 19., eine Randerscheinung der Literatur. Sie gerät zeitweilig, besonders in der ersten Hälfte unseres Jahrhunderts, sogar als Gebrauchsliteratur in der Schule in Mißkredit, weil ihr zu wenig Poesie und zu viel Nützlichkeitsstreben nachgesagt wird. Aber unter den Gedichten, vor allem denen der Humoristen, Kabarettisten und Satiriker wie Otto Julius Bierbaum, Christian Morgenstern, Joachim Ringelnatz finden sich Fabeln. Und anderseits trägt die Gattung dazu bei, eine besinnliche Kleinkunst bestehen zu lassen, wie sie etwa bei Rudolf Kirsten und Christian Heinrich Kleukens in ihren in Fabeln gekleideten Lebensweisheiten vorliegt.

Seit dem Zweiten Weltkrieg bis heute hat das Interesse an der Fabel merklich zugenommen. Nicht allein die vielen Ausgaben klassischer Fabeln in Anthologien für Erwachsene, in neueren Schulbüchern, Jugendbüchern (Erich Kästner hat – nach einer Idee von Jella Lepman – in seiner «Konferenz der Tiere» 1949 die Fabelelemente benutzt, um den Menschen den Spiegel ihrer Unvernunft vorzuhalten) und schön illustrierten Bilderbüchern lassen dies erkennen, sondern auch die neu entstandenen satirischen und zeitkritischen Stücke, etwa von James Thurber, Heinz Risse, Friedrich Wolf, Günther Anders, Wolfdietrich Schnurre und von den Jugendschriftstellern James Krüss und Sergej Michalkow (UdSSR).

FRIEDRICH WOLF (1888–1953). Der in Neuwied geborene und in Lehnitz bei Berlin gestorbene Arzt und Dramatiker hat auch eine Reihe von «Fabeln» geschrieben, die 1957 ([2]1958) in Berlin in einem Bändchen herauskamen. Der gesellschaftskritische und sozialistische Ansatz Friedrich Wolfs ist deutlich sichtbar. Ihm dienen die Fabeln dazu, die Erkenntnis zu vermitteln, daß wir aufeinander angewiesen sind und uns gegen engstirnige Justiz, Bürokratie, ungenügende Arbeitsorganisation usw. wehren müssen.

DER WACKERE IGEL

An einem Frühlingstag lag der Igel Pilopex in einer Talmulde und sonnte sich, als der Biber Castor erregt auf ihn zukam und schon von weitem rief: «Herr Nachbar,

Herr Nachbar! Der Fluß schwillt an! Die Fische berichten, im Oberlauf seien die Dämme gebrochen.»

Der Igel hob ein wenig die Nase, leckte sich das Maul und sprach: «Was geht mich das an?»

«Kommen Sie schnell, Herr Nachbar, retten Sie meine Jungen, helfen Sie uns Abflußgräben schaffen.»

Der Igel schnüffelte wieder und sprach darauf langsam: «Abflußgräben? Ich bin ein wackerer Igel Pilopex. Ich habe meine Stacheln; ich habe mein Kraut- und Mäusefeld; ich rolle mich zusammen, wenn etwas Unerquickliches draußen geschieht.»

«Hören Sie nicht, Herr Nachbar, wie der Strom braust!» drängte noch einmal der Biber, eh er davoneilte.

«Was geht mich das an!» brummte der Igel und rollte sich zusammen und streckte seine Stacheln aus.

Auf einmal spürte er etwas Kaltes und Nasses an seiner Haut. Er kugelte sich noch fester und drückte seine Augen energisch gegen seinen Nabel. Aber auch das half nichts. Es wurde immer kälter und nässer; jetzt wollte der Igel entlaufen; da schlug der Strom über ihm zusammen.

DER GROSSE UND DER KLEINE UHRZEIGER

«Was überholst du mich immer?» rief der Stundenzeiger dem über ihn dahinstürmenden Minutenzeiger nach.

«Keine Zeit, keine Zeit!» warf dieser zurück, «keine Zeit, mein Geschäft ist viel eiliger als deines!»

«Ich werde dich ...», dachte der dicke Stundenzeiger und stemmte sich nach einer Stunde dem langen Minutenzeiger entgegen. Da stand die Uhr, und beide hatten genügend Zeit ... aus nächster Nähe sich kennenzulernen.

JAMES THURBER (1894–1961). Der 1894 in Columbus (Ohio) geborene amerikanische Schriftsteller und Karikaturist wurde durch Beiträge im «New Yorker» in den zwanziger Jahren berühmt. 1943 erschienen die in dieser Zeitschrift publizierten Stücke in dem Sammelband «Fables for our Times», 1956 weitere unter dem Titel «Further Fables for our Times». Früh schon nach dem Zweiten Weltkrieg (1948) erschienen deutsche Übersetzungen, die den Autor, der oftmals seine Pointen dadurch setzt, daß er klassische Fabelweisheiten umkehrt, äußerst populär machten. Thurber versetzt seine

Fabeltiere in ein modernes (amerikanisches) Milieu. Seine Moral, die er offen ausspricht, trifft gelegentlich wie ein Hieb von der Seite.

DIE BEIDEN TRUTHÄHNE

Es waren einmal zwei Truthähne, ein alter und ein junger. Der alte Truthahn war seit vielen Jahren Herr des Hofes, und der junge Truthahn hätte gern seinen Platz eingenommen.
«Das alte Ekel werde ich demnächst kaltmachen», sagte der junge Truthahn zu seinen Freunden.
«Großartig, Joe, das tu nur!» riefen die Freunde, denn Joe traktierte sie mit Maiskörnern, die er gefunden hatte. Dann gingen die Freunde zu dem alten Truthahn und erzählten ihm, was der junge im Schilde führte.
«Na, den werde ich beim Kropf nehmen», sagte der alte Truthahn und bewirtete seine Besucher mit Maiskörnern.
«Großartig, Doktor, das tu nur!» riefen die Besucher.
Eines Tages ging der junge Truthahn zu dem alten hinüber, der gerade vor ein paar Freunden mit seiner heldenhaften Tapferkeit prahlte.
«Ich werde dir die Zähne einschlagen», drohte der junge Truthahn.
«Komm doch her, wenn du dich traust», schrie der alte Truthahn, und damit fingen sie an, einander zu umkreisen wie Boxer, die eine Angriffsmöglichkeit suchen. In diesem Augenblick erschien der Farmer, dem die Truthähne gehörten, packte den jungen, trug ihn fort und drehte ihm den Hals um.

MORAL

Jugend serviert man im allgemeinen mit gerösteten Kastanien.

HEINZ RISSE (geboren 1898). In Düsseldorf geboren, nach längeren Auslandsjahren in Solingen ansässig und neben seiner schriftstellerischen Tätigkeit Wirtschaftsprüfer, schrieb Heinz Risse, der erst nach dem Zweiten Weltkrieg zu veröffentlichen begann, auch ein Bändchen Fabeln unter dem Titel «Belohne dich selbst» (1953). Seine Beispiele sind kleine parabolische Erzählungen, die sich um ernsthafte Ausdeutung der Lebensverstrickungen bemühen und die Skepsis des Autors vor allzu glatten Lösungen offenbaren.

GLORIA MUNDI

Eine Schneeflocke, der es wunderbarerweise vergönnt war, die Kristalle ihres Bewußtseins länger zusammenzuhalten, als dies den Schneeflocken üblicherweise gestattet ist, begegnete einer anderen, die sich in der gleichen Lage befand, und zwar in eben dem Augenblick, in dem das Tauwetter beide in den Gebirgsbach hinunterspülte.

«Die höheren Mächte müssen Besonderes mit uns im Sinne haben», rief sie der anderen zu. «Oder glauben Sie, meine Liebe, daß sie uns sonst Unsterblichkeit zugestehen würden? Darf ich fragen, welche Taten Sie während Ihres Lebens vollbracht haben?»

«Ich fiel», erwiderte diese, «mit Tausenden anderer vor einen Bauernhof. Wir lagen so dicht, daß der kalte Wind nicht ins Haus dringen konnte – ich selbst hörte, wie der Bauer zu seiner Frau sagte, es sei gut, daß wir den Wind abhielten, denn nun brauchte er weniger zu heizen, und das Holz war knapp in jener Gegend.»

«Es scheint mir nicht», sagte die erste Flocke, «daß Sie etwas vollbracht haben, was die höheren Mächte veranlassen könnte, Ihnen Unsterblichkeit zu verleihen. Sicherlich nicht, wenn ich die Leistung meines Lebens mit der Ihren vergleiche. Ich – ich gehörte zu einem gewaltigen Heere, das die Formation der Lawine besaß: Zunächst stürzten wir uns auf einen Wald und rissen ihn nieder, dann jagten wir einen langen Hang hinab auf ein Gehöft zu, dessen Wände unter unserem Anprall zersplitterten, zwar hatten auch wir Verluste, und manche Kameradin blieb hinter uns auf dem Wege – was tut das? Es war dennoch ein großartiger Sieg.»

«Und Sie meinen», fragte die andere, «daß Ihnen, weil Sie so Gewaltiges vollbracht haben, die Unsterblichkeit verliehen wird? Gewiß ist das möglich oder gar wahrscheinlich, aber wie steht es mit mir, da meine Leistung doch an die Ihre nicht heranreicht?»

Da sie keine Antwort auf ihre Frage erhielt, blickte sie sich um, doch vermochte sie nur noch zu erkennen, daß die Gefährtin dabei war, sich aufzulösen, soeben verschwammen die letzten ihrer Kristalle in den Wassertropfen des Baches. Doch sagte ihr diese Wahrnehmung schon nichts mehr, denn auch ihr wurde plötzlich schwach, und sie entglitt dem eigenen Bewußtsein. Es gibt keinen Übergang, der nicht zugleich Untergang wäre, und was auch immer Mühe und Arbeit macht – einmal geht es zu Tal mit dem fließenden Wasser.

GÜNTHER ANDERS (geboren 1902). Der in Breslau geborene Sohn des Psychologen William Stern, der von 1936 bis 1950 in den USA lebte und heute in Wien wohnt, schrieb Gedichte, Novellen und Essays zur modernen Literatur und Kunst. Von ihm stammen aber genauso Auschwitz-, Hiroshima- und Vietnam-Kommentare. Seine kulturphilosophischen Reflexionen führten ihn auch zur Verwendung der Fabelform. Die Demaskierung der Verhältnisse und des Menschen ist bei ihm zugleich eine kluge Zeichnung der Unzulänglichkeiten und Verranntheiten alles Handelns.

DIE WARNUNG

«Nehmt euch in acht», sprach die alte Ousia zu ihren Kindern, «nehmt euch in acht vor den Philosophen. Tausende von Malen bin ich von ihnen interviewt worden. Je beiläufiger ihre Erkundigungen, desto gefährlicher waren sie. Oft sind sie mir, um mich zu zwingen, aus der Schule des Seins zu plaudern, mit Suggestionsfragen auf den Leib gerückt – ‚Hypothesen' nannten sie diese –, und je liebenswürdiger sie mit ihrem ‚du bist ja wohl so oder so' kamen, desto schwerer war es, ihre Frage nicht zu bejahen. Auch ich bin auf sie hereingefallen. Aus reiner Höflichkeit. Nachher war's zu spät, und was sie dann über mich veröffentlichten, war im besten Falle sinnlos, zumeist aber außerdem auch noch verleumderisch. Darum laßt euch von ihnen nicht ansprechen. Sie sind agents provocateurs.»

WO IST DEIN STACHEL?

«Mir scheint», meinte behutsam die Krankenschwester, «allmählich sollten Sie sich vielleicht doch auf gewisse Eventualitäten gefaßt machen.»
«Ich?», fragte der Moribunde erstaunt zurück, «ich? Ist das meine Sorge? Wahrhaftig, ich möchte wissen, wozu ich mein Lebtag lang meine Hospitalversicherung gezahlt habe!»

WOLFDIETRICH SCHNURRE (geboren 1920). Von dem in Berlin lebenden, in Frankfurt am Main geborenen Schriftsteller, der Mitbegründer der «Gruppe 47» ist und besonders durch seine Kurzgeschichten bekannt wurde, stammen die gesammelten Fabeln «Protest im Parterre» (1957). Wie Wilhelm Busch und James Thurber hat er sie eigenhändig illustriert. Schnurre will desillusionieren. In ihrer straffen Zuspitzung geraten seine Fabeln in die Nähe von Witz und Epigramm. Sie enthalten vielfach schwarzen Humor. Er kämpft gegen militantes Heroentum und entmenschte Machtausübung an.

STIMMT

«Näher, mein Gott, zu dir!» rief der Atomspezialist, als er mit einem Knall in die Luft flog.

DIE ENTKRÄFTETE EWIGKEIT

«Und hier», rief der Museumsdiener vorm Dinosauriergerippe dem schaudernden

Publikum zu, «blicken Jahrmillionen auf uns herab!» «*Und* etliche Wochen», fügte die Spinne hinzu, die in der Augenhöhle des Schädels ihr Netz aufgespannt hatte.

DIE VERKANNTE

Eine Kuh, die beim besten Willen zu alt zum Milchgeben war, wurde an einen Schausteller verkauft, dem sie das Karussell ziehen sollte. «Der Aufstieg beginnt», sagte sie.

VIRGILIUS SOLIS: Der Wolf und der Kranich (Nürnberg 1566).

BIBLIOGRAPHIE
NACHWEISE
REGISTER

BIBLIOGRAPHIE

In diesem Buch sind jeweils die Quellen der zitierten Formulierungen im fortlaufenden Text genannt. Fabeln aus der griechischen und römischen Antike wurden stets in der Übertragung von Ludwig Mader nach der Ausgabe «Antike Fabeln» (Artemis Verlag, Zürich, 1951) wiedergegeben. Im folgenden sind nur eine Auswahl der wichtigsten herangezogenen Werke und Aufsätze über die Fabel und einige Sammelwerke aufgeführt.

THEORETISCHE SCHRIFTEN

ADAMS, F. B.: The Codex Pithoeanus of Phaedrus. In: The Horn Book Magazine. Boston. Jg. 1965.

ARISTOTELES: Rhetorik. Übers. u. erläutert v. HEINRICH KNEBEL. Stuttgart 1838.

BADSTÜBER, HUBERT: Die deutsche Fabel von ihren ersten Anfängen bis auf die Gegenwart. Wien 1924.

BIHLER, HEINRICH: Zur Gestalt mittelalterlicher lateinischer, französischer und spanischer Fassungen der Fabel vom Fuchs und Raben. In: Medium Aevum Romanicum. Festschrift für Hans Rheinfelder. Hrsg. v. HEINRICH BIHLER u. ALFRED NOYER-WEIDNER. München 1963.

BRIEGEL-FLORIG, WALTRAUD: Geschichte der Fabelforschung in Deutschland. Diss., Freiburg im Breisgau 1965.

BRUNNER-TRAUT, EMMA: Altägyptische Tiergeschichte und Fabel. Gestalt und Strahlkraft. 2., durchges. u. erw. Aufl. Darmstadt 1968.

CRUSIUS, OTTO: Aus der Geschichte der Fabel. In: C.H. KLEUKENS: Buch der Fabeln (Einleitung). 2. Aufl. Leipzig 1920.

DE BOOR, HELMUT: Über Fabel und Bîspel. München 1966. (Bayr. Akademie d. Wissenschaften. Philos.-Histor. Klasse. Sitzungsberichte. Jg. 1966. H. 1).

DIESTEL, GUSTAV: Bausteine zur Geschichte der deutschen Fabel. In: Programm des Vitzthumschen Gymnasiums. Dresden 1871.

DODERER, KLAUS: Über das «betriegen zur Warheit». In: Wirkendes Wort. Düsseldorf, Jg. 14, 1964. H. 6.

DODERER, KLAUS: Didaktische Überlegungen zur Fabel und Kurzgeschichte. In: Literarische Erziehung in der Grund- und Hauptschule. Frankfurt 1965.

EMMERICH, KARL: In: Der Wolf und das Pferd. Deutsche Tierfabeln des 18. Jahrhunderts (Vorwort). Darmstadt 1960.

EWERT, MAX: Über die Fabel «Der Rabe und der Fuchs». Rostock, Grossherzogl. Mecklenburg. Universität, Philosoph. Diss. 1892.

FOHRER, G.: Artikel «Fabel» in: Religion in Geschichte und Gegenwart. Bd. 2. Tübingen 1958.

GOTTWALD, HEINRICH: Lessings Fabel als Kunstwerk. Bonn, Diss. 1949.

GRIMM, JACOB: Reinhart Fuchs. Berlin 1834.

GRIMM, WILHELM: Thierfabeln bei den Meistersängern. Berlin 1856.

HAUSRATH, AUGUST: Artikel «Fabel» in: Realencyklopädie des klass. Altertums von PAULY-WISSOWA. Bd. VI (1907), Bd. XIX (1938).

HERDER, JOHANN GOTTFRIED: Aesop und Lessing. In: Herder, Sämtl. Werke, hrsg. v. B. SUPHAN. Bd. 2. Berlin 1877.

HERTZBERG, G. W.: Über den Begriff der Fabel und ihre historische Entwicklung bei den Griechen (Anh. zur Übers. des BABRIOS). Halle 1846.

KAYSER, WOLFGANG: Die Grundlagen der deutschen Fabeldichtung des 16. und 18. Jahrhunderts. In: Archiv f. das Studium der Neueren Sprachen, Braunschweig, Berlin u. Hamburg. Jg. 86, 1931. Bd. 160, Bd. 50 der neuen Serie.

KEHR, C. (Hrsg.): Der Anschauungs-Unterricht f. Haus u. Schule auf Grundlage der Hey-Speckterschen Fabeln im Anschluß an W. Pfeiffers Wandbilder. 4., verm. u. erw. Aufl., bearb. v. A. KLEINSCHMIDT. Gotha 1894.

KELLER, O.: Untersuchungen über die Geschichte der griechischen Fabel. In: Fleckeisens Jahrbücher f. class. Philologie. 4. Suppl. Bd. Leipzig 1862.

KROHN, KAARLE: Bär, Wolf und Fuchs. Eine nordische Tiermärchenkette. Dt. von O. HACKMANN. Helsingfors 1888.

KROHN, KAARLE: Mann und Fuchs. Drei vergleichende Märchenstudien. Helsingfors 1891.

LANDWEHR, JOHN: Fable-books printed in the low countries. A concise bibliography until 1800. Introduct. by H. DE LA FONTAINE VERWEY. Nieuwkoop 1963.

LAUSBERG, HEINRICH: Handbuch der literarischen Rhetorik. Eine Grundlegung der Literaturwissenschaft. München 1960.

LEIBFRIED, ERWIN: Fabel. Stuttgart 1967. (Realienbücher für Germanisten. Abt. Poetik. Sammlg. Metzler.)

LEHMANN, WERNER R.: Fabel und Parabel als literarisches Bildungsgut. In: Studien zur Jugendliteratur u. literar. Bildung. Ratingen 1961.

LESSING, GOTTHOLD EPHRAIM: Fabeln. Abhandlungen über die Fabel. Stuttgart 1967.

LUTHER, MARTIN: Etliche Fabeln aus Aesopo. In: Luthers Werke in Auswahl. Unter Mitwirkung v. ALBERT LEITZMANN, hrsg. v. OTTO CLEMEN. Berlin 1935. Bd. 4.

MACKENSEN, LUDWIG: Artikel «Fabel» im Handwörterbuch des deutschen Märchens, hrsg. v. LUTZ MACKENSEN. Berlin 1934/40. Bd. 2.

MADER, LUDWIG: Antike Fabeln (Einleitung). Zürich 1951.

MARKSCHIES, HANS LOTHAR: Artikel «Fabel» im Reallexikon der deutschen Literaturgeschichte. Hrsg. v. KOHLSCHMIDT-MOHR. 2. Aufl. Berlin 1958. Bd. 1.

METZKER, OTTO: Die Gestalt des Tieres in der Literatur, besonders im Jugendschrifttum. Reutlingen 1955.

MEULI, KARL: Herkunft und Wesen der Fabel. In: Schweizerisches Archiv f. Volkskunde. Basel Jg. 50, 1954. H. 2.

OTT, KARL AUGUST: Lessing und La Fontaine. Von dem Gebrauche der Tiere in der Fabel. In: Germanisch-Romanische Monatsschrift. Heidelberg 1959. Bd. XL. (N. F. Bd. IX.)

PLESSOW, M.: Geschichte der Fabeldichtung in England bis zu John Gay. Berlin 1906. (Palaestra 52.)

QUINNAM, BARBARA: Fables from incunabula to modern picture books. A selective bibliography. Washington 1966.

RAMMELMEYER, H.: Studien zur Geschichte der russischen Fabel im 18. Jahrhundert. Leipzig 1935.

RÖHRICH, LUTZ: Artikel «Fabel» in: Religion in Geschichte u. Gegenwart. Tübingen 1958. Bd. 1.

SCHÄFER, WALTER: Die Fabel im Dienst der Spracherziehung. In: Deutschunterricht. Stuttgart. Jg. 7, 1955. H. 5.

SCHIROKAUER, ARNO: Luthers Arbeit am Aesop. In: Modern Language Notes. Baltimore. Jg. 62, 1947.

SCHIROKAUER, ARNO: Die Stellung Äsops in der Literatur des Mittelalters. In: Festschrift f. Wolfgang Stammler zu seinem 65. Geburtstag. Berlin u. Bielefeld 1953.

SPARMBERG, PAUL: Zur Geschichte der deutschen Fabel in der mittelhochdeutschen Spruchdichtung. Diss., Marburg 1918.

SPOERRI, THEOPHIL: Der Aufstand der Fabel. In: Trivium. Schweiz. Vjs. f. Literaturwissenschaft u. Stilkritik. Zürich. Jg. 1, 1942/43. H. 1. Auch in: LA FONTAINE, Hundert Fabeln. Manesse Bibliothek der Weltliteratur. Zürich 1965.

STAEGE, MAX: Die Geschichte der deutschen Fabeltheorie. Diss., Basel 1929. In: Sprache und Dichtung. Forschungen zur Sprach- und Literaturwissenschaft, hrsg. v. H. MAYNE u. S. SINGER. Bern 1929. H. 44.

STERNBERGER, DOLF: Figuren der Fabel. Essays. Frankfurt 1950.

THIELE, GEORG: Der lateinische Aesop des Romulus und die Prosafassungen des Phaedrus. Heidelberg 1910.

THIELE, GEORG: Die vorliterarische Fabel der Griechen. In: Neue Jahrbücher f. d. klass. Altertum. Leipzig. Jg. 21, 1908.

TSCHIRCH, FRITZ: Geschmiedetes Gitterwerk – Eine Lessingfabel als künstlerische Gestalt. In: Muttersprache. Lüneburg 1960.

VOSSLER, KARL: La Fontaine und sein Fabelwerk. Heidelberg 1919.

WAAS, CHR.: Die Quellen der Beispiele Boners. Gießen, Diss., Dortmund 1899.

WEDDIGEN, OTTO: Geschichte der deutschen Volksdichtung seit dem Ausgange des Mittelalters bis an die Gegenwart. 2. Aufl. Wiesbaden 1895.

WEDDIGEN, OTTO: Das Wesen und die Theorie der Fabel und ihrer Hauptvertreter in Deutschland. Leipzig 1893.

WEINREICH, OTTO: Fabel, Aretalogie, Novelle usw. In: Heidelberger Sitzungsberichte, Phil.-Histor. Klasse. Jg. 1930/31.

WIENERT, W.: Die Typen der griech.-röm. Fabel. M. e. Einleitung über das Wesen der Fabel. Helsinki 1925.

WÜNSCHE, A.: Die Pflanzenfabel in der Weltliteratur. Wien 1905.

ANTHOLOGIEN

Angaben über weitere Sammlungen und über Fabelausgaben einzelner Autoren und Bearbeiter finden sich vor allem in den reichhaltigen Bibliographien in E. Leibfrieds Bändchen der Sammlung Metzler «Fabel» (Stuttgart 1968) und in dem Artikel «Fabel» von H. L. Markschies im «Reallexikon der deutschen Literaturgeschichte» (Berlin ²1958, Bd. 1, 433).

[Aesopus]: Fabulae Aesopiae collectae, rec. Halm. 2. Aufl. 1863. Leipzig 1852.

[Aesopus]: Aesopische Fabeln. Zus.gest. u. ins Dt. übertr. v. August Hausrath. Gefolgt v. e. Abhandl.: Die Aesoplegende. Urtext u. Übertr. München 1940.

Alverdes, Paul: Rabe, Fuchs und Löwe. Fabeln der Welt. München 1962.

Baumann, Hans: Ein Fuchs fährt nach Amerika. Fabeln aus aller Welt f. Kinder gesammelt u. neu erzählt. Recklinghausen 1968.

Das Buch der Beispiele der alten Weisen. Hrsg. v. Wilhelm Ludwig Holland. Amsterdam 1969. (Photomechan. Nachdr. der Ausg. Stuttgart 1860.)

Carlsson, Anni (Hrsg.): Fabeln der Völker aus drei Jahrtausenden. Heidelberg 1959.

Carstensen, J.: Meister der Tiergeschichte. Reutlingen 1966.

Ebner-Eschenhayn, G.: Fabeln und Parabeln von Äsop bis Brecht. Leipzig 1961.

Emmerich, Karl (Hrsg.): Der Wolf und das Pferd. Deutsche Tierfabeln des 18. Jahrhunderts. Darmstadt 1960.

Etzel, Theodor: Fabeln und Parabeln der Weltliteratur. Gesammelt u. m. literar-histor. Einführ. hrsg. v. Th. Etzel. Leipzig 1907.

Fabeln, Altchinesische: A. d. Chines. v. Käthe Zhao u. Senta Lewin. M. e. Nachw. v. Eva Müller. 2. Aufl. Leipzig 1963.

Grässe, J. G. Th.: Die beiden ältesten latein. Fabelbücher des Mittelalters. Hildesheim 1965. (Reprogr. Nachdr. der Ausg. Tübingen 1880.)

Karlos, W. F.: Fabeln für die Gegenwart. Eine Auslese bemerkenswerter Fabeln zus.gest. v. W. Karlos. München 1963.

Kindererzählungen, Märchen und Fabeln russischer Klassiker. A. d. Russ. v. M. v. Busch. Berlin 1954.

Kleukens, C. H.: Das Buch der Fabel. Einl. v. O. Crusius. Leipzig 1913.

Mader, Ludwig: Der unzufriedene Esel. Fabeln der Antike. Eingel. u. übertr. v. L. Mader. München 1965. (i. e. Auswahl aus L. Mader, Antike Fabeln ...)

Mader, Ludwig: Antike Fabeln. Hesiod. Archilochos, Äsop u. a. Eingel. u. neu übertr. v. L. Mader. Zürich 1951.

Minor, Jakob (Hrsg.): Fabeldichter, Satiriker und Popularphilosophen des 18. Jahrhunderts. (Lichtwer, Pfeffel, Kästner, Göckingk, Mendelssohn und Zimmermann). Berlin u. Stuttgart. (Deutsche National-Litteratur. Hrsg. v. Joseph Kürschner. Bd. 73.)

Moser-Rath, Elfriede: Predigtmärlein der Barockzeit. Exempel, Sage, Schwank und Fabel in geistlichen Quellen des oberdeutschen Raumes. Berlin 1964.

Mudrak, Edmund (Hrsg.): Das große Buch der Fabeln. Reutlingen 1962.

MUNCKER, F. (Hrsg.): Anakreontiker und preußisch-patriotische Lyriker. 2 Tle. in 1 Bd. Berlin u. Stuttgart 1895. (Deutsche National-Litteratur. Hrsg. v. J. KÜRSCHNER. Bd. 216.)

PFEIFFER, FR. (Hrsg.): Fabeln aus den Zeiten der Minnesinger. Stuttgart 1843.

PROEBST, WOLFGANG (Hrsg.): Vogel und Fisch. Ein Buch der Fabeln. Bamberg 1961.

RECHEIS, KÄTHE (Bearb.): Das große Fabelbuch. Wien, Heidelberg 1965.

REUPER, J.: Im Reiche des Löwen. Klass. Tierfabeln aus aller Welt. Halle 1909. (Bibliothek der Gesamtliteratur. Nr. 2162–65.)

RICHTER, WOLFGANG (Ausgew.): Schöne Fabeln für jung und alt. Berlin 1960. (Ullstein Bücher 305.)

SCHAEFFER, RICHARD (Hrsg.): Deutsche Tierfabeln vom 12. bis zum 16. Jahrhundert. Berlin 1955.

SCHIROKAUER, ARNO (Hrsg.): Texte zur Geschichte der altdt. Tierfabel. Bern 1952. (Altdeutsche Übungstexte. Bd. 13.)

SCHÜSSLER, WILLY (Bearb. u. Ausw.): Deutsche Fabeln. Naumburg 1930.

STAMMLER, HILDEGARD UND WOLFGANG: Alte deutsche Tierfabeln. Ausgew. u. übertr. v. W. u. H. STAMMLER. Jena 1926.

TUTI NAMEH. Das Papageienbuch. A. d. türk. Fass. v. GEORG ROSEN. Leipzig 1956.

WEISE, GERHARD (Bearb.): Vom Wolf im Schafspelz. Fabeln deutscher Dichter. Berlin 1957.

WINDFUHR, MANFRED: Deutsche Fabeln des 18. Jahrhunderts. Ausgew. u. m. e. Nachw. v. M. WINDFUHR. Stuttgart 1960.

NACHWEIS DER IM SCHLUSSKAPITEL (S. 275ff.) ZITIERTEN FABELN

Äsop	L. Mader, Antike Fabeln, a.a.O.	S. 151, 111, 52
Phädrus	ebda.	S. 188, 175, 208
Babrios	ebda.	S. 261, 262, 285
Avianus	ebda.	S. 323, 331
Romulus	ebda.	S. 336, 336
Der Stricker	A. Schirokauer, Texte zur Geschichte der altdeutschen Tierfabel, a.a.O.	S. 9, Nr. 10
Gerhard von Minden	ebda.	S. 23, Nr. 29a
Hugo von Trimberg	ebda.	S. 15, Nr. 20
Ulrich Boner	ebda.	S. 21, Nr. 25
Heinrich Steinhöwel	ebda.	S. 30, Nr. 36
Martin Luther	ebda.	S. 39, Nr. 46, C, 4
Burkard Waldis	ebda.	S. 46, Nr. 57
Hans Sachs	Sämtliche Fabeln und Schwänke. In chronologischer Ordnung nach den Originalen herausgegeben von Edmund Goetze, 2. Bd., Halle 1894	S. 624, Nr. 382
Erasmus Alberus	Die Fabeln, Abdruck der Ausgabe von 1550 mit den Abweichungen der ursprünglichen Fassungen. Hrsg. W. Braune, Halle 1892	S. 21
J. de La Fontaine	Die Fabeln, Gesamtausgabe. Übertragen von Rolf Mayr, Düsseldorf 1964	S. 78, 142
A. a Sancta Clara	In: Rabe, Fuchs und Löwe, Fabeln der Welt, Hrsg. P. Alverdes, a.a.O.	S. 93
John Gay	In: Fabeln und Parabeln der Weltliteratur. Hrsg. Th. Etzel, a.a.O.	S. 441
Daniel Stoppe	Neue Fabeln oder moralische Gedichte, der deutschen Jugend zu einem erbaulichen Zeitvertreib aufgesetzt. Breßlau 1738	3. Buch, XIV. Fabel
Fr. v. Hagedorn	In: Der Wolf und das Pferd. Deutsche Tierfabeln des 18. Jahrhunderts. Hrsg. K. Emmerich, a.a.O.	S. 47

Chr. F. Gellert	ebda.	S. 74
M. G. Lichtwer	ebda.	S. 106
G. E. Lessing	Fabeln (Ausgabe 1967), a. a. O.	S. 16, 46, 31, 23
G. K. Pfeffel	In: Der Wolf und das Pferd, a. a. O.	S. 252
A. Chr. Fischer	ebda.	S. 273
J. H. Pestalozzi	Fabeln. Bern 1940	S. 92
Iwan A. Krylow	In: Fabeln und Parabeln der Weltliteratur. Hrsg. Th. Etzel, a. a. O.	S. 449
Wilhelm Hey	Noch funfzig Fabeln für Kinder. In Bildern gezeichnet von O. Speckter. Nebst einem ernsthaften Anhange, Hamburg 1837	(ohne Seitenzählung)
A. E. Fröhlich	Fabeln, mit Zeichnungen von M. Disteli. Faksimiledruck, Zürich 1945	S. 147, 154
Wilhelm Busch	Historisch-kritische Gesamtausgabe. Hrsg. Friedrich Bohne, Bd. II, Wiesbaden-Berlin o. J.	S. 511
Friedrich Wolf	Fabeln. Zeichnungen von H. Strub. Berlin [2]1958	S. 8, 11
James Thurber	Lachen mit Thurber. 75 ausgewählte Erzählungen und Fabeln. Hamburg 1964	S. 257
Heinz Risse	Belohne dich selbst. Fabeln. Bremen 1954	S. 37
Günther Anders	Der Blick vom Turm. Fabeln mit Bildern von A. Paul Weber. München 1968	S. 84, 85
Wolfdietrich Schnurre	Protest im Parterre. München 1957	S. 90, 93, 20

BILDNACHWEIS

Schutzumschlag und S. 79: Aesopus des Phrygiers Leben und Fabeln, nebst den Fabeln des Philelphus. Mit des Herrn Abts von Bellegarde moralischen und historischen Anmerkungen; welchen die Fabeln des Gabrias und Avianus und die Mährchen des Aesopus beygefüget worden. Neue sehr verbesserte Übersetzung aus dem Franz. Kopenhagen und Leipzig: Proft 1781. 576 S.

Frontispiz: Hundert Fabeln nach Aesop und den größten Fabeldichtern aller Zeiten. Mit Hundert colorirten Kupfern zur Beförderung der sittlichen Ausbildung der Jugend als Leitfaden zur frühen Erweckung echter Lebensweisheit. In Deutscher, Englischer, Französischer und Italienischer Sprache. T. 1. Berlin: Kühn [1830]. 216 S.

Seite 9: Edmund Mudrak (Hrsg.): Das große Buch der Fabeln. Mit 47 alten Holzschnitten. Reutlingen: Ensslin & Laiblin, 1962. 246 S.

18 Edmund Mudrak (Hrsg.): Das große Buch der Fabeln. Mit 47 alten Holzschnitten. Reutlingen: Ensslin & Laiblin, 1962. 246 S.

23 Fabeln von Erasmus Alberus. Ein Nachwort von Wilhelm Matthiessen. 15 Holzschnitte von Vergil Solis. Berlin: Thomas-Verlag [1934]. 72 S. (Greif-Bücherei. Bd. 8).

29 Der deutsche Aesop, bestehend in drey hundert vier und zwanzig lehrreichen Fabeln welche in gebundener Schreibart entworfen und als moralische Wochenblätter stückweis ausgeliefert worden. Königsberg: Hartung 1743. 416 S.

46/47 Esopi Leben und auserlesene Fabeln mit deutlichen Erklärungen, nützlichen Tugend-Lehren, und hierzu dienlichen saubern Kupffern. Nürnberg: Monath 1747. 246 S.

53 Johann Heinrich Martin Ernesti: Der Aesop für Kinder in Aesopischen Fabeln mit Anwendungen, Lehren und eingedruckten Kupfern. Auch Aesops Leben und Schicksale mit Kupfern. Nürnberg und Altdorf: Monath und Kussler 1821. 216 S.

57 Martin Disteli: Heuschreckenpredigt. Original im Martin-Disteli-Museum, Olten.

62 Esopi Leben und auserlesene Fabeln mit deutlichen Erklärungen, nützlichen Tugend-Lehren, und hierzu dienlichen saubern Kupffern. Nürnberg: Monath 1747. 246 S.

66 Samuel Richardson: Sittenlehre für die Jugend in den auserlesensten Aesopischen Fabeln mit dienlichen Betrachtungen zur Beförderung der Religion und der allgemeinen Menschenliebe vorgestellt. 5. Aufl. Mit 26 neu radirten Kupfern. München: Strobl 1786. 380 S.

70/71 Favole Scelte, trad. dall'idioma francese nell'italiano per ... [Giovanni] Veroni. Auserlesene Fablen, aus d. Franz. i. d. Italiänische ... Fables choisies ... Alles mit Kupfer-Stücken bey einer jeden Fabel ausgezieret: der Sprach-liebenden und Kunst-geneigten

Jugend zu nützlicher Ergötzlichkeit. Zu Augspurg bey Joh. Ulr. Krauss (Kupferstecher), 1727. Augspurg: Steisslinger 1759. 106 S., 50 Taf.

86 Sittenlehre in Fabeln und Erzählungen für die Jugend. Mit Kupfern von Joh. Rudolf Schellenberg. Nebst einer Abhandlung über die Frage: Sind Fabeln eine Übung für Kinder, oder sind sie es nicht? Winterthur: Steiner 1794. 315 S.

88 Abraham Emanuel Fröhlich: Fabeln. Mit Zeichnungen von Martin Disteli. Zürich: Studer 1945. 200 S. (Faks. der 1829 bei Sauerländer, Aarau, erschienenen 2. vermehrten Auflage).

96 Wilhelm Hey. Otto Speckter: Fünfzig ergötzliche Fabeln für kleine und große Leute. (Ill. von O. Speckter. Reprod. nach der Ausg. von 1833.) München: Obpacher 1957. 108 S. (Kid Weltliteratur. Bd. 25).

98 Wilhelm Hey. Otto Speckter: Fünfzig ergötzliche Fabeln für kleine und große Leute. (Ill. von O. Speckter. Reprod. nach der Ausg. von 1833.) München: Obpacher 1957. 108 S. (Kid Weltliteratur. Bd. 25).

103 [Johann Wilhelm Hey:] Noch funfzig Fabeln für Kinder. In Bildern, gezeichnet von Otto Speckter. Nebst einem ernsthaften Anhange. Hamburg: Perthes 1837. 44 S.

107 J. E. Gailer [Bearb.]: Neues Fabelbuch. Eine Ausw. d. Schönsten aus der Fabelwelt, in deutscher, lat., franz. u. engl. Sprache, f. d. Jugend bearb. Mit 36 Kupfern. Tübingen: Osiander 1836. 319 S.

119 Reineke der Fuchs. Volksbücher Bd. 15–17. Hrsg. von Gotthart Oswald Marbach. Leipzig: Wigand 1840. 262 S.

123 Christian Fürchtegott Gellert's sämmtliche Fabeln und Erzählungen in drei Büchern. Vignetten von G. Osterwald. Leipzig: Hahn 1838. 138 S.

129 Fabeln für die Gegenwart. E. Auslese bemerkenswerter Fabeln, zusammengest. von W. F. Karlos m. 20 Ill. von [I.-I.] Grandville [d. i. Ignace-Isidore Gérard]. München: Schloendorn, 1963. 95 S.

131 Fabeln für die Gegenwart. E. Auslese bemerkenswerter Fabeln, zusammengest. von W. F. Karlos m. 20 Ill. von [I.-I.] Grandville [d. i. Ignace-Isidore Gérard]. München: Schloendorn, 1963. 95 S.

133 Ludwig Fernow: Die Tante Fabula. Ein Buch zur Unterhaltung und Belehrung für Kinder. M. 16 Bildern in Oelfarbendruck ... von Gustav Süs. 4. Aufl. Erfurt: Bartholomäus [1863]. 46 S.

134 Friedrich Hoffmann: Lebensweisheit in Fabeln für die Jugend. M. 100 Bildern. Stuttgart: Hoffmann 1840. 588 S.

151 Georg Friedrich Müller: Das Reich der redenden Thiere. Neuestes Fabelbuch für die Jugend. Nürnberg: Lotzbeck [1860]. 58 S. 12 Taf.

152 Lieder und Fabeln für die Jugend. M. vielen neuen Beitr. von R[obert] Reinick. Illustrirt von J[ohann Jakob] Kirchhoff und W[ilhelm] Georgy. 2. verb. Aufl. Leipzig: Kretzschmar [1849]. 111 S.

161 Acht und Neunzig Fabeln in deutscher, franz. u. engl. Sprache. Nach Aesop neu bearb. [Mit 8 Kupf. taf. von P.C. Geissler]. 2. Ausg. Leipzig: Fritzsche [1846]. 98 S. [Nebentit.:] Aesops Fabeln in deutscher, franz. u. engl. Sprache für die Jugend bearb. u. m. 98 Bild. ill. Leipzig bei F.A. Leo. [Umschlagtit.:] Fabeln nach Aesop ...

162 [Johann] Wolfgang von Goethe: Reineke Fuchs, m. Zeichn. von Wilhelm von Kaulbach. Auf Holz gezeichnet von Julius Schnorr. Stuttgart: Cotta 1857. 212 S.

169 Jean de La Fontaine. Die Fabeln. Gesamtausg. Übertr. von Rolf Mayr. M. 39 Ill. von Gustave Doré. (Düsseldorf:) Diederichs, 1964. 367 S. (Diederichs Taschenausg. 32.)

171 Der neue Aesop. Eine Sammlung Fabeln von Lessing Lichtwer Pfeffel etc, m. Ill. von Ernest Griset. Leipzig: Payne [1878]. 288 S.

172 Elisabeth Ebeling: Vier und Zwanzig Fabeln und Gedichte für Kinder. Ill. von Jean Bungartz. Leipzig: Twietmeyer [1885]. 24 S. [Umschlagtit.:] Vier und Zwanzig Fabeln für Kinder...

176 Julius Sturm: Neues Fabelbuch. M. Ill. nach Originalzeichn. von Fedor Flinzer. Leipzig: Dürr 1881. 52 S.

181 101 neue Fabeln. Hrsg. von Frida Schanz. Ill. von Fedor Flinzer. Mit Originalbeitr. von Friedrich von Bodenstedt, Victor Blüthgen u.a. 5. Aufl., Berlin: Globus [1888]. 124 S.

182 The Fables of Aesop. Selected, told anew and their history traced by Joseph Jacobs, done into pictures by Richard Heighway. New York: Schocken, 1966. 228 S.

191 Aesops Fabelbuch. In neuer Bearb. v. Stora Max. M. 13 farb. Vollbild. u. 39 Schwarz-Weiß-Zeichn. v. Arthur Rackham. München: Dietrich [1913]. 152 S. (Kleinodien der Weltliteratur. 1.)

201 [Th.] Etzel und [H.H.] Ewers: Ein Fabelbuch. Buchschmuck von H. Frenz, Horst-Schulze, J(ohn) J(ack) Vrieslander. 3. Aufl. München: Langen 1902. 115 S.

202 Tierfabeln des klassischen Altertums. Ausgew. u. erz. von Victor Fleischer. M. 24 Originallithogr. u. Buchschmuck von Ludwig Heinrich Jungnickel. Wien: Schroll, 1919. 52 S.

205 Aesops Fabelbuch. In neuer Bearb. v. Stora Max. M. 13 farb. Vollbild. u. 39 Schwarz-Weiß-Zeichn. v. Arthur Rackham. München: Dietrich [1913]. 152 S. (Kleinodien der Weltliteratur. 1.)

211 Der Wolf und der Fuchs. M. farb. Zeichn. von Josef Hegenbarth. Potsdam: Rütten & Loening, 1951. 13 ungez. Bl.

212 Reineke Fuchs. Neu erzählt (nach d. Niederdt. und nach Simrock) von Franz Fühmann. (Ill. v. Werner Klemke.) Berlin: Kinderbuchverlag (1964). 78 S.

215 Wolfdietrich Schnurre: Protest im Parterre [m. Ill. v. Verf.]. München: Langen Müller, 1957. 93 S.

229 Die schönsten Fabeln von La Fontaine. Ill. v. Jiří Trnka. Prag: Artia, 1962. 92 S.

239 [Jean de] La Fontaine: 12 Tierfabeln, ill. von Gerhard Oberländer. (Frankfurt:) Büchergilde Gutenberg, 1964. 16 ungez. Bl. [Umschlagtit.:] La Fontaine Fabeln.

249 Das große Fabelbuch. (Neu bearb. von Käthe Recheis). Wien u. Heidelberg: Ueberreuter, 1965. 239 S.

250 Fabeln des Aesop. Nacherz. v. Rudolf Hagelstange. (Die Auswahl der Texte besorgte Louis Untermeyer.) Ill. von A[lice] und M[artin] Provensen. Ravensburg: Maier, 1966. 87 S.

267 Günther Anders: Der Blick vom Turm. Fabeln. M. 12 Abb. nach Lithogr. v. A. Paul Weber. München: Beck, 1968. 98 S.

268 Äsopische Fabeln. Älteren Überlief. nacherz. u. hrsg. von Gotthard de Beauclair. M. 18 v. d. Originalstöcken gedruckten Linolschnitten von Imre Reiner. Frankfurt: Trajanus-Presse, 1968. 11 ungez. Bl. In einmal. Aufl. erschienener Liebhaberdruck, von Hand gesetzt, auf Bütten gedruckt.

274 Originalzeichnung von Erhard Flössner.

285 Brian Wildsmith: Der Müller und sein Esel. London: Oxford University Press, Zürich: Atlantis, 1969. 32 S.

318 Fabeln von Erasmus Alberus. Ein Nachwort von Wilhelm Matthiessen. 15 Holzschnitte von Vergil Solis. Berlin: Thomas Verl., 1934. 72 S. (Greif Bücherei. Bd. 8.)

NAMENREGISTER

Abraham a Sancta Clara 83, 138, 295, 297
Adams F. B. 321
Adorno Theodor W. 149
Alkuin 197
Alverdes Paul 210, 324
Anders Günther 124–126, 159, 230, 266, 313, 316f.
Andersen Hans Christian 308
Anonymus Neveleti 290
Archilochos 324
Aristoteles 7, 97, 99, 179, 221, 222, 237, 240, 242, 321
Äsop 5, 8, 12f., 17–20, 28, 29, 32, 37, 41, 46, 47, 53, 66–68, 72–74, 77, 78, 90, 101, 106, 109, 113, 136, 141, 149, 153, 156, 159, 164, 169, 188, 196, 197, 225, 228, 230, 232, 244, 247, 248, 252, 258, 262, 270, 272, 277ff., 282, 286, 322–324
Avianus 8, 68, 69, 110, 164, 196, 280, 281f., 290

Babrios 8, 111, 112, 118, 122, 159, 164, 247, 280f., 322
Badstüber Hubert 96, 257, 321
Batteux Charles 233, 234
Baumann Hans 210, 324
Bausinger Hermann 52
Beauclair Gotthard de 269
Bidpaj 8, 276
Bierbaum Otto Julius 313
Bihler Heinrich 45, 266, 321
Bock Johann Georg 234, 306
Bodmer Johann Jakob 222, 300
Boner Ulrich 163, 197, 205, 223, 287f., 289, 302
Bonsels Waldemar 174
Boor Helmut de 178, 179, 321
Brant Sebastian 223
Brecht Bert 257, 324
Breitinger Johann Jakob 222, 233, 234, 300
Brentano Clemens 246
Bretschneider Heinrich Gottfried von 89, 307
Briegel-Florig Waltraud 321
Brod Max 33
Brunner-Traut Emma 321
Bühler Charlotte 190
Bungartz Jean 172, 173
Bürger Gottfried August 307
Burmann Gottlieb Wilhelm 307
Busch M. von 324
Busch Wilhelm 65, 69, 159, 308, 312

Camerarius Joachim 197
Campe Joachim Heinrich 196, 203, 307
Carlsson Anni 324
Cartensen J. 324
Cato 196
Christ Johann Friedrich 232, 233
Chytraeus 302
Claudius Matthias 272, 307
Clemens Otto 322
Comenius Johann Amos 71, 197
Crusius Otto 48, 52, 55, 97, 256, 257, 321, 324
Cyrillus 8, 289

De la Motte 233, 234
Demetrius von Phaleron 277
Diestel Gustav 321
Dilthey Wilhelm 238
Disteli Martin 56, 57, 88, 311
Doderer Klaus 321
Donatus 196
Doré Gustave 169
Doyê August 204
Dyhrenfurth Irene 193, 194, 209

Eberhard von Württemberg Herzog 276
Ebner-Eschenbach Marie von 308
Ebner-Eschenhayn G. 324
Egbert von Lüttich 282
Emmerich Karl 100, 300, 321, 324
Emrich Wilhelm 34
Enzensberger Hans Magnus 12
Erasmus Alberus 23, 42, 48, 51, 58, 157, 167, 196, 197, 223, 230, 232, 261, 293f.
Erasmus von Rotterdam 197
Ertl Ignatius 271, 295
Etzel Theodor 200, 324
Ewers Hanns Heinz 200
Ewert Max 321

Fernow Ludwig 132, 206, 207
Fischer August Christian 300, 306
Fleischer Victor 203
Flinzer Fedor 176, 180, 181, 206
Flössner Erhard 274
Fohrer G. 321
Franck Sebastian 83
Fröhlich Abraham Emanuel 65, 126, 127, 135, 159, 273, 308, 311f.
Fühmann Franz 213

Gailer J.E. 106, 200
Gay John 295, 297f., 323
Geissler P.C. 160, 161
Gellert Christian Fürchtegott 42, 44f., 55, 95, 102, 104, 121–123, 127, 144, 158, 159, 187, 188, 198, 203, 205, 222, 233, 262, 265, 300, 301f., 303, 307
Georgy Wilhelm 153
Gérard Ignace-Isidore s. I.-I. Grandville
Gerhard von Minden 286
Gleim Johann Wilhelm Ludwig 116, 118, 122, 163, 194, 234, 300, 306
Göckingk Leopold Friedrich G. 324
Görres Joseph 118
Goethe Johann Wolfgang von 142–144, 162, 168, 169, 245, 307, 308
Gottsched Johann Christoph 234, 300
Gottwald Heinrich 238, 321
Göz Christian Gottlieb 307
Grabianski Janusz 210, 248, 249
Grandville I.-I. 129, 131
Grässe I.G.Th. 324
Grillparzer Franz 308
Grimm Brüder 10, 62, 95–99, 113, 144, 150, 164, 177, 179, 183, 207, 222, 223, 230, 245–248, 251–257, 307, 308, 321, 322
Griset Ernest Henry 170, 171

Hackmann O. 322
Hagedorn Friedrich von 42, 194, 233, 300f.
Hagelstange Rudolf 251
Haller Albrecht von 194
Harsdörffer Georg Ph. 295, 302
Hausrath August 277, 322, 324
Hebel Johann Peter 67
Hegenbarth Josef 209–211, 213
Heighway Richard 182, 183
Heine Heinrich 308
Heinrich von Mügeln 188f.
Herder Johann Gottfried 144, 159, 187, 205, 245, 246, 256, 280, 300, 307, 322
Herodot 277
Hertzberg G.W. 96, 100, 322
Hesiod 324
Hey Wilhelm 102, 143, 159, 160, 206–208, 265f., 272, 307, 310f., 322
Hoffmann Friedrich 135, 207, 272, 273
Holland Wilhelm Ludwig 324
Horaz 222, 272
Horst-Schulze 200, 201
Hugo von Trimberg 286f.
Humboldt Wilhelm von 179

Iadmon 277
Ignatius Magister 280

Jean Paul (Friedrich Richter) 308
Jolles André 177, 184
Jungnickel Ludwig Heinrich 202, 203

Kafka Franz 17, 33–38, 41, 54, 85, 111, 149, 159, 210, 218, 257
Kant Immanuel 110, 228
Karlos W. F. 324
Kästner Abraham Gotthelf 306, 324
Kästner Erich 126, 313
Kaulbach Wilhelm von 162
Kayser Wolfgang 8, 222, 257, 322
Kazner Johann Friedrich August 307
Kehr C. 208, 310, 322
Keller O. 322
Krohn Kaarle 322
Kirchhoff Hans Wilhelm 289
Kirchhoff Johann Jakob 152, 153
Kirsten Rudolf 313
Kleinschmidt A. 322
Kleist Heinrich von 22, 26
Klemke Werner 212, 213
Kleukens Christian Heinrich 48, 124, 126, 159, 313, 321, 324
Knebel Heinrich 321
Kohlschmidt-Mohr 322
Konrad von Hirsau 196
Kroisos 277
Krüss James 166, 167, 210, 313
Krylow Iwan Andrejewitsch 28, 308, 309 f.
Kuby Erich 83
Kürschner Joseph 324, 325

La Fontaine Jean de 42, 69, 84, 101, 109, 113, 144, 169, 184, 198, 200, 205, 209, 228, 233, 243, 295 ff., 300–302, 309, 323
la Motte A. H. De 233 f.
Landwehr John 322
Langbein August Friedrich Ernst 156, 158
Langosch Karl 168, 173
Lausberg Heinrich 221, 222, 322
Lefftz Joseph 246
Lehmann Werner R. 189, 192, 209, 216, 322
Leibfried Erwin 145, 176, 177, 222, 257, 261, 322, 324
Leitzmann Albert 322
Lenz Siegfried 11
Lepman Jella 313
Lessing Gotthold Ephraim 7, 10, 17, 27–33, 37, 41, 48, 54, 55, 66, 68, 73, 74, 81, 95 f., 97, 100, 101, 109, 113, 115, 120, 135, 144, 145, 149, 156, 158, 159, 163, 187, 198, 199, 203, 205, 213, 214, 217, 218, 222, 223, 227, 230–236, 238, 240–245, 248, 252, 253, 256, 263, 265, 300, 303 ff., 307, 321, 322
Lewin Senta 324
Lichtenberg Georg Christoph 26
Lichtwer Magnus Gottfried 10, 68, 194, 233, 303, 307, 324
Lionni Leo 210
Luther Martin 17, 20–28, 32, 35, 37, 48, 60, 83, 95, 100, 105, 106, 115, 122, 138, 149, 159, 163, 164, 168, 169, 187, 188, 197, 210, 223–228, 230–233, 235, 238, 242–244, 256, 261, 270, 290 f., 302, 322, 323
Lüthi Max 76, 80

Mackensen Ludwig 257, 322
Mader Ludwig 20, 164, 175, 275, 277, 278, 281, 322, 324
Maier Karl Ernst 192
Marie de France 159, 269
Markschies Hans Lothar 114, 204, 232, 233, 237, 257, 322, 324
Mayne H. 323
Mehring Franz 302
Meineke Johann Heinrich Fr. 128, 307
Meissner August Gottlieb 203, 307
Melanchthon Philipp 197, 225
Mendelssohn Moses 324
Merck Johann Heinrich 307
Merget A. 194
Metzker Otto 322
Meuli Karl 7, 322

Meyer von Knonau Johann Ludwig 163, 234, 306
Michaelis Johann Benjamin 72, 307
Michalkow Sergej 313
Minor Jakob 324
Morgenstern Christian 126, 159, 313
Moser Friedrich Karl von 307
Moser-Rath Elfriede 130, 138, 270, 324
Müchler Karl 204
Mudrak Edmund 210, 324
Müller Eva 324
Müller Georg Friedrich 150, 151
Müller Maler Friedrich 272
Muncker F. 325
Murner Thomas 223
Musil Robert 257

Narayana 276
Nentwig Paul 214
Nevelet Isaac 295
Nicolay Ludwig Heinrich von 307
Novalis 26
Noyer-Weidner Alfred 321

Oberländer Gerhard 238, 239
Opitz Martin 295
Osterwald G. 123
Ott Karl August 113, 114, 243, 322

Pauli Johannes 58, 223, 289, 292
Paulus Diakonus 197, 198, 282
Pauly-Wissowa 322
Pestalozzi Johann Heinrich 74, 121, 159, 204, 216, 300, 308f.
Petermann Carl Max Wilhelm 306
Pfeffel Gottlieb Conrad 58, 59, 128f., 194, 230, 263, 265, 273, 300, 305f., 324
Pfeiffer Fr. 325
Pfeiffer W. 208
Pfister Albrecht 287
Pforr Antonius 289
Phädrus 8, 68, 99, 105, 154, 159, 188, 221, 230, 252, 272, 278, 281, 283, 321, 323
Platon 99, 222, 277
Plessow M. 323
Proebst Wolfgang 325
Provensen Alice und Martin 250, 251

Quinnam Barbara 323
Quintilian 222

Rackham Arthur 190, 191, 205
Rammelmeyer H. 323
Ramler Karl Wilhelm 307
Rauscher Wolfgang 130, 138–140
Recheis Käthe 210, 248, 325
Reclam Alexander 204
Reiner Imre 268, 269
Reinick Robert 307
Reuper I. 325
Reupsch J. Fr. 199
Rheinfelder Hans 321
Richardson Samuel 118, 120, 199, 234, 241
Richer David-Henri 233, 234
Richter Ludwig 118, 119, 176
Richter Wolfgang 325
Ringelnatz Joachim 126, 313
Risse Heinz 230, 257, 313, 315f.
Roderich A. 55
Röhrich Lutz 323
Röllecke Heinz 163
Rollenhagen Georg 167
Romulus 8, 61, 132, 164, 282f., 290, 323
Rosen Georg 325
Rousseau Jean-Jacques 193, 196
Rovira Teresa 197

Sachs Hans 42, 197, 205, 223, 232, 261, 289, 292f.
Saltikow-Schtschedrin Michail 308
Salzmann Johann Christian Gotthilf 122
Santucci Luigi 192
Schäfer Walter 323
Schaeffer Richard 325

Schanz Friedrich 307
Schanz Pauline 180, 181
Schellenberg Johann Rudolf 86, 87
Schirokauer Arno 8, 188, 195, 197, 282, 290, 323, 325
Schlegel Johann Adolf 246, 306
Schlez Johann Ferdinand 307
Schmidt Leopold 52
Schnurre Wolfdietrich 56, 58, 60, 61, 68, 69, 83, 111, 124, 126, 157, 159, 215, 230, 257, 273, 313, 317f.
Schopenhauer Arthur 308
Schubart Christian Friedrich Daniel 87, 307
Schüssler Willy 325
Seidel Heinrich 308
Singer S. 323
Skácel Jan 137, 141
Sokrates 277
Sparmberg Paul 323
Speckter Otto 96, 98, 102, 103, 206, 310, 322
Spoerri Theophil 7, 113, 184, 296, 323
Staege Max 95, 222, 323
Staiger Emil 155, 156
Stammler Wolfgang 323, 325
Steinhöwel Heinrich 17, 21, 163, 197, 205, 223, 224, 226, 232, 235, 247, 252, 289, 290, 292
Sternberger Dolf 81, 100, 114, 115, 164, 175, 256, 323
Stoppe Daniel 43, 54, 75, 128, 163, 198, 203, 234, 262, 271, 273, 295, 298f., 300
der Stricker 283f.
Suphan Bernhard 322
Süs Gustav 132, 133, 206
Syrovâtka Oldřich 228

Thiele Georg 323
Thurber James 56, 60, 77, 101, 104, 124–126, 141, 257, 313, 314f.
Tolstoi Leo 308
Triller Daniel Wilhelm 163, 295, 300
Trnka Jiři 228, 229
Trost Friedrich 213
Tschirch Fritz 237, 323
Tucholsky Kurt 126
Turgenjew Iwan 308

Ulshöfer Robert 217
Ulrich von Pottenstein 289
Ulrich von Potternheim 292

Virgilius Solis 23, 318
Voss Christian Friedrich 234
Vossler Karl 323

Waas Chr. 323
Wagner J. G. 66
Waldis Burkhard 42, 58, 163, 197, 223, 232, 261, 269–271, 273, 291–293, 302
Weber A. Paul 266, 267
Weddigen Otto 323
Weinreich Otto 323
Weise Gerhard 325
Weisse Christian Felix 54, 67, 78, 80, 110, 121, 122, 196, 199, 203, 300, 307
Weissert Elisabeth 192
Wickram Jörg 223
Wienert W. 323
Wildsmith Brian 210, 284, 285
Willamov Johann Gottlieb 41, 307
Wilpert Gero von 178
Windfuhr Manfred 325
Wolf Friedrich 230, 257, 313f.
Wolff Christian 222, 234
Wolgast Heinrich 209
Wünsche A. 323

Xanthos 277

Zachariä Justus Friedrich Wilhelm 69, 89, 307
Zainer Johann 290
Zhao Käthe 324

INHALT

Vorwort 5
Einleitung 7

I. FABELMODELLE – INTERPRETATIONSVERSUCHE

Äsop: «Der Schiffbrüchige» 17
Martin Luther: «Die Teilung der Beute» 20
Gotthold Ephraim Lessing: «Die Eiche und das Schwein» 27
Franz Kafka: «Die Maus in der Falle» 33

II. DIE WELT DER FABELFIGUREN

Die Fabelwelt – ein Bühnenraum 41
Die Fabelfiguren – außengesteuerte Konturwesen 60
Die gesellschaftlichen Konflikte in der Fabelwelt 81

III. RICHTUNGEN DER WAHRHEITSSUCHE

Das didaktische Fundament 95
Tugend und Macht 101
Anpassung und Widerstand 115
Zwischen Predigtmärlein und politischem Lehrstück 130

IV. DER KUNSTCHARAKTER DER FABEL

Bauelemente 149
Sammlungen, Schwellformen und Verkürzungen der Fabel 160
Die Gattung und ihre Nachbarn 175

V. FABELN ALS JUGENDLEKTÜRE

Kinder als Konsumenten 187
Geschichtliche Wandlungen 194
Methoden des Umgangs mit der Fabel 213

VI. FABELTHEORIEN

Positionen der Fabeltheorie 221
Weltliche Klugheit im Narrengewand 223

Gesetzeserkenntnis am Fall .. 232
Mythische Weisheit .. 244

VII. EINBLICKE IN DIE GESCHICHTE DER FABEL

Gattungsgeschichtliche Präliminarien .. 261
Sammlungen, Autoren und Bearbeiter aus der Geschichte der Fabel .. 275
Orientalische Sammlungen und antike Quellen .. 275
Mittelalterliche Überlieferung .. 282
Die Zeit der Renaissance, des Humanismus und der Reformation .. 289
Die Bearbeitungen der Barockzeit .. 295
Das 18. Jahrhundert .. 299
Zwischen Aufklärung und 20. Jahrhundert .. 307
Fabelautoren unserer Zeit .. 313

Bibliographie .. 321
Nachweis der im Schlußkapitel zitierten Fabeln .. 326
Bildnachweis .. 328
Namenregister .. 332